어법어휘
실전서

매일
3단계로 푸는
영어

어법어휘

'어법·어휘'는 수능 영어 1등급을 위해 반드시 정복해야 할 유형입니다. 단 1문항씩 출제될 뿐이지만, '어법·어휘'는 오답률 TOP15에 항상 포함되는 유형입니다. 이 두 유형을 맞혔는지에 따라 중위권과 상위권이 갈리고, 1등급과 2등급이 갈립니다. **그래서 『매3영 어법어휘』를 기획했습니다.**

• 어법어휘 문제를 반드시 맞게 해주는 책
• 어법어휘 기출을 가장 많이 풀어볼 수 있는 책
• 어법어휘를 수능 전 방학 동안 단기에 끝내주는 책

『매3영 어법어휘』와 함께, 다가오는 수능을 꽉 잡으세요!

단 18일만에 똑똑하게
수능 어법어휘 유형을
마스터하는

구성과 특징

어법편 ➤ 문제풀이에 필요한 이론만 쏙쏙!
기출 개념 한 눈에 정리 & 실전 훈련

❶ 문제에 나오는 개념만 보자!
실전 중심의 개념 설명

복잡한 용어와 이론은 최대한 덜어내고,
문제에 실제 나오는 개념만 뽑아
효율적으로 공부합니다.

❸ 실전 기출 집중 훈련

2004~2024학년도까지, 우수 기출 문항을
최대한 꽉꽉 담았습니다. 실전 훈련의 확실한
study mate가 되어드립니다.

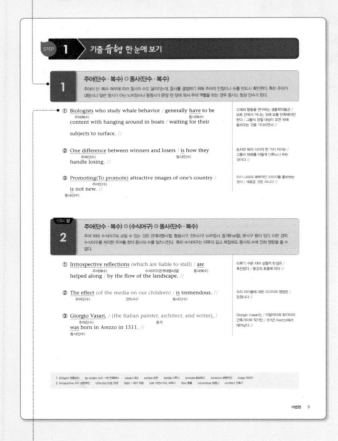

❷ 풍부한 예문 & 끊어읽기 해설

핵심 개념을 가장 잘 보여주는 실전 기출
예문으로 구문까지 한큐에 정리하세요.

❹ 메타인지 채점표

Day마다 풀이 시간과 오답을 기록하며,
약점 파악은 물론 실전을 실전답게
대비합니다.

어휘편 ➤ 단순 암기는 가라! 유형별로 묶어 외우는
기출 어휘 암기 List & 실전 훈련

❶ 시험에 나왔고, 나올 어휘만 보자!
테마별 기출 어휘 List 제공

역대 가장 많이 출제된 단어, 주요 반의어, 혼동어를
테마별로 정리해 효율적인 암기를 돕습니다.

❸ 실전 기출 집중 훈련

단락 속에서 어휘의 문맥적 의미를 읽을 수
있는지 자가 점검하고, 실전력을 기르세요.

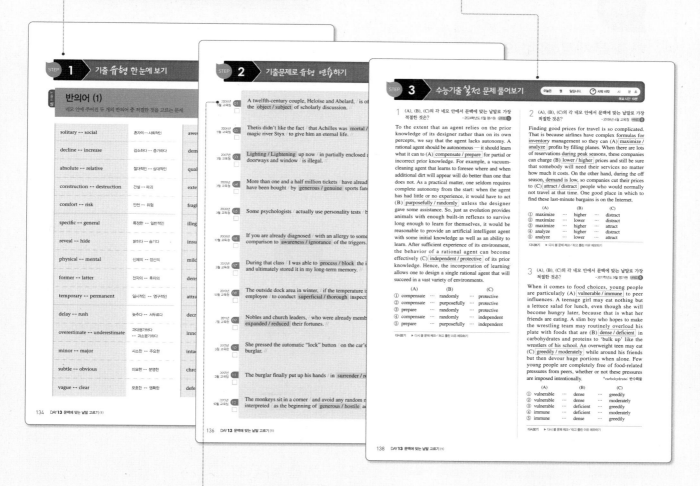

❷ 문맥 속 어휘 CHECK

문장과 동떨어진 단어 학습은 NO!
철저하게 실전 문장 속에서 확인합니다.

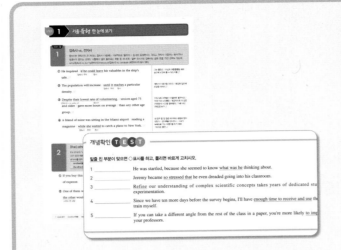

STEP 1

기출 유형 한 눈에 보기

역대 수능, 모평, 학평 기출 시험에서 자주 출제된
어법·어휘 항목을 꼼꼼하게 정리합니다.

빈출도 높은 어법·어휘 유형을 순서대로 확인 후,
각 유형에 따른 예문을 해석하며 개념을 정리합니다.

plus⁺) 어법 개념확인 T E S T

Day별 개념을 문제로 간단하게 정리할 수 있습니다.

STEP 2

기출 문제로 유형 연습하기

기출 문장 변형 문제로 유형을 연습한 후 정답을 확인하고,
각각의 기출 문장을 끊어 읽고(/) 해석해 봅니다.

기출 문장 속에서 문맥과 함께 개념과 어휘를 정리하면
실전에도 강해집니다.

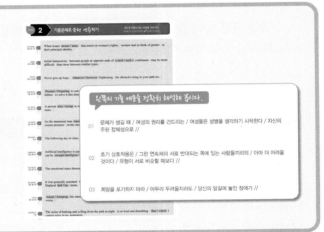

STEP 3

수능 기출 실전 문제 풀어보기

수능 기출을 실전처럼 풀어보고, 오답 노트를 만들어
보세요.

시간을 재서 풀어보고 아래 채점표에 내가 답한 것을 적은
다음 다시 풀어보고 2차 채점을 한 후, 틀린 이유를 반드시
알고 넘어갑니다. 각 문항 밑에 오답 노트를 반드시
작성하여 다음에는 틀리지 않도록 합니다.

기출 마무리

STEP 1, 2, 3을 모두 마친 후, 문제를 실전처럼
풀어 봅니다. **나의 풀이** 란에 나의 해설을 적은 후에
해설지와 맞춰 보고, **실제 풀이** 란에 해설을 보고
새로 안 내용을 적어 확실히 내 것으로 만듭니다.

Contents

18일 만에 끝내는 수능 영어 영역 등급 up 프로그램
좋은 기출 문제와 내게 맞는 공부법의 만남, 『매3영 어법·어휘』로 18일 만에 수능 등급 up!

어법편

DAY
1~12

DAY 1

주어와 동사의 수일치

🎯 주요 기출 유형

1) 주어＋동사
2) 주어＋수식어구＋동사
3) 주어(부분표현＋of＋명사)＋동사
4) 주어(명사구)＋동사
5) 장소 부사(구)/부정어＋동사＋주어
6) There＋동사＋주어

1 주어(단수 · 복수) ⊕ 동사(단수 · 복수)

주어의 단·복수 여부에 따라 동사의 수도 달라지는데, 동사를 결정하기 위해 주어의 인칭이나 수를 반드시 확인한다. 특히 주어가 대명사나 일반 명사가 아닌 to부정사나 동명사가 문장 맨 앞에 와서 주어 역할을 하는 경우 동사는 항상 단수가 된다.

① <u>Biologists</u> who study whale behavior / generally <u>have to be</u>
　주어(복수)　　　　　　　　　　　　　　　　　　　　　동사(복수)
content with hanging around in boats / waiting for their

subjects to surface. //

고래의 행동을 연구하는 생물학자들은 / 보트 안에서 거니는 것에 보통 만족해야만 한다 / 그들의 관찰 대상이 표면 위에 올라오는 것을 기다리면서 //

② <u>One difference</u> between winners and losers / <u>is</u> how they
　주어(단수)　　　　　　　　　　　　　　　　　동사(단수)
handle losing. //

승자와 패자 사이의 한 가지 차이는 / 그들이 패배를 어떻게 다루느냐 하는 것이다 //

③ <u>Promoting(To promote)</u> attractive images of one's country /
　주어(단수)
<u>is</u> not new. //
동사(단수)

자기 나라의 매력적인 이미지를 홍보하는 것이 / 새로운 것은 아니다 //

2 주어(단수 · 복수) ⊕ (수식어구) ⊕ 동사(단수 · 복수)

빈출도 상

주어 뒤에 수식어구로 쓰일 수 있는 것은 관계대명사절, 형용사구, 전치사구, to부정사, 동격(that절), 분사구 등이 있다. 이런 경우, 수식어구를 제외한 주어를 찾아 동사의 수를 일치시킨다. 특히 수식어구는 아무리 길고 복잡해도 동사의 수에 전혀 영향을 줄 수 없다.

① <u>Introspective reflections</u> (which are liable to stall) / <u>are</u>
　주어(복수)　　　　　　　　　　수식어구(관계대명사절)　　　동사(복수)
helped along / by the flow of the landscape. //

미루기 쉬운 자아 성찰적 반성은 / 촉진된다 / 풍경의 흐름에 따라 //

② <u>The effect</u> (of the media on our children) / <u>is</u> tremendous. //
　주어(단수)　　　전치사구　　　　　　　　　동사(단수)

우리 아이들에 대한 미디어의 영향은 / 엄청나다 //

③ <u>Giorgio Vasari</u>, / (the Italian painter, architect, and writer), /
　주어(단수)　　　　　　　　　　　　　동격
<u>was</u> born in Arezzo in 1511. //
동사(단수)

Giorgio Vasari는 / 이탈리아의 화가이자 건축가이며 작가인 / 1511년 Arezzo에서 태어났다 //

---

1 biologist 생물학자　be content with ~에 만족하다　subject 대상　surface 표면　handle 다루다　promote 홍보하다　attractive 매력적인　image 이미지
2 introspective 자아 성찰적인　reflection 반성, 반영　liable ~하기 쉬운　stall 지연시키다, 미루다　flow 흐름　tremendous 엄청난　architect 건축가

3 주어[부분표현 ⊕ of ⊕ 명사] ⊕ 동사

부분표현(most, some, the rest, the majority, all, a portion) 다음에 명사가 나와 한 덩어리로 주어가 되는 경우, 동사는 of 다음에 있는 명사의 수에 일치시킨다.

① Most of the world's permafrost / has been frozen for millennia. //
　　주어(most + of + 단·명)　　　동사(단수)

세계 대부분의 영구 동토층은 / 수 천 년 동안 얼어 있었다 //

② Most of us / make at least three important decisions / in our lives. //
주어(most + of + 복·명) 동사(복수)

우리들 대부분은 / 적어도 세 가지 중요한 결정을 한다 / 우리의 인생에서 //

③ Some of this decline in newspaper reading / has been due to the
　　주어(some + of + 단·명)　　　　　　　동사(단수)
fact / that we are doing more of our newspaper reading / online. //

신문 읽기의 이러한 감소의 일부는 / 사실 때문이었다 / 우리가 신문을 더 많이 읽고 있다는 / 인터넷으로 //

4 주어[명사구] ⊕ 동사

one of + 복수명사, each[every] + 단수명사, a lot of[much] + 불가산명사, 동명사, to부정사 등이 주어가 되면 동사는 단수가 된다.
그러나 a lot of[many, a few] + 가산명사, the + 형용사(~한 사람들), both + 복수명사가 주어가 되면 동사는 복수가 된다.
(단, 「the + 형용사」는 단수 취급하는 경우도 종종 있다. → the accused(피고), the deceased(고인) 등)

① One of the two species / usually turns out to be better / at
　　주어(one of + 복·명)　　　　　　동사(단수)
the competition. //

두 종들 중 한 종이 / 대개 더 우수하다는 것이 드러나게 된다 / 경쟁에서 //

② Each person / has his or her own truth, / and there is
주어(each + 단·명) 동사(단수)
distortion on both sides. //

각 사람은 / 그들만의 진실을 가지고 있다 / 그래서 양쪽 모두에 왜곡이 있다 //

③ The poor / need a job. //
주어(the + 형용사) 동사(복수)

가난한 사람들은 / 직업을 필요로 한다 //

④ Both girls / were Japanese. //
주어(both + 복·명) 동사(복수)

소녀 둘 다 / 일본인이었다 //

⑤ Acquiring the information / you need to have a successful
주어(동명사)
negotiation / is a critical component of your overall effort. //
　　　　　　　　동사(단수)

정보를 획득하는 것은 / 당신이 성공적인 협상을 하는 데 필요한 / 당신의 전반적인 노력의 중요한 요소이다 //

---

3 permafrost 영구 동토층　　millennium 천 년(pl. millennia)　　decline 감소, 하락　　4 turn out 드러나다　　competition 경쟁　　distortion 왜곡

장소 부사(구)/부정어 ➕ 동사 ➕ 주어

장소 부사(구) 혹은 (준)부정어[rarely, nowhere, little, nor, hardly, seldom, only 등]가 문장 앞에 와서 주어와 동사가 도치되는 경우, 동사는 주어의 수와 인칭에 맞춘다.

① Into the room / walks a tall, mysterious figure.
　장소 부사구　　　　동사(단수)　　　　　주어(단 · 명)

방 안으로 / 키 크고 비밀스러운 형체가 들어선다 //

② Only (in terms of the physics of image formation) / do the
　준부정어(오직 ~만)　　　　　　　　부사구　　　　　　　　조동사(복수)
　eye and camera / have anything in common. //
　주어(복 · 명)　　　동사원형

오직 상 형성에 대한 물리학의 관점에서만 / 눈과 카메라는 / 공통점을 가지게 된다 //

6

There ➕ 동사(단수 · 복수) ➕ 주어(단수 · 복수)

There로 시작되는 문장에서는 be동사 뒤에 나오는 주어의 단 · 복수 여부에 따라 동사의 수가 달라진다.

① There is a serious problem / with this view. //
　　　동사(단수)　주어(단수)

심각한 문제가 있다 / 이러한 관점에는 //

② For each person, / there are thousands of opportunities,
　　　　　　　　　　　동사(복수)　　　　　　　　주어(복수)
　challenges / to expand ourselves. //

각 사람에게 있어서 / 수천 가지의 기회와 도전이 있다 / 자신을 발전시킬 수 있는 //

개념확인 T E S T

밑줄 친 부분이 맞으면 ○표시를 하고, 틀리면 바르게 고치시오.

1 _____ There are lots of courses available that are good.

2 _____ One of the worst moments were when he distributed a math test.

3 _____ Both eye and camera has a light-sensitive layer onto which the image is cast.

4 _____ Each habitat is the home of numerous species, most of which depend on that habitat.

5 _____ People who know this not only looks for some positive aspect in their misfortunes but actually go one step further.

---

5 mysterious 비밀스러운, 기이한　figure 형체　physics 물리학　formation 형성　6 expand 늘이다, 확장시키다　TEST available 이용 가능한　distribute 분배하다, 나눠주다　light-sensitive 빛에 민감한　layer 층　habitat 서식지　numerous 수많은　aspect 측면　misfortune 불운

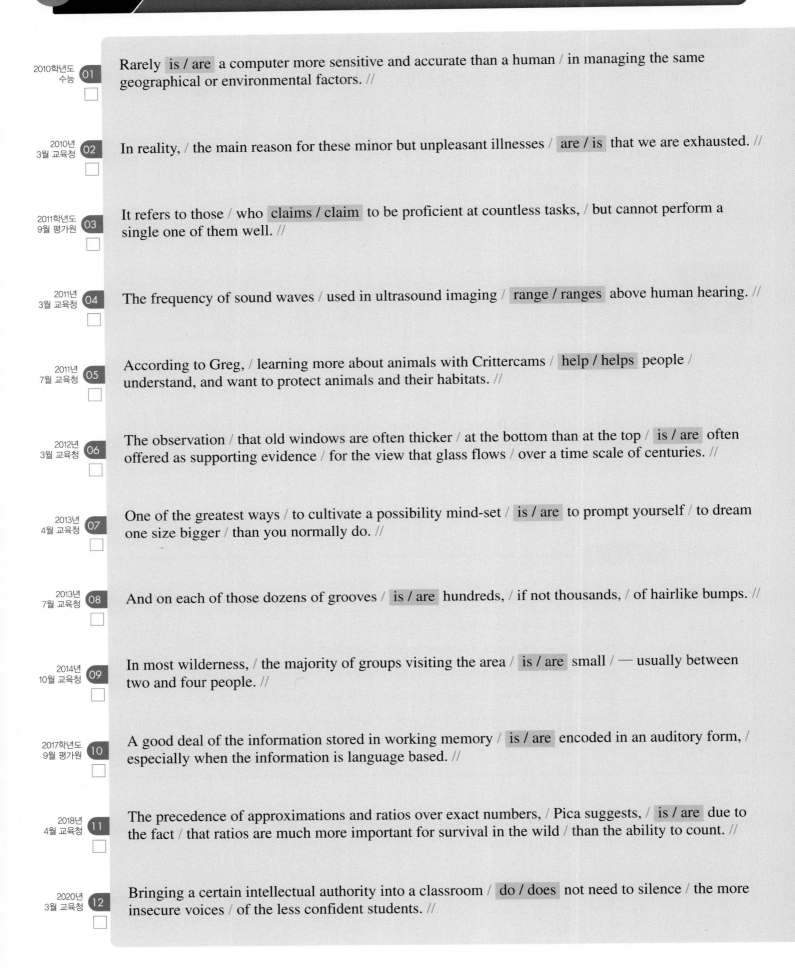

2010학년도
수능 **01**

Rarely is / are a computer more sensitive and accurate than a human / in managing the same geographical or environmental factors. //

2010년
3월 교육청 **02**

In reality, / the main reason for these minor but unpleasant illnesses / are / is that we are exhausted. //

2011학년도
9월 평가원 **03**

It refers to those / who claims / claim to be proficient at countless tasks, / but cannot perform a single one of them well. //

2011년
3월 교육청 **04**

The frequency of sound waves / used in ultrasound imaging / range / ranges above human hearing. //

2011년
7월 교육청 **05**

According to Greg, / learning more about animals with Crittercams / help / helps people / understand, and want to protect animals and their habitats. //

2012년
3월 교육청 **06**

The observation / that old windows are often thicker / at the bottom than at the top / is / are often offered as supporting evidence / for the view that glass flows / over a time scale of centuries. //

2013년
4월 교육청 **07**

One of the greatest ways / to cultivate a possibility mind-set / is / are to prompt yourself / to dream one size bigger / than you normally do. //

2013년
7월 교육청 **08**

And on each of those dozens of grooves / is / are hundreds, / if not thousands, / of hairlike bumps. //

2014년
10월 교육청 **09**

In most wilderness, / the majority of groups visiting the area / is / are small / — usually between two and four people. //

2017학년도
9월 평가원 **10**

A good deal of the information stored in working memory / is / are encoded in an auditory form, / especially when the information is language based. //

2018년
4월 교육청 **11**

The precedence of approximations and ratios over exact numbers, / Pica suggests, / is / are due to the fact / that ratios are much more important for survival in the wild / than the ability to count. //

2020년
3월 교육청 **12**

Bringing a certain intellectual authority into a classroom / do / does not need to silence / the more insecure voices / of the less confident students. //

01	컴퓨터는 인간보다 민감하거나 정확할 때가 거의 없다 / 동일한 지역적인 혹은 환경적인 요소들을 다루는 데 있어서 //	sensitive / accurate / manage / factor	a. 민감한, 세심한 / a. 정확한 / v. 관리하다 / n. 요소
02	사실 / 경미하지만 반갑지 않은 이런 질병들의 주요 원인은 / 우리가 피로해서이다 //	in reality / minor / exhausted	사실은 / a. 가벼운, 심각하지 않은 / a. 탈진한, 피로한
03	그것은 사람들을 가리킨다 / 수많은 업무에 능숙하다고 주장하는 / 그러나 그것들 중 한 가지도 잘 수행하지 못하는 //	proficient / countless / task	a. 능숙한, 능한 / a. 셀 수 없이 많은 / n. 업무
04	음파의 주파수는 / 초음파 화상진단에 사용되는 / 사람이 들을 수 있는 청력의 범위를 넘어선다 //	frequency / ultrasound / imaging	n. 주파수, 빈도 / n. 초음파 / n. 화상진찰
05	Greg에 따르면 / Crittercam을 가지고 동물들에 대해 더 많이 배우는 것은 / 사람들에게 도움을 준다 / 동물들과 그들의 서식지를 이해하고 보호하는데 있어서 //	habitat	n. 서식지
06	그 관찰은 / 오래된 창들은 종종 더 두껍다는 / 아래쪽이 위쪽보다 / 종종 뒷받침하는 증거로서 제시된다 / 유리가 흘러내린다는 견해에서 / 여러 세기의 기간에 걸쳐서 //	observation / supporting / time scale	n. 관찰 / a. 지지하는 / 기간, 시간의 척도
07	가장 좋은 방법 중의 하나는 / 실현 가능하다는 사고방식을 기르는 / 당신 자신을 자극하는 것이다 / 한 단계 더 큰 꿈을 꾸도록 / 평소에 꾸는 것보다 //	cultivate / mind-set / prompt / normally	v. (말, 행동을) 기르다 / n. 사고방식 / v. 자극하다, 촉진하다 / ad. 보통
08	그리고 그 수십 개의 주름마다 / 수백 개의 (~가) 있다 / 수천 개는 아니지만 / 털같이 생긴 돌기가 //	groove / hairlike / bump	n. 주름 / a. 털 같은 / n. 돌기, 융기
09	대부분의 황무지에서 / 그 지역을 방문하는 대부분의 무리는 / 작다 / 보통 2명에서 4명 사이로 //	wilderness / the majority of	n. 황무지 / ~의 대부분
10	작동 기억 내에 저장된 많은 정보는 / 청각 형태로 암호화된다 / 특히 그 정보가 언어를 기반으로 할 때 //	a good deal of / encode / auditory	많은 / v. 암호화하다 / a. 청각의
11	정확한 수보다 근사치와 비율의 선행(우선)은 / Pica가 주장하기를 / 사실 때문이다 / 비율이 야생에서의 생존에 훨씬 더 중요하다는 / 수를 세는 능력보다 //	precedence / approximation / ratio / be due to / wild	n. 선행, 우선(함) / n. 근사치 / n. 비율 / … 때문이다 / a. 야생의
12	교실 안으로 어떤 지적 권위를 들여오는 것이 / 침묵시킬 필요는 없다 / 더 자신 없는 목소리를 / 자신감 덜한 학생들의 //	intelletual / authority / silence	a. 지적인 / n. 권위 / v. 침묵시키다

1 다음 글의 밑줄 친 부분 중, 어법상 틀린 것은?

・2008년 3월 교육청 난이도 중상

Nowadays the growth of various social network sites, such as E-World and Face-Space, ① is impressive. They are ranked the fourth and fifth most popular site respectively just behind A-Tube. More than sixty percent of their users post their personal photos, as many as two million pictures a day, ② making E-World the top photo website in the country. But ③ what many users may not realize is that the company owns every photo. In fact, everything that people post ④ being automatically licensed to E-World for its transferable use, distribution, or public display. Recently E-World sold all "user content" ⑤ posted on the site to other commercial businesses. Many users unknowingly handed over their photos to corporate control.

다시보기 ▶ 다시 볼 문제 체크✓하고 틀린 이유 메모하기

2 다음 글의 밑줄 친 부분 중, 어법상 틀린 것은?

・2012학년도 수능 난이도 상

Researchers studied two mobile phone companies trying to solve a technological problem. One company developed what it called a 'technology shelf,' created by a small group of engineers, on which ① was placed possible technical solutions that other teams might use in the future. It also created an open-ended conversation among ② its engineers in which salespeople and designers were often included. The boundaries among business units were deliberately ambiguous because more than technical information was needed ③ to get a feeling for the problem. However, the other company proceeded with more seeming clarity and discipline, ④ dividing the problem into its parts. Different departments protected their territory. Individuals and teams, competing with each other, stopped sharing information. The two companies did eventually ⑤ solve the technological problem, but the latter company had more difficulty than the former.

다시보기 ▶ 다시 볼 문제 체크✓하고 틀린 이유 메모하기

3 다음 글의 밑줄 친 부분 중, 어법상 틀린 것은?

・2016년 4월 교육청 난이도 상

We all want to believe that our brains sort through information in the most rational way ① possible. On the contrary, countless studies show that there are many weaknesses of human reasoning. Common weaknesses in reasoning ② exist across people of all ages and educational backgrounds. For example, confirmation bias is ubiquitous. People pay attention to information that supports their viewpoints, while ③ ignoring evidence to the contrary. Confirmation bias is not the same as being stubborn, and is not constrained to issues ④ about which people have strong opinions. Instead, it acts at a subconscious level to control the way we gather and filter information. Most of us are not aware of these types of flaws in our reasoning processes, but professionals who work to convince us of certain viewpoints ⑤ to study the research on human decision making to determine how to exploit our weaknesses to make us more susceptible to their messages.

*ubiquitous: 아주 흔한

다시보기 ▶ 다시 볼 문제 체크✓하고 틀린 이유 메모하기

4 다음 글의 밑줄 친 부분 중, 어법상 틀린 것은?

• 고2 2022년 3월 교육청 난이도 상

Despite abundant warnings that we shouldn't measure ourselves against others, most of us still do. We're not only meaning-seeking creatures but social ① ones as well, constantly making interpersonal comparisons to evaluate ourselves, improve our standing, and enhance our self-esteem. But the problem with social comparison is that it often backfires. When comparing ourselves to someone who's doing better than we are, we often feel ② inadequate for not doing as well. This sometimes leads to what psychologists call *malignant envy*, the desire for someone ③ to meet with misfortune ("I wish she didn't have what she has"). Also, comparing ourselves with someone who's doing worse than we are ④ risk scorn, the feeling that others are something undeserving of our beneficence ("She's beneath my notice"). Then again, comparing ourselves to others can also lead to *benign envy*, the longing to reproduce someone else's accomplishments without wishing them ill ("I wish I had what she has"), ⑤ which has been shown in some circumstances to inspire and motivate us to increase our efforts in spite of a recent failure.

*backfire: 역효과를 내다 **scorn: 경멸

5 다음 글의 밑줄 친 부분 중, 어법상 틀린 것은?

• 2013년 4월 교육청 난이도 중

While digital production on tape has grown quickly and steadily, there are some notable holdouts in areas of production ① in which film is still largely preferred for image capture. Put simply, the picture on film still always looks better and more nuanced visually. Once ② captured on celluloid with the film look, such footage must then be transferred to a digital tape format for editing. High-end commercials for many products promoted across the nation, for example, still ③ are often shot on film. Here the preference for the film look in glossy national advertising campaigns ④ prevailing. Nonetheless, television producers have widely accepted that it is the use of camera lenses ⑤ that more fully determines the "look" of any picture than whether it is recorded digitally or on celluloid.

6 다음 글의 밑줄 친 부분 중, 어법상 틀린 것은?

• 2017년 4월 교육청 난이도 중

In early modern Europe, transport by water was usually much cheaper than transport by land. An Italian printer calculated in 1550 ① that to send a load of books from Rome to Lyons would cost 18 *scudi* by land compared with 4 by sea. Letters were normally carried overland, but a system of transporting letters and newspapers, as well as people, by canal boat ② developed in the Dutch Republic in the seventeenth century. The average speed of the boats was a little over four miles an hour, ③ slow compared to a rider on horseback. On the other hand, the service was regular, frequent and cheap, and allowed communication not only between Amsterdam and the smaller towns, but also between one small town and another, thus ④ equalizing accessibility to information. It was only in 1837, with the invention of the electric telegraph, that the traditional link between transport and the communication of messages ⑤ were broken.

*scudi: 이탈리아의 옛 은화 단위(scudo)의 복수형

7 다음 글의 밑줄 친 부분 중, 어법상 틀린 것은?

• 2023년 3월 교육청 난이도 상

From the 8th to the 12th century CE, while Europe suffered the perhaps overdramatically named Dark Ages, science on planet Earth could be found almost ① exclusively in the Islamic world. This science was not exactly like our science today, but it was surely antecedent to ② it and was nonetheless an activity aimed at knowing about the world. Muslim rulers granted scientific institutions tremendous resources, such as libraries, observatories, and hospitals. Great schools in all the cities ③ covering the Arabic Near East and Northern Africa (and even into Spain) trained generations of scholars. Almost every word in the modern scientific lexicon that begins with the prefix "al" ④ owes its origins to Islamic science — algorithm, alchemy, alcohol, alkali, algebra. And then, just over 400 years after it started, it ground to an apparent halt, and it would be a few hundred years, give or take, before ⑤ that we would today unmistakably recognize as science appeared in Europe — with Galileo, Kepler, and, a bit later, Newton.

*antecedent: 선행하는 **lexicon: 어휘 (목록)

***give or take: 대략

다시보기 ▶ 다시 볼 문제 체크✓하고 틀린 이유 메모하기

8 다음 글의 밑줄 친 부분 중, 어법상 틀린 것은?

• 2021학년도 9월 평가원 난이도 상

Competitive activities can be more than just performance showcases ① which the best is recognized and the rest are overlooked. The provision of timely, constructive feedback to participants on performance ② is an asset that some competitions and contests offer. In a sense, all competitions give feedback. For many, this is restricted to information about whether the participant is an award- or prizewinner. The provision of that type of feedback can be interpreted as shifting the emphasis to demonstrating superior performance but not ③ necessarily excellence. The best competitions promote excellence, not just winning or "beating" others. The emphasis on superiority is what we typically see as ④ fostering a detrimental effect of competition. Performance feedback requires that the program go beyond the "win, place, or show" level of feedback. Information about performance can be very helpful, not only to the participant who does not win or place but also to those who ⑤ do.

*foster: 조장하다 **detrimental: 유해한

다시보기 ▶ 다시 볼 문제 체크✓하고 틀린 이유 메모하기

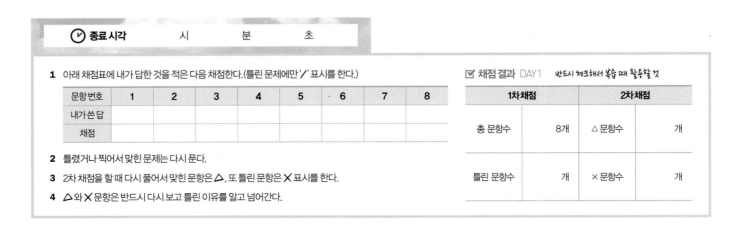

🕐 **종료시각**　　시　　분　　초

1 아래 채점표에 내가 답한 것을 적은 다음 채점한다.(틀린 문제에만 '／' 표시를 한다.)

문항번호	1	2	3	4	5	6	7	8
내가 쓴 답								
채점								

2 틀렸거나 찍어서 맞힌 문제는 다시 푼다.
3 2차 채점을 할 때 다시 풀어서 맞힌 문항은△, 또 틀린 문항은✕ 표시를 한다.
4 △와✕ 문항은 반드시 다시 보고 틀린 이유를 알고 넘어간다.

☑ **채점 결과** DAY 1　반드시 체크해서 복습 때 활용할 것

1차채점		2차채점	
총 문항수	8개	△ 문항수	개
틀린 문항수	개	✕ 문항수	개

아래 기출 문제를 읽고
오른쪽에 답과 풀이과정을 적어봅시다.

1

(A), (B), (C)의 각 네모 안에서 어법에 맞는 표현으로 가장 적절한 것은?

• 2014학년도 9월 평가원 난이도 상

It had long been something of a mystery where, and on what, the northern fur seals of the eastern Pacific feed during the winter, (A) when / which they spend off the coast of North America from California to Alaska. There is no evidence that they are feeding to any great extent on sardines, mackerel, or other commercially important fishes. Presumably four million seals could not compete with commercial fishermen for the same species without the fact (B) being / is known. But there is some evidence on the diet of the fur seals, and it is highly significant. Their stomachs have yielded the bones of a species of fish that has never been seen alive. Indeed, not even its remains (C) has / have been found anywhere except in the stomachs of seals. Ichthyologists say that this 'seal fish' belongs to a group that typically inhabits very deep water, off the edge of the continental shelf.

＊ichthyologist: 어류학자

	(A)		(B)		(C)
①	when	…	is	…	have
②	when	…	being	…	have
③	which	…	being	…	have
④	which	…	being	…	has
⑤	which	…	is	…	has

✎

나의 풀이

(A)

(B)

(C)

위와 같은 이유로, 나의 정답은 ⬤ 입니다.

실제 풀이

정답은 ⬤ 입니다. 그 이유를 적어 보면,

(A)

(B)

(C)

2

다음 글의 밑줄 친 부분 중, 어법상 틀린 것은?

• 2019년 3월 교육청 난이도 중

Baylor University researchers investigated ①whether different types of writing could ease people into sleep. To find out, they had 57 young adults spend five minutes before bed ②writing either a to-do list for the days ahead or a list of tasks they'd finished over the past few days. The results confirm that not all pre-sleep writing is created equally. Those who made to-do lists before bed ③were able to fall asleep nine minutes faster than those who wrote about past events. The quality of the lists mattered, too; the more tasks and the more ④specific the to-do lists were, the faster the writers fell asleep. The study authors figure that writing down future tasks ⑤unloading the thoughts so you can stop turning them over in your mind. You're telling your brain that the task will get done — just not right now.

✎

나의 풀이

①

②

③

④

⑤

위와 같은 이유로, 나의 정답은 ⬤ 입니다.

실제 풀이

정답은 ⬤ 입니다. 그 이유를 적어 보면,

①

②

③

④

⑤

DAY 2

능동태와 수동태

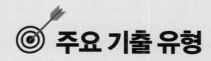 **주요 기출 유형**

빈출도 상

1 능동태와 수동태

목적어의 유무에 따라 능동형(목적어 O), 수동형(목적어 ×)이 된다. 일반적으로 대부분의 타동사는 수동형이 가능하며, 목적어를 취할 수 없는 자동사(happen, arrive, rise 등)인 경우 수동형이 불가능하다.

① When we <u>damage</u> <u>the skin</u>, / we <u>damage</u> <u>our insides</u>. //
　　　　　동사　　목적어(○)　　　　동사　　목적어(○)

우리가 피부를 손상시킬 때, / 우리는 우리의 내부를 손상시킨다 //

② The skin <u>is connected</u> / to every system in the body. //
　　　　　동사(be + p.p.)　　목적어(×)

피부는 연결되어 있다 / 신체의 모든 체계에 //

난이도 상

2 지각·사역동사의 수동태 → 「be ➊ 지각 · 사역동사(p.p.) ➊ to부정사」

지각·사역동사가 들어간 능동태 문장이 수동태로 바뀔 때는, 목적보어 자리의 원형부정사는 'to부정사'의 형태를 취하게 된다.

능동

I <u>saw</u> one of my classmates <u>pick up</u> / the mobile phone / in class. //
　지각동사　　　　　　　　　동사원형

나는 내 급우 중 한 명이 드는 것을 보았다 / 휴대폰을 / 수업시간에 //

수동

One of my classmates / <u>was seen to pick up</u> / the mobile phone /
　　　　　　　　　　　be + p.p. + to부정사

in class / by me. //

---

1 damage 손상시키다　connect to ~에 연결하다　2 pick up 들다

3 구동사의 수동태

동사가 다른 품사(전치사, 부사)들과 합해져 하나의 구동사를 이루는 경우 구동사 전체를 하나의 동사로 보며, 동사 부분이 수동태가 된다.

be looked forward to ～이 기대되다	be put up with ～을 참아주다
be broken down 분해되다, 부서지다	be brought up 양육되다
be called off 취소되다	be laughed at 조롱 당하다

① (수동) Water will be broken down by UV light / into oxygen
　　　　　　　　　　구동사의 수동태
and hydrogen. //

　　(능동) UV light will break down water / into oxygen and
　　　　　　　　　　　　구동사의 능동태
hydrogen. //

물은 자외선에 의해 분해될 것이다 /
산소와 수소로 //

② (수동) Anyone who used a fork to eat with / was laughed at /
　　　　　　　　　　　　　　　　　　　　구동사의 수동태
in England. //

　　(능동) People laughed at anyone / who used a fork to eat with
　　　　　　　　구동사의 능동태
/ in England. //

먹을 때 포크를 사용했던 누구나 /
조롱을 당했다 / 영국에서는 //

빈출도 상
4 다른 구문(완료형 · 진행형 · 조동사)과 결합되어 사용되는 수동태 구문

수동태가 다른 시제들과 같이 사용된 형태로, 완료형 수동태(have been p.p.), 진행형 수동태(be being p.p.), 조동사가 있는 수동태(조동사 + be p.p.) 등을 기억해 둔다.

① The skillful mechanic / has been replaced by a teenager in
　　　　　　　　　　　　　현재완료 수동태
a uniform / who doesn't know anything about cars / and
couldn't care less. //

솜씨 좋은 수리공은 / 유니폼을 입은 십대
아이로 대체되었다 / 자동차에 대해서 아는
것이 없고 / 전혀 신경도 쓰지 않는 //

② Special radar systems / are being installed at major airports /
　　　　　　　　　　　　　　진행형 수동태
to detect the location of unpredictable thunderstorms. //

특수 레이더 시스템이 / 주요 공항들에
설치되고 있다 / 예기치 못한 천둥을
동반한 폭풍우의 위치를 탐지하기 위해 //

③ Players will be banned / from playing in the league / if they
　　　　　　조동사가 있는 수동태
don't have a command of simple English. //

선수들은 금지될 것이다 / 리그에서 뛰지
못하게 / 만일 선수들이 간단한 영어를
구사하지 못하면 //

---

3 break down 분해하다　　oxygen 산소　　hydrogen 수소　　4 skillful 솜씨 좋은　　mechanic 수리공　　replace 대체하다　　install 설치하다　　detect 탐지하다　　unpredictable 예측 불가능한
ban 금지하다　　command 지식, 언어구사력

by 이외의 전치사를 사용하는 수동태 구문

be concerned about ~에 관심을 가지다[걱정하다]	be referred to as ~로 불리다
be accustomed to V-ing ~에 익숙하다	be limited to + 명사 ~에 제한되다
be crowded with ~으로 붐비다	be scared of ~을 무서워하다
be surprised at ~에 놀라다	be made up of ~로 구성되다
be obsessed[satisfied] with ~에 사로잡히다[만족하다]	be disappointed with[at] ~에 실망하다
be known to / for / as ~에게 알려져 있다 / ~로 알려져 있다(이유) / ~로 알려져 있다(자격)	

① The roadside is crowded with locals, / and their brains are
　　　　　　　　　~으로 가득하다
crowded with local knowledge. //

길가는 지역 주민들로 붐비고 / 그들의 두뇌는 지역의 지식으로 가득하다 //

② He became[was] obsessed with / giving Billy that feeling / as
　　　　　　　　~에 사로잡히다
often as he could. //

그는 사로잡히게 되었다 / Billy에게 그러한 느낌을 주는 것에 / 그가 할 수 있는 만큼 자주 //

③ These relatively new product offerings / are usually referred
　　　　　　　　　　　　　　　　　　　　~로 불리다
to as 'soft' or 'chewy' cookies, / to distinguish them from

the more typical crunchy varieties. //

이러한 상대적으로 새로운 상품의 제공은 / 대개 '부드러운' 또는 '씹는 맛이 있는' 쿠키로 언급된다 / 더욱 전형적인 바삭한 종류와 그것들을 구별하기 위해서 //

④ Wintergreen leaves / are not limited to the Arctic. //
　　　　　　　　　　　　　~에 제한되다

녹색으로 겨울을 나는 잎들은 / 북극 지방에만 국한[제한]되지 않는다 //

개념확인 TEST

밑줄 친 부분이 맞으면 ○표시를 하고, 틀리면 바르게 고치시오.

1 ＿＿＿＿＿＿ It is determined by the ratio of our actualities to our supposed potentialities.

2 ＿＿＿＿＿＿ The railroad was established as the fittest technology for transportation.

3 ＿＿＿＿＿＿ If you were made sit at the table until you had cleaned your plate, you are not alone.

4 ＿＿＿＿＿＿ Because beavers exert their influence by physically altering the landscape, they are known for ecosystem engineers.

5 ＿＿＿＿＿＿ Policymaking is seen to be more objective when experts play a large role in the creation and implementation of the policy.

5 local 주민, 현지인; 지역의　　relatively 상대적으로　　offering 제공　　refer to A as B A를 B라고 부르다　　chewy 씹는 맛이 있는, 쫄깃한　　distinguish 구분하다　　typical 전형적인　　crunchy 바삭한　　variety 종류, 다양성　　limit 제한하다　　TEST ratio 비율　　actuality 현실　　potentiality 잠재력　　establish 설립하다　　plate 접시　　exert 발휘하다　　alter 바꾸다　　ecosystem 생태계　　objective 객관적인　　expert 전문가　　implementation 실행

2003년
4월 교육청 **01** Just as the battle was about to be won / win , / the general was wounded / by a stray enemy bullet. //

2006학년도
6월 평가원 **02** The smaller and lighter particles / are delivered / delivered further from the shore / than the larger and heavier particles. //

2006년
3월 교육청 **03** The votes are counting / are counted , / and the person who gets the most votes / becomes the new class president. //

2006년
3월 교육청 **04** Students interesting / interested in the position / will talk to their classmates and make posters / to let class members know / they are running for that office. //

2007년
4월 교육청 **05** Families in Egypt / also mourned the death of a cat / and had the body of the dead cat wrapped in cloth / before it was finally laid / lain to rest. //

2009학년도
9월 평가원 **06** They replaced / the old methods of serving customers individually / by selling / being sold prepackaged goods / straight from the shelves. //

2009학년도
9월 평가원 **07** Though chocolate may keep / be kept in the refrigerator or freezer, / it will take on the smells of other foods in time, / so taste before using. //

2010학년도
6월 평가원 **08** If they can get in, / there is a better chance / of getting the water and nutrients / needing / needed to survive. //

2012년
7월 교육청 **09** Restraint in speech was valued / by these students and their families, / whereas speaking in class / is taken / takes as intellectual engagement and meaning-making / in U.S. classrooms. //

2014학년도
6월 평가원 **10** If a colleague around you / doesn't understand your idea, or its potential, / you are giving / being given an important message. //

2015년
10월 교육청 **11** The largest gap between the expenditures of urban and rural households, / amounting to more than $300, / was found / found in the category of fees and admission. //

2020년
10월 교육청 **12** For both activities, / disciplining the body and mind / is central / to achieving / what is typically considered / considering a successful performance. //

01　막 전쟁에서 승리할 무렵 / 그 장군은 부상을 당했다 / 빗나간 적의 총알에 //

be about to	막 ~하기 시작하다
general	n. 장군
stray	a. 빗나간, 길을 잃은
bullet	n. 총알

02　더 작고 가벼운 조각들은 / 해안가로부터 더 멀리 운반된다 / 더 크고 무거운 것들보다 //

| particle | n. 입자, 조각 |
| shore | n. 해변, 기슭 |

03　표가 세어지고 / 가장 많은 표를 얻은 사람이 / 새 반장이 된다 //

| vote | n. (선거의) 표, 투표 |
| count | v. 세다 |

04　그 직책에 관심이 있는 학생들은 / 급우들에게 이야기할 것이고 포스터를 만들 것이다 / 학급 구성원들에게 알리기 위해서 / 그들이 그 직책에 출마하고 있다는 것을 //

| position | n. 직책 |
| run for | ~에 출마하다 |

05　이집트에서 가족들은 / 또한 고양이의 죽음을 애도했고 / 죽은 고양이를 천으로 쌌다 / 마지막에 묻히기 전에 //

mourn	v. 애도하다
wrap	v. 싸다
lay	v. 매장하다, 알을 낳다(laid-laid)
lay ~ to rest	~을 매장하다

06　그것들은 대체했다 / 고객들을 개별적으로 응대하는 옛날 방식을 / 미리 포장되어 있는 제품을 판매함으로써 / 선반에서 곧바로 //

| prepackage | v. 미리 포장하다 |

07　비록 초콜릿이 냉장고나 냉동장치에 보관될 수는 있지만 / 그것은 이내 다른 음식의 냄새를 지니게 될 것이고 / 그래서 사용하기 전에 맛을 보도록 하라 //

| freezer | n. 냉동장치, 냉동고 |
| taste | v. 맛보다 |

08　만약 그것들이 들어갈 수 있다면 / 가능성이 더 높다 / 물과 영양분을 얻을 / 생존에 필요한 //

| nutrient | n. 영양 |

09　말하기에 있어서 절제는 가치 있게 여겨졌다 / 이 학생들과 그들의 가족들에 의해 / 반면에 수업 중에 말을 하는 것이 / 지적인 참여와 의미 형성으로 받아들여진다 / 미국의 교실에서 //

restraint	n. 규제, 통제
whereas	conj. 반면에
intellectual	a. 지적인, 지능의
engagement	n. 참여, 관계함

10　만일 여러분 주변의 직장 동료가 / 여러분의 생각이나 그것의 가능성을 이해하지 못한다면 / 여러분은 중요한 메시지를 받고 있는 것이다 //

| colleague | n. 동료 |
| potential | n. 가능성 |

11　도시와 농촌 가정의 지출의 가장 큰 차이는 / $300 이상에 달하는 / 수수료와 입장료 항목에서 발견된다 //

gap	n. 차이
expenditure	n. 지출
household	n. 가정
amount to	~에 이르다

12　두 가지 활동 모두에서 / 신체와 정신을 훈련시키는 것이 / 핵심적이다 / 달성하는 데에 있어 / 일반적으로 성공적인 수행이라고 여겨지는 것을 //

discipline	v. 훈련시키다
central	a. 핵심적인
performance	n. 수행

1 다음 네모 안에서 어법에 맞는 표현을 골라 바르게 연결한 것을 고르시오.   • 2005학년도 9월 평가원   난이도 중

Smoking is (A) prohibited / prohibiting in all Smithsonian facilities. Pets (except service animals) are not permitted in the museums or the National Zoo. The use of cameras and video cameras (B) is / are permitted in all permanent collection galleries except in special exhibition areas. However, flash photography is not permitted inside museums (C) unless / if permission is granted by the Public Affairs Office.

	(A)		(B)		(C)
①	prohibited	⋯	is	⋯	unless
②	prohibited	⋯	are	⋯	unless
③	prohibited	⋯	are	⋯	if
④	prohibiting	⋯	are	⋯	if
⑤	prohibiting	⋯	is	⋯	if

다시보기   ▶ 다시 볼 문제 체크✓하고 틀린 이유 메모하기

2 다음 글에서 밑줄 친 부분 중, 어법상 틀린 것은?   • 2005년 5월 교육청 학업성취도   난이도 중

In most parts of the world, rabbits ① have long valued for their meat and pelts. Europe has had wild rabbits since the Ice Ages. During the twelfth century, Norman invaders brought European rabbits to England, ② where the rabbits flourished. Australia had no rabbits until 1859. Then, an Australian landowner had twenty-four European rabbits ③ sent to him from England. The rabbits multiplied. Four years later, the landowner said that he ④ had killed about 20,000 of them for their meat and pelts. By 1930, the remaining rabbits had multiplied so fast that millions of them had spread over ⑤ most of Australia.

다시보기   ▶ 다시 볼 문제 체크✓하고 틀린 이유 메모하기

3 다음 글의 밑줄 친 부분 중, 어법상 틀린 것은?   • 2007학년도 6월 평가원   난이도 중

When a concert violinist ① was asked the secret of her success, she replied, "Planned neglect." Then she explained, "When I was in school, there were many things that ② were demanded my time and energy. When I went to my room after breakfast, I made my bed, straightened the room, ③ dusted the floor, and did whatever else came to my attention. Then I hurried to violin practice. I ④ found I wasn't progressing as I thought I should, so I reversed things. Until my practice period was completed, I deliberately ⑤ neglected everything else. That program of planned neglect, I believe, accounts for my success."

다시보기   ▶ 다시 볼 문제 체크✓하고 틀린 이유 메모하기

4 (A), (B), (C)의 각 네모 안에서 어법에 맞는 표현을 골라 짝지은 것으로 가장 적절한 것은?   • 2007학년도 수능   난이도 상

I was five years old when my father introduced me to motor sports. Dad thought (A) it / which was a normal family outing to go to a car racing event. It was his way of spending some quality time with his wife and kids. (B) Few / Little did he know that he was fueling his son with a passion that would last for a lifetime. I still remember the awesome feeling I had on that day in May when my little feet (C) carried / were carried me up the stairs into the grandstands at the car racing stadium.

	(A)		(B)		(C)
①	it	⋯	Little	⋯	carried
②	it	⋯	Few	⋯	carried
③	it	⋯	Little	⋯	were carried
④	which	⋯	Few	⋯	carried
⑤	which	⋯	Little	⋯	were carried

다시보기   ▶ 다시 볼 문제 체크✓하고 틀린 이유 메모하기

5 다음 글의 밑줄 친 부분 중, 어법상 틀린 것은?

• 2008학년도 9월 평가원 난이도 중상

The bodies of flowing ice we call glaciers ① are the most spectacular of natural features. They result from densely packed snow. Unlike a stream, a glacier cannot be seen ② move. Accurate measurements, however, show that it is flowing. Erosion of bedrock by glaciers and deposits of the eroded materials are characteristic and ③ easily recognizable. Their distribution enables us to infer that in the recent past glaciers have been far more extensive ④ than they are today. At the same time, this evidence has ⑤ raised the problem of the cause of the 'ice ages.'

*erode: 침식하다

다시보기 ▶ 다시 볼 문제 체크✔하고 틀린 이유 메모하기

6 다음 글의 밑줄 친 부분 중, 어법상 틀린 것은?

• 2015년 10월 교육청 난이도 중

In professional sports these days, it is not unusual ① to hear players and coaches talking about process. They talk about focusing on the process and following the process. Rarely ② do they talk about scoring a goal, a touchdown, a home run, a point, or achieving a good shot. It's all about process. So, what do they mean by this? What they mean by focusing on the process is that they focus on the actions they need to ③ be taken in order to achieve their desired result. They don't focus on the result itself. The reasoning here is ④ that if you follow the steps required, then the result will look after itself. This is one of the big differences between professional and amateur sportspeople. Amateurs often focus on the result and forget about ⑤ doing all the things that would almost automatically lead to the result.

다시보기 ▶ 다시 볼 문제 체크✔하고 틀린 이유 메모하기

7 다음 글의 밑줄 친 부분 중, 어법상 틀린 것은?

• 2017학년도 6월 평가원 난이도 중

If an animal is innately programmed for some type of behaviour, then there ① are likely to be biological clues. It is no accident that fish have bodies which are streamlined and ② smooth, with fins and a powerful tail. Their bodies are structurally adapted for moving fast through the water. Similarly, if you found a dead bird or mosquito, you could guess by looking at ③ its wings that flying was its normal mode of transport. However, we must not be over-optimistic. Biological clues are not essential. The extent to which they are ④ finding varies from animal to animal and from activity to activity. For example, it is impossible to guess from their bodies that birds make nests, and, sometimes, animals behave in a way quite contrary to ⑤ what might be expected from their physical form: ghost spiders have tremendously long legs, yet they weave webs out of very short threads. To a human observer, their legs seem a great hindrance as they spin and move about the web.

다시보기 ▶ 다시 볼 문제 체크✔하고 틀린 이유 메모하기

8 다음 글의 밑줄 친 부분 중, 어법상 틀린 것은?

• 2017년 3월 교육청 (난이도 중)

One of the simplest and most effective ways to build empathy in children ① is to let them play more on their own. Unsupervised kids are not reluctant to tell one another how they feel. In addition, children at play often take on other roles, pretending to be Principal Walsh or Josh's mom, happily forcing ② themselves to imagine how someone else thinks and feels. Unfortunately, free play is becoming rare. Boston College research professor Peter Gray has documented a continuous and ③ ultimately dramatic decline in children's opportunities to play and explore in their own chosen ways over the past fifty years in the United States and other developed countries. The effects have been especially ④ damaged, he argues, to empathy. He concludes that a decline of empathy and a rise in narcissism are exactly ⑤ what we would expect to see in children who have little opportunity to play socially.

*empathy: 공감, 감정 이입

다시보기 ▶ 다시 볼 문제 체크✓하고 틀린 이유 메모하기

9 다음 글의 밑줄 친 부분 중, 어법상 틀린 것은?

• 2022년 10월 교육청 (난이도 상)

The idea that leaders *inherently* possess certain physical, intellectual, or personality traits that distinguish them from nonleaders ① was the foundational belief of the trait-based approach to leadership. This approach dominated leadership research from the late 1800s until the mid-1940s and has experienced a resurgence of interest in the last couple of decades. Early trait theorists believed that some individuals are born with the traits that allow ② them to become great leaders. Thus, early research in this area often presented the widely stated argument ③ that "leaders are born, not made." Also, some of the earliest leadership studies were grounded in what ④ referred to as the "great man" theory because researchers at the time focused on identifying traits of highly visible leaders in history who were typically male and associated with the aristocracy or political or military leadership. In more recent history, numerous authors have acknowledged that there are many enduring qualities, ⑤ whether innate or learned, that contribute to leadership potential. These traits include such things as *drive, self-confidence, cognitive ability, conscientiousness, determination, intelligence,* and *integrity.*

*resurgence: 되살아남 **aristocracy: 귀족

다시보기 ▶ 다시 볼 문제 체크✓하고 틀린 이유 메모하기

⏱ **종료 시각**　　시　　분　　초

1 아래 채점표에 내가 답한 것을 적은 다음 채점한다.(틀린 문제에만 '/' 표시를 한다.)

문항 번호	1	2	3	4	5	6	7	8	9
내가 쓴 답									
채점									

2 틀렸거나 찍어서 맞힌 문제는 다시 푼다.

3 2차 채점을 할 때 다시 풀어서 맞힌 문항은 △, 또 틀린 문항은 ✕ 표시를 한다.

4 △와 ✕ 문항은 반드시 다시 보고 틀린 이유를 알고 넘어간다.

☑ **채점 결과** DAY 2 　반드시 체크해서 복습 때 활용할 것

	1차채점		2차채점	
총 문항수	9개	△ 문항수	개
틀린 문항수	개	✕ 문항수	개

아래 기출 문제를 읽고
오른쪽에 답과 풀이과정을 적어봅시다.

1 다음 글의 밑줄 친 부분 중, 어법상 틀린 것은?

• 2010학년도 6월 평가원 난이도 중

Mr. Brown wanted his students to learn math in the context of real life. He felt it was not enough for them just to work out problems from a book. To show his students how math could really help ① them, he held several contests during the year. The contests allowed his students ② to have fun while they practiced math and raised money. Once he filled a fishbowl with marbles, asked the students to guess how many marbles there were, and ③ awarded a free lunch to the winner. Another time they entered a contest to guess how many soda cans the back of a pickup truck ④ was held. To win, they had to practice their skills at estimating, multiplying, dividing, and measuring. They used ⑤ most of the prize money for an end-of-the-year field trip.

✎ 나의 풀이

①
②
③
④
⑤

위와 같은 이유로, 나의 정답은 ⬤ 입니다.

실제 풀이

정답은 ⬤ 입니다. 그 이유를 적어 보면,

①
②
③
④
⑤

2 (A), (B), (C)의 각 네모 안에서 어법에 맞는 표현으로 가장 적절한 것은?

• 2010학년도 수능 난이도 중상

While awaiting the birth of a new baby, North American parents typically furnish a room as the infant's sleeping quarters. For decades, child-rearing advice from experts has (A) encouraged / been encouraged the nighttime separation of baby from parent. For example, a study recommends that babies be moved into their own room by three months of age. "By six months a child (B) who / whom regularly sleeps in her parents' room is likely to become dependent on this arrangement," reports the study. Yet parent-infant 'co-sleeping' is the norm for approximately 90 percent of the world's population. Cultures as (C) diverse / diversely as the Japanese, the Guatemalan Maya, and the Inuit of Northwestern Canada practice it.

	(A)		(B)		(C)
①	encouraged	···	who	···	diverse
②	encouraged	···	whom	···	diversely
③	encouraged	···	who	···	diversely
④	been encouraged	···	who	···	diverse
⑤	been encouraged	···	whom	···	diverse

✎ 나의 풀이

(A)

(B)

(C)

위와 같은 이유로, 나의 정답은 ⬤ 입니다.

실제 풀이

정답은 ⬤ 입니다. 그 이유를 적어 보면,

(A)

(B)

(C)

DAY 3

분사(현재·과거)와 분사구문

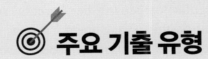 **주요 기출 유형**

1) 현재분사 vs. 과거분사
2) 명사구＋(주격 관·대＋be동사)＋분사
3) 분사구문
4) 감정 타동사의 태

빈출도 상

1 현재분사 vs. 과거분사

능동	현재분사(V-ing)	능동, 진행(~하는, ~하고 있는)
수동	과거분사(p.p.)	수동, 완료(~된, ~진, ~당한)

① The water has shaped the rocks, / causing deep indentations
　　의미상 주어(행위자)　　　　　　　　　　　　현재분사(능동)
in certain places, / but other parts are perfectly flat. //

물은 바위의 모양을 형성시켜 / 어떤 곳에는 움푹 들어가게 하지만 / 다른 곳은 완전히 평평하다 //

② Remove all residual moisture / by drawing it away, / with
a vacuum cleaner　held over the affected areas / for up to
　　　　　　　　　　　과거분사(수동)
twenty minutes. //

모든 남아 있는 습기를 제거해라 / 모든 습기를 끌어냄으로써 / 진공청소기를 손상된 부분 위로 치켜든 채 / 20분 정도까지 //

빈출도 상

2 명사구 ⊕ (주격 관계대명사 ⊕ be동사) ⊕ 현재·과거분사(형용사 역할)

「주격 관계대명사+be동사」가 생략되면서 남게 된 현재분사 혹은 과거분사는 앞에 있는 명사(구)를 직접 수식해 주는 '형용사' 역할을 한다.

① The woman (who is 생략) taking a photo / is my sister. //
　　주어　　　　　　　　　현재분사(형용사)

사진을 찍고 있는 그 여자는 / 내 여동생이다 //

② Students (who are 생략) interested in the position / will talk to
　　주어　　　　　　　　과거분사(형용사)
their classmates / and make posters / to let class members
know / they are running for that office. //

그 직책에 관심이 있는 학생들은 / 급우들에게 이야기할 것이고 / 포스터를 만들 것이다 / 학급 구성원들에게 알리기 위해서 / 그들이 그 직책에 출마하고 있다는 것을 //

1 cause 유발하다　　flat 납작한　　residual 남은　　moisture 습기　　vacuum cleaner 진공청소기　　affected 영향을 받은, 손상된　　up to ~까지　　2 position 직책　　run for ~에 출마하다

3 분사구문

부사절의 주어가 주절의 주어와 같을 때, 분사를 사용해 부사절을 구로 짧게 줄이는 것이다.

기본 분사구문	① 부사절의 주어 삭제 → ② 접속사 삭제 → ③ 부사절의 동사를 분사로 변경
	V-ing/p.p. ~, S + V ~.
접속사를 남긴 분사구문	분사구문의 의미를 분명히 하기 위해 부사절의 접속사를 남겨둔 것이다.
	접 + V-ing/p.p ~, S + V ~.
독립분사구문	부사절의 주어가 주절의 주어와 달라서 삭제하지 않고 남겨둔 형태이다.
	S' + V-ing/p.p. ~, S + V ~.
with 분사구문	'with+명사+분사' 형태로, 분사 앞의 명사가 의미상 주어이다.
	With + 명사 + V-ing/p.p. ~, S + V ~.
완료분사구문	부사절의 시제가 주절보다 더 과거일 때 쓴다.
	Having p.p.(능동) / Having been p.p.(수동) ~, S + V ~.

①-1 Because they got no response to their knocks, / two firemen
　　　접속사(이유) + 주어 + 동사　　　　　　　　　　　　　　　　주어
　　immediately began smashing down the door / with axes. //
　　　　　　　동사

소방관들의 두드림에도 반응이 없었기 때문에 / 두 명의 소방관은 즉시 문을 부수기 시작했다 / 도끼로 //

①-2 Getting no response to their knocks, / two firemen ~. //
　　　분사구문　　　　　　　　　　　　　　　　　의미상 주어

② While hiking in the mountains, / I came across a
　　접속사+현재분사　　　　　　　　의미상 주어
　　breathtaking view. //

등산하는 동안 / 나는 숨막히는 경치와 마주했다 //

③ His voice trembling, / he apologized for his harsh words. //
　　의미상 주어+현재분사　　주어(≠ His voice)

그의 목소리가 떨리는 상태로(목소리를 떨며) / 그는 자신의 심한 말을 사과했다 //

④ With the wind blowing in her hair, / she ran along the
　　with+명사+현재분사
　　beach. //

바람이 머리에 부는 상태로(머리에 바람을 맞으며) / 그녀는 해변을 따라 달렸다 //

⑤ Having won the championship, / the team celebrated with a
　　완료분사구문(능동): 대과거　　　　　　　의미상 주어　　동사(과거)
　　parade. //

결승전을 이긴 후 / 그 팀은 퍼레이드로 축하했다 //

---

3 immediately 즉시　　smash down ~을 때려 박살내다[부수다]　　axe 도끼　　breathtaking 숨막히는　　tremble 떨리다, 떨다　　apologize for ~에 대해 사과하다

4 감정 타동사의 태

영어에서 감정을 나타내는 동사는 주로 타동사이다(~하게 하다). 빈출되는 감정 타동사의 분사형과 그 의미를 기억해 둔다.

현재분사(감정을 유발하는) / 과거분사(감정을 느끼는)	
surprising (놀라운, 놀라게 하는) surprised (놀란)	satisfying (만족시키는) satisfied (만족한)
interesting (흥미롭게 하는, 재미있는) interested (재미를 느끼는)	amazing (놀라운, 놀라게 하는) amazed (놀란)
pleasing (기쁘게 하는) pleased (기쁜, 만족한)	terrifying (무시무시한, 겁을 주는) terrified (겁에 질린)
annoying (짜증나게 하는) annoyed (짜증이 난)	threatening (위협적인) threatened (위협을 느끼는)

① If you are constantly engaged in asking yourself questions / about things you are hearing, / you will find / that even <u>boring</u> lecturers become a bit more <u>interesting</u>. //

lecturers 수식(지루함을 유발하는)　　　lecturers를 설명하는 주격보어(흥미롭게 만드는)

만약 당신이 스스로에게 질문하는 데 꾸준히 몰두한다면 / 당신이 듣고 있는 것에 관해 / 당신은 여기게 될 것이다 / 심지어 (당신을) 지루하게 만드는 강의자조차도 약간 더 재미있다고 //

② She was <u>surprised</u> / to find her son standing in the doorway. //

주격보어(놀란 감정을 느낀)

그녀는 놀랐다 / 자기 아들이 문간에 서 있는 것을 알고 //

개념확인 TEST

밑줄 친 부분이 맞으면 ○표시를 하고, 틀리면 바르게 고치시오.

1 _____　People engage with infants by exaggerating their facial expressions and inflecting their voices in ways that infants find <u>fascinated</u>.

2 _____　<u>Having returned</u> to France, Fourier began his research on heat conduction.

3 _____　Her mother died young, <u>left</u> her wealthy husband with five talented daughters.

4 _____　The agricultural products <u>picking up</u> from Hawaiian farms in the morning were on dinner tables in Californian homes by evening.

5 _____　Recently, however, one group of scientists <u>worked</u> with the 17-year cicada in California have suggested that the nymphs use an external cue and that they can count.

4 lecturer 강의자　doorway 문간　TEST exaggerate 과장하다　inflect (형태를) 변화시키다, 굴절하다　infant 유아　fascinate 매혹시키다　conduction 전도　talented 재능 있는　recently 최근에　cicada 매미　nymph 유충　external 외부의　cue 신호

2006년 5월 교육청 01
Realizing / Realized some environmental crises, / South Korea is getting serious / about recycling. //

2007년 4월 교육청 02
There were more cats living / lived in Egypt / during the time of the pharaohs / than in any other place in the world. //

2009학년도 6월 평가원 03
Being born / was something done / doing to me, / but my own life began / when I first made out / the meaning of a sentence. //

2008년 7월 교육청 04
A few minutes later, / the court clerk usually shows a movie outlined / outlining what is going to happen / throughout the day / as the jury is chosen / for a particular trial. //

2009학년도 수능 05
All these things considering / considered , / it might be better / to ask for the services of a moving company. //

2009년 4월 교육청 06
Spending / Spent an enormous amount of computing time, / a robot might finally recognize the object / as a table. //

2010학년도 9월 평가원 07
Artificial as this process is, / this is what becomes our 'identity,' / an identity grounding / grounded on all the superficial differences / we distinguish between ourselves and others. //

2018학년도 6월 평가원 08
The trip was a rare liberating / liberated experience. // Kate felt / that all her concerns had melted away. //

2012년 3월 교육청 09
When installing / installed in a window frame, / the glass would be placed / thicker side down / for the sake of stability. //

2012년 7월 교육청 10
A similar phenomenon takes place / when we watch someone experiencing / experienced an emotion / and feel the same emotion in response. //

2018년 4월 교육청 11
Facing / Faced with a group of spear-wielding adversaries, / we needed to know instantly / whether there were more of them than us. //

2020학년도 6월 평가원 12
Political life is a branch of ethics, / so it is not surprised / surprising / that there are many philosophers / in the group of moralistic political thinkers. //

01 몇 가지 환경적 위기를 깨닫고 나서 / 한국은 심각히 고려하게 되었다 / 재활용에 대해 //

crisis(*pl.* crises) *n.* 위기
recycling   *n.* 재활용

02 이집트에는 더 많은 고양이가 살고 있었다 / 파라오 시대 동안 / 세계의 다른 어느 지역보다도 //

pharaoh   *n.* 파라오, 전제 군주

03 태어나게 되는 것은 / 나에게 가해진 무엇이지만 / 나 자신의 인생은 비로소 시작된 것이다 / 내가 처음 이해한 때에 / 문장의 의미를 //

make out   이해하다

04 몇 분 후에 / 법원의 서기는 보통 영상물을 보여준다 / 무슨 일이 일어나는지를 요약한 / 하루 동안 / 배심원이 선정될 때 / 특정한 재판을 위해 //

outline   *v.* 요약하다, 윤곽을 보여주다
throughout   *prep.* ~동안 내내, 줄곧
trial   *n.* 재판

05 이러한 모든 것들을 고려해 본다면 / 더 좋을 지도 모른다 / 이삿짐 회사에 부탁하는 것이 //

moving company 이삿짐 운송 회사

06 상당한 계산 시간을 보내고 난 후 / 로봇은 결국 그 물체를 인식하게 될 것이다 / 탁자로 //

enormous   *a.* 막대한
compute   *v.* 계산하다

07 이 과정이 인위적이기는 하지만 / 이것은 우리의 '개성'이 되며 / 이러한 개성은 모든 표면적인 차이점에 근거를 둔 것이다 / 우리가 우리 자신과 타인을 구별하는 //

artificial   *a.* 인위적인
identity   *n.* 개성
superficial   *a.* 표면적인

08 그 여행은 자유를 느끼게 해주는 드문 경험이었다 // Kate는 느꼈다 / 자신의 모든 걱정이 사라졌다고 //

rare   *a.* 드문
liberate   *v.* 해방시키다
melt away   녹아 없어지다

09 창틀에 설치될 때 / 유리는 설치되곤 했다 / 더 두꺼운 쪽을 아래로 / 안정성을 위해서 //

install   *v.* 설치하다
frame   *n.* 틀
for the sake of   ~을 위해서
stability   *n.* 안정성

10 비슷한 현상이 일어난다 / 우리가 감정을 경험하고 있는 누군가를 볼 때 / 그리고 이에 대해 같은 감정을 느낄 때 //

phenomenon   *n.* 현상
in response   대응하여

11 창을 휘두르는 적들과 직면했을 때 / 우리는 바로 알아야만 했다 / 우리보다 그들이 더 많은지를 //

be faced with   ~에 직면하다
spear   *n.* 창
wield   *v.* (무기·도구를) 휘두르다
adversary   *n.* (언쟁·전투에서) 상대방[적수]
instantly   *ad.* 바로, 즉각

12 정치적 삶은 윤리학의 한 분야이다 / 그렇기에 놀랍지 않다 / 철학자가 많다는 것은 / 도덕주의적 사상가들 집단에 //

branch   *n.* 분야
ethics   *n.* 윤리학
moralistic   *a.* 도덕주의적인

1 다음 글의 밑줄 친 부분 중, 어법상 틀린 것은?
• 2021년 10월 교육청   난이도 상

According to its dictionary definition, an anthem is both a song of loyalty, often to a country, and a piece of 'sacred music', definitions that are both applicable in sporting contexts. This genre is dominated, although not exclusively, by football and has produced a number of examples ① where popular songs become synonymous with the club and are enthusiastically adopted by the fans. More than this they are often spontaneous expressions of loyalty and identity and, according to Desmond Morris, have 'reached the level of something ② approached a local art form'. A strong element of the appeal of such sports songs ③ is that they feature 'memorable and easily sung choruses in which fans can participate'. This is a vital part of the team's performance ④ as it makes the fans' presence more tangible. This form of popular culture can be said ⑤ to display pleasure and emotional excess in contrast to the dominant culture which tends to maintain 'respectable aesthetic distance and control'.

*synonymous: 밀접한 연관을 갖는   **tangible: 확실한

다시보기 ▶ 다시 볼 문제 체크✓하고 틀린 이유 메모하기

2 다음 글의 밑줄 친 부분 중, 어법상 틀린 것은?
• 2007년 10월 교육청   난이도 중상

The walls on either side of the front window ① are lined with pictures from her father's job. He had worked with cameras at the Space Center, and after each big launch he was given photographs, framed in thin black metal, ② which hung like award certificates all over the living room: trios of smiling, orange-suited astronauts; the enormous building ③ where they constructed the rockets; silver capsules ④ drifting down over the ocean beneath orange-and-white-striped parachutes. Above the television is a large picture of Neil Armstrong standing on the surface of the moon and ⑤ salutes a stiff American flag.

다시보기 ▶ 다시 볼 문제 체크✓하고 틀린 이유 메모하기

3 다음 글의 밑줄 친 부분 중, 어법상 틀린 것은?
• 고2 2019년 11월 교육청   난이도 중상

There is a reason why so many of us are attracted to recorded music these days, especially considering personal music players are common and people are listening to music through headphones a lot. Recording engineers and musicians have learned to create special effects that tickle our brains by exploiting neural circuits that evolved ① to discern important features of our auditory environment. These special effects are similar in principle to 3-D art, motion pictures, or visual illusions, none of ② which have been around long enough for our brains to have evolved special mechanisms to perceive them. Rather, 3-D art, motion pictures, and visual illusions leverage perceptual systems that ③ are in place to accomplish other things. Because they use these neural circuits in novel ways, we find them especially ④ interested. The same is true of the way ⑤ that modern recordings are made.

*auditory: 청각의   **leverage: 이용하다

다시보기 ▶ 다시 볼 문제 체크✓하고 틀린 이유 메모하기

4 (A), (B), (C) 각 네모 안에서 어법에 맞는 표현을 골라, 짝지은 것을 고르시오.
• 2005학년도 수능   난이도 상

(A) Situating / Situated at an elevation of 1,350m, the city of Kathmandu, which looks out on the sparkling Himalayas, enjoys a warm climate year-round that makes (B) living / to live here pleasant. Kathmandu sits almost in the middle of a basin, forming a square about 5km north-south and 5km east-west. It was the site of the ancient kingdom of Nepal. It is now the capital of Nepal and, as such, the center of (C) its / it's government, economy, and culture.

	(A)		(B)		(C)
①	Situated	…	living	…	its
②	Situated	…	to live	…	its
③	Situated	…	living	…	it's
④	Situating	…	to live	…	it's
⑤	Situating	…	living	…	it's

다시보기 ▶ 다시 볼 문제 체크✓하고 틀린 이유 메모하기

5 다음 글의 밑줄 친 부분 중, 어법상 **틀린** 것은?

· 2014년 10월 교육청 난이도 중하

In most wilderness, the majority of groups ① visiting the area are small — usually between two and four people. But large groups do visit wilderness, and their potential to disturb campsites differs from ② that of small groups. Although the effect of party size on campsites has never been formally studied, it makes sense that a large group can cause impacts on an undisturbed site more ③ rapidly than a small group. For example, along the New River in West Virginia, the area of vegetation loss on sites used by large commercial rafting companies ④ were more than four times larger than the area on sites used by small groups of fishermen. At well-established campsites, however, a big group need not be a problem, as long as activities are ⑤ confined within the boundaries of the existing site.

다시보기 ▶ 다시 볼 문제 체크✓하고 틀린 이유 메모하기

6 다음 글의 밑줄 친 부분 중, 어법상 **틀린** 것은?

· 2016학년도 수능 난이도 중

The Greeks' focus on the salient object and its attributes led to ① their failure to understand the fundamental nature of causality. Aristotle explained that a stone falling through the air is due to the stone having the property of "gravity." But of course a piece of wood ② tossed into water floats instead of sinking. This phenomenon Aristotle explained as being due to the wood having the property of "levity"! In both cases the focus is ③ exclusively on the object, with no attention paid to the possibility that some force outside the object might be relevant. But the Chinese saw the world as consisting of continuously interacting substances, so their attempts to understand it ④ causing them to be oriented toward the complexities of the entire "field," that is, the context or environment as a whole. The notion ⑤ that events always occur in a field of forces would have been completely intuitive to the Chinese.

*salient: 현저한, 두드러진 **levity: 가벼움

다시보기 ▶ 다시 볼 문제 체크✓하고 틀린 이유 메모하기

7 다음 글의 밑줄 친 부분 중, 어법상 **틀린** 것은?

· 2017학년도 수능 난이도 중

When people face real adversity — disease, unemployment, or the disabilities of age — affection from a pet takes on new meaning. A pet's continuing affection becomes crucially important for ① those enduring hardship because it reassures them that their core essence has not been damaged. Thus pets are important in the treatment of ② depressed or chronically ill patients. In addition, pets are ③ used to great advantage with the institutionalized aged. In such institutions it is difficult for the staff to retain optimism when all the patients are declining in health. Children who visit cannot help but remember ④ what their parents or grandparents once were and be depressed by their incapacities. Animals, however, have no expectations about mental capacity. They do not worship youth. They have no memories about what the aged once ⑤ was and greet them as if they were children. An old man holding a puppy can relive a childhood moment with complete accuracy. His joy and the animal's response are the same.

다시보기 ▶ 다시 볼 문제 체크✓하고 틀린 이유 메모하기

8 다음 글의 밑줄 친 부분 중, 어법상 **틀린** 것은?

· 2018학년도 9월 평가원 난이도 하

The lack of real, direct experience in and with nature has caused many children to regard the natural world as mere abstraction, that fantastic, beautifully filmed place ① filled with endangered rainforests and polar bears in peril. This overstated, often fictionalized version of nature is no more real — and yet no less real — to them than the everyday nature right outside their doors, ② waits to be discovered in a child's way, at a child's pace. Consider the University of Cambridge study which found that a group of eight-year-old children was able to identify ③ substantially more characters from animations than common wildlife species. One wonders whether our children's inherent capacity to recognize, classify, and order information about their environment — abilities once essential to our very survival — is slowly devolving to facilitate life in ④ their increasingly virtualized world. It's all part of ⑤ what Robert Pyle first called "the extinction of experience."

*peril: 위험 **devolve: 퇴화하다

다시보기 ▶ 다시 볼 문제 체크✓하고 틀린 이유 메모하기

Speculations about the meaning and purpose of prehistoric art ①rely heavily on analogies drawn with modern-day hunter-gatherer societies. Such primitive societies, ②as Steven Mithen emphasizes in *The Prehistory of the Modern Mind*, tend to view man and beast, animal and plant, organic and inorganic spheres, as participants in an integrated, animated totality. The dual expressions of this tendency are *anthropomorphism* (the practice of regarding animals as humans) and *totemism* (the practice of regarding humans as animals), both of ③which spread through the visual art and the mythology of primitive cultures. Thus the natural world is conceptualized in terms of human social relations. When considered in this light, the visual preoccupation of early humans with the nonhuman creatures ④inhabited their world becomes profoundly meaningful. Among hunter-gatherers, animals are not only good to eat, they are also *good to think about*, as Claude Lévi-Strauss has observed. In the practice of totemism, he has suggested, an unlettered humanity "broods upon ⑤itself and its place in nature."

*speculation: 고찰 **analogy: 유사 ***brood: 곰곰이 생각하다

다시보기 ▶ 다시 볼 문제 체크✓하고 틀린 이유 메모하기

Mental representation is the mental imagery of things that are not actually present to the senses. In general, mental representations can help us learn. Some of the best evidence for this ①comes from the field of musical performance. Several researchers have examined ②what differentiates the best musicians from lesser ones, and one of the major differences lies in the quality of the mental representations the best ones create. When ③practicing a new piece, advanced musicians have a very detailed mental representation of the music they use to guide their practice and, ultimately, their performance of a piece. In particular, they use their mental representations to provide their own feedback so that they know how ④closely they are to getting the piece right and what they need to do differently to improve. The beginners and intermediate students may have crude representations of the music ⑤that allow them to tell, for instance, when they hit a wrong note, but they must rely on feedback from their teachers to identify the more subtle mistakes and weaknesses.

*crude: 투박한

다시보기 ▶ 다시 볼 문제 체크✓하고 틀린 이유 메모하기

⏱ 종료시각   시   분   초

1 아래 채점표에 내가 답한 것을 적은 다음 채점한다.(틀린 문제에만 '✓' 표시를 한다.)

문항번호	1	2	3	4	5	6	7	8	9	10
내가쓴답										
채점										

2 틀렸거나 찍어서 맞힌 문제는 다시 푼다.
3 2차 채점을 할 때 다시 풀어서 맞힌 문항은 △, 또 틀린 문항은 ✗ 표시를 한다.
4 △와 ✗ 문항은 반드시 다시보고 틀린 이유를 알고 넘어간다.

☑ 채점 결과 DAY3 반드시 체크해서 복습 때 활용할 것

1차채점		2차채점	
총 문항수	10개	△ 문항수	개
틀린 문항수	개	✗ 문항수	개

1 (A), (B), (C)의 각 네모 안에서 어법에 맞는 표현으로 가장 적절한 것은?

• 2013학년도 9월 평가원 난이도 중

Remember what it was like to report on a daily deadline for the first time? Or to interview a city official for the first time? Or to begin to maneuver a desktop publishing program? We know that the journalism program at our college was a source of (A) many / much of these firsts for you. We're still providing these important first experiences to budding young writers and editors. And we're hoping you'll be willing to help these students make it through the program. As you know, the costs of providing first-rate education just keep going up. We've done everything we can (B) contain / to contain costs without compromising quality. One of those things is to set up a scholarship fund for students with special financial needs. We hope you would consider contributing generously to our fund. You'll get a great feeling (C) known / knowing you're helping support the formation of future leaders in the profession.

	(A)		(B)		(C)
①	many	…	contain	…	known
②	many	…	contain	…	knowing
③	many	…	to contain	…	knowing
④	much	…	contain	…	knowing
⑤	much	…	to contain	…	known

🖉

나의 풀이

(A)

(B)

(C)

위와 같은 이유로, 나의 정답은 ◯ 입니다.

실제 풀이

정답은 ⬤ 입니다. 그 이유를 적어 보면,

(A)

(B)

(C)

2 다음 글의 밑줄 친 부분 중, 어법상 틀린 것은?

• 2018년 10월 교육청 난이도 상

The Internet allows information to flow more ① freely than ever before. We can communicate and share ideas in unprecedented ways. These developments are revolutionizing our self-expression and enhancing our freedom. But there's a problem. We're heading toward a world ② where an extensive trail of information fragments about us will be forever preserved on the Internet, displayed instantly in a search result. We will be forced to live with a detailed record ③ beginning with childhood that will stay with us for life wherever we go, searchable and accessible from anywhere in the world. This data can often be of dubious reliability; it can be false; or it can be true but deeply ④ humiliated. It may be increasingly difficult to have a fresh start or a second chance. We might find ⑤ it harder to engage in self-exploration if every false step and foolish act is preserved forever in a permanent record.

*dubious: 의심스러운

🖉

나의 풀이

①

②

③

④

⑤

위와 같은 이유로, 나의 정답은 ◯ 입니다.

실제 풀이

정답은 ⬤ 입니다. 그 이유를 적어 보면,

①

②

③

④

⑤

DAY 4

동명사와 (to)부정사

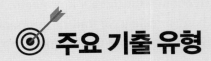 **주요 기출 유형**

1) 동명사, to부정사

2) 목적격보어 역할을 하는 (to)＋동사원형

3) 전치사 "to"와 to부정사 "to" 구별

4) 목적어로 to부정사만, 동명사만, 혹은 둘 다 취하는 동사

빈출도 상

1 **동명사, to부정사**

둘 다 명사구로 쓰이면 문장의 주어, 목적어, 보어 역할을 할 수 있다. 특히 주어로 사용되는 경우, 동사는 항상 단수가 된다.

주어

①-1 Giving people the latitude and flexibility / to use their
　　동명사(주어)
judgment and apply their talents / rapidly accelerates progress. //
　　　　　　　　　　　　　　　　　　　　　　　　동사(단수)

사람들에게 자유와 융통성을 주는 것은 / 그들의 판단력을 사용하고 그들의 재능을 적용할 / 일의 진척을 빠르게 촉진한다 //

①-2 To be courageous / under all circumstances / requires strong
　　to부정사구(주어)　　　　　　　　　　　　　　　　　동사(단수)
determination. //

용감해지는 것은 / 모든 상황에서 / 강한 결단력을 요구한다 //

목적어

②-1 Even more serious examples / include describing rotting
　　　　　　　　　　　　　　　　　　　　동명사(목적어)
slums / as 'substandard housing.' //

훨씬 더 심각한 사례들은 / 다 쓰러져 가는 빈민가를 묘사하는 것을 포함한다 / '수준 이하의 주택'이라고 //

②-2 He decided to take a shortcut to a friend's house / by walking
　　　　　　　to부정사(목적어)
across the semi-frozen lake. //

그는 지름길로 한 친구의 집으로 가기로 마음먹었다 / 반쯤 언 호수를 가로질러 //

보어

③ The way around this / is to see / that habits are responses to
　　　　　　　　　　　　　　to부정사(보어)
needs. //

이것을 벗어나는 길은 / 아는 것이다 / 습관이 요구에 대한 반응임을 //

---

1 latitude 자유　　flexibility 유연성, 융통성　　judgment 판단(력)　　accelerate 가속하다　　courageous 용감한　　circumstance 상황　　determination 결단(력)　　rot 부패하다　　slum 빈민가
substandard 수준 이하의　　shortcut 지름길　　semi-frozen 반쯤 언

2 목적격보어 역할을 하는 (to) ⊕ 동사원형

5형식 타동사는 목적어와 목적격보어를 취한다. 특히 동사가 지각·사역동사일 때, 목적어와 목적격보어가 수동 관계이면 「지각·사역동사 + O + O·C(과거분사)」, 능동 관계이면 「사역동사 + O + O·C(동사원형)」, 「지각동사 + O + O·C(동사원형/현재분사)」의 형식을 취한다.

5형식
① What <u>makes</u> <u>a person</u> really <u>attractive</u>?
　　　 동사　　 목적어　　　 목적격보어(형용사)

한 사람을 진실로 매력적이게 하는 것은 무엇인가?

지각동사
② As individuals can <u>sense</u> / <u>the wave</u> <u>coming</u> toward them, /
　　　　　　　　　　 지각동사　 목적어　 목적격보어(현재분사)
they are ready to react more quickly / than they would
without such advance notice. //

개체들은 감지할 수 있기 때문에 / 파장이 그들에게 다가오는 것을 / 그들은 보다 빠르게 반응하기 쉽다 / 그런 사전 통지가 없을 때보다 //

사역동사
③ Don't <u>let</u> <u>the fear of making the wrong decision</u> / <u>prevent</u>
　　　 사역동사　　　　　　 목적어　　　　　　 목적격보어(동사원형)
you from making any decision at all. //

잘못된 결정을 내리는 것에 대한 두려움이 ~하게 하지 마라 / 당신이 아무런 결정도 내리지 못하도록 막게 //

3 전치사 "to"와 to부정사 "to" 구별

문장에서 전치사 다음에는 대체로 동명사나 명사(구)가 오지만, to부정사의 to 다음에는 동사원형이 온다. 그러므로 문장에 to가 나오고 밑줄이 그어진 경우, 전치사 "to"와 to부정사의 "to"를 구별해야 한다.

전치사 "to"	in addition to(~이외에), object to(~에 반대하다), be accustomed to(~하는 데 익숙해지다), look forward to(~를 고대하다), contribute to(~에 기여하다), be opposed to(~에 반대하다)
to부정사의 "to"	afford to(~할 여유가 있다), attempt to(~을 시도하다), be likely[unlikely] to(~할 것 같다[같지 않다]), be about to(막 ~하려고 하다), tend to(~하는 경향이 있다), have no choice but to(~할 수 밖에 없다)

① In addition <u>to</u> its <u>being</u> a beneficial cardiovascular exercise, /
　　　　　　 전치사　 동명사
Double Dutch also improves coordination and quickness. //

유익한 심장 혈관 운동일 뿐만 아니라, / Double Dutch는 조정능력과 민첩성도 향상시킨다 //

② This is all <u>to</u> <u>do</u> / with finding simple solutions / to our daily
　　　　　 to부정사의 "to" 동사원형
communication problems. //

이것이 해야 할 전부이다 / 간단한 해결책을 찾기 위해 / 우리의 일상적인 의사소통 문제에 대한 //

③ I look forward <u>to</u> <u>hearing</u> from you / as soon as possible. //
　　　　　　　 전치사　 동명사

답을 받기를 고대합니다 / 가능한 한 빨리 //

④ A choice of works / from the mainstream repertory / is
unlikely <u>to</u> <u>surprise</u> people. //
　　　 to부정사의 "to"　 동사원형

작품을 선택하는 것은 / 주요 레퍼토리에서 / 사람들을 놀라게 할 것 같지는 않다 //

---

2 sense 감지하다　　advance 사전의　　prevent 막다　3 beneficial 유익한　　cardiovascular 심혈관의　　coordination 조정능력　　mainstream (사상·견해 등의) 주류[대세]

4 목적어로 to부정사만, 동명사만, 혹은 둘 다 취하는 동사

to부정사	want, hope, wish, expect, promise, afford, decide, refuse
동명사	finish, enjoy, avoid, admit, deny, mind, give up, *stop
to부정사와 동명사 둘 다	begin, start, continue, like, love, hate, prefer, attempt, *remember, *forget, *regret

* stop은 동명사만을 목적어로 취하며, to부정사가 오는 경우 목적어가 아닌 to부정사의 부사적 용법(목적)에 해당
* remember, forget, regret은 to부정사, 동명사 둘 다 목적어로 취하지만 목적어의 형태에 따라 의미 변화가 있음
「remember/forget + to부정사」: '~할 것을(미래) 기억하다/잊다' / 「remember/forget + 동명사」: '~했던 것을(과거) 기억하다/잊다'
「regret+to부정사」: '~하게 되어(미래) 유감이다' / 「regret + 동명사」: '~한 것을(과거) 후회하다'

① When people <u>started</u> <u>to plant</u> stored seed stock deliberately, /
　　　　　　　　start　　　to부정사
they also <u>began</u> <u>protecting</u> their plants. //
　　　　　begin　　　동명사

사람들이 의도적으로 저장된 종자를 심기 시작했을 때 / 그들은 또한 자신들의 식물들을 보호하기 시작했다 //

② ┌ She <u>forgot</u> / <u>to turn</u> off the gas range. //
　　　　forget　　　to부정사(미래)

그녀는 잊었다 / 가스레인지를 끄는 것을 //

　└ She <u>forgot</u> / <u>turning</u> off the gas range. //
　　　forget　　　동명사(과거)

그녀는 잊어버렸다 / 가스레인지를 껐다는 것을 //

③ ┌ She <u>stopped</u> / <u>to say hello</u> / to her friends. //
　　　　stop　　　　to부정사

그녀는 멈추었다 / 인사를 하려고 / 친구들에게 //

　└ Individuals and teams, / competing with each other, /
　 <u>stopped</u> <u>sharing</u> information. //
　　stop　　동명사

개인과 팀들은 / 서로 경쟁하며, / 정보 공유를 중지했다 //

개념확인 TEST

<u>밑줄 친 부분이 맞으면 ○표시를 하고, 틀리면 바르게 고치시오.</u>

1 ＿＿＿＿＿＿ To require perfection <u>is</u> to invite paralysis.

2 ＿＿＿＿＿＿ As soon as they see up close, they stop <u>to be</u> far-sighted.

3 ＿＿＿＿＿＿ Guys lost on unfamiliar streets often avoid <u>asking</u> for directions from locals.

4 ＿＿＿＿＿＿ That made Mom <u>to laugh</u> even more and soon the little cabin was full of love and laughter.

5 ＿＿＿＿＿＿ The customer service representatives in an electronics firm under major restructuring were told they had to begin selling service contracts for their equipment in addition <u>to install</u> and repairing them.

---

4 plant 심다　seed stock 종자　deliberately 의도적으로　compete with ~와 경쟁하다　TEST perfection 완벽　paralysis 마비　far-sighted 원시안적인, 선견지명이 있는　cabin 오두막
laughter 웃음　representative 대표　restructuring 구조 조정　contract 계약　equipment 장비, 설비　install 설치하다

2019학년도
9월 평가원 **01**
She couldn't remember / ever to be / being so exhausted. //

2006학년도
6월 평가원 **02**
In a survey / published earlier this year, / seven out of ten parents said / they would never let their children play / to play with toy guns. //

2007년
3월 교육청 **03**
It covered every situation, / from constructing boats, huts, and tents in a hurry / to catching / catch fish without a line. //

2007학년도
6월 평가원 **04**
We tend to believe / that our taste in music is a great way / of expressing / expressive our individuality. //

2007학년도
9월 평가원 **05**
Not only does this enable us to choose / our response to particular circumstances, / but this encourages us to create / creating circumstances. //

2008년
3월 교육청 **06**
She saw an anxious expression / suddenly come / to come over the driver's face. //

2008년
3월 교육청 **07**
She had a very good voice, / except that some of her high notes tended to sound like a gate / which someone had forgotten oiling / to oil . //

2009년
7월 교육청 **08**
In China / it has never been rare for emperors to paint, / but Huizong took it so seriously / that the entire Northern Song Dynasty is thought to fall / to have fallen because of it. //

2010년
4월 교육청 **09**
Through his one act / he probably saved her financial life, / yet he refused to receive / receiving praise. //

2017학년도
6월 평가원 **10**
To help avoid committing / to commit these errors, / engage in perception checking, / which means that we consider a series of questions / to confirm or challenge our perceptions of others and their behaviors. //

2018년
4월 교육청 **11**
In fact, / humans who do not have numbers / have no choice but seeing / to see the world / in this way. //

2021학년도
9월 평가원 **12**
After the Wars ended, / the government stopped buying / to buy his boots / and he went out of business. //

01 그녀는 기억나지 않았다 / 여태껏 그렇게 지친 적이 있었는지 //

exhausted	a. 지친, 소진된

02 한 조사에서 / 올해 초에 발표된 / 10명의 부모 중 7명이 말했다 / 그들은 그들의 아이들이 장난감 총을 가지고 놀지 못하게 하겠다고 //

survey	n. 조사
published	a. 발표된, 출판된

03 그것은 모든 상황을 다루었다 / 급히 보트, 오두막, 텐트 등을 만드는 것부터 / 낚싯줄 없이 물고기를 잡는 것까지 //

cover	v. 다루다
construct	v. 만들다

04 우리는 믿는 경향이 있다 / 우리의 음악적 취향이 좋은 방법이라고 / 우리의 개성을 표현하는 //

tend to + 동사원형	~하는 경향이 있다
individuality	n. 개성

05 이는 우리로 하여금 선택할 수 있게 해줄 뿐 아니라 / 특정 상황에 대한 우리의 반응을 / 이것은 우리로 하여금 상황을 창조하도록 장려하기도 한다 //

particular	a. 특정한
circumstance(s)	n. 상황

06 그녀는 걱정스런 표정을 보았다 / 운전자의 얼굴에 갑자기 떠오르는 //

anxious	a. 걱정스러운

07 그녀는 아주 좋은 목소리를 가졌다 / 일부 고음 부분이 문과 같은 소리가 나는 경향이 있는 것을 제외하면 / 누군가 기름칠하는 것을 잊어버린 //

note	n. 음(音)
sound	v. 소리가 나다
oil	v. 기름을 칠하다

08 중국에서는 / 황제가 그림을 그리는 것이 결코 드물지 않은 일이었으나 / Huizong은 이것을 너무 진지하게 받아들여 / 이로 인해 북송조 전체가 붕괴했다고 여겨진다 //

emperor	n. 황제
entire	a. 전체의
dynasty	n. 왕조

09 그의 하나의 행동을 통해 / 그는 아마도 그녀의 경제적 삶을 구해냈다 / 그러나 그는 찬사받는 것을 거부했다 //

financial	a. 경제적인
praise	n. 찬사

10 이러한 잘못을 저지르는 것을 피하는 데 도움을 주기 위해서 / 인식 점검을 해 보아라 / 그리고 그것은 우리가 일련의 질문을 깊이 생각한다는 것을 의미한다 / 다른 사람들과 그들의 행동에 대한 우리의 인식을 확인하거나 반박하기 위하여 //

commit	v. 저지르다[범하다]
engage in	~에 관여[참여]하다
a series of	일련의
confirm	v. 확인하다

11 사실 / 수를 가지고 있지 않은 사람들은 / 세상을 바라볼 수밖에 없다 / 이런 방식으로 //

have no choice but to-V	~할 수 밖에 없다
way	n. 방식

12 전쟁이 끝난 후 / 정부는 멈췄다 / 그의 부츠를 사는 것을 / 그리고 그는 파산했다 //

go out of business	파산하다

1 (A), (B), (C)의 각 네모 안에서 어법에 맞는 표현을 골라 짝지은 것은?   · 2003년 10월 교육청 난이도 상

Electric cars have several limitations that reduce their popularity. Some of these disadvantages are (A) that / what the autos are expensive, are relatively slow, and (B) require / requiring constant recharging. Most electric cars can travel efficiently at no more than 45 miles per hour and need to (C) recharge / be recharged every 60 miles. The average cost for acquiring an electric car is more than $15,000.

	(A)		(B)		(C)
①	that	…	require	…	recharge
②	that	…	requiring		be recharged
③	that	…	require		be recharged
④	what	…	requiring	…	recharge
⑤	what	…	require	…	recharge

다시보기   ▶ 다시 볼 문제 체크✓하고 틀린 이유 메모하기

2 (A), (B), (C)의 각 네모 안에서 어법에 맞는 표현을 골라 짝지은 것으로 가장 적절한 것은?   · 2006학년도 수능 난이도 상

On most subway trains, the doors open automatically at each station. But when you are on the Métro, the subway in Paris, things are different. I watched a man on the Métro (A) try / tried to get off the train and fail. When the train came to his station, he got up and stood patiently in front of the door, waiting for it (B) opened / to open . It never opened. The train simply started up again and went on to the next station. In the Métro, you have to open the doors yourself by pushing a button, depressing a lever or (C) slide / sliding them.

	(A)		(B)		(C)
①	try	…	opened	…	sliding
②	try	…	opened	…	slide
③	try	…	to open	…	sliding
④	tried	…	to open	…	slide
⑤	tried	…	opened	…	sliding

다시보기   ▶ 다시 볼 문제 체크✓하고 틀린 이유 메모하기

3 다음 글의 밑줄 친 부분 중, 어법상 틀린 것은?   · 2008학년도 6월 평가원 난이도 상

College life is busy. There are too many demands on your schedule. Activities, friends, and pastimes may cause some difficulties in your ① performing the real job at hand. When you are feeling ② overwhelmed by presentations, paper deadlines, or tests, you will probably spend all your time studying ③ to deal with these pressures. However, this lack of time for relaxation makes it more difficult ④ get the most out of your studies. Promise ⑤ yourself that no matter how much work you have, you will always relax during one full evening. You will work better if you take time off for relaxation.

다시보기   ▶ 다시 볼 문제 체크✓하고 틀린 이유 메모하기

The word 'courage' takes on added meaning if you keep in mind that it is derived from the Latin word 'cor' ① meaning 'heart.' The dictionary defines courage as a 'quality which enables one to pursue a right course of action, through ② which one may provoke disapproval, hostility, or contempt.' Over 300 years ago La Rochefoucauld went a step further when he said: "Perfect courage is to do unwitnessed what we should be capable of doing before all men." It is not easy ③ to show moral courage in the face of either indifference or opposition. But persons who are daring in taking a wholehearted stand for truth often ④ achieving results that surpass their expectations. On the other hand, halfhearted individuals are seldom distinguished for courage even when it involves ⑤ their own welfare. To be courageous under all circumstances requires strong determination.

다시보기   ▶ 다시 볼 문제 체크✓하고 틀린 이유 메모하기

Recognizing ethical issues is the most important step in understanding business ethics. An ethical issue is an identifiable problem, situation, or opportunity that requires a person to choose from among several actions that may ① be evaluated as right or wrong, ethical or unethical. ② Learn how to choose from alternatives and make a decision requires not only good personal values, but also knowledge competence in the business area of concern. Employees also need to know when to rely on their organizations' policies and codes of ethics or ③ have discussions with co-workers or managers on appropriate conduct. Ethical decision making is not always easy because there are always gray areas ④ that create dilemmas, no matter how decisions are made. For instance, should an employee report on a co-worker engaging in time theft? Should a salesperson leave out facts about a product's poor safety record in his presentation to a customer? Such questions require the decision maker to evaluate the ethics of his or her choice and decide ⑤ whether to ask for guidance.

다시보기   ▶ 다시 볼 문제 체크✓하고 틀린 이유 메모하기

The 'Merton Rule' was devised in 2003 by Adrian Hewitt, a local planning officer in Merton, southwest London. The rule, which Hewitt created with a couple of colleagues and persuaded the borough council to pass, ① was that any development beyond a small scale would have to include the capacity to generate ten percent of that building's energy requirements, or the developers would be denied permission ② to build. The rule sounded sensible and quickly caught on, with over a hundred other local councils ③ followed it within a few years. In London, the mayor at the time, Ken Livingstone, introduced 'Merton Plus,' which raised the bar to twenty percent. The national government then introduced the rule more ④ widely. Adrian Hewitt became a celebrity in the small world of local council planning, and Merton council started winning awards for ⑤ its environmental leadership.

*raise the bar: 기준을 높이다

다시보기 ▶ 다시 볼 문제 체크✓하고 틀린 이유 메모하기

Oxygen is what it is all about. Ironically, the stuff that gives us life eventually kills it. The ultimate life force lies in tiny cellular factories of energy, called mitochondria, ① that burn nearly all the oxygen we breathe in. But breathing has a price. The combustion of oxygen that keeps us alive and active ② sending out by-products called oxygen free radicals. They have Dr. Jekyll and Mr. Hyde characteristics. On the one hand, they help guarantee our survival. For example, when the body mobilizes ③ to fight off infectious agents, it generates a burst of free radicals to destroy the invaders very efficiently. On the other hand, free radicals move ④ uncontrollably through the body, attacking cells, rusting their proteins, piercing their membranes and corrupting their genetic code until the cells become dysfunctional and sometimes give up and die. These fierce radicals, ⑤ built into life as both protectors and avengers, are potent agents of aging.

다시보기 ▶ 다시 볼 문제 체크✓하고 틀린 이유 메모하기

⏱ 종료 시각　　시　　　분　　　초

1 아래 채점표에 내가 답한 것을 적은 다음 채점한다. (틀린 문제에만 '✓' 표시를 한다.)

문항번호	1	2	3	4	5	6	7
내가쓴답							
채점							

2 틀렸거나 찍어서 맞힌 문제는 다시 푼다.
3 2차 채점을 할 때 다시 풀어서 맞힌 문항은 △, 또 틀린 문항은 ✗ 표시를 한다.
4 △와 ✗ 문항은 반드시 다시 보고 틀린 이유를 알고 넘어간다.

☑ 채점 결과 DAY4 　반드시 체크해서 복습 때 활용할 것

1차채점		2차채점	
총 문항수	7개	△ 문항수	개
틀린 문항수	개	✗ 문항수	개

아래 기출 문제를 읽고
오른쪽에 답과 풀이과정을 적어봅시다.

1 다음 글의 밑줄 친 부분 중, 어법상 틀린 것은?

• 2009학년도 수능 난이도 중하

You may think that moving a short distance is so easy that you can do it in no time with ① little effort. You may decide to use your own car because you think that you don't need the services of a moving company. Well, you might be wrong. You are under the false impression that you do not have as many items to pack as you really ② do. You find out ③ too late that your car cannot carry as much as you thought it could. So, it takes you far more trips to your new home than you thought it would. There is also the possibility of ④ damage your stuff, some of it valuable. All these things ⑤ considered, it might be better to ask for the services of a moving company.

나의 풀이

① _____

② _____

③ _____

④ _____

⑤ _____

위와 같은 이유로, 나의 정답은 ◯ 입니다.

실제 풀이

정답은 ◯ 입니다. 그 이유를 적어 보면,

① _____

② _____

③ _____

④ _____

⑤ _____

2 다음 글의 밑줄 친 부분 중, 어법상 틀린 것은?

• 2014학년도 수능 난이도 중

I hope you remember our discussion last Monday about the servicing of the washing machine ① supplied to us three months ago. I regret to say the machine is no longer working. As we agreed during the meeting, please send a service engineer as soon as possible to repair it. The product warranty says ② that you provide spare parts and materials for free, but charge for the engineer's labor. This sounds ③ unfair. I believe the machine's failure is caused by a manufacturing defect. Initially, it made a lot of noise, and later, it stopped ④ to operate entirely. As it is wholly the company's responsibility to correct the defect, I hope you will not make us ⑤ pay for the labor component of its repair.

나의 풀이

① _____

② _____

③ _____

④ _____

⑤ _____

위와 같은 이유로, 나의 정답은 ◯ 입니다.

실제 풀이

정답은 ◯ 입니다. 그 이유를 적어 보면,

① _____

② _____

③ _____

④ _____

⑤ _____

DAY 5

관계대명사와 관계부사

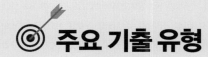 주요 기출 유형

1) 관계대명사＋불완전한 절

2) 관계대명사 that vs. 관계대명사 what

3) 관계부사＋완전한 절

4) 전치사＋관계대명사

5) 관계대명사 "that"이 선호되는 경우

빈출도 상

1 관계대명사 ⊕ 불완전한 절

관계대명사는 뒤에 불완전한 절을 이끌며, 관계절에서의 역할에 따라 주격, 목적격, 소유격으로 구별된다.

구분		주격(뒤에 주어 없는 절)	목적격(뒤에 목적어 없는 절)	소유격(선행사의 소유격)
선행사	사람	who/that	whom/that	whose
	사물	which/that	which/that	

① The animals / who prey on zebras / are busiest / during the
　　선행사　　　관계대명사(주격)
cool hours / of sunrise and sunset. //

짐승들은 / 얼룩말을 먹이로 하는 / 가장 바쁘다 / 선선한 시간 동안 / 해돋이와 해질녘의 //

② In the story, / the fox and the cat discuss / how many ways
they have to escape their hunters. // Cat quickly climbs a
tree. // Fox, on the other hand, / begins to analyze all the
　　　　　　　　　　　　　　　　　　　　　　　　　　선행사
ways to escape / that he knows.
　　　　　　　　관계대명사(목적격)

그 이야기에서 / 여우와 고양이는 논한다 / 그들이 사냥꾼에게서 도망칠 방법이 얼마나 있는지 // 고양이는 재빨리 나무를 오른다 // 대조적으로 여우는 / 모든 탈출 방법을 분석하기 시작한다 / 자기가 아는 //

③ The Friendship Line is a 24-hour hotline / whose volunteers
　　　　　　　　　　　　선행사　　　　　관계대명사(소유격)
reach out to seniors / struggling with their mental health. //

Friendship Line은 24시간 상담 전화다 / (그곳의) 자원봉사자들이 어르신들에게 다가가는 / 정신 건강 (문제)로 고생 중인 //

빈출도 상

2 관계대명사 that vs. 관계대명사 what

'that vs. what'은 '현재분사 vs. 과거분사'와 1, 2위를 다투는 역대 최다 출제 포인트이다. 접속사 that까지 함께 잘 비교해둔다.

구분	앞구조	뒷구조
관계대명사 that	선행사 O	불완전한 문장
관계대명사 what	선행사 X	불완전한 문장
접속사 that	선행사 X	완전한 문장

① You'll be asked to identify the person / that you saw among
　　　　　　　　　　　　　　　　선행사　　관계대명사　불완전한 절
a number of people / from behind a one-way mirror. //

당신은 사람을 식별하도록 요청을 받을 것이다 / 많은 사람들 중에 당신이 본 / 편 방향 투시 거울 뒤에 있는 //

② The earliest map is thought to have been made / in 7000 B.C. /
in an ancient city / that was in what is now present day Turkey. //
　　　　　　　　　　　　　　관계대명사　　　　불완전한 절

최초의 지도는 만들어졌다고 생각된다 / 기원전 7000년에 / 고대 도시에서 / 현재의 터키인 곳에 있었던 //

---

1 escape 탈출하다　hotline (직통) 상담 전화　reach out to ~에 다가가다　struggle with ~로 고생하다　2 identify 식별하다　ancient 고대의

3 관계부사 ⊕ 완전한 절

관계부사 뒤에는 완전한 절이 오며, 관계부사 앞의 선행사를 생략하거나 관계부사를 생략할 수 있다. 단, how는 the way와 함께 쓰일 수 없으며, 한 문장 내에서 관계부사 when, why는 자주 생략되나 where는 거의 그대로 쓴다.

① A boy entered a coffee shop / where I worked as a waitress. //
　　　　　　　　　　선행사　　　　관계부사　　　　　　완전한 절

> 한 소년이 커피숍에 들어왔다 / 내가 종업원으로 일하는 //

② Confirmation bias is a term for the way / (how 생략) the mind
　　　　　　　　　　　　　　　　　선행사
systematically avoids confronting contradiction. //
완전한 절

> 확증 편향은 방식에 대한 용어이다 / 정신이 모순에 직면하는 것을 체계적으로 회피하는 //

4 전치사 + 관계대명사

「전치사+관계대명사」는 관계부사와 마찬가지로 뒤에 완전한 문장이 온다. 본래 「관계대명사+문장+전치사」 구조에서 전치사를 관계대명사 앞으로 이동시키면 만들어지는 구조다.

관계대명사	+불완전한 문장
관계부사	+완전한 문장
전치사+관계대명사	+완전한 문장

① The idea is / that choices depend, in part, on the way /
　　　　　　　　　　　　　　　　　　　　　　선행사
in which problems are stated. //
전치사+관계대명사　　　　완전한 절

> 생각은 ~이다 / 선택이 부분적으로 방식에 좌우된다는 것 / 문제가 진술되는 //

② The number of people / with whom we can continue stable
　　　　　　　　선행사　　전치사+관계대명사　　　　　완전한 절
social relationships / might be limited naturally by our
brains. //

> 사람의 수는 / 우리가 안정된 사회적 관계를 계속할 수 있는 / 우리 뇌에 의해 자연적으로 제한돼 있다 //

③ We are basically flooded with options / from which
　　　　　　　　　　　　　　　　선행사　　　전치사+관계대명사
we can choose. //
완전한 절(choose: 자동사)

> 우리는 기본적으로 선택권이 넘쳐난다 / 우리가 고를 수 있는 //

---

3 confirmation bias 확증 편향　　term 용어　　confront 직면하다　　contradiction 모순　　4 in part 부분적으로　　state 진술하다　　the number of ~의 수　　stable 안정된　　be limited to ~로 제한되다　　naturally 자연적으로, 타고나기를　　be flooded with ~이 넘쳐나다　　basically 기본적으로

관계대명사 "that"이 선호되는 경우

선행사가 의문사, 최상급 형용사, 서수, the very, the only, the same, any, no, little, much, -thing, -body, -one을 포함하는 경우에는 관계대명사 that을 주로 쓴다.

① <u>The only</u> thing <u>that</u> you have to do / is to try your best. //
   the only   관계대명사(that)

네가 해야만 하는 유일한 것은 / 최선을 다하는 것이다 //

② <u>The first</u> thing (that 생략) I notice upon entering this garden / is
    서수   관계대명사(that)
that the ankle-high grass is green. //

이 정원에 들어오자마자 내가 처음 알아차린 것은 / 발목 높이의 풀이 푸르다는 것이다 //

③ Their intention is to better understand, / whether it is another

person, a place, an origin, / or <u>anything</u> <u>that</u> creates an interest /
                       -thing   관계대명사(that)

in further exploration. //

그들의 의도는 이해를 더 잘하는 것이다 / 다른 사람, 장소, 기원이든 / 혹은 흥미를 자아내는 그 어떤 것이든 간에 / 더 깊이 탐구하는 가운데 //

개념확인 TEST

밑줄 친 부분이 맞으면 ○표시를 하고, 틀리면 바르게 고치시오.

1 _____ Sooner or later, since you cannot do <u>that</u> you are trying to do, you quit.

2 _____ It was held in a seminar room <u>where</u> Anderson met the principal for the first time three years ago.

3 _____ Children <u>who</u> wear protective gear during their games have a tendency to take more physical risks.

4 _____ Competition often becomes a zero sum game <u>which</u> one organization can only win at the expense of others.

5 _____ The very trust <u>what</u> this apparent objectivity inspires is what makes maps such powerful carriers of ideology.

5 ankle-high 발목 높이의   intention 의도   exploration 탐구   TEST quit 그만 두다   hold 개최하다   protective 보호하는   gear 장비   tendency 경향   take a risk 위험을 감수하다
zero sum game 제로섬 게임(모든 참가자의 이득과 손실의 합이 제로가 되는 게임)   at the expense of ~을 희생하여   apparent 분명한, 외관상의   objectivity 객관성   inspire 고무[격려]하다

어법편 51

2006년
3월 교육청 **01**
One of the things which / what they talked about / was how to enforce laws / against dumping waste into water sources. //

2009학년도
6월 평가원 **02**
The skillful mechanic / has been replaced by a teenager in a uniform / who / which doesn't know anything about cars / and couldn't care less. //

2010학년도
6월 평가원 **03**
Some of the water / comes from underground sources / and some from rain, / and it is hard to measure / where / what the tree is getting it. //

2011년
4월 교육청 **04**
For most of recorded history, / people lived / where they were born, / did what / that their parents had done, / and associated with those who were doing the same. //

2011년
4월 교육청 **05**
Social and physical structures were the great dictators / what / that determined / how and where people would spend their lives. //

2012학년도
수능 **06**
After seven months, / the first toys made landfall on beaches / near Sitka, Alaska, / 3,540 kilometers from what / where they were lost. //

2013학년도
6월 평가원 **07**
In 1762, / this island was taken by the English, / who / where restored it the following year to the French by the Peace of Paris, / and since that time it has been in the possession of the latter. //

2014학년도
6월 평가원 **08**
Maybe your view of a problem / that / how you think you are solving / is not shared / by other coworkers? //

2013년
7월 교육청 **09**
On each of those little grooves / you can see, / there are dozens more / that / what are not visible / to the naked eye. //

2016년
10월 교육청 **10**
One explanation for this might be / that it is a culturally evolved strategy / to reduce the risk of cross-infection / in areas which / where pathogens are more densely concentrated. //

2018년
3월 교육청 **11**
It is no coincidence / that countries where / which sleep time has declined most dramatically over the past century / are also those suffering the greatest increase / in rates of physical diseases and mental disorders. //

2020년
3월 교육청 **12**
Today / Wikipedia is so much more comprehensive / than anything that / what came before it / that it's widely considered the only encyclopedia. //

01 그들이 얘기하던 것 중 하나는 / 법을 시행하는 방법이었다 / 수원(물이 흘러나오는 근원)에 쓰레기를 버리는 것을 막기 위한 //

enforce	v. 시행하다
dump	v. 버리다
water source	수원(물이 흘러나오는 근원)

02 숙련된 자동차 정비원은 / 유니폼을 입은 십대로 대체되었다 / 자동차에 대해 아는 것이 전혀 없고 / 전혀 신경도 쓰지 않는 //

skillful	a. 숙련된, 능숙한
mechanic	n. 자동차 정비원
replace	v. 대체하다

03 물의 일부는 / 지하 수원으로부터 오고 / 일부는 비로부터 온다 / 그리고 측정하기는 어렵다 / 나무가 그것을 어디에서 얻는지를 //

underground	a. 지하의
measure	v. 측정하다

04 기록된 역사의 대부분 동안 / 사람들은 살았다 / 그들이 태어났던 곳에서 / 그들의 부모님들이 했던 일을 했다 / 그리고 같은 일을 하고 있는 사람들과 어울렸다 //

associate	v. 어울리다

05 사회적이고 물리적인 구조는 거대한 독재자였다 / 결정했던 / 어떻게 그리고 어디서 사람들이 그들의 삶을 보낼지를 //

dictator	n. 독재자

06 7개월 후에 / 첫 번째 장난감들이 해변에 도달했다 / 알래스카의 Sitka 근처의 / 잃어버린 장소에서 3,540킬로미터 떨어진 //

make landfall	육지에 닿다

07 1762년에 / 이 섬은 영국인들에 의해 점령되는데 / 그들은 이듬해에 파리강화조약에 의해 그것을 프랑스인들에게 돌려주었으며 / 그 이후로 그것은 후자(프랑스인들)의 소유가 되었다 //

restore	v. 반환하다
possession	n. 소유
latter	n. 후자

08 아마도 문제에 대한 여러분의 견해가 / 여러분이 해결하고 있다고 생각하는 / 공유되지 않은 것인가 / 다른 동료에 의해 //

view	n. 견해
coworker	n. 동료

09 각각의 그 작은 주름에는 / 당신이 볼 수 있는 / 수십 개의 주름이 더 있다 / 보이지 않는 / 육안으로 //

visible	a. 볼 수 있는
naked eye	육안

10 이에 대한 한 가지 설명은 ~일 수도 있다 / 그것이 문화적으로 진화된 전략이라는 것 / 교차 감염의 위험을 줄이려는 / 병원균이 더 조밀하게 밀집된 지역에서 //

cross-infection	n. 교차 감염
pathogen	n. 병원균
densely	ad. 조밀하게

11 우연의 일치가 아니다 / 지난 세기에 걸쳐 수면 시간이 가장 급격하게 감소한 국가들이 / 또한 가장 많은 증가를 겪고 있는 곳들이라는 것 / 신체 질환과 정신 질환 비율에서 //

coincidence	n. 우연의 일치
dramatically	ad. 급격하게
suffer	v. 겪다, 고통 받다
physical disease	신체 질환
mental disorder	정신 질환

12 오늘날 / Wikipedia는 너무나 훨씬 더 종합적이다 / 그 이전에 출현했던 그 어떤 것보다도 / 그래서 이것은 유일한 백과사전이라고 널리 여겨진다 //

comprehensive	a. 종합적인
encyclopedia	n. 백과사전

1 다음 글의 밑줄 친 부분 중, 어법상 틀린 것은?

• 2008학년도 수능　난이도 중

In general, one's memories of any period necessarily weaken ① as one moves away from it. One is constantly learning new facts, and old ones have to drop out to ② make way for them. At twenty, I could have written the history of my school days with an accuracy which would be quite impossible now. But it can also happen that one's memories grow ③ much sharper even after a long passage of time. This is ④ because one is looking at the past with fresh eyes and can isolate and, as it were, notice facts which previously existed undifferentiated among a mass of others. There are things ⑤ what in a sense I remembered, but which did not strike me as strange or interesting until quite recently.

다시보기　▶ 다시 볼 문제 체크✔하고 틀린 이유 메모하기

2 다음 글의 밑줄 친 부분 중, 어법상 틀린 것은?

• 2011년 3월 교육청　난이도 상

Archaeologist Mark Aldenderfer set out last year to explore remote cliffside caves in Nepal's Mustang district, aiming to find human remains near an ancient settlement ① high in the Himalayas. Almost at once, he came face-to-face with ② what he was seeking: Sticking out from the rock, a skull was looking at him right ③ as he was looking at it. The skull, dating back perhaps 2,500 years, was among many human bones ④ piled inside several burial caves. Aldenderfer and his team hope that DNA analysis will pinpoint the origins of this isolated region's inhabitants, who may ⑤ migrate from the Tibetan Plateau or southern points.

다시보기　▶ 다시 볼 문제 체크✔하고 틀린 이유 메모하기

3 다음 글의 밑줄 친 부분 중, 어법상 틀린 것은?

• 2012학년도 9월 평가원　난이도 중

Fieldwork is the hallmark of cultural anthropology. It is the way we explore and learn about the vast ① detailed intricacy of human culture and individual behavior. And it is, importantly, the way ② in which most cultural anthropologists earn and maintain their professional standing. Some of the early personal accounts of anthropologists in the field make fieldwork ③ sound exciting, adventuresome, certainly exotic, sometimes easy. Malinowski, the classic anthropological fieldworker, describes the early stages of fieldwork as 'a strange, sometimes unpleasant, sometimes intensely interesting adventure which soon ④ adopts quite a natural course.' He goes on to describe his daily routine of strolling through the village ⑤ observed the intimate details of family life, and as he tells it, such observations seem possible and accessible.

다시보기　▶ 다시 볼 문제 체크✔하고 틀린 이유 메모하기

4 다음 글의 밑줄 친 부분 중, 어법상 틀린 것은?

• 2014년 3월 교육청　난이도 중

I remember one of the smartest I.T. executives ① for whom I ever worked strongly resisting the movement to measure programmer productivity that was popular at the time. He was fond of saying that the biggest problem with managing computer programmers is that you can never tell ② whether they are working by looking at them. Picture two programmers working side by side. One is leaning back in his chair with his eyes ③ closed and his feet on the desk. The other is working hard, typing code into his computer. The one with his feet up could be thinking, and the other one may be too busy typing ④ to give it enough thought. In the end, the busy typist could well produce ten times as many lines of code as the thinker, which contain twice as many new problems as the thinker's. Unfortunately, most of the productivity measurement schemes I have encountered ⑤ measuring effort or apparent activity. They would reward him and punish his thoughtful neighbor.

다시보기　▶ 다시 볼 문제 체크✔하고 틀린 이유 메모하기

5 다음 글의 밑줄 친 부분 중, 어법상 틀린 것은?

• 2015년 3월 교육청 난이도 중

Coming home from work the other day, I saw a woman trying to turn onto the main street and ① having very little luck because of the constant stream of traffic. I slowed and allowed her to turn in front of me. I was feeling pretty good until, a couple of blocks later, she stopped to let a few more cars into the line, causing us both to miss the next light. I found myself completely ② irritated with her. How dare she slow me down after I had so graciously let her into the traffic! As I was sitting there stewing, I realized ③ how ridiculous I was being. Suddenly, a phrase I once read ④ came floating into my mind: 'You must do him or her a kindness for inner reasons, not because someone is keeping score or because you will be punished if you don't.' I realized ⑤ what I had wanted a reward: If I do this nice thing for you, you (or someone else) will do an equally nice thing for me.

*stew: 안달하다

다시보기 ▶ 다시 볼 문제 체크✓하고 틀린 이유 메모하기

6 다음 글의 밑줄 친 부분 중, 어법상 틀린 것은?

• 2023학년도 6월 평가원 난이도 상

Ecosystems differ in composition and extent. They can be defined as ranging from the communities and interactions of organisms in your mouth or ① those in the canopy of a rain forest to all those in Earth's oceans. The processes ② governing them differ in complexity and speed. There are systems that turn over in minutes, and there are others ③ which rhythmic time extends to hundreds of years. Some ecosystems are extensive ('biomes', such as the African savanna); some cover regions (river basins); many involve clusters of villages (micro-watersheds); others are confined to the level of a single village (the village pond). In each example there is an element of indivisibility. Divide an ecosystem into parts by creating barriers, and the sum of the productivity of the parts will typically be found to be lower than the productivity of the whole, other things ④ being equal. The mobility of biological populations is a reason. Safe passages, for example, enable migratory species ⑤ to survive.

*canopy: 덮개 **basin: 유역

다시보기 ▶ 다시 볼 문제 체크✓하고 틀린 이유 메모하기

7 다음 글의 밑줄 친 부분 중, 어법상 틀린 것은?

• 2018학년도 6월 평가원 난이도 하

Though most bees fill their days visiting flowers and collecting pollen, some bees take advantage of the hard work of others. These thieving bees sneak into the nest of an ① unsuspecting "normal" bee (known as the host), lay an egg near the pollen mass being gathered by the host bee for her own offspring, and then sneak back out. When the egg of the thief hatches, it kills the host's offspring and then eats the pollen meant for ② its victim. Sometimes called brood parasites, these bees are also referred to as cuckoo bees, because they are similar to cuckoo birds, which lay an egg in the nest of another bird and ③ leaves it for that bird to raise. They are more ④ technically called cleptoparasites. *Clepto* means "thief" in Greek, and the term *cleptoparasite* refers specifically to an organism ⑤ that lives off another by stealing its food. In this case the cleptoparasite feeds on the host's hard-earned pollen stores.

*brood parasite: (알을 대신 기르도록 하는) 탁란 동물

다시보기 ▶ 다시 볼 문제 체크✓하고 틀린 이유 메모하기

8 다음 글의 밑줄 친 부분 중, 어법상 틀린 것은?

• 2019년 4월 교육청 난이도 중

The present moment feels special. It is real. However much you may remember the past or anticipate the future, you live in the present. Of course, the moment ① during which you read that sentence is no longer happening. This one is. In other words, it feels as though time flows, in the sense that the present is constantly updating ② itself. We have a deep intuition that the future is open until it becomes present and ③ that the past is fixed. As time flows, this structure of fixed past, immediate present and open future gets carried forward in time. Yet as ④ naturally as this way of thinking is, you will not find it reflected in science. The equations of physics do not tell us which events are occurring right now — they are like a map without the "you are here" symbol. The present moment does not exist in them, and therefore neither ⑤ does the flow of time.

다시보기 ▶ 다시 볼 문제 체크✓하고 틀린 이유 메모하기

To begin with a psychological reason, the knowledge of another's personal affairs can tempt the possessor of this information ① to repeat it as gossip because as unrevealed information it remains socially inactive. Only when the information is repeated can its possessor ② turn the fact that he knows something into something socially valuable like social recognition, prestige, and notoriety. As long as he keeps his information to ③ himself, he may feel superior to those who do not know it. But knowing and not telling does not give him that feeling of "superiority that, so to say, latently contained in the secret, fully ④ actualizing itself only at the moment of disclosure." This is the main motive for gossiping about well-known figures and superiors. The gossip producer assumes that some of the "fame" of the subject of gossip, as ⑤ whose "friend" he presents himself, will rub off on him.

*prestige: 명성 **notoriety: 악명 ***latently: 잠재적으로

다시보기 ▶ 다시 볼 문제 체크✓하고 틀린 이유 메모하기

When children are young, much of the work is demonstrating to them that they ① do have control. One wise friend of ours who was a parent educator for twenty years ② advises giving calendars to preschool-age children and writing down all the important events in their life, in part because it helps children understand the passage of time better, and how their days will unfold. We can't overstate the importance of the calendar tool in helping kids feel in control of their day. Have them ③ cross off days of the week as you come to them. Spend time going over the schedule for the day, giving them choice in that schedule wherever ④ possible. This communication expresses respect—they see that they are not just a tagalong to your day and your plans, and they understand what is going to happen, when, and why. As they get older, children will then start to write in important things for themselves, ⑤ it further helps them develop their sense of control.

다시보기 ▶ 다시 볼 문제 체크✓하고 틀린 이유 메모하기

⏱ 종료 시각 　　시　　분　　초

1 아래 채점표에 내가 답한 것을 적은 다음 채점한다.(틀린 문제에만 '✓' 표시를 한다.)

문항번호	1	2	3	4	5	6	7	8	9	10
내가쓴답										
채점										

2 틀렸거나 찍어서 맞힌 문제는 다시 푼다.

3 2차 채점을 할 때 다시 풀어서 맞힌 문항은 △, 또 틀린 문항은 ✗ 표시를 한다.

4 △와 ✗ 문항은 반드시 다시 보고 틀린 이유를 알고 넘어간다.

☑ 채점 결과 DAY 5　　반드시 체크해서 복습 때 활용할 것

1차채점		2차채점	
총 문항수	10개	△ 문항수	개
틀린 문항수	개	✗ 문항수	개

1 다음 글의 밑줄 친 부분 중, 어법상 틀린 것은?

• 2022학년도 수능 난이도 상

Like whole individuals, cells have a life span. During their life cycle (cell cycle), cell size, shape, and metabolic activities can change dramatically. A cell is "born" as a twin when its mother cell divides, ① producing two daughter cells. Each daughter cell is smaller than the mother cell, and except for unusual cases, each grows until it becomes as large as the mother cell ② was. During this time, the cell absorbs water, sugars, amino acids, and other nutrients and assembles them into new, living protoplasm. After the cell has grown to the proper size, its metabolism shifts as it either prepares to divide or matures and ③ differentiates into a specialized cell. Both growth and development require a complex and dynamic set of interactions involving all cell parts. ④ What cell metabolism and structure should be complex would not be surprising, but actually, they are rather simple and logical. Even the most complex cell has only a small number of parts, each ⑤ responsible for a distinct, well-defined aspect of cell life.

*metabolic: 물질대사의 **protoplasm: 원형질

✎ 나의 풀이

① _____
② _____
③ _____
④ _____
⑤ _____

위와 같은 이유로, 나의 정답은 ◯ 입니다.

실제 풀이

정답은 ◯ 입니다. 그 이유를 적어 보면,

① _____
② _____
③ _____
④ _____
⑤ _____

2 다음 글의 밑줄 친 부분 중, 어법상 틀린 것은?

• 2018년 7월 교육청 난이도 상

When it comes to medical treatment, patients see choice as both a blessing and a burden. And the burden falls primarily on women, who are ①typically the guardians not only of their own health, but that of their husbands and children. "It is an overwhelming task for women, and consumers in general, ②to be able to sort through the information they find and make decisions," says Amy Allina, program director of the National Women's Health Network. And what makes it overwhelming is not only that the decision is ours, but that the number of sources of information ③which we are to make the decisions has exploded. It's not just a matter of listening to your doctor lay out the options and ④making a choice. We now have encyclopedic lay-people's guides to health, "better health" magazines, and the Internet. So now the prospect of medical decisions ⑤has become everyone's worst nightmare of a term paper assignment, with stakes infinitely higher than a grade in a course.

*lay-people: 비전문가

✎ 나의 풀이

① _____
② _____
③ _____
④ _____
⑤ _____

위와 같은 이유로, 나의 정답은 ◯ 입니다.

실제 풀이

정답은 ◯ 입니다. 그 이유를 적어 보면,

① _____
② _____
③ _____
④ _____
⑤ _____

특수구문
(병렬, 도치, 강조, 생략)

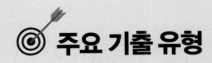 **주요 기출 유형**

빈출도 상

1 병렬

단어와 단어, 구와 구, 절과 절이 대등[both A and B, either A or B, not only A but also B, neither A nor B, B as well as A] 하게 연결되어 있는 것을 말한다. (단, 상관접속사의 A와 B는 같은 품사 혹은 같은 종류)

① Birth order directly affects / both personality and achievement
                              both   명사   and   명사
   in adult life. //

출생 순서는 직접적으로 영향을 미친다 / 성격과 성년기의 성취도에 //

② Such behavioral interactions / between humans and pet animals /
                              between   명사   and   명사
   are usually asymmetrically organized. //

그러한 행동적인 상호 관계는 / 인간과 반려동물 사이의 / 대개 불균형적으로 구성된다 //

③ We can access these stories wirelessly / by mobile devices /
                                           명사
   as well as our computers. //
   as well as   명사

우리는 이런 기사들에 무선으로 접근할 수 있다 / 모바일 장치에 의해 / 컴퓨터뿐만 아니라 //

빈출도 상

2 도치

부정어 / 목적어 / 보어 / 부사를 강조하기 위해 문장 맨 앞에 둘 때 주어와 동사의 위치가 뒤바뀌는 것을 도치라 한다.

장소 부사구 도치	장소 부사구/전치사구 + 동사 + 주어
보어 도치	보어 + 동사 + 주어
부정어구의 도치 (의문문 어순)	부정어구 + 조동사 + 주어 + 동사원형 + have/has/had + 주어 + p.p. + be + 주어

① Off the top of the mountain / stood a lone pine tree. //
        장소 부사구   동사   주어

산 꼭대기에 / 소나무 한 그루가 홀로 서 있었다 //

② Satisfied are they / with the boss's positive feedback. //
   보어   동사   주어

그들은 만족했다 / 상사의 긍정적 피드백에 //

③ Little did he know / that he was fueling his son with a
   부정어 조동사 주어 동사원형
   passion / that would last for a lifetime. //

그는 결코 알지 못했다 / 그가 아들에게 열정을 불어 넣고 있다는 사실을 / 평생토록 계속될 //

---

1 birth order 출생 순서   achievement 성취   behavioral 행동적인   interaction 상호관계   asymmetrically 비대칭적으로   access 접근하다   wirelessly 무선으로   device 장치
2 lone 혼자인   pine tree 소나무   fuel A with B A에게 B를 불어넣다   passion 열정

3-1 강조(주어, 동사, 목적어, 부사구)

동사, 형용사를 제외한 문장 성분(주어, 목적어, 시간 혹은 장소 부사구)을 강조할 때는 「It is[was] ~ that」 강조구문을 쓸 수 있으며, 동사를 강조할 때에는 동사 앞에 do(es)나 did를 쓴다.
(단, 선행사의 성격에 따라 that은 who, whom, where, when 등으로 대체 가능)

① It's <u>the inspiring expressions</u> / that elevate the food into a
　　　　강조(주어)
more exciting experience, / one with artistic, emotional, and

even political dimensions. //

바로 영감을 불러일으키는 표현들이다 / 음식을 보다 흥미로운 경험으로 고양시키는 것은 / 즉 예술적이고 정서적이며, 심지어 정치적인 차원을 가진 //

② It was <u>during this period</u> / that I became interested in tightrope
　　　　강조(시간 부사구)
walking. //

바로 그 기간 동안이었다 / 내가 줄타기에 흥미를 갖게 되었던 것은 //

③ John <u>did break</u> the window yesterday.
　　　강조(조동사) 본동사

John은 어제 창문을 깼다.

3-2 강조(비교급 강조)

비교급을 강조하기 위해 비교급 앞에 even, much, far, still, a lot 등을 쓴다.

① Dissent was <u>far more</u> frequent / in the high-performing clubs. //
　　　　　　　far　비교급

반대 의견은 훨씬 더 빈번했다 / 성과가 좋은 집단에서 //

② Soil erosion in many places occurs / at <u>much faster</u> rate /
　　　　　　　　　　　　　　　much　비교급
than the natural processes of weathering can replace it. //

토양의 침식이 많은 곳에서 일어난다 / 훨씬 더 빠른 속도로 / 자연적인 풍화작용이 그것을 대체할 수 있는 속도보다 //

③ We work <u>even harder and longer</u> / to sustain lifestyles / that
　　　　　even　　　비교급
are well above world standards. //

우리는 훨씬 더 열심히 그리고 더 오랫동안 일한다 / 생활 방식을 유지하기 위해 / 이 세상의 표준보다 상위에 있는 //

3-1 inspiring 영감을 주는　elevate 고양시키다　political 정치적인　dimension 차원　tightrope walking 줄타기　3-2 dissent 반대 의견　frequent 빈번한　erosion 침식　occur 발생하다　weathering 풍화　sustain 유지하다

4-1 생략(관계대명사 ⊕ be동사, 부사절)

관계대명사절에서 「관계대명사(주격)+be동사」가 생략되고, 그 뒤에 형용사, 분사, 전치사구 등 보어만 남을 수 있다. 또한 시간이나 조건 부사절에서 종속절의 주어가 주절의 주어와 동일할 경우, 종속절의 주어와 be동사가 생략될 수 있다.

① It is certainly true / that individuals (who are 생략) concerned
　　　　　　　　　　　　　　선행사　　　　　　　　　　　　과거분사
about a traumatic event / will dream about that loved one. //

이는 확실히 사실이다 / 충격적인 사건을 걱정하는 사람들은 / 그 사랑하는 사람에 대한 꿈을 꿀 것이라는 것은 //

② When (the glass was 생략) installed / in a window frame, / the glass
　　접속사(시간)　　　　　　　　　　　과거분사
would be placed / thicker side down / for the sake of stability. //

설치될 때 / 창틀에 / 유리는 배치되곤 했다 / 더 두꺼운 쪽을 아래로 / 안정성을 위해서 //

4-2 (should) 동사원형

「명령, 요구, 주장, 제안 등의 동사+that+S+(should+)동사원형」에서 조동사 should는 생략될 수 있는데, 해석을 통해 주절 동사가 '당위(~해야 한다)'의 명령, 요구, 주장, 제안' 등의 의미로 쓰이는 경우에만 이렇게 쓴다. 당위의 의미가 없는 경우라면, 종속절의 동사는 문장 전체의 시제를 따른다.

① A study recommends / that babies (should 생략) be moved into
　　　　　　동사(제안)　　　　　　that　주어　　　　　　　동사원형(~해야 한다)
their own room / by three months of age. //

한 연구는 권장한다 / 아기들은 자기들만의 방으로 옮겨져야 한다고 / 생후 3개월 즈음에는 //

예외

② He firmly insisted / that returning the money was the right
　　　　　　동사(과거)　　　that　　　　주어　　　　　과거(~했다)
and only thing / he could do. //

그는 확고히 주장했다 / 돈을 돌려주는 것이 옳은 일이고 유일한 일이었다고 / 그가 할 수 있는 //

개념확인 TEST

밑줄 친 부분이 맞으면 ○표시를 하고, 틀리면 바르게 고치시오.

1 _____ Tara insisted that the project be completed by the end of the week.

2 _____ Only by testing ourselves can we actually determine whether or not we really understand.

3 _____ One reason most dogs are very happier than most people is that dogs aren't affected by external circumstances the way we are.

4 _____ From an evolutionary perspective, fear has contributed to both fostering and limiting change, and to preserve the species.

5 _____ This is particularly true among people who might not themselves have access to the Internet but hear a piece of news or gossip from the people around them who does have access.

4-1 traumatic 충격적인　for the sake of ~를 위해서　stability 안정성　4-2 recommend 권유하다　firmly 확고하게　TEST insist 주장하다　external 외부의　evolutionary 진화론적 perspective 관점　contribute to ~에 기여하다　foster 기르다　limit 제한하다　preserve 보존하다　gossip 소문, 험담

2005년 5월 교육청 학업성취도 01
Nor was their English / their English was precisely like / that of Queen Elizabeth's time. //

2006학년도 6월 평가원 02
Clearly, / parents make a distinction / between violence on a screen / and violence acts / acted out with plastic guns. //

2005년 7월 교육청 03
You need to motivate yourself / because there is no one / to make you do your schoolwork, / set your schedule, / or get / to get to class on time. //

2005년 10월 교육청 04
If you think / clowning is just putting up makeup / and act / acting like an idiot, / you are wrong. //

2005년 10월 교육청 05
A job is like a marriage / or having / to have a spouse. //

2007년 4월 교육청 06
Perrett suggests / that we find / should find our own faces attractive / because they remind us of the faces / we looked at constantly / in our early childhood years / — Mom and Dad. //

2009년 3월 교육청 07
Just as saying sorry matters, / so does remember / remembering to thank those / who help you move forward. //

2008년 4월 교육청 08
Quicksand forms / when sand gets mixed with too much water / and became / becomes loosened and soupy. //

2008년 7월 교육청 09
As a reviewer, / you analyze the book for how it tells a story / and evaluate / evaluates the quality of writing and organization. //

2013년 4월 교육청 10
It is the use of camera lenses / what / that more fully determines the "look" of any picture / than whether it is recorded digitally or on celluloid. //

2020학년도 9월 평가원 11
Only when the information is repeated / can its possessor turn / turns / the fact that he knows something / into something socially valuable like social recognition, prestige, and notoriety. //

2021학년도 9월 평가원 12
Curiously, / from this new level of uncertainty / even / very greater goals emerge / and appear to be attainable.

01 그들의 영어는 분명히 다르다 / Elizabeth 여왕 시절의 영어와도 //

| precisely | *ad.* 분명히, 정확히 |

02 확실히 / 부모들은 구분한다 / 스크린상의 폭력과 / 플라스틱 총으로 행해지는 폭력을 //

| make a distinction | 구분하다 |
| act out | 실행하다 |

03 당신은 스스로 동기를 부여할 필요가 있다 / 사람이 아무도 없기 때문에 / 당신이 숙제를 하게 하거나 / 계획을 짜게 하거나 / 또는 제 시간에 수업에 도착하게 하는 //

| motivate | *v.* 동기 부여하다 |

04 만약 당신이 생각한다면 / 광대 노릇을 하는 것이 단지 분장이나 하고 / 바보처럼 행동하는 것이라고 / 오산이다 //

| makeup | *n.* 분장 |

05 일이란 결혼과 같다 / 혹은 배우자를 가지는 것(과 같다) //

| spouse | *n.* 배우자 |

06 Perrett는 제시한다 / 우리들은 우리 자신의 얼굴을 매력적이라고 생각한다고 / 그것들이 얼굴을 상기시켜 주기 때문에 / 우리가 계속해서 본 / 우리가 어렸을 때 — 엄마와 아빠 //

| remind A of B | A에게 B를 상기시키다, 일깨우다 |

07 미안하다고 말하는 것이 중요한 것처럼 / 사람들에게 고마워하는 것을 기억하는 것도 중요하다 / 당신이 앞으로 나아가도록 도와준 //

| matter | *v.* 중요하다 |

08 유사는 생성된다 / 모래가 너무 많은 물과 섞였을 때 / 그리고 느슨해지고 질어졌을 때 //

quicksand	*n.* 유사(흘러내리는 모래)
loosen	*v.* 느슨하게 하다
soupy	*a.* 질은, 수프 같은

09 서평가로서 / 당신은 책이 이야기를 어떻게 전개해 나가는지 분석한다 / 그리고 글과 구성의 질을 평가한다 //

| reviewer | *n.* 서평가 |
| organization | *n.* 구성 |

10 바로 카메라 렌즈의 사용이다 / 어떤 사진의 '룩'을 더 완전히 결정짓는 것은 / 그것이 디지털 또는 필름 중 어느 쪽으로 기록되는지보다 //

| fully | *ad.* 완전히 |
| celluloid | *n.* 셀룰로이드, 필름 |

11 정보가 반복되어야만 / 그 소유자는 바꿀 수 있다 / 그가 어떤 것을 알고 있다는 사실을 / 사회적 인식, 명성, 그리고 악명과 같은 사회적으로 가치 있는 것으로 //

recognition	*n.* 인지
prestige	*n.* 명성
notoriety	*n.* 악명

12 의아스럽게도 / 이 새로운 수준의 불확실성으로부터 / 훨씬 더 위대한 목표가 나타난다 / 그리고 달성 가능해 보인다 //

curiously	*ad.* 의아스럽게도
uncertainty	*n.* 불확실성
attainable	*a.* 달성 가능한

1 (A), (B), (C)의 각 네모 안에서 어법에 맞는 표현으로 가장 적절한 것은?   • 2004학년도 수능   난이도 중

Mom was an extraordinarily clean person. After feeding my brother and me breakfast, she would scrub, mop, and (A) dust / to dust everything. As we grew older, Mom made sure we did our part by keeping our rooms (B) neat / neatly . Outside, she would tend a small flower garden, which was the envy of the neighborhood. With Mom, everything she touched (C) turned / turning to gold. She didn't believe in doing anything halfway. She often told us that we always had to do our best in whatever we did.

	(A)		(B)		(C)
①	dust	⋯	neat	⋯	turned
②	dust	⋯	neat	⋯	turning
③	dust	⋯	neatly	⋯	turned
④	to dust	⋯	neat	⋯	turned
⑤	to dust	⋯	neatly	⋯	turning

다시보기   ▶ 다시 볼 문제 체크✓하고 틀린 이유 메모하기

2 다음 글의 밑줄 친 부분 중, 어법상 틀린 것은?
• 2010학년도 수능   난이도 중

While manned space missions are more costly than unmanned ① ones, they are more successful. Robots and astronauts use ② much of the same equipment in space. But a human is much more capable of operating those instruments correctly and ③ to place them in appropriate and useful positions. Rarely ④ is a computer more sensitive and accurate than a human in managing the same geographical or environmental factors. Robots are also not equipped with capabilities like humans to solve problems ⑤ as they arise, and they often collect data that are unhelpful or irrelevant.

다시보기   ▶ 다시 볼 문제 체크✓하고 틀린 이유 메모하기

3 (A), (B), (C)의 각 네모 안에서 어법에 맞는 표현으로 가장 적절한 것은?   • 2008학년도 수능   난이도 중

The first thing I notice upon entering this garden is that the ankle-high grass is greener than (A) that / those on the other side of the fence. Dozens of wildflowers of countless varieties cover the ground to (B) both / either sides of the path. Creeping plants cover the polished silver gate and the sound of bubbling water comes from somewhere. The perfume of wildflowers (C) fill / fills the air as the grass dances upon a gentle breeze. A large basket of herbs rests against the fence to the west. Every time I walk in this garden, I think, "Now I know what it is like to live in paradise."

	(A)		(B)		(C)
①	that	⋯	both	⋯	fill
②	that	⋯	both	⋯	fills
③	that	⋯	either	⋯	fills
④	those	⋯	either	⋯	fill
⑤	those	⋯	either	⋯	fills

다시보기   ▶ 다시 볼 문제 체크✓하고 틀린 이유 메모하기

4 다음 글의 밑줄 친 부분 중, 어법상 틀린 것은?

• 2022학년도 6월 평가원 난이도 상

Most historians of science point to the need for a reliable calendar to regulate agricultural activity as the motivation for learning about what we now call astronomy, the study of stars and planets. Early astronomy provided information about when to plant crops and gave humans ① their first formal method of recording the passage of time. Stonehenge, the 4,000-year-old ring of stones in southern Britain, ② is perhaps the best-known monument to the discovery of regularity and predictability in the world we inhabit. The great markers of Stonehenge point to the spots on the horizon ③ where the sun rises at the solstices and equinoxes — the dates we still use to mark the beginnings of the seasons. The stones may even have ④ been used to predict eclipses. The existence of Stonehenge, built by people without writing, bears silent testimony both to the regularity of nature and to the ability of the human mind to see behind immediate appearances and ⑤ discovers deeper meanings in events.

*monument: 기념비 **eclipse: (해·달의) 식(蝕)

***testimony: 증언

다시보기 ▶ 다시 볼 문제 체크✓하고 틀린 이유 메모하기

5 다음 글의 밑줄 친 부분 중, 어법상 틀린 것은?

• 2011학년도 9월 평가원 난이도 상

The phrase, 'jack-of-all-trades' is a ① shortened version of 'jack of all trades and master of none.' It refers to those who ② claim to be proficient at countless tasks, but cannot perform a single one of them well. The phrase was first used in England at the start of the Industrial Revolution. A large number of efficiency experts set up shop in London, ③ advertising themselves as knowledgeable about every type of new manufacturing process, trade, and business. For a substantial fee, they would impart their knowledge to their clients. But it soon became ④ evident that their knowledge was limited and of no practical value. Doubtful industrialists started calling these self-appointed experts 'jacks of all trades and masters of none.' These experts are still with us, and as a result so ⑤ does the phrase.

다시보기 ▶ 다시 볼 문제 체크✓하고 틀린 이유 메모하기

6 (A), (B), (C)의 각 네모 안에서 어법에 맞는 표현으로 가장 적절한 것은?

• 2014학년도 (예비) 수능 난이도 중

It's impossible to know for sure if cats dream just like we do. However, if you've ever watched your cat when she's fast asleep, you will know that sometimes her whiskers, her paws, or even her tail might move suddenly as if she's dreaming. Cats can even be heard growling or purring while asleep (A) occasional / occasionally , so perhaps they go out hunting or chasing mice in their dreams! Cats can sleep for many hours of the day. In fact, the average cat naps for 13-18 hours every day (B) saving / to save energy and pass the time. Cats in the wild are most active in the early morning and evenings, (C) which / when they do most of their hunting. Domestic cats adjust to our routines. After all, it's more fun to be awake when we are, and to sleep at night.

	(A)		(B)		(C)
①	occasional	⋯	saving	⋯	which
②	occasional	⋯	to save	⋯	when
③	occasionally	⋯	saving	⋯	when
④	occasionally	⋯	to save	⋯	which
⑤	occasionally	⋯	to save	⋯	when

다시보기 ▶ 다시 볼 문제 체크✓하고 틀린 이유 메모하기

7 (A), (B), (C)의 각 네모 안에서 어법에 맞는 표현으로 가장 적절한 것은?
• 2016년 3월 교육청 난이도 상

Water has no calories, but it takes up a space in your stomach, which creates a feeling of fullness. Recently, a study found (A) that / what people who drank two glasses of water before meals got full sooner, ate fewer calories, and lost more weight. You can put the same strategy to work by choosing foods that have a higher water content over those with less water. For example, the only difference between grapes and raisins (B) is / are that grapes have about 6 times as much water in them. That water makes a big difference in how much they fill you up. You'll feel much more satisfied after eating 100 calories' worth of grapes than you would after eating 100 calories' worth of raisins. Salad vegetables like lettuce, cucumbers, and tomatoes also have a very high water content, as (C) are / do broth-based soups.

*broth: 묽은 수프

	(A)		(B)		(C)
①	that	...	is	...	are
②	that	...	is	...	do
③	that	...	are	...	do
④	what	...	is	...	are
⑤	what	...	are	...	do

다시보기 ▶ 다시 볼 문제 체크✓하고 틀린 이유 메모하기

8 다음 글의 밑줄 친 부분 중, 어법상 틀린 것은?
• 2019학년도 6월 평가원 난이도 상

Humans are so averse to feeling that they're being cheated ① that they often respond in ways that seemingly make little sense. Behavioral economists — the economists who actually study ② what people do as opposed to the kind who simply assume the human mind works like a calculator — have shown again and again that people reject unfair offers even if ③ it costs them money to do so. The typical experiment uses a task called the ultimatum game. It's pretty straightforward. One person in a pair is given some money — say $10. She then has the opportunity to offer some amount of it to her partner. The partner only has two options. He can take what's offered or ④ refused to take anything. There's no room for negotiation; that's why it's called the ultimatum game. What typically happens? Many people offer an equal split to the partner, ⑤ leaving both individuals happy and willing to trust each other in the future.

*averse to: ~을 싫어하는 **ultimatum: 최후통첩

다시보기 ▶ 다시 볼 문제 체크✓하고 틀린 이유 메모하기

⏱ **종료시각**　　　시　　　분　　　초

1 아래 채점표에 내가 답한 것을 적은 다음 채점한다.(틀린 문제에만 '✓' 표시를 한다.)

문항번호	1	2	3	4	5	6	7	8
내가 쓴 답								
채점								

2 틀렸거나 찍어서 맞힌 문제는 다시 푼다.

3 2차 채점을 할 때 다시 풀어서 맞힌 문항은 △, 또 틀린 문항은 ✗ 표시를 한다.

4 △와 ✗ 문항은 반드시 다시 보고 틀린 이유를 알고 넘어간다.

☑ **채점결과** DAY 6　반드시 체크해서 복습 때 활용할 것

	1차채점		**2차채점**	
총 문항수	8개	△ 문항수	개
틀린 문항수	개	✗ 문항수	개

1

(A), (B), (C)의 각 네모 안에서 어법에 맞는 표현으로 가장 적절한 것은?

• 2011학년도 수능　난이도 중

We anticipate the future as if we found it too slow in coming and we were trying to hurry it up. (A) So / Such imprudent are we that we wander about in times that are not ours and do not think of the one that belongs to us. We try to support the present with the future and (B) think / thinking of arranging things we cannot control, for a time we have no certainty of reaching. Examine your thoughts, and you will find them wholly (C) to occupy / occupied with the past or the future. We almost never think of the present, and if we do so, it is only to shed light on our plans for the future. The past and the present are our means; only the future is our end.

	(A)		(B)		(C)
①	So	…	thinking	…	occupied
②	So	…	think	…	to occupy
③	So	…	think	…	occupied
④	Such	…	thinking	…	occupied
⑤	Such	…	thinking	…	to occupy

🖉

나의 풀이

(A)

(B)

(C)

위와 같은 이유로, 나의 정답은 　　　입니다.

실제 풀이

정답은 　　　입니다. 그 이유를 적어 보면,

(A)

(B)

(C)

2

(A), (B), (C)의 각 네모 안에서 어법에 맞는 표현으로 가장 적절한 것은?

• 2013년 3월 교육청　난이도 상

Hairdressers are constantly servicing clients who come in with a picture clipped from a beauty magazine and tell the stylist, "This is the look I want — cut my hair like this." A stylist can just do the cut, take the money and (A) tell / telling the customer that she got exactly what she wanted. But a good stylist knows that what a customer thinks she wants (B) is / to be often not what she really wants. The "look" in that picture will frequently not be the "look" on this particular customer. Good stylists know that their job is not just perfectly executing the cut they were asked for. They know (C) how / what the face and bone structure and the condition of the hair would change the look in the client's favorite picture.

	(A)		(B)		(C)
①	tell	…	is	…	how
②	tell	…	to be	…	what
③	tell	…	is	…	what
④	telling	…	to be	…	how
⑤	telling	…	is	…	what

🖉

나의 풀이

(A)

(B)

(C)

위와 같은 이유로, 나의 정답은 　　　입니다.

실제 풀이

정답은 　　　입니다. 그 이유를 적어 보면,

(A)

(B)

(C)

2022~2024학년도 수능 ➕ 평가원 어법 출제 비교

어법 기출 유형	2022학년도 수능·평가원	2023학년도 수능·평가원	2024학년도 6월 평가원
주어와 동사의 수일치	✔	―	―
능동태와 수동태	✔	✔	―
분사(현재·과거)와 분사구문	✔	✔	✔
동명사와 (to)부정사	―	✔	✔
관계대명사와 관계부사	✔	✔	✔
특수구문 (병렬, 도치, 강조, 생략)	✔	✔	―

DAY	1 공부한 날	2 초과 시간	총 문항수	3 틀린 문항수	4 △문항수	5 ✕문항수
1	월　일	분　초	8 개	개	개	개
2	월　일	분　초	9 개	개	개	개
3	월　일	분　초	10 개	개	개	개
4	월　일	분　초	7 개	개	개	개
5	월　일	분　초	10 개	개	개	개
6	월　일	분　초	8 개	개	개	개

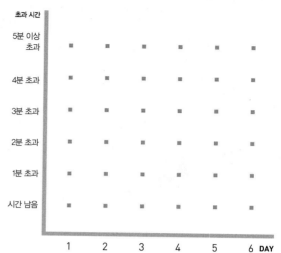

▲ 매일 체크한 시간을 동그라미 표시하여 시간 변화를 한눈에 보자.

1주일간 공부한 내용을 다시 보니, ……

1　**매일 정해진 개수를 시간에 맞춰 풀었다. vs. 내가 한 약속을 못 지켰다.**

▶ 시간 부족 문제를 극복하기 위해서는 매일 실전 훈련이 필수적이다.

2　**시간이 단축되고 있음을 느낀다. vs. 문제 푸는 시간이 줄지 않는다.**

▶ 시간이 들쑥날쑥 하는 원인 중의 하나는 난이도일 수도 있다.

3　**△문항이 ✕문항보다 많다면, △문항수를 줄이는 것이 영어 영역(어법) 고득점의 지름길!**

▶ △문항을 줄이는 방법은 처음 틀렸을 때 왜 그 답지를 골랐는지를 생각하는 것이다.
다시 봤을 때 아무리 쉬워도, 틀린 문제는 또 틀릴 수 있다는 것을 명심하자.

4　**✕문항수가 줄지 않는다면? 아래 중 어떤 상황인지 점검해 보자.**

▶ 선택지에서 무슨 개념을 묻는지 잘 모르겠다: 〈STEP 1 기출 유형 한 눈에 보기〉, 〈개념확인 TEST〉를 꼼꼼히
보고 시험에서 전형적으로 묻는 개념이 무엇인지 파악해 두자.

▶ 두세 개 중 고민하는 경우가 많다: 정답지의 〈문제 유형 및 해설〉을 꼼꼼히 읽으며 출제의도를 정확히 파악하고
어떤 함정에 주의했어야 하는지를 분석하자.

▶ 문맥 파악을 요구하는 고난도 문법 문제의 경우, 지문 해석이 잘되지 않아 틀릴 때가 많다: STEP 1~2의
〈끊어읽기〉 해설을 잘 읽어보고, 정확한 해석 연습을 꾸준히 해보자.

결론　| 결론적으로,

내가 **취약한 부분**은 [　　　　　　　　　　]이다.

취약점을 보완하기 위해서 나는 [　　　　　　　　　　]을/를 해야겠다.

3주 후 다시 봐야 할 문항과, 꼭 다시 외워야 할 개념이 있는 페이지는 지금 바로 접어 두었다.
용어에 집착하지 않고, 단락의 문맥 속에서 필수 개념을 다시 점검하겠다.

DAY 7

형용사, 부사, 명사

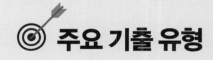 주요 기출 유형

빈출도 상

1 형용사 vs. 부사

형용사는 명사 수식 혹은 보어 역할을 하며, 부사는 (준)동사, 형용사, 부사, 혹은 문장 전체를 수식한다.

① When we see an <u>adorable</u> creature, / we must fight an
형용사(creature 수식)
<u>overwhelming</u> urge / to squeeze that cuteness. //
형용사(urge 수식)

> 우리가 귀여운 생명체를 보면 / 우리는 강렬한 충동과 씨름해야 한다 / 그 귀여운 것을 쥐어짜고 싶다는 //

② Even though it sounds <u>cruel</u>, / "cute aggression" is not about
형용사(주격보어)
causing harm at all. //

> 잔인하게 들릴지라도 / '귀여운 공격성'은 해를 끼치는 것과 전혀 관련 없다 //

③ The lack of a positive expression / <u>unintentionally</u> leaks / a
부사(동사 수식)
more candid, negative reaction to the plan. //

> 긍정적인 표정의 부족은 / 자신도 모르게 드러낸다 / 그 계획에 대한 보다 솔직하고 부정적인 반응을 //

④ <u>Ideally</u>, / executives should present their vision for the company /
부사(문장 전체 수식)
in a manner that reaches out and grabs people's attention.//

> 이상적으로는 / 임원들이 회사를 위해 그들의 비전을 제시해야만 한다 / 사람들의 관심에 도달해 그것을 붙잡는 방식으로 //

2 like vs. alike → 형태가 유사한 두 단어

like(전치사, 동사)	전치사(~처럼)로 쓰이면 뒤에 동명사 혹은 명사구가 오며, 동사(좋아하다)로도 사용된다.
alike(형용사, 부사)	형용사(비슷한)로 쓰이는 경우 보어 자리에만 쓰이고, 부사(똑같이)로도 사용된다.

① In reality, / fire comes in many forms / <u>like</u> candle flame,
전치사(~처럼)
charcoal fire, and torch light. //

> 실제로 / 불은 많은 형태로 나타난다 / 촛불, 숯불, 그리고 횃불과 같은 //

② My father and I look <u>alike</u>. //
형용사(비슷한, 닮은)

> 아버지와 나는 닮았다 //

③ Dress and textiles <u>alike</u> / are used as a means of nonverbal
부사(똑같이, 비슷하게)
communication. //

> 옷과 옷감 둘 다 / 비언어적 의사소통의 수단으로 사용된다 //

---

1 adorable 귀여운, 사랑스러운   overwhelming 압도적인, 버거운   cruel 잔인한   lack 부족   unintentionally 의도치 않게, 자신도 모르게   leak 새어나가게 하다, 드러내다   candid 솔직한
2 charcoal 숯   torch 횃불   textile 옷감   nonverbal 비언어적인

3 수량형용사

수량을 나타내는 형용사의 용법을 의미와 함께 잘 정리해둔다.

many(많은)		much(많은)	
a few(몇몇의)	+가산복수명사	a little(약간의)	+불가산명사
few(거의 없는)		little(거의 없는)	

*a lot of(많은): 가산복수명사 또는 불가산명사와 모두 결합 가능

① A lot of beer has gone down / since then / and now he is
　　a lot of　불가산명사
very fat. //

많은 맥주를 마셨고 / 그 이후로 / 그리고 그는 지금은 매우 뚱뚱하다 //

② This decision was not an easy one, / and involved much
　　　　　　　　　　　　　　　　　　　　　much
consideration. //
불가산명사

이 결정은 쉬운 것이 아니었으며 / 많이 고려한 것이었다 //

③ Dear Santa, / will you send a few smiles and laughs for my
　　　　　　　　　　　　　a few　　　복수명사
mother? //

산타 할아버지 / 우리 엄마한테 미소와 웃음을 조금 보내주실래요 //

④ You are setting goals / that are similar to running a half
marathon / with very little training! //
　　　　　　　little　불가산명사

너는 목표를 세우고 있구나 / 하프 마라톤을 달리는 것 같은 / 훈련도 거의 하지 않고 //

4 형용사 보어를 취하는 2형식·5형식 동사

2형식 동사	seem, look, sound, feel, smell, taste, remain	+주격보어(형)
5형식 동사	make, keep, find, consider, leave	+목적어+목적격보어(형)

① As a source of plot, character, and dialogue, / the novel
seemed more suitable. //
seem　　주격보어(형용사)

줄거리, 등장인물, 대사의 원천으로서 / 소설이 더 적합해 보인다 //

② It's important / to keep yourself warm / in Africa. //
　　　　　　　　　keep　목적어　목적격보어(형용사)

중요하다 / 자신을 따뜻하게 유지하는 것은 / 아프리카에서는 //

③ Be sure to make your budget realistic, / so that you can be
　　　　　make　목적어　목적격보어(형용사)
confident / that you will be able to pay for all aspects of the
trip. //

당신의 예산을 현실적으로 만드는 것을 확실히 해라 / 확신할 수 있도록 / 당신이 여행의 모든 측면을 지불할 수 있을 것이라는 것을 //

---

3 consideration 고려　set a goal 목표를 세우다　4 source 원천　plot 줄거리　suitable 적합한　budget 예산　realistic 현실적인　confident 자신감 있는　aspect 측면

5 비교급

비교급에서는 「as + (형용사·부사) 원급 + as (~만큼 ~한)」, 「비교급 + than(~보다 더 ~한)」, 「the 비교급 ~ , the 비교급 ~ (~하면 할수록 더욱 ~하다)」, 비교급 강조 (much, far, even, still, a lot, a little) 등이 출제된다.

① Although they were very poor, / they might be <u>as</u> good and
                                               as   형용사(원급)
    <u>intelligent as</u> children / from the greatest families in England. //
                  as

그들이 매우 가난하기는 하지만 / 아이들만큼 착하고 영리할 수도 있다 / 영국에서 가장 좋은 집안 출신의 //

② <u>The more</u> technology develops, / <u>the more</u> people seem to
     the 비교급   the 비교급
    miss the personal touch. //

기술이 발전하면 할수록 / 사람들은 개인적인 접촉을 더 많이 그리워하는 것 같다 //

③ The contemporary child must travel <u>much</u> <u>further</u> / than
                                    much   비교급
    the offspring of primitive man / to acquire the world view of
    his elders. //

현대의 아이는 훨씬 더 멀리 여행해야만 한다 / 원시인의 자손보다 / 어른들의 세계관을 획득하기 위해서 //

개념확인 TEST

밑줄 친 부분이 맞으면 ○표시를 하고, 틀리면 바르게 고치시오.

1 _____ We would feel <u>anxiously</u> and confused, regretful and sad.

2 _____ Tim is the person to <u>boldly</u> go where no one has gone before.

3 _____ The novel and short story are <u>relative</u> easy to study because they are written to be read.

4 _____ I still remember <u>a little</u> stories in which the gods made promises with each other like humans.

5 _____ One of the little understood paradoxes in communication is that the more difficult the word, <u>the shorter</u> the explanation.

---

5 touch 접촉   contemporary 현대의   offspring 자손   primitive 원시인   acquire 얻다   elder 손윗사람   TEST anxiously 불안하게   confused 혼란스러운   regretful 후회하는   boldly 대담히   relative 상대적인   paradox 역설

2005학년도
9월 평가원 **01**

Three hours will be enough / for us / to make your home free / freely of any dirt. //

2023학년도
수능 **02**

Jamie had pushed herself for months / to final / finally break her record, / but it was all for nothing. //

2006학년도
9월 평가원 **03**

Such penalties result in / a player being sent to an isolated area / called the penalty box, / after which the offender's team must operate a player short / shortly . //

2005년
3월 교육청 **04**

If the movie calls for rivers, mountains, or jungles, / it may be cheaper / to film in real places / than / as to build imitation scenery. //

2008년
4월 교육청 **05**

In quicksand, / the more you struggle, / the deeper / deep you'll sink. //

2009학년도
9월 평가원 **06**

The first shops / sold just a few / a little products / such as meat and bread. //

2010년
10월 교육청 **07**

If advertising is on television, / the more frequently / frequent a commercial is run, / the more people it will reach. //

2010년
10월 교육청 **08**

If it is placed in a high-traffic zone, / more people will see it, / and if it is placed in a low-traffic zone, / less / fewer people will see it. //

2011년
7월 교육청 **09**

Then, / do zebra stripes confuse zebras / as much / many as they confuse lions? //

2015학년도
6월 평가원 **10**

Interestingly enough, / many of the technological advances in bread making / have sparked a reaction / among bakers and consumers like / alike . //

2018년
4월 교육청 **11**

In neither case / was it necessary / necessarily / to enumerate every enemy or every fruit individually. //

2023학년도
수능 **12**

Centuries ago, / people found it difficultly / difficult / to imagine how someone could see an object / without seeing what color it is. //

01   세 시간이면 충분할 것이다 / 우리가 / 당신의 집을 먼지로부터 완전히 자유롭게 하는 데는 //

dirt	n. 먼지

02   Jamie는 몇 달 동안 자기 자신을 몰아붙였었다 / 마침내 자기 기록을 깨려고 / 하지만 그것은 모두 수포였다 //

break a record	기록을 깨다
all for nothing	수포인, 허사가 된

03   그러한 벌칙은 결과를 낳았다 / 고립된 장소에 해당 선수를 보내는 / 페널티 박스라 불리는 / 그 다음에는 반칙한 팀은 한 명의 선수가 적은 채로 경기를 해야 한다 //

penalty	n. 벌칙, 형벌
result in	(결과적으로) ~을 야기하다
offender	n. 반칙을 한 사람
operate	v. 작업하다, 운영하다

04   영화에서 강, 산, 혹은 정글 장면이 필요한 경우 / 돈이 덜 들 것이다 / 실제 장소에서 영화를 촬영하는 것이 / 장면을 본 뜬 세트를 만드는 것보다 //

call for	~을 필요로 하다
imitation	n. 모방
	a. 모조의, 인조의
scenery	n. 장면

05   유사 속에서는 / 발버둥 치면 칠수록 / 더 깊이 가라앉는다 //

quicksand	n. 유사(바람이나 물에 의해 아래로 흘러내리는 모래)
struggle	v. 몸부림치다
sink	v. 가라앉다

06   최초의 가게들은 / 몇몇의 제품만을 팔았다 / 고기나 빵과 같은 //

product	n. 생산품

07   광고가 TV에 나온다면 / 광고가 더 자주 방송될수록 / 그것이 더 많은 사람들에게 닿을 것이다 //

commercial	n. 상업용 광고
run	v. 방송하다

08   그것이 사람들의 왕래가 많은 구역에 위치한다면 / 더 많은 사람들이 그것을 볼 것이다 / 그리고 왕래가 적은 구역에 위치한다면 / 더 적은 사람들이 그것을 볼 것이다 //

high-traffic	a. 왕래가 많은
low-traffic	a. 왕래가 적은

09   그렇다면 / 얼룩말 줄무늬는 얼룩말을 혼란스럽게 만들까 / 그것들이 사자를 혼란스럽게 만드는 것만큼 //

stripe	n. 얼룩
confuse	v. 혼동시키다, 혼란스럽게 하다

10   아주 흥미롭게도 / 제빵에서의 많은 기술적 발전은 / 하나의 반응을 촉발했다 / 제빵사와 소비자들 사이에 똑같이 //

advance	n. 발전
spark	v. 촉발하다
baker	n. 제빵사

11   어떤 경우에도 / 필수적이지 않았다 / 모든 적 혹은 모든 과일을 개별적으로 세는 것은 //

enumerate	v. 일일이 세다
enemy	n. 적
individually	ad. 개별적으로, 각각 따로

12   몇 세기 전 / 사람들은 어렵다고 생각했다 / 누군가 어떻게 물체를 볼 수 있는지 상상하는 것이 / 그것이 무슨 색인지 보지 못하는 채로 //

imagine	v. 상상하다

1 (A), (B), (C) 각 네모 안에서 어법에 맞는 표현을 골라, 짝 지은 것은?

• 2006학년도 6월 평가원 난이도 상

A choice of works from the mainstream repertory is unlikely to (A) surprise / surprising people. Realistically, most performers will have to play this repertory in order to secure some credibility. However, mainstream repertory is not necessarily the same as the (B) best / most repertory. There are several reasons why some works, and not others, have become popular, and these reasons have as (C) many / much to do with the historical availability of music as with its enduring quality.

	(A)		(B)		(C)
①	surprise	···	best	···	many
②	surprise	···	best	···	much
③	surprise	···	most	···	much
④	surprising	···	most	···	much
⑤	surprising	···	most	···	many

다시보기   ▶ 다시 볼 문제 체크✓하고 틀린 이유 메모하기

2 다음 글의 밑줄 친 부분 중, 어법상 틀린 것은?

• 2006년 10월 교육청 난이도 중하

The Masai are a people who are continually trying to preserve their own ways ① in an increasingly modern world. They live along the border of Kenya and Tanzania, ② moving their homes from time to time to follow their cattle, the source of their livelihood. The Masai depend on their cattle for many parts of their life. They don't slaughter their cattle for food; but if a cow is killed, then the horns are used for containers; the hides ③ are used to make shoes, clothing, and bed coverings. The more cattle a man owns, ④ the rich he is considered to be. The cattle, ⑤ though owned by the man, are considered to belong to the man's entire family.

다시보기   ▶ 다시 볼 문제 체크✓하고 틀린 이유 메모하기

3 다음 글의 밑줄 친 부분 중, 어법상 틀린 것은?

• 2009년 4월 교육청 난이도 중

Although life is different from nonlife, it is not ① completely different. Living things exist in a nonliving universe and depend on ② it in many ways. Plants absorb energy from sunlight, and bats find shelter in caves. Indeed, living things are made of the same tiny particles ③ that make up nonliving things. What makes organisms different from the materials that compose them ④ are their level of organization. Living things exhibit not just one but many layers of biological organization. This tendency toward order is sometimes ⑤ modeled in a pyramid of life.

다시보기   ▶ 다시 볼 문제 체크✓하고 틀린 이유 메모하기

4 다음 글의 밑줄 친 부분 중, 어법상 틀린 것은?

• 2022년 4월 교육청 난이도 상

The actual problems with monopolies are caused by statism, not capitalism. Under a statist social system, taxes, subsidies, tariffs, and regulations often serve to protect existing large players in the marketplace. Those players often use crony tactics to retain or expand the protections: a new tariff preventing foreign competition, a subsidy making it harder for new players ① to compete with them, or a regulatory measure that a large company has the resources to comply with. Under a capitalist social system, on the other hand, the government has no say in how ② dominantly a company may become in its industry or how companies take over and merge with one another. Furthermore, a capitalist society doesn't have rights-violating taxes, tariffs, subsidies, or regulations ③ favoring anybody nor does it have antitrust laws. Under capitalism, dominance can only be achieved by becoming really good at ④ what you're doing. And to maintain dominance, you have to continue to stay ahead of the competition, which sees your dominance and profits as a sign ⑤ that there is money to be made by others as well.

*statism: 국가 통제주의 **crony: 정실(사사로운 정에 이끌리는 일)

***antitrust law: 독점 금지법

다시보기   ▶ 다시 볼 문제 체크✓하고 틀린 이유 메모하기

5 다음 글의 밑줄 친 부분 중, 어법상 <u>틀린</u> 것은?

• 2009학년도 6월 평가원 난이도 중

Gas stations are a good example of an impersonal attitude. At many stations, attendants have even stopped ①<u>pumping</u> gas. Motorists pull up to a gas station where an attendant is ②<u>enclosed</u> in a glass booth with a tray for taking money. The driver must get out of the car, pump the gas, and ③<u>walk</u> over to the booth to pay. And customers with engine trouble or a non-functioning heater are ④<u>usually</u> out of luck. Why? Many gas stations have gotten rid of on-duty mechanics. The skillful mechanic has been replaced by a teenager in a uniform ⑤<u>which</u> doesn't know anything about cars and couldn't care less.

다시보기 ▶ 다시 볼 문제 체크✓하고 틀린 이유 메모하기

6 (A), (B), (C)의 각 네모 안에서 어법에 맞는 표현으로 가장 적절한 것은?

• 2010년 3월 교육청 난이도 상

Sleep deprivation has a great influence on the immune system. Consider what happens in public schools in December just before the winter break. Kids get sick. Teachers get sick. Parents get sick. We tend to think there are just a lot of viruses (A) go / going around. In reality, the main reason for these minor but unpleasant illnesses (B) are / is that we are exhausted. Students and teachers are all sleep-deprived from the constant stress of the first semester, and it begins to catch up with us. Our immune systems are not functioning as (C) effective / effectively as they do when we are well rested, and we get sick. What do most of us do when the winter break comes? We try to get caught up on sleep.

	(A)		(B)		(C)
①	go	…	are	…	effective
②	go	…	are	…	effectively
③	going	…	is	…	effectively
④	go	…	is	…	effectively
⑤	going	…	is	…	effective

다시보기 ▶ 다시 볼 문제 체크✓하고 틀린 이유 메모하기

7 다음 글의 밑줄 친 부분 중, 어법상 <u>틀린</u> 것은?

• 2011학년도 6월 평가원 난이도 상

Sir Arthur Conan Doyle, the creator of Sherlock Holmes, had a great sense of delicacy ①<u>where</u> other persons' feelings were concerned. He once paid a visit to George Meredith, the novelist, when Meredith was old and weak. Meredith suffered from an unusual disease that caused him ②<u>to fall</u> occasionally. The two men were walking up a path toward Meredith's summerhouse, Conan Doyle in the lead, when Conan Doyle heard the old novelist fall behind him. He judged by the sound ③<u>which</u> the fall was a mere slip and could not have hurt Meredith. Therefore, he did not turn and he strode on as if he ④<u>had heard</u> nothing. "He was a fiercely proud old man," Conan Doyle later explained, "and my instincts told me that his humiliation in being helped up would be ⑤<u>far</u> greater than any relief I could give him."

다시보기 ▶ 다시 볼 문제 체크✓하고 틀린 이유 메모하기

다음 글의 밑줄 친 부분 중, 어법상 틀린 것은?

• 2016학년도 6월 평가원 난이도 중

An independent artist is probably the one ① who lives closest to an unbounded creative situation. Many artists have considerable freedom from external requirements about what to do, how to do it, when to do it, and why. At the same time, however, we know that artists usually limit themselves quite ② forcefully by choice of material and form of expression. To make the choice to express a feeling by carving a specific form from a rock, without the use of high technology or colors, ③ restricting the artist significantly. Such choices are not made to limit creativity, but rather to cultivate ④ it. When everything is possible, creativity has no tension. Creativity is strange in that it finds its way in any kind of situation, no matter how restricted, just as the same amount of water flows faster and stronger through a narrow strait ⑤ than across the open sea.

*strait: 해협

다시보기 ▶ 다시 볼 문제 체크✓하고 틀린 이유 메모하기

9 (A), (B), (C)의 각 네모 안에서 어법에 맞는 표현으로 가장 적절한 것은?

• 2017학년도 9월 평가원 난이도 상

Like life in traditional society, but unlike other team sports, baseball is not governed by the clock. A football game is comprised of exactly sixty minutes of play, a basketball game forty or forty-eight minutes, but baseball has no set length of time within which the game must be completed. The pace of the game is therefore leisurely and (A) unhurried / unhurriedly , like the world before the discipline of measured time, deadlines, schedules, and wages paid by the hour. Baseball belongs to the kind of world (B) which / in which people did not say, "I haven't got all day." Baseball games do have all day to be played. But that does not mean that they can go on forever. Baseball, like traditional life, proceeds according to the rhythm of nature, specifically the rotation of the Earth. During its first half century, games were not played at night, which meant that baseball games, like the traditional work day, (C) ending / ended when the sun set.

	(A)		(B)		(C)
①	unhurried	⋯	in which	⋯	ended
②	unhurried	⋯	which	⋯	ending
③	unhurriedly	⋯	which	⋯	ended
④	unhurriedly	⋯	which	⋯	ending
⑤	unhurriedly	⋯	in which	⋯	ended

다시보기 ▶ 다시 볼 문제 체크✓하고 틀린 이유 메모하기

⏱ **종료시각**　　　시　　　분　　　초

1 아래 채점표에 내가 답한 것을 적은 다음 채점한다.(틀린 문제에만 '/' 표시를 한다.)

문항번호	1	2	3	4	5	6	7	8	9
내가 쓴 답									
채점									

2 틀렸거나 찍어서 맞힌 문제는 다시 푼다.

3 2차 채점을 할 때 다시 풀어서 맞힌 문항은 △, 또 틀린 문항은 ✕ 표시를 한다.

4 △와 ✕ 문항은 반드시 다시 보고 틀린 이유를 알고 넘어간다.

☑ **채점 결과** DAY7　반드시 체크해서 복습 때 활용할 것

	1차채점		2차채점
총 문항수	9개	△ 문항수	개
틀린 문항수	개	✕ 문항수	개

1 다음 글의 밑줄 친 부분 중, 어법상 틀린 것은?

· 2015학년도 수능 난이도 상

During the early stages when the aquaculture industry was rapidly expanding, mistakes were made and these were costly both in terms of direct losses and in respect of the industry's image. High-density rearing led to outbreaks of infectious diseases that in some cases ①devastated not just the caged fish, but local wild fish populations too. The negative impact on local wildlife inhabiting areas ②close to the fish farms continues to be an ongoing public relations problem for the industry. Furthermore, a general lack of knowledge and insufficient care being taken when fish pens were initially constructed ③meaning that pollution from excess feed and fish waste created huge barren underwater deserts. These were costly lessons to learn, but now stricter regulations are in place to ensure that fish pens are placed in sites ④where there is good water flow to remove fish waste. This, in addition to other methods that decrease the overall amount of uneaten food, ⑤has helped aquaculture to clean up its act.

✎
나의 풀이

①
②
③
④
⑤

위와 같은 이유로, 나의 정답은 　　　입니다.

실제 풀이

정답은 　　　입니다. 그 이유를 적어 보면,

①
②
③
④
⑤

2 다음 글의 밑줄 친 부분 중, 어법상 틀린 것은?

· 2021학년도 수능 난이도 중상

Regulations covering scientific experiments on human subjects are strict. Subjects must give their informed, written consent, and experimenters must submit their proposed experiments to thorough examination by overseeing bodies. Scientists who experiment on themselves can, functionally if not legally, avoid the restrictions ①associated with experimenting on other people. They can also sidestep most of the ethical issues involved: nobody, presumably, is more aware of an experiment's potential hazards than the scientist who devised ②it. Nonetheless, experimenting on oneself remains ③deeply problematic. One obvious drawback is the danger involved; knowing that it exists ④does nothing to reduce it. A less obvious drawback is the limited range of data that the experiment can generate. Human anatomy and physiology vary, in small but significant ways, according to gender, age, lifestyle, and other factors. Experimental results derived from a single subject are, therefore, of limited value; there is no way to know ⑤what the subject's responses are typical or atypical of the response of humans as a group.

*consent: 동의 **anatomy: (해부학적) 구조
***physiology: 생리적 현상

✎
나의 풀이

①
②
③
④
⑤

위와 같은 이유로, 나의 정답은 　　　입니다.

실제 풀이

정답은 　　　입니다. 그 이유를 적어 보면,

①
②
③
④
⑤

DAY 8

시제, 조동사, 가정법

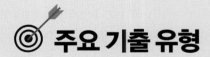 주요 기출 유형

1) 현재, 과거, 현재완료 구별

2) 가정법

3) 조동사 have p.p. /
   대동사 /
   강조의 do

1-1 현재, 과거, 현재완료 구별

① 항상 현재시제를 사용하는 경우: 습관, 반복 행위, 불변의 진리, 격언
② 현재완료(완료, 경험, 계속, 결과)는 기간의 부사구(since ~, over the years 등)와 주로 같이 쓴다.
③ 과거시제는 과거를 나타내는 부사(ago, yesterday, last week)와 주로 같이 쓴다.

① The Earth <u>revolves</u> around the Sun. //
           현재(불변의 진리)

지구는 태양의 주위를 돈다 //

② My wife and I / <u>have enjoyed</u> receiving your publication /
             현재완료(계속)
<u>for years.</u> //
기간 부사구

아내와 나는 / 당신의 간행물을 즐겁게 받아왔다 / 수년 간 //

③ A recent study <u>examined</u> / the Internet habits of 20 people /
             과거
<u>last week.</u> //
과거 부사

최근 한 연구는 조사했다 / 20명의 사람들의 인터넷 습관을 / 지난주에 //

1-2 시제 빈출 Point

① 명백한 과거를 나타내는 과거부사(ago, yesterday, last week 등)는 현재완료와 같이 쓰일 수 없다.
② 시간과 조건을 나타내는 부사절에서는 현재가 미래를 대신한다.
③ since가 접속사로 사용된 경우, 「현재완료＋since(시간 접속사)＋주어＋동사(과거)」의 형식을 취한다.
④ since가 전치사로 사용된 경우, 「since + 시점(과거)」이 온다.

① <u>In the summer of 2001,</u> / he <u>visited</u> Asan, Korea, / to
      과거 부사구   과거
participate in a house-building project. //

2001년 여름에 / 그는 한국의 아산을 방문하였다 / 집짓기 공사에 참여하려고 //

② <u>If</u> our situation <u>changes,</u> / we <u>will call</u> you / to resume
조건 부사절   현재   미래
delivery. //

우리의 상황이 변하면 / 전화를 드릴 것입니다 / 배달을 재개하도록 //

③ She <u>has written</u> once / <u>since</u> she <u>left.</u> //
     현재완료   시간 접속사 과거

그녀는 (편지를) 한 번 썼다 / 떠난 이후로 //

④ Former U.S. President Jimmy Carter / <u>has toured</u> various
                             현재완료
countries / <u>since 1994.</u> //
전치사(~이래로) + 시점

전 미국 대통령 Jimmy Carter는 / 다양한 국가를 순회했다 / 1994년 이래로 //

1-1 revolve 회전하다   publication 출판물, 간행물   examine 조사하다   1-2 participate 참여하다   resume 다시 시작하다   former 전(前)

2-1 가정법

① 가정법 과거(if + 주어 + 과거동사 ~, 주어 + 조동사 과거 + 동사원형)는 현재 사실에 대한 반대를 나타낸다.
② 가정법 과거완료(if + 주어 + had p.p. ~, 주어 + 조동사 과거 + have p.p.)는 과거 사실이나 상황과 반대되는 내용을 나타낸다.

가정법 과거

① If only you were more like me, / you would be a lot better off. //
　　접속사　　주어　과거동사　　　　　　조동사 과거 + 동사원형

네가 더 나와 같기만 하면, / 너는 훨씬 더 잘 살 텐데 //

가정법 과거완료

② They both find out / that they would have been better off by
　　　　　　　　　　　　　　　　　조동사 과거 + have p.p.

$1,000 / if they had taken different actions. //
　　　　　접속사　주어　　과거완료

그 두 사람은 알게 된다 / 1,000달러만큼 더 벌 수 있었을 것이라는 사실을 / 다른 조치를 취했더라면 //

2-2 기타 가정법 표현

I wish 가정법과 as if 가정법은 주절과 같거나 더 앞선 시점에 실제 있었던 사실과 반대되는 소망이나 비유를 나타낸다. 과거 시제를 쓰면 주절과 같은 시점, 과거완료 시제를 쓰면 주절보다 앞선 시점에 관한 내용이 된다.

I wish 가정법	I wish + 과거/과거완료 동사
as if 가정법	as if + 과거/과거완료 동사

① I wish / my team had done better / in the dance competition. //
　　　　현재　　　　과거완료(과거와 반대)

나는 바란다 / 우리 팀이 더 잘 했더라면 하고 / 춤 경연대회에서 //

가정법

②-1 We feel / as if the day they entered our school were yesterday. //
　　　현재　　as if　　　　　　　　　　　　　　　　과거(현재와 반대)

우리는 느낀다 / 그들이 우리 학교에 입학하던 날이 어제인 것처럼 //

직설법(단순 비유나 추측)

②-2 It seems / as if it is going to snow. //
　　　현재　　as if　　현재

(~처럼) 보인다 / 마치 눈이 내릴 것처럼 //

2-1 find out 알아내다　　take action ~에 대해 조치를 취하다　　2-2 do better 더 잘하다　　competition 경쟁, 경연

3 조동사 have p.p. / 대동사 / 강조의 do

① 「조동사 + have + p.p.」의 형태와 해석에 유의한다. 이는 기본적으로 과거에 대한 추측을 나타낸다.

may have p.p. (~이었을지도 모른다)	must have p.p. (~이었음에 틀림없다)
cannot have p.p. (~했을 리 없다)	should have p.p. (~했어야만 했다)

② 동사의 반복을 피하기 위해 조동사(일반동사는 do)를 사용할 때 이를 대동사라고 부른다.
③ 일반동사를 강조할 때는 「do/does/did + 동사원형」의 형태를 쓴다.

①-1 She <u>may have forgotten</u> her keys at home. //
　　　　어쩌면 ~했을지도 모른다

그녀는 어쩌면 깜빡 잊고 열쇠를 집에 두고 왔나 보다 //

①-2 Those victims of education / <u>should have received</u> training /
　　　　　　　　　　　　　　　　~했었어야 했다
to develop creative talents / while in school. //

그러한 교육의 희생자들은 / 훈련을 받았어야만 했다 / 창의적인 재능을 발달시키기 위한 / 학창 시절에 //

② In each age group, / males had higher average kilocalorie
intake / from sugar-sweetened beverages / than females <u>did</u>. //
　　　　　　　　　　　　　　　　　　　　　　　　　　　　　대동사(= had)

각 연령 집단에서 / 남성은 더 높은 킬로칼로리 평균 섭취량을 보였다 / 설탕이 가미된 음료로부터 / 여성들이 그러했던 것보다 //

③ The trees made hardly any difference / in the amount of
noise, / but they <u>did block</u> / the view of the highway. //
　　　　　　　　　　　　　　　강조(과거) 본동사

그 나무들은 거의 어떤 차이도 만들지 못했다 / 소음의 양에 있어서 / 하지만 그것들은 막았다 / 고속도로의 경관을 //

개념확인 TEST

밑줄 친 부분이 맞으면 ○표시를 하고, 틀리면 바르게 고치시오.

1 _____ If I <u>haven't</u> come along, he would have eventually died of starvation.

2 _____ If you <u>are</u> a butterfly, would you be attracted to a more colorful flower or a less colorful one?

3 _____ The vanguard of such a migration <u>must have been</u> small in number and must have traveled comparatively light.

4 _____ Twenty thousand years ago, at the height of the last glacial period, sea level <u>has been</u> so low that dry land joined what are now separate continents.

5 _____ What is noticeable is that since the early 1990s, all four countries <u>have consistently showed</u> a steady increase in the number of U.S. S&E doctoral degree recipients.

---

3 victim 희생자　　intake 섭취량　　beverage 음료　　hardly 거의 ~않다　　amount 양　　noise 소음　　block 막다　　highway 고속도로　　TEST starvation 굶주림　　vanguard 선두, 선봉
migration 이주　　comparatively 비교적　　height 정점　　glacial period 빙하기　　continent 대륙　　noticeable 눈에 띄는　　consistently 지속적으로　　steady 꾸준한　　doctoral degree 박사 학위
recipient 받는 사람, 수령인

2021학년도
6월 평가원 **01**
Reading on, / Steven realized / the letter had been delivered to him mistakenly; / it should / must have gone to Stephanie, / who was the real winner. //

2022학년도
수능 **02**
Around 1480, / he built / has built several churches / in a new style / in Milan. //

2005년
4월 교육청 **03**
Special words did become / became / useful substitutes for notches. //

2006년
5월 교육청 **04**
Since I arrived in the United States to study, / I noticed / have noticed / that academic success is not important / to all Americans. //

2009학년도
수능 **05**
You are under the false impression / that you do not have as many items to pack / as you really are / do . //

2009년
3월 교육청 **06**
All you have to do / is boil it in water / just until it is / will be tender, / three to five minutes. //

2006년
4월 교육청 **07**
A policeman, / who was on the beach, / said / that if Clauss haven't / hadn't reacted / so quickly and decisively, / there would have been two drownings / instead of one. //

2011년
4월 교육청 **08**
But the industrial and technological revolutions / changed all that, / and the resulting explosion of personal liberty created / creating / an array of options, alternatives, and decisions / that our ancestors never faced. //

2013년
3월 교육청 **09**
City officials went to the state capital / again and again / to ask / that something be / was done / about quieting the highway noise. //

2013년
10월 교육청 **10**
I learned more / from my failures / than I was / did from my successes. //

2014년
7월 교육청 **11**
That's because / the amount of carbon dioxide in the atmosphere / increased / has increased substantially / over the past one hundred years. //

2020년
10월 교육청 **12**
A shopkeeper / who realizes he is losing exchange opportunities / because of his dishonest behavior / may begin to act / as if he is / were a kind and honest man / in order to garner more business. //

01 계속 읽으며 / Steven은 깨달았다 / 그 편지가 자신에게 잘못 배달되었다고 / 그것은 Stephanie에게 갔어야 하는 것이었다 / 진짜 우승자였던 //

deliver	v. 배달하다
mistakenly	ad. 잘못하여

02 약 1480년에 / 그는 교회를 몇 군데 지었다 / 새로운 양식으로 / 밀라노에 //

around	ad. 약, 대략

03 특별한 단어들은 진짜로 되었다 / 빗금에 대한 유용한 대체물이 //

substitute	n. 대체물, 대용물
notch	n. 빗금

04 내가 공부하기 위해서 미국에 도착한 이래로 / 나는 알게 되었다 / 학업성취가 중요한 것은 아니라는 것을 / 모든 미국인들에게 //

notice	v. 알다
academic success	학업성취

05 당신은 잘못된 생각을 갖고 있다 / 이삿짐을 꾸릴 물건들이 많지 않다는 / 실제로 존재하는 것만큼 //

impression	n. 인상, 느낌
pack	v. (짐을) 싸다, 꾸리다

06 당신이 해야 할 일이라고는 / 그것을 물에 삶는 것뿐이다 / 그것이 부드러워질 바로 그때까지 / 3분에서 5분 동안 //

tender	a. 부드러운

07 경찰관은 / 해변에 있던 / 말했다 / 만약 Clauss가 반응하지 않았더라면 / 그렇게 신속하고 단호하게 / 두 명의 익사자가 있었을 거라고 / 한 명 대신 //

react	v. 반응하다
decisively	ad. 단호하게
drowning	n. 익사(자)

08 그러나 산업 기술 혁명은 / 모든 것을 바꿔 놓았다 / 그리고 그 결과로 나타난 개인적인 자유의 폭발은 만들어냈다 / 일련의 선택, 대안, 그리고 결정들을 / 우리의 조상들이 결코 직면하지 못했던 //

industrial	a. 산업의
explosion	n. 폭발
an array of	일련의
decision	n. 결정
face	v. 직면하다

09 시 공무원들은 주도에 갔다 / 여러 차례 / 요구하기 위해서 / 어떤 것을 해줄 것을 / 고속도로 소음을 줄이는 것에 관해 //

official	n. 공무원
state capital	주도 (주의 중심지)
quiet	v. 조용히 시키다
noise	n. 소음

10 나는 더 많은 것을 배웠다 / 내 실패에서 / 내가 내 성공에서 그런 것보다 //

failure	n. 실패

11 그것은 ~ 때문이다 / 대기 중의 이산화탄소의 양이 / 크게 상승했기 (때문이다) / 지난 백 년 간에 걸쳐서 //

carbon dioxide	이산화탄소
atmosphere	n. 대기
substantially	ad. 상당히, 많이
past	a. 지난

12 한 가게 주인이 / 그가 거래의 기회를 잃고 있다는 것을 깨달은 / 자신의 부정직한 행동 때문에 / 행동하기 시작할 수 있다 / 마치 친절하고 정직한 사람인 것처럼 / 더 많은 사업 실적을 얻기 위해 //

shopkeeper	n. 가게 주인
exchange	n. 거래
dishonest	a. 부정직한
garner	v. 얻다

1 (A), (B), (C)의 각 네모 안에서 어법에 맞는 표현을 골라 짝지은 것은? · 2003년 3월 교육청 난이도 하

In ancient times, women in Greece were not (A) allowed / allowing to take part in the Olympic Games. Women were first invited to participate in the modern Olympics in 1912. (B) Since / Until then, women's events have become very important and popular. People look forward to (C) watch / watching women's gymnastics in particular. Girls and boys all around the world today admire women athletes in the Olympics.

	(A)		(B)		(C)
①	allowed	⋯	Since	⋯	watching
②	allowing	⋯	Until	⋯	watch
③	allowed	⋯	Until	⋯	watching
④	allowing	⋯	Since	⋯	watching
⑤	allowed	⋯	Until	⋯	watch

다시보기 ▶ 다시 볼 문제 체크✓하고 틀린 이유 메모하기

2 다음 글에서 밑줄 친 부분 중, 어법상 틀린 것은? · 2003년 10월 교육청 난이도 중

As I walked home one freezing day, I stumbled on a wallet someone ① had lost in the street. I ② picked it up and looked inside to find some identification so I could call the owner. But the wallet contained only three dollars and a crumpled letter that seemed ③ to be there for years. The envelope was worn and the only thing that I could read was the return address. I started to open the letter, ④ hoping to find some clue. Then I saw the dateline and found that the letter ⑤ had been written almost ten years before.

다시보기 ▶ 다시 볼 문제 체크✓하고 틀린 이유 메모하기

3 다음 글의 밑줄 친 부분 중, 어법상 틀린 것은? · 2006년 4월 교육청 난이도 상

In Kenya's Samburu National Reserve, two methods were used to ① find out what tempts elephants to wander out of their protected habitat. Elephant researchers fitted the animals with radio collars ② equipped with GPS (Global Positioning System) tracking devices. They also collected hair samples from the tails of 35 elephants. Analysis of the chemicals in the hair ③ shows what each elephant ate over time. Scientist Cerling says they used the hair ④ like a tape recorder. Matching up the information about diet and movement, the researchers found that ⑤ while the dry season some elephants ventured out of Samburu to eat tasty crops at a farm.

다시보기 ▶ 다시 볼 문제 체크✓하고 틀린 이유 메모하기

4 다음 글의 밑줄 친 부분 중, 어법상 틀린 것은?

• 2007학년도 수능 난이도 상

To be a mathematician you don't need an expensive laboratory. The typical equipment of a mathematician ① is a blackboard and chalk. It is better to do mathematics on a blackboard ② than on a piece of paper because chalk is easier to erase, and mathematical research is often filled with mistakes. One more thing you need to do is to join a club ③ devotes to mathematics. Not many mathematicians can work alone; they need to talk about what they are doing. If you want to be a mathematician, you had better ④ expose your new ideas to the criticism of others. It is so easy to include hidden assumptions ⑤ that you do not see but that are obvious to others.

다시보기 ▶ 다시 볼 문제 체크✔하고 틀린 이유 메모하기

---

5 다음 글의 밑줄 친 부분 중, 어법상 틀린 것은?

• 2020년 7월 교육청 난이도 상

The idea that hypnosis can put the brain into a special state, ① in which the powers of memory are dramatically greater than normal, reflects a belief in a form of easily unlocked potential. But it is false. People under hypnosis generate more "memories" than they ② do in a normal state, but these recollections are as likely to be false as true. Hypnosis leads them to come up with more information, but not necessarily more accurate information. In fact, it might actually be people's beliefs in the power of hypnosis that ③ leads them to recall more things: If people believe that they should have better memory under hypnosis, they will try harder to retrieve more memories when hypnotized. Unfortunately, there's no way to know ④ whether the memories hypnotized people retrieve are true or not — unless of course we know exactly what the person should be able to remember. But if we ⑤ knew that, then we'd have no need to use hypnosis in the first place!

*hypnosis: 최면

다시보기 ▶ 다시 볼 문제 체크✔하고 틀린 이유 메모하기

---

6 다음 글의 밑줄 친 부분 중, 어법상 틀린 것은?

• 고2 2022년 6월 교육청 난이도 상

Even though institutions like the World Bank use wealth ① to differentiate between "developed" and "developing" countries, they also agree that development is more than economic growth. "Development" can also include the social and environmental changes that are caused by or accompany economic growth, some of ② which are positive and thus may be negative. Awareness has grown — and continues to grow — that the question of how economic growth is affecting people and the planet ③ needs to be addressed. Countries are slowly learning that it is cheaper and causes ④ much less suffering to try to reduce the harmful effects of an economic activity or project at the beginning, when it is planned, than after the damage appears. To do this is not easy and is always imperfect. But an awareness of the need for such an effort indicates a greater understanding and moral concern than ⑤ was the previous widespread attitude that focused only on creating new products and services.

다시보기 ▶ 다시 볼 문제 체크✔하고 틀린 이유 메모하기

7 다음 글의 밑줄 친 부분 중, 어법상 틀린 것은?

• 2010년 3월 교육청 난이도 상

It was Mary's thirteenth birthday. It was also her first birthday at her uncle's house. Everyone brought out gifts for Mary: stockings from Elena, a purse from Steve, and a pair of very old silver earrings from Chris, who said she ① had had them since she was a little girl. Uncle Jack gave a lengthy speech about ② how Mary was like a daughter to him and to Aunt Barbara. And then, he handed her an envelope in ③ which was tucked a fifty-dollar bill. Mary was to buy ④ herself some new clothes with Aunt Barbara's help and advice. A miracle! So many presents and so much money all at once made her eyes ⑤ shone. She wanted to kiss everybody.

다시보기 ▶ 다시 볼 문제 체크✓하고 틀린 이유 메모하기

8 다음 글의 밑줄 친 부분 중, 어법상 틀린 것은?

• 2019학년도 수능 난이도 상

"Monumental" is a word that comes very close to ① expressing the basic characteristic of Egyptian art. Never before and never since has the quality of monumentality been achieved as fully as it ② did in Egypt. The reason for this is not the external size and massiveness of their works, although the Egyptians admittedly achieved some amazing things in this respect. Many modern structures exceed ③ those of Egypt in terms of purely physical size. But massiveness has nothing to do with monumentality. An Egyptian sculpture no bigger than a person's hand is more monumental than that gigantic pile of stones ④ that constitutes the war memorial in Leipzig, for instance. Monumentality is not a matter of external weight, but of "inner weight." This inner weight is the quality which Egyptian art possesses to such a degree that everything in it seems to be made of primeval stone, like a mountain range, even if it is only a few inches across or ⑤ carved in wood.

*gigantic: 거대한 **primeval: 원시 시대의

다시보기 ▶ 다시 볼 문제 체크✓하고 틀린 이유 메모하기

⏱ **종료 시각** ___ 시 ___ 분 ___ 초

1 아래 채점표에 내가 답한 것을 적은 다음 채점한다. (틀린 문제에만 '✓' 표시를 한다.)

문항번호	1	2	3	4	5	6	7	8
내가 쓴 답								
채점								

2 틀렸거나 찍어서 맞힌 문제는 다시 푼다.

3 2차채점을 할 때 다시 풀어서 맞힌 문항은 △, 또 틀린 문항은 ✗ 표시를 한다.

4 △와 ✗ 문항은 반드시 다시 보고 틀린 이유를 알고 넘어간다.

☑ **채점 결과** DAY8 반드시 체크해서 복습 때 활용할 것

1차채점		2차채점	
총 문항수	8개	△ 문항수	개
틀린 문항수	개	✗ 문항수	개

1 다음 글의 밑줄 친 부분 중, 어법상 틀린 것은?

· 2010년 4월 교육청 난이도 상

Not long ago I heard about a man who ① found $35,000 in a bag on the street. He instantly sought out and returned ② it to the owner. Everyone who heard the story wanted to congratulate this man, but he shied away from the media and avoided being filmed. He firmly insisted that returning the money ③ was the right and only thing he could do. It turned out that this money was the life savings of an old woman, and through his one act he probably saved her financial life, yet he refused ④ to receive praise. Why? Clearly the experiences of his past had helped him to develop a belief: receiving praise for doing ⑤ that obviously was the right thing would be totally inappropriate.

나의 풀이

①

②

③

④

⑤

위와 같은 이유로, 나의 정답은 ◯ 입니다.

실제 풀이

정답은 ◯ 입니다. 그 이유를 적어 보면,

①

②

③

④

⑤

2 다음 글의 밑줄 친 부분 중, 어법상 틀린 것은?

· 2013학년도 6월 평가원 난이도 중

If you've ever gone snorkeling, you may ① have seen an amazing sight: an entire school of fish suddenly changes direction as one unit. The same goes for flocks of birds. So are they all following the commands of a leader? Researchers have determined that there is no leader or controlling force. Rather, the individual fish or bird is reacting ② almost instantly to the movements of its neighbors in the school or flock. ③ Any individual can initiate a movement, such as a change in direction, and this sends out a "maneuver wave," which spreads through the group at an astounding speed. Because individuals can see, or sense, the wave ④ coming toward them, they are ready to react more quickly than they would without such advance notice. ⑤ That appears to us as simultaneous is actually a kind of "follow your neighbor" behavior moving faster than the eye can see.

*maneuver: 움직임

나의 풀이

①

②

③

④

⑤

위와 같은 이유로, 나의 정답은 ◯ 입니다.

실제 풀이

정답은 ◯ 입니다. 그 이유를 적어 보면,

①

②

③

④

⑤

DAY 9

대명사,
접속사, 전치사

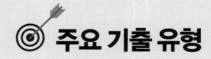 주요 기출 유형

1) 접속사 vs. 전치사

2) (the) other vs. another,
   (the) others

3) 재귀대명사 / 소유격 대명사

4) 이어 동사에서 목적어(대명사)의 위치

5) 동격의 that

1 접속사 vs. 전치사

접속사와 전치사의 큰 차이는, 접속사 다음에는 기본적으로 절(주어 + 동사)이 등장한다는 것이고, 전치사 다음에는 명사(구)나 동명사가 온다는 것이다. 시험에서 많이 출제되는 유형 중 하나이다. 일부 전치사와 접속사는 같은 뜻을 가진 경우도 있는데, while(접속사) vs. during(전치사)과 because(접속사) vs. because of(전치사구) 등이 있다.

① He inquired / if he could leave his valuables in the ship's
　　　　　　　 접속사 주어　　 동사
safe. //

그는 물었다 / 자신의 귀중품들을 배의 금고에 보관해 둘 수 있는지를 //

② The population will increase / until it reaches a particular
　　　　　　　　　　　　　　　 접속사 주어　　동사
density. //

개체 수가 증가할 것이다 / 특정한 밀도에 도달할 때까지 //

③ Despite their lowest rate of volunteering, / seniors aged 75
　 전치사(= In spite of)　　　　　　　 명사구
and older / gave more hours on average / than any other age
group. //

가장 낮은 자원봉사 비율에도 불구하고 / 75세 이상 노인들은 / 평균적으로 더 많은 (자원봉사) 시간을 할애했다 / 다른 어떤 연령집단보다 //

④ A friend of mine was sitting in the Miami airport / reading a
magazine / while she waited to catch a plane to New York. //
　　　　　　　 접속사 주어 동사

내 친구 중 한 명은 마이애미 공항에 앉아 있었다 / 잡지책을 읽으면서 / 그녀가 뉴욕으로 가는 비행기를 타기 위해 기다리는 동안 //

2 (the) other vs. another, (the) others

the other는 '나머지 하나'라는 의미이며, another는 '또 다른 하나'라는 의미이다. other를 단독으로 쓰면 '다른'이라는 의미의 형용사가 되어 뒤에 명사가 나온다. others는 전체에서 일부를 빼고 남은 것 중 다른 일부를 뜻하며, 남은 것을 전부 지칭할 때에는 the others를 쓴다.

another(명) / another(형) + 단·명: 또 다른 하나	other(형) + 복·명: 다른 ～들
the other(명) / the other(형) + 단·명: 나머지 하나	the others(명) / the other(형) + 복·명: 나머지 ～들

① If you buy this product, / you will get another one for free
　　　　　　　　　　　　　　　　　　　　　　 또 다른　단·명
of expense.

이 물건을 사시면 / 무료로 하나를 더 받으실 거예요 //

② One of them would kneel down behind someone / and
the other would push the person over. //
나머지 한 사람

그들 중 한 명이 누군가 뒤에서 무릎을 꿇으면 / 다른 사람이 그 사람을 밀어 넘어뜨리는 것이다 //

3 재귀대명사 / 소유격 대명사

동사의 목적어가 주어와 동일하면 목적어는 반드시 재귀대명사로 쓴다. 특히 소유격 대명사(our, its, their 등)는 명사 앞에 한정사로 쓰이며 형용사 기능을 한다.

① Mr. Potter explained / that ordinarily <u>he</u> never availed
주어
<u>himself</u> of that privilege. //
재귀대명사(= he)

> Potter 씨는 설명했다 / 평소에는 그러한 특권을 전혀 이용하지 않았다고 //

② I kept telling <u>myself</u> to relax / but the butterflies in my
주어   재귀대명사(= I)
stomach / had an intention of their own. //

> 나는 나 자신에게 긴장을 풀라고 거듭 말했지만 / 내 마음 속의 초조함은 / 자기 마음대로였다 //

③ The Greeks' focus / on the salient object and <u>its</u> attributes / led to
소유격 대명사(= the object's)
<u>their</u> <u>failure</u> to understand the fundamental nature of causality. //
소유격 대명사   명사
(The Greeks')

> 그리스인의 집중은 / 두드러진 물체와 그것의 속성에 대한 / 인과관계의 근본적인 성질을 이해하는 데 있어 실패를 야기했다 //

4 이어 동사에서 목적어(대명사)의 위치

이어 동사는 동사와 부사가 어울려 하나의 동사구로 쓰이는 동사를 말한다. 이어 동사에서 대명사의 위치는 반드시 동사와 부사 사이, 즉 「타동사+목적어(목적격 대명사)+부사」가 된다. 그러나 목적어가 일반 명사(구)인 경우, 「타동사+명사(구)+부사」나 「타동사+부사+명사(구)」의 형식이 둘 다 가능하다.

① Just <u>turn</u> <u>everything</u> <u>off</u> / and enjoy the peace and quiet. //
동사   대명사   부사

> 모든 것을 꺼 놓고 / 평온과 고요를 만끽해라 //

② Our brains are so sensitive to loss / that once we have been given
something, / we are hesitant to <u>give</u> <u>it</u> <u>up</u>. //
동사 대명사 부사

> 우리 뇌는 손실에 매우 민감해서 / 일단 어떤 것을 얻게 되면 / 우리는 그것을 포기하기를 주저한다 //
> *once: 조건 부사절 접속사(만일 ~이라면)

③ I got out, / <u>took</u> <u>off</u> my sweater, / and <u>threw</u> <u>it</u> <u>over</u> the
동사 부사   명사(구)   동사 대명사 부사
woodchuck. //

> 나는 나와서 / 내 스웨터를 벗고 / 그것을 그 마멋에게 던졌다 //

---

3 avail oneself of ~을 이용하다   privilege 특권   salient 두드러진   attribute 속성   fundamental 근본적인   nature 성질   causality 인과관계   4 sensitive 민감한   loss 상실   hesitant 주저하는

5 동격의 that

fact, idea, belief, news, rumor, notion, evidence 등의 추상명사 뒤에 그 내용을 설명하는 완전한 that절이 올 수 있다. 이때 that절은 동격 명사절이다.

접속사 that	명사(X) + that + 완전한 절
관계대명사 that	명사(O) + that + 불완전한 절
동격 접속사 that	명사(O) + that + 완전한 절

*단, 앞에 오는 명사 종류는 한정적

① Research in the science of peak performance and motivation
/ points to <u>the fact</u> / <u>that</u> <u>different tasks should ideally be</u>
　　　　　　추상명사　　접속사(동격)　　　　완전한 절
<u>matched to our energy level.</u>

최고 수행과 동기 부여에 관한 과학 연구는 / 사실을 지적한다 / 서로 다른 과제들이 우리의 에너지 수준과 이상적으로 맞춰져야 한다는 //

② <u>The notion</u> / <u>that</u> <u>food has a specific influence on gene</u>
　　추상명사　　　접속사(동격)　　　　　완전한 절
<u>expression</u> / is relatively new.

관념은 / 음식이 유전자 발현에 특정한 영향을 준다는 / 비교적 새로운 것이다 //

③ We have <u>objective evidence</u> / <u>that</u> <u>the Earth is in fact a sphere.</u>
　　　　　　추상명사　　　　　접속사(동격)　　　　완전한 절

우리는 객관적 증거를 가지고 있다 / 지구가 사실은 구체라는 //

개념확인 TEST

밑줄 친 부분이 맞으면 ○표시를 하고, 틀리면 바르게 고치시오.

1 ＿＿＿＿＿＿＿＿ Taking a prepared lump of clay, he <u>put on it</u> his treadle wheel.

2 ＿＿＿＿＿＿＿＿ A genuinely educated person can express <u>himself</u> tersely and trimly.

3 ＿＿＿＿＿＿＿＿ Your mind will become more creative <u>while</u> the break, and you will become mentally fitter.

4 ＿＿＿＿＿＿＿＿ If you dare to take the initiative in self-revelation, <u>the other</u> person is much more likely to reveal secrets to you.

5 ＿＿＿＿＿＿＿＿ The rumor <u>which</u> the company is going bankrupt has been spreading quickly among its employees.

---

5 peak 최고의　gene 유전자　sphere 구체　TEST lump 덩어리　clay 진흙　treadle wheel 물레　genuinely 진짜로, 제대로　tersely 간결하게　trimly 정돈하여　take the initiative 자발적으로 하다　self-revelation 자기 현시, 자기를 드러냄　reveal 드러내다, 밝히다　go bankrupt 파산하다　spread 퍼지다, 확산하다

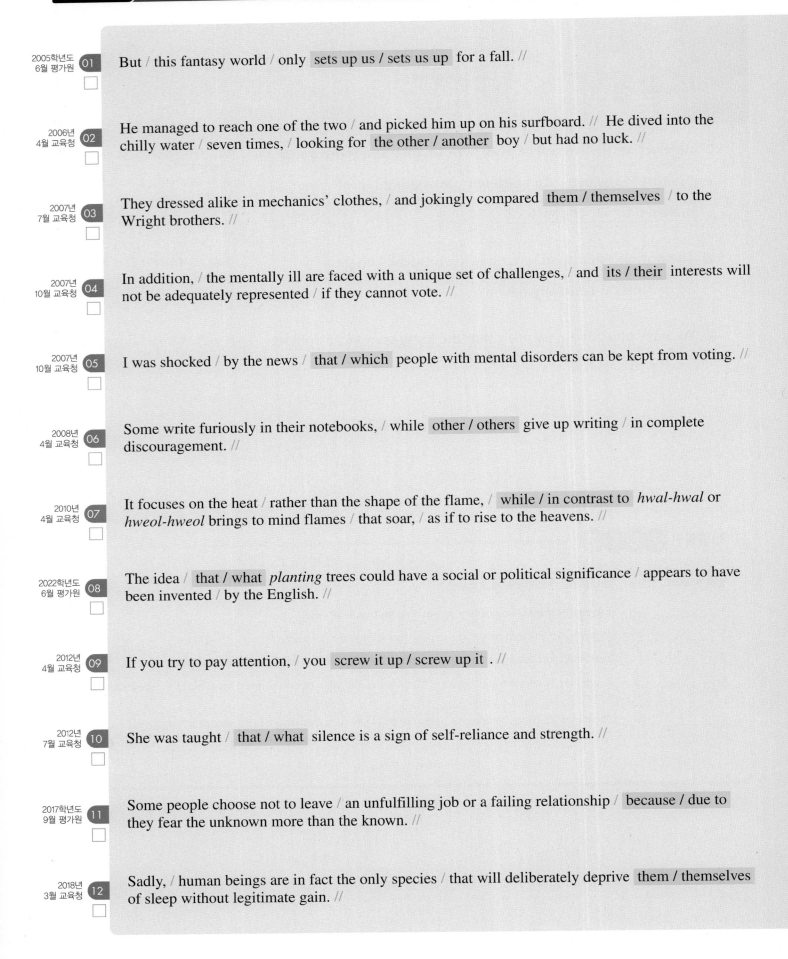

2005학년도
6월 평가원 **01**

But / this fantasy world / only sets up us / sets us up for a fall. //

2006년
4월 교육청 **02**

He managed to reach one of the two / and picked him up on his surfboard. // He dived into the chilly water / seven times, / looking for the other / another boy / but had no luck. //

2007년
7월 교육청 **03**

They dressed alike in mechanics' clothes, / and jokingly compared them / themselves / to the Wright brothers. //

2007년
10월 교육청 **04**

In addition, / the mentally ill are faced with a unique set of challenges, / and its / their interests will not be adequately represented / if they cannot vote. //

2007년
10월 교육청 **05**

I was shocked / by the news / that / which people with mental disorders can be kept from voting. //

2008년
4월 교육청 **06**

Some write furiously in their notebooks, / while other / others give up writing / in complete discouragement. //

2010년
4월 교육청 **07**

It focuses on the heat / rather than the shape of the flame, / while / in contrast to *hwal-hwal* or *hweol-hweol* brings to mind flames / that soar, / as if to rise to the heavens. //

2022학년도
6월 평가원 **08**

The idea / that / what *planting* trees could have a social or political significance / appears to have been invented / by the English. //

2012년
4월 교육청 **09**

If you try to pay attention, / you screw it up / screw up it . //

2012년
7월 교육청 **10**

She was taught / that / what silence is a sign of self-reliance and strength. //

2017학년도
9월 평가원 **11**

Some people choose not to leave / an unfulfilling job or a failing relationship / because / due to they fear the unknown more than the known. //

2018년
3월 교육청 **12**

Sadly, / human beings are in fact the only species / that will deliberately deprive them / themselves of sleep without legitimate gain. //

01 그러나 / 이런 환상의 세계는 / 오직 우리를 무너지게 한다 //

| fantasy | n. 환상 |
| set up | 만들다, 마련하다 |

02 그는 가까스로 두 사람 중 하나에 닿았고 / 그를 자신의 서핑보드 위로 올릴 수 있었다 // 그는 차가운 물속에 들어갔으나 / 일곱 번이나 / 남은 한 아이를 찾으러 / 찾지 못했다 //

| chilly | a. 차가운, 추운 |

03 그들은 똑같이 정비사의 옷을 입었고 / 농담 삼아 그들 자신을 비유했다 / Wright 형제에 //

| mechanic | n. 정비사 |
| jokingly | ad. 농담 삼아 |

04 게다가 / 정신 질환자들은 고유의 어려움에 직면해 있는데 / 그들의 이익은 적절히 대변되지 못할 것이다 / 그들이 투표를 할 수 없다면 //

mentally	ad. 정신적으로
challenge	n. 어려움, 도전
interest(s)	n. 이익

05 나는 충격을 받았다 / 소식에 / 정신 질환이 있는 사람들은 투표를 하지 못하게 될 수도 있다는 //

| shock | v. 충격을 주다 |
| mental disorder | 정신 질환 |

06 어떤 학생들은 맹렬히 필기를 한다 / 반면에 다른 학생들은 필기조차 하지 않는다 / 완전히 낙담한 채 //

| furiously | ad. 맹렬히 |

07 그것은 열기에 초점을 맞춘다 / 불꽃의 형태보다 / 반면에 '활활'이나 '훨훨'은 불꽃을 연상시킨다 / 치솟는 / 마치 하늘로 올라가는 것처럼 //

flame	n. 불길, 불꽃
bring to mind	연상시키다
soar	v. 솟구치다

08 관념은 / 나무 '심기'가 사회적 또는 정치적 의미를 가질 수도 있다는 / 만들어졌던 것 같다 / 영국인들에 의해 //

| significance | n. 의미, 중요성 |
| invent | v. 만들다, 발명하다 |

09 당신이 주의를 기울이려고 애쓰면 / 당신은 그 일을 망친다 //

| screw up | 망치다, 엉망으로 만들다 |

10 그녀는 배웠다 / 침묵이 자존과 힘의 표시라는 것을 //

| self-reliance | n. 자존, 자립 |

11 어떤 사람들은 그만두지 않기로 결정한다 / 성취감이 없는 일이나 소원해지는 관계를 / 그들이 알려진 것보다는 알려지지 않은 것을 두려워하기 때문에 //

unfulfilling	a. 성취감이 없는
failing	a. 약해져 가는, 쇠한
fear	v. 두려워하다

12 안타깝게도 / 인간은 사실 유일한 종이다 / 합당한 이익 없이 의도적으로 잠을 자제하는 //

species	n. 종
deliberately	ad. 의도적으로
deprive oneself	자제하다
legitimate	a. 합당한
gain	n. 이익

1 다음 글의 밑줄 친 부분 중, 어법상 틀린 것은?

• 2006학년도 수능   난이도 **상**

I wonder how many people give up just when success is almost within reach. They endure day after day, and just when they're about ① to make it, decide they can't take any more. The difference between success and failure is not ② that great. Successful people have simply learned the value of staying in the game until it ③ is won. Those who never make it ④ are the ones who quit too soon. When things are darkest, successful people refuse to give up because they know they're almost there. Things often seem at ⑤ its worst just before they get better. The mountain is steepest at the summit, but that's no reason to turn back.

다시보기   ▶ 다시 볼 문제 체크✓하고 틀린 이유 메모하기

2 (A), (B), (C)의 각 네모 안에서 어법에 맞는 표현으로 가장 적절한 것은?

• 2008학년도 6월 평가원   난이도 **중**

Philosophy is, simply put, a way of thinking. More accurately, however, it is a set of mental tools. And that fact is directly related to the question of (A) what / why we study philosophy. It's not just to amaze our friends with our own profound thinking, or confuse them with (B) unexpected / unexpectedly questions, although some college students may value that possibility the most in taking philosophy courses. We study philosophy (C) because / because of the mental skills it helps us develop.

	(A)		(B)		(C)
①	what	⋯	unexpected	⋯	because
②	why	⋯	unexpected	⋯	because of
③	why	⋯	unexpected	⋯	because
④	why	⋯	unexpectedly	⋯	because
⑤	what	⋯	unexpectedly	⋯	because of

다시보기   ▶ 다시 볼 문제 체크✓하고 틀린 이유 메모하기

3 다음 글의 밑줄 친 부분 중, 어법상 틀린 것은?

• 2022학년도 9월 평가원   난이도 **중**

Accepting whatever others are communicating only pays off if their interests correspond to ours — think cells in a body, bees in a beehive. As far as communication between humans is concerned, such commonality of interests ① is rarely achieved; even a pregnant mother has reasons to mistrust the chemical signals sent by her fetus. Fortunately, there are ways of making communication work even in the most adversarial of relationships. A prey can convince a predator not to chase ② it. But for such communication to occur, there must be strong guarantees ③ which those who receive the signal will be better off believing it. The messages have to be kept, on the whole, ④ honest. In the case of humans, honesty is maintained by a set of cognitive mechanisms that evaluate ⑤ communicated information. These mechanisms allow us to accept most beneficial messages — to be open — while rejecting most harmful messages — to be vigilant.

*fetus: 태아 **adversarial: 반대자의

***vigilant: 경계하는

다시보기   ▶ 다시 볼 문제 체크✓하고 틀린 이유 메모하기

4 (A), (B), (C)의 각 네모 안에서 어법에 맞는 표현으로 가장 적절한 것은? • 2011학년도 9월 평가원 난이도 중상

Mr. Potter was sailing for Europe on one of the greatest transatlantic ocean liners. When he went on board, he found (A) another / other passenger was to share the cabin with him. After going to see the accommodations, he came up to the purser's desk and inquired (B) if / that he could leave his valuables in the ship's safe. Mr. Potter explained that ordinarily he never availed himself of that privilege, but he had been to his cabin and had met the man who was to occupy the other bed. Judging from his appearance, he was afraid that he might not be a very trustworthy person. The purser accepted the responsibility for the valuables and (C) remarking / remarked , "It's all right. I'll be very glad to take care of them for you. The other man has been up here and left his valuables for the same reason!"

*purser: 선박의 사무장

	(A)		(B)		(C)
①	another	…	that	…	remarking
②	another	…	if	…	remarked
③	another	…	if	…	remarking
④	other	…	if	…	remarked
⑤	other	…	that	…	remarked

다시보기 ▶ 다시 볼 문제 체크✓하고 틀린 이유 메모하기

5 다음 글의 밑줄 친 부분 중, 어법상 틀린 것은? • 2014학년도 6월 평가원 난이도 중상

Given that music appears to enhance physical and mental skills, are there circumstances where music is ① damaging to performance? One domain ② which this is of considerable significance is music's potentially damaging effects on the ability to drive safely. Evidence suggests an association between loud, fast music and reckless driving, but how might music's ability to influence driving in this way ③ be explained? One possibility is that drivers adjust to temporal regularities in music, and ④ that their speed is influenced accordingly. In other words, just as faster music causes people to eat faster, ⑤ so it causes people to drive at faster speeds, as they engage mentally and physically with ongoing repeated structures in the music.

다시보기 ▶ 다시 볼 문제 체크✓하고 틀린 이유 메모하기

6 다음 글의 밑줄 친 부분 중, 어법상 틀린 것은? • 2014년 7월 교육청 난이도 중

Not many years ago, schoolchildren were taught that carbon dioxide is the ① naturally occurring lifeblood of plants, just as oxygen is ours. Today, children are more likely to think of carbon dioxide as a poison. That's because the amount of carbon dioxide in the atmosphere ② has increased substantially over the past one hundred years, from about 280 parts per million to 380. But what people don't know is that the carbon dioxide level some 80 million years ago—back when our mammalian ancestors were evolving—③ to be at least 1,000 parts per million. In fact, that is the concentration of carbon dioxide you regularly breathe if you work in a new energy efficient office building, for ④ that is the level established by the engineering group that sets standards for heating and ventilation systems. So not only ⑤ is carbon dioxide plainly not poisonous, but changes in carbon dioxide levels don't necessarily mirror human activity. Nor has atmospheric carbon dioxide necessarily been the trigger for global warming historically.

다시보기 ▶ 다시 볼 문제 체크✓하고 틀린 이유 메모하기

7 다음 글의 밑줄 친 부분 중, 어법상 틀린 것은? • 2017년 10월 교육청 난이도 중

People seeking legal advice should be assured, when discussing their rights or obligations with a lawyer, ① which the latter will not disclose to third parties the information provided. Only if this duty of confidentiality is respected ② will people feel free to consult lawyers and provide the information required for the lawyer to prepare the client's defense. Regardless of the type of information ③ disclosed, clients must be certain that it will not be used against them in a court of law, by the authorities or by any other party. It is generally considered to be a condition of the good functioning of the legal system and, thus, in the general interest. Legal professional privilege is ④ much more than an ordinary rule of evidence, limited in its application to the facts of a particular case. It is a fundamental condition on which the administration of justice as a whole ⑤ rests.

*confidentiality: 비밀 유지

다시보기 ▶ 다시 볼 문제 체크✓하고 틀린 이유 메모하기

Psychologists who study giving behavior ① <u>have</u> noticed that some people give substantial amounts to one or two charities, while others give small amounts to many charities. Those who donate to one or two charities seek evidence about what the charity is doing and ② <u>what</u> it is really having a positive impact. If the evidence indicates that the charity is really helping others, they make a substantial donation. Those who give small amounts to many charities are not so interested in whether what they are ③ <u>doing</u> helps others — psychologists call them warm glow givers. Knowing that they are giving makes ④ <u>them</u> feel good, regardless of the impact of their donation. In many cases the donation is so small — $10 or less — that if they stopped ⑤ <u>to think</u>, they would realize that the cost of processing the donation is likely to exceed any benefit it brings to the charity.

다시보기 ▶ 다시 볼 문제 체크✓하고 틀린 이유 메모하기

Metacognition simply means "thinking about thinking," and it is one of the main distinctions between the human brain and that of other species. Our ability to stand high on a ladder above our normal thinking processes and ① <u>evaluate</u> why we are thinking as we are thinking is an evolutionary marvel. We have this ability ② <u>because</u> the most recently developed part of the human brain — the prefrontal cortex — enables self-reflective, abstract thought. We can think about ourselves as if we are not part of ③ <u>ourselves</u>. Research on primate behavior indicates that even our closest cousins, the chimpanzees, ④ <u>lacking</u> this ability (although they possess some self-reflective abilities, like being able to identify themselves in a mirror instead of thinking the reflection is another chimp). The ability is a double-edged sword, because while it allows us to evaluate why we are thinking ⑤ <u>what</u> we are thinking, it also puts us in touch with difficult existential questions that can easily become obsessions.

다시보기 ▶ 다시 볼 문제 체크✓하고 틀린 이유 메모하기

🕐 **종료시각**　　　시　　　분　　　초

1 아래 채점표에 내가 답한 것을 적은 다음 채점한다.(틀린 문제에만 '✓' 표시를 한다.)

문항번호	1	2	3	4	5	6	7	8	9
내가쓴답									
채점									

2 틀렸거나 찍어서 맞힌 문제는 다시 푼다.
3 2차 채점을 할 때 다시 풀어서 맞힌 문항은 △, 또 틀린 문항은 ✕ 표시를 한다.
4 △와 ✕ 문항은 반드시 다시 보고 틀린 이유를 알고 넘어간다.

☑ **채점 결과** DAY9 반드시 체크해서 복습 때 활용할 것

1차채점		2차채점	
총 문항수	9개	△ 문항수	개
틀린 문항수	개	✕ 문항수	개

아래 기출 문제를 읽고
오른쪽에 답과 풀이과정을 적어봅시다.

1 다음 글의 밑줄 친 부분 중, 어법상 틀린 것은?

• 2023학년도 수능 난이도 상

Trends constantly suggest new opportunities for individuals to restage themselves, representing occasions for change. To understand how trends can ultimately give individuals power and freedom, one must first discuss fashion's importance as a basis for change. The most common explanation offered by my informants as to why fashion is so appealing is ① that it constitutes a kind of theatrical costumery. Clothes are part of how people present ② them to the world, and fashion locates them in the present, relative to what is happening in society and to fashion's own history. As a form of expression, fashion contains a host of ambiguities, enabling individuals to recreate the meanings ③ associated with specific pieces of clothing. Fashion is among the simplest and cheapest methods of self-expression: clothes can be ④ inexpensively purchased while making it easy to convey notions of wealth, intellectual stature, relaxation or environmental consciousness, even if none of these is true. Fashion can also strengthen agency in various ways, ⑤ opening up space for action.

*stature: 능력

나의 풀이

①
②
③
④
⑤

위와 같은 이유로, 나의 정답은 ◯ 입니다.

실제 풀이

정답은 ◯ 입니다. 그 이유를 적어 보면,

①
②
③
④
⑤

2 다음 글의 밑줄 친 부분 중, 어법상 틀린 것은?

• 2019학년도 9월 평가원 난이도 상

Not all organisms are able to find sufficient food to survive, so starvation is a kind of disvalue often found in nature. It also is part of the process of selection ① by which biological evolution functions. Starvation helps filter out those less fit to survive, those less resourceful in finding food for ② themselves and their young. In some circumstances, it may pave the way for genetic variants ③ to take hold in the population of a species and eventually allow the emergence of a new species in place of the old one. Thus starvation is a disvalue that can help make ④ possible the good of greater diversity. Starvation can be of practical or instrumental value, even as it is an intrinsic disvalue. ⑤ What some organisms must starve in nature is deeply regrettable and sad. The statement remains implacably true, even though starvation also may sometimes subserve ends that are good.

*implacably: 확고히 **subserve: 공헌하다

나의 풀이

①
②
③
④
⑤

위와 같은 이유로, 나의 정답은 ◯ 입니다.

실제 풀이

정답은 ◯ 입니다. 그 이유를 적어 보면,

①
②
③
④
⑤

복합관계사와 관계사(계속적 용법)

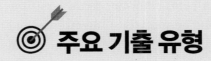 **주요 기출 유형**

1 복합관계대명사(whatever, whoever, whichever)

관계대명사는 선행사절을 수식하는 형용사절을 이끌지만, 선행사가 포함된 의미를 가진 복합관계대명사는 명사절이나 부사절을 이 끈다. 복합관계대명사 다음에 관계대명사와 마찬가지로 불완전한 문장이 온다.

whatever	anything that / no matter what	무엇이든지 (간에)
who(m)ever	anyone who(m) / no matter who(m)	누구든지 (간에)
whichever	anything that / no matter which	어느 것이든지 (간에)

①-1 Many of us fall into the trap / of trying to please people / by going along with whatever(= anything that) they want us to do. //
　　　　　　　　　　　　　　　　　　　명사절(무엇이든지)

많은 이들은 함정에 빠진다 / 사람들을 기쁘게 하려고 애쓰는 / 사람들이 우리가 하기를 바라는 것은 무엇이든 동조함으로써 //

복합관계대명사가 이끄는 부사절은 comma(,)에 의해 주절과 분리

①-2 Whatever(= No matter what) they chose, / they could not change
　　　부사절(무엇이든지 간에)
their minds later. //

무엇을 선택했든지 간에 / 그들은 그들의 마음을 나중에 바꿀 수 없었다 //

② Whoever(= Anyone who) of all dancers performs most gracefully /
　　　　　　명사절(누구든지)
will win this vase / as a prize. //

무용가 중에 가장 우아하게 춤추는 누구든지 / 이 꽃병을 얻을 것이다 / 상으로 //

③ You may choose / whichever(= anything that) you want to have. //
　　　　　　　　　명사절(어느 것이든지)

너는 선택할 수 있다 / 네가 가지고 싶은 어느 것이든지 //

2 복합관계형용사(whatever, whichever)

복합관계형용사(whatever, whichever)는 다음에 명사가 오며, 복합관계형용사절 전체는 명사나 부사 역할을 한다.

복합관계형용사절	명사절(any + 명사 + that: 어떤 ~이든지)
	부사절(no matter what/which + 명사: 어떤 ~일지라도)

① Whichever team(= Any team that) scores the most points / wins. //
　　　명사절(어떤 ~이든지)

가장 많은 점수를 얻는 어떤 팀이든 / 승리한다 //

② Whatever(= No matter what) decision you make, / I will support it. //
　　　부사절(어떤 ~일지라도)

네가 무슨 결정을 내릴지라도 / 나는 그것을 지지할 것이다 //

---

1 trap 함정　gracefully 우아하게　2 score 점수를 내다　support 지지하다

3 복합관계부사(whenever, wherever, however)

whenever, wherever, however처럼 관계부사 뒤에 -ever가 붙어 있는 형태로 부사절을 이끈다. 복합관계대명사와 달리, 복합관계부사가 오는 경우는 뒤에 완전한 문장을 수반하여 부사절의 기능을 한다.

whenever	at any time when / no matter when	~하는 때는 언제든지, 언제 ~하더라도
wherever	at any place where / no matter where	~하는 곳은 어디든지, 어디서 ~하더라도
however	no matter how	아무리/얼마나 ~할지라도

① Wherever(= No matter where) he is, / he thinks of Mom. //
　　　장소 부사절(어디에 ~하더라도)

> 그가 어디 있든 간에 / 그는 엄마를 떠올린다 //

② You can call / whenever(= at any time when) you want. //
　　　　　　　　　시간 부사절(~하는 때는 언제든지)

> 전화해도 돼 / 네가 원할 때 언제든지 //

③ However(= No matter how) good your product is, / remember / that
　　　양보 부사절(아무리 ~할지라도): however+형/부+주어+동사
perfection of an existing product / is not necessarily the best

investment. //

> 아무리 당신의 제품이 좋다고 하더라도 / 기억하라 / 기존 제품의 완성이 / 반드시 최고의 투자가 아니라는 것을 //

---

4 관계대명사와 관계부사의 계속적 용법

관계대명사 혹은 관계부사 앞에 콤마(,)를 써서 설명을 추가할 수 있다. 계속적 용법의 관계사는 앞에서부터 차례로 해석한다. 특히 관계대명사 that은 계속적 용법에 쓸 수 없으며, that 앞에 전치사를 쓸 수도 없다.

① Hope, / which seems like the thinnest little thread, / is
　　　　　관계대명사(계속적 용법)
an incredibly powerful force / leading us / from the most

horrible problems / into a bright new day. //

> 희망이란 / 가장 가느다란 작은 실처럼 보이지만 / 믿어지지 않을 정도로 강력한 힘이다 / 우리를 이끄는 / 가장 두려운 문제에서 / 밝은 새 날로 //

② She had two sons, / who became doctors. //
　　　　　　　　　　　관계대명사(= and they)

> 그녀는 두 명의 아들이 있다 / 그리고 그들은 의사가 되었다 //

③ John has a horse, / which runs fast. //
　　　　　　　　　　　　that X

> John은 말 한 마리를 기른다 / 그리고 그것은 빠르게 달린다 //

④ You see the world as one big contest, / where everyone is
　　　　　　　　　　　　　　　　　　　관계부사(= and there)
competing against everybody else. //

> 당신은 세상을 하나의 큰 경기로 본다 / 그리고 그곳에서 모든 사람이 다른 사람 모두와 경쟁하고 있다 //

---

3 existing 현존하는, 기존의   necessarily 반드시   investment 투자   4 thread 실   incredibly 믿을 수 없이   compete 경쟁하다

대명사 vs. 관계대명사

대명사는 앞에 나온 명사를 대신할 뿐 문장과 문장을 연결하지 못하지만, 관계대명사는 문장과 문장을 연결하는 동시에 선행사를 대신한다. 특히 「부분 표현+of ~」와 함께 나올 때 주의가 필요하다.

①-1 I have tried a few different restaurants in this area, / and

접속사

some of them have great food. //

대명사(= the restaurants)

나는 이 지역에 있는 식당 몇 군데에 가봤다 / 그리고 그곳들 중 몇 곳은 음식이 훌륭하다 //

①-2 I have tried a few different restaurants in this area, / some of

which have great food. //

관계대명사(= and + the restaurants)

나는 이 지역에 있는 식당 몇 군데에 가봤다 / 그리고 그곳들 중 몇 곳은 음식이 훌륭하다 //

② I went to a party last night / and met a lot of interesting

people, / all of whom were passionate about their careers. //

관계대명사(= and + the people)

나는 어젯밤 파티에 가서 / 재미있는 사람들을 많이 만났다 / 그리고 그들 모두는 자기 일에 열정적이었다 //

접속사가 없는데 대명사가 정답인 경우

③ Nearly all the models are ready, / some of them (whom) already

대명사(분사구문의 의미상 주어)

dressed in their nineteenth-century costumes. //

분사구문 → 절과 절이 연결되는 구조가 아니므로 접속사 필요 X

모델들은 거의 다 준비를 마쳤다 / 그리고 그들 중 몇몇은 이미 19세기 의상을 입고 있었다 //

개념확인 TEST

각 문장을 읽고 알맞은 표현을 고르시오.

1 _____ She told us to keep or discard whatever / whenever we pleased.

2 _____ In essence, these individuals are entitled to look wherever / however they want.

3 _____ In 1887, when / which the land was up for sale, grandpa bought two hundred acres from the Granger family.

4 _____ The book features several characters, all of them / whom have their own unique personalities.

5 _____ The average annual hours increased with age except for the group aged between 25 and 34, that / which volunteered an average of 133 hours.

---

5 passionate about ~에 열정적인   costume 의상   TEST discard 버리다   essence 본질   entitle 자격을 주다   feature ~을 특징으로 하다. (주연으로) 등장시키다   personality 성격, 개성

2005년
5월 교육청 **01**

This is done / by sending a loud trumpet-like sound, / which / when makes the earth shake. //

2007학년도
6월 평가원 **02**

When I went to my room after breakfast, / I made my bed, / straightened the room, / dusted the floor, / and did however / whatever else came to my attention. //

2019학년도
9월 평가원 **03**

Building in regular "you time" / can provide numerous benefits, / all of them / which help / to make life a little bit sweeter and a little bit more manageable. //

2009학년도
9월 평가원 **04**

Be sure / that the child understands / that he or she must allow the cat to walk away / whatever / whenever he wishes. //

2008년
10월 교육청 **05**

Kamkwamba built his first windmill, / where / which generated enough power / to run a light in his room. //

2009년
4월 교육청 **06**

When a robot scans a room, / it sees / nothing but a vast collection of straight and curved lines, / which / what it converts to pixels. //

2010학년도
9월 평가원 **07**

To play 'time machine'/ all you have to do / is to imagine / that whatever / however circumstance you are dealing with / is not happening right now / but a year from now. //

2012학년도
9월 평가원 **08**

Wherever / Whatever we turn up records and artifacts, / we usually discover / that in every culture, / some people were preoccupied / with measuring the passage of time. //

2013학년도
6월 평가원 **09**

Perhaps most significant was the invention / of a precise and unambiguous notation / that could record a wide variety of rhythms / and allowed music to be distributed in writing / and performed accurately where / wherever it went. //

2012년
10월 교육청 **10**

When Einstein was ten, / his family enrolled him in the Luitpold Gymnasium, / which / where he developed a suspicion of authority. //

2014학년도
9월 평가원 **11**

It had long been something of a mystery / where, and on what, the northern fur seals of the eastern Pacific feed during the winter, / when / which they spend off the coast of North America from California to Alaska. //

2021학년도
6월 평가원 **12**

The leader's information might be only fragmentary, / that / which might cause her to fill in the gaps with assumptions / — sometimes without recognizing them as such. //

01	이것은 행해진다 / 큰 트럼펫 같은 소리를 내어 / 그것(소리)은 땅이 흔들릴 정도이다 //	trumpet-like	a. 트럼펫 같은
		shake	v. 흔들리다

02	나는 아침을 먹고 방에 들어가서 / 이부자리를 개고 / 방을 정리하고 / 마루에 먼지를 닦고 / 내 눈길을 사로잡는 것은 무엇이든 했다 //	straighten	v. 정리하다
		dust	v. 먼지를 닦다
		come to one's attention	~의 눈에 띄다

03	정기적인 '당신만의 시간'을 구축하는 것은 / 수많은 이점을 줄 수 있는데 / 그 모든 것들이 도움이 된다 / 삶을 좀 더 달콤하고 좀 더 감당할 만하게 만드는 데 //	numerous	a. 수많은
		manageable	a. 감당할 만한

04	확실히 하라 / 아이가 이해할 수 있게 / 아이들이 고양이가 걸어 나갈 수 있게 허용해야 한다는 것을 / 고양이가 원할 때마다 //	walk away	떠나다, 가다

05	Kamkwamba는 자신의 첫 번째 풍차를 만들었다 / 그것(풍차)은 충분한 전기를 생산했다 / 자신의 방에 있는 전등을 작동시키기에 //	windmill	n. 풍차
		generate	v. 발생시키다

06	로봇은 어떤 방을 훑어볼 때 / 그것(로봇)은 본다 / 단지 직선과 곡선의 방대한 집합체로만 / 그리고 그것을 화소로 전환한다 //	scan	v. 훑어보다
		nothing but	단지
		straight[curved] line	직[곡]선
		convert	v. 전환하다
		pixel	n. 화소(화면 구성 최소단위)

07	'타임머신'을 작동시키기 위해서 / 당신이 해야 하는 것의 전부는 / 상상하는 것이다 / 당신이 다루고 있는 어떠한 상황도 / 지금 당장 발생하는 것이 아니라 / 지금으로부터 일 년 후에 발생한다고 //	deal with	해결하다, 다루다

08	기록과 인공물을 찾아내는 곳마다(어디에서든지) / 우리는 대체로 발견한다 / 모든 문화에서 / 일부 사람들이 몰두했음을 / 시간의 경과를 측정하는 일에 //	turn up	(뜻밖에) 찾게 되다
		artifact	n. 인공물
		be preoccupied with	~에 몰두하다
		passage	n. 경과

09	아마도 가장 중요한 것은 발명이었다 / 정확하고 모호하지 않은 표기법의 / 다양한 리듬을 기록할 수 있고 / 음악이 서면으로 배부되어 / 어디에서나 정확하게 연주될 수 있도록 해 준 //	notation	n. 표기법
		distribute	v. 배부하다

10	Einstein이 열 살 때 / 그의 가족은 그를 Luitpold 김나지움에 등록시켰다 / 그리고 그곳에서 그는 권위에 대한 의심을 발달시켰다 //	enroll	v. 등록하다
		suspicion	n. 의심
		authority	n. 권위

11	오랫동안 다소 불가사의한 것이었다 / 어디에서 그리고 무엇을 겨울 동안 동태평양 북부의 물개들이 먹고 사는지는 / 그리고 그 겨울을 그들은 캘리포니아에서 알래스카까지 걸치는 북아메리카의 연안에서 보낸다 //	northern	a. 북부의, 북부에 위치한
		(fur) seal	n. 물개
		eastern	a. 동쪽에 위치한
		feed on	~을 먹고 살다

12	지도자의 정보는 그저 단편적인 것일 수도 있다 / 이는 지도자가 공백을 추정으로 채우게 한다 / 때로는 그것을 그렇게(추정으로) 인식하지 못하면서 //	fragmentary	a. 단편적인
		assumption	n. 추정, 가정
		recognize	v. 인식하다

1 다음 글의 밑줄 친 부분 중, 어법상 틀린 것은?

• 고2 2018년 11월 교육청 난이도 상

Application of Buddhist-style mindfulness to Western psychology came primarily from the research of Jon Kabat-Zinn at the University of Massachusetts Medical Center. He initially took on the difficult task of treating chronic-pain patients, many of ① them had not responded well to traditional pain-management therapy. In many ways, such treatment seems completely ② paradoxical — you teach people to deal with pain by helping them to become more aware of it! However, the key is to help people let go of the constant tension that ③ accompanies their fighting of pain, a struggle that actually prolongs their awareness of pain. Mindfulness meditation allowed many of these people to increase their sense of well-being and ④ to experience a better quality of life. How so? Because such meditation is based on the principle that if we try to ignore or repress unpleasant thoughts or sensations, then we only end up ⑤ increasing their intensity.

다시보기   ▶ 다시 볼 문제 체크✔하고 틀린 이유 메모하기

2 (A), (B), (C)의 각 네모 안에서 어법에 맞는 표현으로 가장 적절한 것은?

• 2009학년도 6월 평가원 난이도 중

The most useful thing I brought out of my childhood was confidence in reading. Not long ago, I went on a weekend self-exploratory workshop, in the hope of getting a clue about how to live. One of the exercises we were given (A) was / were to make a list of the ten most important events of our lives. Number one was: "I was born," and you could put (B) however / whatever you liked after that. Without even thinking about it, my hand wrote at number two: "I learned to read." "I was born and learned to read" wouldn't be a sequence that occurs to many people, I imagine. But I knew what I meant to say. Being born was something (C) done / doing to me, but my own life began when I first made out the meaning of a sentence.

	(A)		(B)		(C)
①	was	…	however	…	done
②	was	…	whatever	…	done
③	was	…	whatever	…	doing
④	were	…	however	…	doing
⑤	were	…	however	…	done

다시보기   ▶ 다시 볼 문제 체크✔하고 틀린 이유 메모하기

3 (A), (B), (C)의 각 네모 안에서 어법에 맞는 표현으로 가장 적절한 것은? ·2010학년도 9월 평가원 난이도 중

No matter what we are shopping for, it is not primarily a brand we are choosing, but a culture, or rather the people associated with that culture. (A) Whatever / Whether you wear torn jeans or like to recite poetry, by doing so you make a statement of belonging to a group of people. Who we believe we are (B) is / are a result of the choices we make about who we want to be like, and we subsequently demonstrate this desired likeness to others in various and often subtle ways. Artificial as this process is, this is what becomes our 'identity,' an identity (C) grounded / grounding on all the superficial differences we distinguish between ourselves and others. This, after all, is what we are shopping for: self-identity, knowledge of who we are.

	(A)		(B)		(C)
①	Whatever	⋯	is	⋯	grounded
②	Whatever	⋯	are	⋯	grounding
③	Whether	⋯	is	⋯	grounded
④	Whether	⋯	are	⋯	grounding
⑤	Whether	⋯	are	⋯	grounded

다시보기 ▶ 다시 볼 문제 체크✓하고 틀린 이유 메모하기

4 (A)~(C)에서 어법에 맞는 표현을 바르게 짝지은 것은? ·2011년 4월 교육청 난이도 중

People avoid feedback because they hate being criticized. Psychologists have a lot of theories about why people are so (A) sensitive / sensitively to hearing about their own imperfections. One is that they associate feedback with the critical comments received in their younger years from parents and teachers. (B) What / Whatever the cause of our discomfort is, most of us have to train ourselves to seek feedback and listen carefully when we hear it. Without that training, the very threat of critical feedback often leads us to (C) practice / be practiced destructive, maladaptive behaviors that negatively affect not only our work but the overall health of our organizations.

	(A)		(B)		(C)
①	sensitive	⋯	Whatever	⋯	practice
②	sensitive	⋯	Whatever	⋯	be practiced
③	sensitive	⋯	What	⋯	practice
④	sensitively	⋯	Whatever	⋯	practice
⑤	sensitively	⋯	What	⋯	be practiced

다시보기 ▶ 다시 볼 문제 체크✓하고 틀린 이유 메모하기

5 (A), (B), (C)의 각 네모 안에서 어법에 맞는 표현으로 가장 적절한 것은? ·2013학년도 6월 평가원 난이도 중

Deseada is a small island which belongs to the Lesser Antilles. This island is said to have obtained its name from the desire Christopher Columbus felt of seeing land on his second voyage in 1493. It is twelve miles in length and six miles in width. The part which looks to the north is lower than (A) it / that which looks to the south. The island abounds greatly in iguanas, and in a species of birds called *fragatas*. There is a deep cavern on the island, containing the bones and arms of the Indians, who, it is supposed, (B) was / were buried there. In 1762, this island was taken by the English, (C) who / where restored it the following year to the French by the Peace of Paris, and since that time it has been in the possession of the latter.

	(A)		(B)		(C)
①	it	⋯	was	⋯	who
②	it	⋯	were	⋯	where
③	that	⋯	was	⋯	who
④	that	⋯	were	⋯	who
⑤	that	⋯	were	⋯	where

다시보기 ▶ 다시 볼 문제 체크✓하고 틀린 이유 메모하기

6 다음 글의 밑줄 친 부분 중, 어법상 **틀린** 것은?

• 2013년 10월 교육청 난이도 상

Don't be afraid to move around and try different things, ①however old you are. The most important thing you want to find out is who you are and what capabilities you have. Give yourself a time limit to dig into yourself and find out ②what you need. In this period, there is no way around it, so you have to be a risk taker. If you don't take any risks, you don't get any sweetness out of life. And the truth of the matter is that the sweetness in life ③comes with the risk. I've lived my life ④taking risks and I wish I could tell you they were all successful, but they weren't. But you want to know something? I learned more from my failures than I ⑤was from my successes.

다시보기 ▶ 다시 볼 문제 체크✓하고 틀린 이유 메모하기

7 (A), (B), (C) 각 네모 안에서 어법에 맞는 표현으로 가장 적절한 것은?

• 2016년 10월 교육청 난이도 상

Sometimes perfectionists find that they are troubled because (A) what / whatever they do it never seems good enough. If I ask, "For whom is it not good enough?" they do not always know the answer. After giving it some thought they usually conclude that it is not good enough for them and not good enough for other important people in their lives. This is a key point, because it suggests that the standard you may be struggling to (B) meet / be met may not actually be your own. Instead, the standard you have set for yourself may be the standard of some important person in your life, such as a parent or a boss or a spouse. (C) Live / Living your life in pursuit of someone else's expectations is a difficult way to live. If the standards you set were not yours, it may be time to define your personal expectations for yourself and make self-fulfillment your goal.

	(A)		(B)		(C)
①	what	…	meet	…	Live
②	what	…	be met	…	Living
③	whatever	…	meet	…	Live
④	whatever	…	meet	…	Living
⑤	whatever	…	be met	…	Live

다시보기 ▶ 다시 볼 문제 체크✓하고 틀린 이유 메모하기

🕐 **종료시각**   시   분   초

1 아래 채점표에 내가 답한 것을 적은 다음 채점한다. (틀린 문제에만 '✓' 표시를 한다.)

문항 번호	1	2	3	4	5	6	7
내가 쓴 답							
채점							

2 틀렸거나 찍어서 맞힌 문제는 다시 푼다.

3 2차 채점을 할 때 다시 풀어서 맞힌 문항은 △, 또 틀린 문항은 ✗ 표시를 한다.

4 △와 ✗ 문항은 반드시 다시 보고 틀린 이유를 알고 넘어간다.

☑ **채점 결과** DAY 10 반드시 체크해서 복습 때 활용할 것

	1차채점		2차채점	
총 문항수	7개	△ 문항수		개
틀린 문항수	개	✗ 문항수		개

아래 기출 문제를 읽고
오른쪽에 답과 풀이과정을 적어봅시다.

1 (A), (B), (C)의 각 네모 안에서 어법에 맞는 표현으로 가장 적절한 것은?

• 2013학년도 수능 난이도 상

In many countries, amongst younger people, the habit of reading newspapers has been on the decline and some of the dollars previously (A) spent / were spent on newspaper advertising have migrated to the Internet. Of course some of this decline in newspaper reading has been due to the fact that we are doing more of our newspaper reading online. We can read the news of the day, or the latest on business, entertainment or (B) however / whatever news on the websites of the *New York Times*, the *Guardian* or almost any other major newspaper in the world. Increasingly, we can access these stories wirelessly by mobile devices as well as our computers. Advertising dollars have simply been (C) followed / following the migration trail across to these new technologies.

	(A)		(B)		(C)
①	spent	…	however	…	followed
②	spent	…	whatever	…	following
③	were spent	…	however	…	following
④	were spent	…	whatever	…	followed
⑤	were spent	…	whatever	…	following

✎

나의 풀이

(A)

(B)

(C)

위와 같은 이유로, 나의 정답은 ⬤ 입니다.

실제 풀이

정답은 ⬤ 입니다. 그 이유를 적어 보면,

(A)

(B)

(C)

2 다음 글의 밑줄 친 부분 중, 어법상 틀린 것은?

• 2014년 4월 교육청 난이도 하

In some communities, music and performance have successfully transformed whole neighborhoods as ① profoundly as The Guggenheim Museum did in Bilbao. In Salvador, Brazil, musician Carlinhos Brown established several music and culture centers in formerly dangerous neighborhoods. In Candeal, ② where Brown was born, local kids were encouraged to join drum groups, sing, and stage performances. The kids, energized by these activities, ③ began to turn away from dealing drugs. Being a young criminal was no longer their only life option. Being musicians and playing together in a group looked like more fun and was more ④ satisfying. Little by little, the crime rate dropped in those neighborhoods; the hope returned. In another slum area, possibly inspired by Brown's example, a culture center began to encourage the local kids to stage musical events, some of ⑤ them dramatized the tragedy that they were still recovering from.

✎

나의 풀이

①

②

③

④

⑤

위와 같은 이유로, 나의 정답은 ⬤ 입니다.

실제 풀이

정답은 ⬤ 입니다. 그 이유를 적어 보면,

①

②

③

④

⑤

DAY 11

문장형식, 가주어, 가목적어

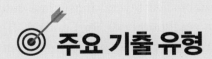 **주요 기출 유형**

빈출도 상

1 2형식 문장[S + V + C]

2형식의 주격보어는 주어와 동격이거나 주어의 상태를 설명한다.

be, become	+명사/형용사
상태유지(keep, stay, remain)	+형용사
상태변화(go, get, turn, grow, come)	
감각동사(look, smell, sound, taste, feel)	+형용사 또는 like+명사
추측(seem, appear)	

① The air feels <u>fresher</u>, / the flowers smell <u>sweeter</u>, / food tastes
　　　　　주격보어1(형용사)　　　　　　　　　　주격보어2(형용사)
<u>more delicious</u>. //
　주격보어3(형용사)

공기는 더 신선하게 느껴지고 / 꽃들은 더 달콤한 냄새가 나고 / 음식은 더 맛있다 //

② He became <u>an outspoken supporter</u> / for environmental
　　　　　　　　주격보어(명사구)
policy reform. //

그는 노골적인 지지자가 되었다 / 환경 정책 개혁에 대해서 //

빈출도 중

2 5형식 문장[S + V + O + O·C]

5형식의 목적어─목적격보어는 의미상 주어─동사 관계이다. 목적격보어로는 (대)명사, 형용사, 분사, to부정사, 동사원형이 쓰인다.

명사 또는 대명사	make, consider, call, choose, elect, name
형용사(현재·과거분사)	make, keep, find, call, leave, consider * 목적어─목적격보어 관계 : 능동─현재분사, 수동─과거분사
to부정사	allow, advise, choose, expect, want, tell, request, ask, enable
동사원형	**지각동사**(hear, see, watch, feel, listen to), **사역동사**(have, let, make) * 지각동사는 현재분사(V-ing)와 과거분사, 그리고 준사역동사 help는 동사원형이나 to부정사 둘 다 올 수 있다. * 사역동사 중 have는 동사원형 대신 현재분사(V-ing)를 쓰기도 한다.

① Mom made sure / we did our part / by <u>keeping our rooms neat</u>. //
　　　　　　　　　　　　　　　　keep　　목적어　　목적격보어(형)

엄마는 반드시 (~하도록) 했다 / 우리가 우리의 역할을 다하도록 / 우리의 방을 정돈함으로써 //

② Empower people / by <u>letting them know</u> / that you believe
　　　　　　　　　　let　목적어 목적격보어(동사원형)
in them / and <u>allowing them to take action</u>. //
　　　　allow　목적어　목적격보어(to부정사)

사람들에게 권한을 부여하라 / 그들이 알게 함으로써 / 당신이 그들을 믿고 있다는 것을 / 그리고 그들이 조치를 취하도록 허용함으로써 //

③ Reading the more challenging version of poetry / <u>helps the readers</u> /
　　　　　　　　　　　　　　　　　　　　　　　help(준사역동사)　목적어
<u>to reflect on and (to 생략) reevaluate their own experiences</u>. //
　목적격보어(to부정사)

더 어려운 버전의 시를 읽는 것은 / 독자들이 (~하도록) 돕는다 / 자신의 경험을 되돌아보고 재평가하도록 //

---

1 outspoken 노골적인　　reform 개혁　　2 part 역할　　neat 깔끔한　　empower 권한을 부여하다　　challenging 도전적인, 힘든　　poetry 시　　reflect 되돌아보다, 반영하다　　reevaluate 재평가하다

3 가주어(It), 진주어(to부정사/that절)

주로 to부정사 또는 that절이 주어일 때 긴 주어를 피하기 위해 문장 맨 앞에 의미 없는 it을 대신 쓰고 진짜 주어를 뒤로 보낸 것이다. 「가주어(it) + be + 보어 + (for + 목적격) + 진주어(to부정사)」와 「가주어(it) + be동사 + 보어 + 진주어(that절)」의 형식을 취한다.

① **It** is difficult / **to** determine the membership of these groups /
　가주어　　　　　　　　　　　　진주어(to부정사구)
from sightings alone. //

어렵다 / 이 집단의 구성원을 밝혀내기는 / 단지 목격만으로 //

② **It** is impossible / **for a child** **to** successfully release himself /
　가주어　　　　　　　for + 목적격　　진주어(to부정사구)
unless he knows exactly / where his parents stand. //

불가능하다 / 아이가 성공적으로 스스로를 해방시키는 것은 / 그 아이가 정확하게 알지 못한다면 / 부모가 어디에 서 있는지를 //

③ **It** may be a big mistake / **to** suppose that there are structural
　가주어　　　　　　　　　　진주어(to부정사구)
similarities / between what is doing the representing and what

is represented. //

큰 실수일지 모른다 / 구조적 유사성이 있다고 가정하는 것은 / 표현을 하고 있는 것(언어)과 표현되고 있는 것(생각) 사이에 //

④ **It's** not surprising / **that** the demands you make on your body /
　가주어　　　　　　　　진주어(that절)
when you ask it to sustain an aerobic activity / train your lungs

to deliver oxygen. //

놀랍지 않다 / 당신이 신체에 가하는 요구들이 / 당신이 그것에 유산소 활동을 지속하라고 요청할 때 / 산소를 나르도록 폐를 훈련시키는 것은 //

가주어–진주어
⑤-1 **It** is no accident / **that** fish have bodies which are streamlined
　　　보어(명사구)　　　　　　　　　완전한 문장
and smooth. //

우연이 아니다 / 물고기가 유선형이고 매끄러운 몸을 가지고 있는 것은 //

강조 구문(~한 것은 바로 …이다)
⑤-2 **It** is the use of camera lenses / **that** more fully determines the
　　　강조어구(명사구)　　　　　　　불완전한 문장
"look" of any picture. //

바로 카메라 렌즈의 사용이다 / 어떤 그림이든 그 "룩"을 보다 완전히 결정짓는 것은 //

---

3 determine 밝히다, 결정하다　　sighting 목격　　release 해방시키다　　demand 요구　　sustain 지속하다　　aerobic activity 유산소 활동　　deliver 나르다　　oxygen 산소　　accident 우연
streamlined 유선형의　　smooth 매끄러운　　fully 완전히

4 가목적어(it), 진목적어(to부정사/that절)

make, consider, believe, find 등의 5형식 동사 다음에는 가목적어 it을 쓰고, 목적격보어 뒤에 진목적어로 to부정사와 명사절 that절을 쓴다. 가목적어, 진목적어가 들어간 문장에서는 진목적어 앞에서 끊어 읽기하면 해석을 명확하게 할 수 있다.

① They found it reasonable / to compete on price. //
　　　　　　 가목적어(it)　　　　　　　 진목적어(to부정사구)

그들은 타당하다는 것을 알았다 / 가격 경쟁을 하는 것이 //

② Such groupings / do not reflect natural relationships / and

make it difficult / to recognize family characteristics. //
　 가목적어(it)　　　　　 진목적어(to부정사구)

그와 같이 모아 놓는 것은 / 자연적 관계를 반영하지 않는다 / 그리고 어렵게 만든다 / 과(科)의 특징을 인식하는 것을 //

③ We take it for granted / that film directors are in the game of
　　　 가목적어(it)　　　　　　　　 진목적어(that절)
recycling. //

우리는 당연시한다 / 영화감독들이 재활용 게임을 하고 있다는 것을 //

개념확인 TEST

밑줄 친 부분이 맞으면 ○표시를 하고, 틀리면 바르게 고치시오.

1 _____ This makes it harder for a predator to focus on one animal to catch.

2 _____ I became severely depressed as one dream after another faded from me.

3 _____ This inferred sincere interest in the product may enable him endure the increased cost.

4 _____ This is more comfortable to use the passive voice here, but doing so relinquishes any sense of personal responsibility.

5 _____ The researchers had made this to happen by lengthening the period of daylight to which the peach trees on whose roots the insects fed were exposed.

---

4 reasonable 타당한　　compete 경쟁하다　　take ~ for granted ~을 당연히 여기다　　director 감독　　TEST predator 포식자　　severely 심각하게　　fade 점차 흐려지다, 사라지다　　infer 암시하다　　sincere 진정한　　enable 가능하게 하다　　endure 견디다　　passive 수동적인　　relinquish 포기하다　　lengthen 늘리다　　expose 노출시키다

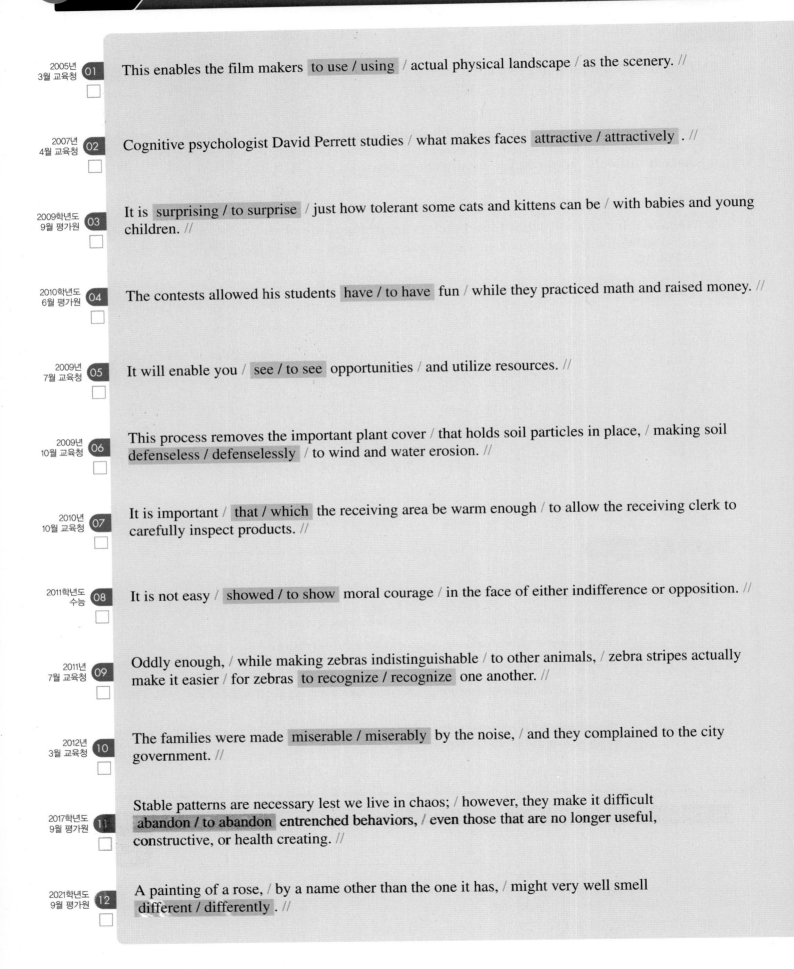

2005년
3월 교육청 **01**
☐
This enables the film makers to use / using / actual physical landscape / as the scenery. //

2007년
4월 교육청 **02**
☐
Cognitive psychologist David Perrett studies / what makes faces attractive / attractively . //

2009학년도
9월 평가원 **03**
☐
It is surprising / to surprise / just how tolerant some cats and kittens can be / with babies and young children. //

2010학년도
6월 평가원 **04**
☐
The contests allowed his students have / to have fun / while they practiced math and raised money. //

2009년
7월 교육청 **05**
☐
It will enable you / see / to see opportunities / and utilize resources. //

2009년
10월 교육청 **06**
☐
This process removes the important plant cover / that holds soil particles in place, / making soil defenseless / defenselessly / to wind and water erosion. //

2010년
10월 교육청 **07**
☐
It is important / that / which the receiving area be warm enough / to allow the receiving clerk to carefully inspect products. //

2011학년도
수능 **08**
☐
It is not easy / showed / to show moral courage / in the face of either indifference or opposition. //

2011년
7월 교육청 **09**
☐
Oddly enough, / while making zebras indistinguishable / to other animals, / zebra stripes actually make it easier / for zebras to recognize / recognize one another. //

2012년
3월 교육청 **10**
☐
The families were made miserable / miserably by the noise, / and they complained to the city government. //

2017학년도
9월 평가원 **11**
☐
Stable patterns are necessary lest we live in chaos; / however, they make it difficult abandon / to abandon entrenched behaviors, / even those that are no longer useful, constructive, or health creating. //

2021학년도
9월 평가원 **12**
☐
A painting of a rose, / by a name other than the one it has, / might very well smell different / differently . //

01 이것은 영화 제작자들로 하여금 사용할 수 있게 해준다 / 실제 자연 경관을 / 장면으로 //

physical	a. 자연법칙상의
landscape	n. 풍경, 경치
scenery	n. 장면, 배경, 무대장치

02 인지심리학자인 David Perrett는 연구한다 / 무엇이 얼굴을 매력적으로 만드는지를 //

cognitive	a. 인지적인
psychologist	n. 심리학자
attractive	a. 매력적인

03 놀랍다 / 일부 고양이와 새끼 고양이들이 얼마나 관대한지가 / 아기들과 어린이들에게 //

tolerant	a. 관대한

04 그 대회들은 그의 학생들이 재미를 갖게끔 했다 / 수학을 연습하고 돈을 모으는 중에 //

raise money	돈을 모으다

05 그것은 당신으로 하여금 해줄 것이다 / 기회를 인식하고 / 당신의 능력을 활용할 수 있게 //

utilize	v. 이용하다
resource(s)	n. 지략, 기략

06 이러한 과정은 땅 표면의 중요한 식물을 없앤다 / 토양의 미세 입자들을 제자리에 붙잡아 두는 / 그래서 그것은 토양을 무방비 상태로 만든다 / 바람과 물에 의한 침식에 대해 //

particle	n. 입자
erosion	n. 침식

07 중요하다 / 반입 지역이 충분히 난방이 되어 있도록 하는 것은 / 반입 직원이 면밀히 상품을 검사할 수 있도록 //

inspect	v. 검사하다

08 쉽지 않다 / 도덕적 용기를 보여주기는 / 무관심이나 반대에 직면하여 //

moral	a. 도덕적인
courage	n. 용기

09 정말 이상하게도 / 얼룩말을 구별할 수 없게 하는 반면 / 다른 동물들에게 / 얼룩말 줄무늬는 사실 더 쉽게 만든다 / 얼룩말들이 서로를 인식하는 것을 //

indistinguishable	a. 구별할 수 없는
stripe	n. 줄무늬

10 그 가족들은 소음에 의해서 괴로워졌다 / 그래서 그들은 시정부에 항의를 했다 //

noise	n. 소음

11 우리가 혼돈 속에서 살지 않기 위해서 안정적인 패턴이 필요하다 / 그러나 그것은 굳어버린 행동을 버리는 것을 어렵게 만든다 / 심지어는 더 이상 쓸모도 없고, 건설적이지도 않으며, 건강한 상태를 만들어 내지도 않는 행동마저도 //

lest	conj. ～하지 않도록
chaos	n. 혼돈
entrenched	a. 굳어버린, 확립된
no longer	더 이상 ～아닌

12 장미 한 송이의 그림은 / 가지고 있는 이름과는 다른 이름으로 불리는 / 아마 확실히 향기가 다를 것이다 //

other than	～와 다른
might well	아마 ～일 것이다

1 밑줄 친 부분 중 어법상 틀린 것은?

• 2005학년도 수능 난이도 상

Falling in love is ① alike being wrapped in a magical cloud. The air feels fresher, the flowers smell sweeter, food tastes more delicious, and the stars shine more ② brilliantly in the night sky. You feel light and happy ③ as though you are sailing through life. Your problems and challenges suddenly seem ④ insignificant. Your body feels alive, and you jump out of bed each morning ⑤ with a smile on your face. You are in a state of supreme delight.

다시보기 ▶ 다시 볼 문제 체크✓하고 틀린 이유 메모하기

2 다음 글의 밑줄 친 부분 중, 어법상 틀린 것은?

• 2007년 7월 교육청 난이도 중

The left and right sides of the face ① are quite different. Each side shows different aspects of our personality. The left side of the face reveals the instinctive and hereditary aspects of our personality. When we are under stress with feelings like fear, anger, or even intense happiness, force ② is put on the muscles of the left side of the face. When we examine the left side, our well-being and troubles ③ showing up more. Wrinkles on this side express the strong emotions ④ that we have experienced in our lives. The right side of the face reflects our intelligence and self-control. This side is usually more relaxed and smoother. That is why movie stars prefer to have this side of their face ⑤ photographed.

다시보기 ▶ 다시 볼 문제 체크✓하고 틀린 이유 메모하기

3 다음 글의 밑줄 친 부분 중, 어법상 틀린 것은?

• 2010년 7월 교육청 난이도 상

Do you think the new or used vehicle you are purchasing is safe? Since the introduction of automotive crash-testing, the number of people killed and injured by motor vehicles ① has decreased in many countries. Obviously, it would be ideal ② to have no car crashes. However, car crashes are a reality and you want the best possible chance of survival. How are cars becoming safer? One of the reasons cars have been getting safer ③ is that we can conduct a well-established crash test with test dummies. The dummy's job is to simulate a human being ④ while a crash, collecting data that would not be possible to collect from a human occupant. So far, they have provided invaluable data on how human bodies react in crashes and have contributed greatly to ⑤ improved vehicle design.

다시보기 ▶ 다시 볼 문제 체크✓하고 틀린 이유 메모하기

4 다음 글의 밑줄 친 부분 중, 어법상 틀린 것은?

• 2011년 10월 교육청 난이도 중

Democracies require more equality if they are ① to grow stronger. The problem is that globalization pushes in the opposite direction; by placing a premium on high skills that make workers more ② competitively, it increases income inequality between the highly skilled minority and the rest. In this situation, it is not sufficient ③ to reduce economic insecurity by expanding the social safety net. Instead, a country must begin to make the transition from a welfare state to a workfare state, with an emphasis on creating a more highly skilled labor force and ④ improving access to the labor market for women and low-income youth. To expand job creation, new social policies must also provide better incentives for entrepreneurship and innovation. Only then can social policies ⑤ be considered key factors of production, beyond their role as instruments of social protection.

*entrepreneurship: 창업 의욕

다시보기 ▶ 다시 볼 문제 체크✓하고 틀린 이유 메모하기

• 2013년 7월 교육청 난이도 중

William H. Whyte turned video cameras on a number of spaces in New York City, watching to see ① how people used the spaces. He made a number of fascinating findings, and he had the video evidence to back ② them up. Even in the crowded city, he found that many urban spaces were usually deserted; people flocked to a few busy plazas even when they were planning to sit alone. Why? The most common activity among people observed by Whyte ③ turning out to be watching other people. And it was also found that people liked to be watched! Whyte expected lovers to ④ be found in private, isolated spaces, but most often they sat or stood right in the center of things for everyone to see. Further, people having private conversations would stand in the middle of the sidewalk, forcing people ⑤ to step around them.

다시보기 ▶ 다시 볼 문제 체크✓하고 틀린 이유 메모하기

• 2016학년도 9월 평가원 난이도 중하

The Internet and communication technologies play an ever-increasing role in the social lives of young people in developed societies. Adolescents have been quick to immerse themselves in technology with most ① using the Internet to communicate. Young people treat the mobile phone as an essential necessity of life and often prefer to use text messages to communicate with their friends. Young people also ② increasingly access social networking websites. As technology and the Internet are a familiar resource for young people, it is logical ③ what they would seek assistance from this source. This has been shown by the increase in websites that provide therapeutic information for young people. A number of 'youth friendly' mental health websites ④ have been developed. The information ⑤ presented often takes the form of Frequently Asked Questions, fact sheets and suggested links. It would seem, therefore, logical to provide online counselling for young people.

다시보기 ▶ 다시 볼 문제 체크✓하고 틀린 이유 메모하기

An interesting aspect of human psychology is that we tend to like things more and find them more ① appealing if everything about those things is not obvious the first time we experience them. This is certainly true in music. For example, we might hear a song on the radio for the first time that catches our interest and ② decide we like it. Then the next time we hear it, we hear a lyric we didn't catch the first time, or we might notice ③ what the piano or drums are doing in the background. A special harmony ④ emerges that we missed before. We hear more and more and understand more and more with each listening. Sometimes, the longer ⑤ that takes for a work of art to reveal all of its subtleties to us, the more fond of that thing — whether it's music, art, dance, or architecture — we become.

*subtleties: 중요한 세부 요소[사항]들

다시보기 ▶ 다시 볼 문제 체크✓하고 틀린 이유 메모하기

Mathematical practices and discourses should be situated within cultural contexts, student interests, and real-life situations ① where all students develop positive identities as mathematics learners. Instruction in mathematics skills in isolation and devoid of student understandings and identities renders them ② helpless to benefit from explicit instruction. Thus, we agree that explicit instruction benefits students but propose that incorporating culturally relevant pedagogy and consideration of nonacademic factors that ③ promoting learning and mastery must enhance explicit instruction in mathematics instruction. Furthermore, teachers play a critical role in developing environments ④ that encourage student identities, agency, and independence through discourses and practices in the classroom. Students who are actively engaged in a contextualized learning process are in control of the learning process and are able to make connections with past learning experiences ⑤ to foster deeper and more meaningful learning.

*render: (어떤 상태가 되게) 만들다 **pedagogy: 교수법

다시보기 ▶ 다시 볼 문제 체크✓하고 틀린 이유 메모하기

⏱ 종료시각   시   분   초

1 아래 채점표에 내가 답한 것을 적은 다음 채점한다. (틀린 문제에만 '✓' 표시를 한다.)

문항번호	1	2	3	4	5	6	7	8
내가쓴답								
채점								

2 틀렸거나 찍어서 맞힌 문제는 다시 푼다.
3 2차채점을 할 때 다시 풀어서 맞힌 문항은 △, 또 틀린 문항은 ✗ 표시를 한다.
4 △와 ✗ 문항은 반드시 다시 보고 틀린 이유를 알고 넘어간다.

☑ 채점 결과 DAY 11 반드시 체크해서 복습 때 활용할 것

1차채점		2차채점	
총 문항수	8개	△ 문항수	개
틀린 문항수	개	✗ 문항수	개

1   (A), (B), (C)의 각 네모 안에서 어법에 맞는 표현으로 가장 적절한 것은?

· 2008년 3월 교육청   난이도 상

Emma was very fond of singing. She had a very good voice, except that some of her high notes tended to sound like a gate which someone had forgotten (A) oiling / to oil . Emma was very conscious of this weakness and took every opportunity she could find to practice these high notes. As she lived in a small house, (B) where / which she could not practice without disturbing the rest of the family, she usually practiced her high notes outside. One afternoon, a car passed her while she was singing some of her highest and most difficult notes. She saw an anxious expression suddenly (C) come / to come over the driver's face. He put his brakes on violently, jumped out, and began to examine all his tires carefully.

	(A)		(B)		(C)
①	oiling	⋯	where	⋯	come
②	oiling	⋯	which	⋯	to come
③	oiling	⋯	where	⋯	to come
④	to oil	⋯	which	⋯	come
⑤	to oil	⋯	where	⋯	come

나의 풀이

(A)

(B)

(C)

위와 같은 이유로, 나의 정답은 ◯ 입니다.

실제 풀이

정답은 ◯ 입니다. 그 이유를 적어 보면,

(A)

(B)

(C)

2   (A), (B), (C)의 각 네모 안에서 어법에 맞는 표현으로 가장 적절한 것은?

· 2015학년도 9월 평가원   난이도 중상

The term *objectivity* is important in measurement because of the scientific demand that observations be subject to public verification. A measurement system is objective to the extent that two observers (A) evaluate / evaluating the same performance arrive at the same (or very similar) measurements. For example, using a tape measure to determine the distance a javelin (B) threw / was thrown yields very similar results regardless of who reads the tape. By comparison, evaluation of performances such as diving, gymnastics, and figure skating is more subjective — although elaborate scoring rules help make (C) it / them more objective. From the point of view of research in motor behavior, it is important to use performances in the laboratory for which the scoring can be as objective as possible.

*javelin: 투창

	(A)		(B)		(C)
①	evaluate	⋯	threw	⋯	it
②	evaluate	⋯	threw	⋯	them
③	evaluating	⋯	threw	⋯	it
④	evaluating	⋯	was thrown	⋯	them
⑤	evaluating	⋯	was thrown	⋯	it

나의 풀이

(A)

(B)

(C)

위와 같은 이유로, 나의 정답은 ◯ 입니다.

실제 풀이

정답은 ◯ 입니다. 그 이유를 적어 보면,

(A)

(B)

(C)

DAY 12 기타 기출 어법
(간접의문문, so/such, enough, 문장성분 등)

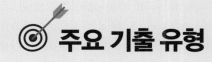 **주요 기출 유형**

1) 간접의문문

2) so / such

3) 의미에 주의할 부사

4) enough(형용사, 부사)

5) be (un)likely to[that]

6) 주의해야 할 동사의 과거, 과거분사

7) 문장성분

1 간접의문문

의문문이 다른 문장의 일부가 되어 간접적으로 물어보는 형식으로, 문장 속에서 명사절(주어, 목적어, 보어)의 역할을 한다. 이때 의문사는 접속사 기능을 하며 「의문사＋주어＋동사」의 어순을 가진다.

① I asked a clerk / <u>where</u> <u>they</u> <u>had</u> books about computers. //
　　　　　　　　　　의문사　주어　동사

　　나는 점원에게 물었다 / 컴퓨터에 관한 책이 어디 있는지를 //

② We would need to establish some base / of <u>how</u> commonly
　　　　　　　　　　　　　　　　　　　　　　　　　　　　　의문사

<u>coincidental correspondences</u> <u>occur</u> / between dream and
　　　　주어　　　　　　　　　　　　　동사

waking reality. //

　　우리는 기반을 확립할 필요가 있을 것이다 / 우연의 일치가 얼마나 흔하게 발생하는지에 대한 / 꿈과 깨어 있는 현실 사이에서 //

2 so / such

so + 형용사 + (관사(a/an) + 명사) + that + S + V	
such + 관사(a/an) + 형용사 + 명사 + that + S + V	**너무나 ~해서 … 하다**

① The kids have been <u>so</u> <u>demanding</u> / <u>that</u> <u>you</u> <u>are</u> completely
　　　　　　　　　　 so　　형용사　　 that　 S　 V

worn out. //

　　아이들이 너무 힘들게 해서 / 당신은 완전히 지쳐버린다 //

② I had twenty village girls to teach, / some of them with <u>such</u>
　　　　　　　　　　　　　　　　　　　　　　　　　　　　　　 such

<u>a</u> <u>strong</u> <u>country</u> <u>accent</u> / <u>that</u> <u>I</u> <u>could</u> hardly <u>communicate</u>
관사　형용사　　 명사　　　　 that　S　 V

with them. //

　　내게는 가르쳐야 할 20명의 시골 소녀들이 있었는데 / 그들 중 몇 명은 너무나 강한 시골 말씨를 가지고 있어서 / 나는 그들과 거의 의사소통을 할 수가 없었다 //

3 의미에 주의할 부사

near *a.* 가까운 – nearly *ad.* 거의	high *a.* 높은 – highly *ad.* 대단히, 매우(=very)
late *a.* 늦은 *ad.* 늦게 – lately *ad.* 최근에	hard *a.* 어려운 – hardly *ad.* 거의 ~ 아니다
most *a.* 대부분의 *ad.* 가장, 최고로 – mostly *ad.* 주로, 대개	fast *a.* 빠른 *ad.* 빠르게 – fastly X

---

1 commonly 흔하게　coincidental 우연의　correspondence 일치　2 demanding 부담이 큰, 힘든　wear out 지치게 하다　accent 말씨[악센트]　hardly 거의 ~ 아니다

4 enough(형용사, 부사)

형용사 enough	enough + 명사 + to부정사
부사 enough	형용사/부사 + enough + to부정사(= so + 형용사/부사 + that + S + can[could] + 동사원형)

① In many areas of the world, / the wind blows with enough

consistency and force / to provide them continuously. //
　　명사구　　　　　　　to부정사

세계 곳곳에서 / 바람은 충분한 지속성과
세기로 불고 있다 / 그것들을 꾸준하게
공급해 줄 만큼의 //

② Fish aren't smart enough / to recognize you. //
　　　　형용사　enough　　to부정사

물고기들은 충분히 영리하지 않다 / 너를
알아볼 정도로 //

③ He needs to perform well enough / to help achieve the goal. //
　　　　　　　　　부사　enough　　to부정사

그는 수행을 충분히 잘할 필요가 있다 /
목표를 달성하는 것을 도울 정도로 //

5 be (un)likely to[that]

「be (un)likely + to부정사[that]」는 '~할 것[하지 않을 것] 같다'의 의미로 사용된다.

① Today, / children are more likely to think / of carbon dioxide /
　　　　　　　　　be　　　　likely　to부정사

as a poison. //

오늘날 / 아이들은 생각하기가 더 쉽다 /
이산화탄소를 / 독소라고 //

② It is likely / that age changes begin in different parts of the
　　be likely　　that

body at different times / and that the rate of annual change
　　　　　　　　　　　　that

varies among various cells, tissues, and organs. //

가능성이 있다(~일 것 같다) / 나이 변화는
서로 다른 시기에 신체의 서로 다른
부위에서 시작되고 / 그리고 연간 변화
속도는 다양한 세포, 조직 그리고 기관마다
다를 //

6 주의해야 할 동사의 과거, 과거분사

rise, raise arise, arouse	rise(–rose–risen)	상승하다, 일어나다	raise(–raised–raised)	올리다, 키우다
	arise(–arose–arisen)	생기다, 발생하다	arouse(–aroused–aroused)	자극하다, 불러일으키다
sit, seat	sit(–sat–sat)	앉다	seat(–seated–seated)	앉히다
lie, lay	lie(–lay–lain)	눕다, 놓여 있다	lay(–laid–laid)	놓다, (알을) 낳다
	lie(–lied–lied)	거짓말하다		

4 consistency 지속성　force 힘, 세기　recognize 인식하다, 알아보다　5 carbon dioxide 이산화탄소　annual 매년의　tissue 조직　organ (신체) 기관

문장성분 → 동사 vs. 준동사

문장의 술어가 없으면 동사를, 문장의 술어가 이미 있으면 준동사(to부정사, 동명사, 분사)를 넣어야 한다. 접속사가 추가되어 절이 중첩되는 구조나 긴 수식어가 나올 때 특히 유의해야 한다.

빈출패턴 ①: 문장 맨 앞	명령문이면 → 동사 주어 또는 부사구라면 → 준동사	빈출패턴 ②: 문장 중간	긴 주어 뒤 동사면(+수일치) → 동사 수식어 또는 부사구라면 → 준동사

①-1 <u>Consider</u>(Considering) <u>a situation</u> / where an investigator is
    동사(명령문)   목적어
studying deviant behavior. //

> 상황을 생각해보라 / 연구가가 일탈 행위를 연구하고 있는 //

①-2 <u>Accepting</u>(Accept) that you need help / <u>is</u> a sign of strength,
    주어(동명사)   동사
not weakness. //

> 여러분이 도움이 필요하다는 것을 받아들이는 것은 / 약점이 아닌 용기의 표시이다 //

①-3 <u>To make</u>(Make) sure everyone is safe during the storm, / <u>we</u>
    부사적 용법   주어
<u>need</u> to take shelter in a secure location. //
동사

> 모두가 태풍에서 무사하려면 / 우리는 안전한 장소로 대피해야 한다 //

②-1 <u>Believing</u> that test performance is a reflection of your
    주어(동명사)
virtue / <u>places</u>(placing) unreasonable pressure on your
       동사(단수)
performance. //

> 시험 성적이 당신의 가치를 반영한다고 믿는 것은 / 당신의 수행에 지나친 압력을 가한다 //

②-2 We need to take seriously our need for <u>an education</u> /
                                 ↑
<u>centered</u>(is centered) on global responsibility.
수식어(과거분사)

> 우리는 교육에 대한 우리의 필요를 진지하게 받아들여야 한다 / 세계적 책임감에 중점을 둔 //

개념확인 TEST

밑줄 친 부분이 맞으면 ○표시를 하고, 틀리면 바르게 고치시오.

1 _____ He was startled, because she seemed to know <u>what was he</u> thinking about.

2 _____ Jeremy became <u>so stressed that</u> he even dreaded going into his classroom.

3 _____ <u>Refine</u> our understanding of complex scientific concepts takes years of dedicated study and experimentation.

4 _____ Since we have ten more days before the survey begins, I'll have <u>enough time to receive and use</u> the CD to train myself.

5 _____ If you can take a different angle from the rest of the class in a paper, you're more likely <u>to impressing</u> your professors.

---

7 investigator 조사가, 연구원, 수사관   take shelter (in) (~로) 대피하다   reflection 반영   virtue 장점, 미덕, 가치   TEST startle 놀라게 하다   dread 두려워하다   refine 개선하다   dedicated 헌신적인   experimentation 실험   impress 인상을 남기다

2019학년도
9월 평가원 01
When issues arouse / arise / that touch on women's rights, / women start to think of gender / as their principal identity. //

2023년
4월 교육청 02
Initial interactions / between people at opposite ends of a such / such a continuum / may be more difficult / than those between similar types. //

2005년
10월 교육청 03
Never give up hope, / whatever / however frightening / the obstacles lying in your path are. //

2020학년도
9월 평가원 04
Prepare / Preparing to solve a problem for next time / feels better / than getting upset about our failure / to solve it this time. //

2023학년도
6월 평가원 05
A person tries / trying to interpret a situation / often looks at those around him / to see how he should react. //

2011학년도
6월 평가원 06
As the mannered man raised / arose a slippery slice of tofu / to his lips, / he placed the tiniest bit of excess pressure / on his chopsticks. //

2011학년도
수능 07
The following day in class, / she asked / how many students had / had many students tape recorders. //

2023학년도
6월 평가원 08
Artificial intelligence is used / along with human-robot interaction principles / to create robots / that can be enough intelligent / intelligent enough to be good team members. //

2023학년도
6월 평가원 09
The emotional states themselves / are likely being / to be quite invariant / across cultures.

2014학년도
6월 평가원 10
It was generally assumed / that Virginia, the region of the North American continent / to which England laid / lay claim, / would have the same climate as the Mediterranean region of Europe. //

2018년
3월 교육청 11
Adopt / Adopting this mindset, / and you will be dead sooner / and the quality of that life will be worse. //

2020학년도
수능 12
The noise of barking and yelling from the park at night / is so loud and disturbing / that / which I cannot relax in my apartment. //

왼쪽의 기출 예문을 정확히 해석해 봅시다.

01 문제가 생길 때 / 여성의 권리를 건드리는 / 여성들은 성별을 생각하기 시작한다 / 자신의 주된 정체성으로 //

think of A as B A를 B로 여기다

02 초기 상호작용은 / 그런 연속체의 서로 반대되는 쪽에 있는 사람들끼리의 / 아마 더 어려울 것이다 / 유형이 서로 비슷할 때보다 //

initial	*a.* 초기의
continuum	*n.* 연속체

03 희망을 포기하지 마라 / 아무리 두려울지라도 / 당신의 앞길에 놓인 장애가 //

obstacle	*n.* 장애, 방해(물)
path	*n.* 길

04 다음번에 문제를 해결하려고 준비하는 것은 / 더 좋게 느껴진다 / 우리가 ～하지 못한 것에 언짢아하는 것보다 / 이번에 그것을 해결하지 (못한 것) //

upset	*a.* 언짢은
failure	*n.* ～하지 못함, 실패

05 상황을 이해하려고 노력하는 사람은 / 흔히 자기 주변 사람들을 본다 / 자기가 어떻게 반응해야 할지를 알기 위해 //

interpret	*v.* 이해하다, 해석하다

06 그 예절 바른 사람은 미끄러운 두부 조각을 들어 올려 / 입에 갖다 대던 중 / 아주 미세한 정도의 과도한 압력을 가했다 / 젓가락에 //

mannered	*a.* 예의 바른
slippery	*a.* 미끄러운
tofu	*n.* 두부

07 다음 날 수업 시간에 / 그녀는 물었다 / 얼마나 많은 학생들이 녹음기를 가지고 있는지 //

following day	다음 날

08 인공지능은 사용된다 / 인간–로봇 상호작용 원리와 함께 / 로봇들을 만들기 위해 / 좋은 팀원이 될 만큼 충분히 똑똑해질 수 있는 //

principle	*n.* 원리
intelligent	*a.* 똑똑한

09 감정적 상태 그 자체는 / 지극히 불변할 가능성이 있다 / 문화 전반에 걸쳐 //

state	*n.* 상태
invariant	*a.* 변치 않는

10 일반적으로 추정되었다 / 북미 대륙의 지역인 버지니아는 / 잉글랜드가 권리를 주장했던 / 유럽의 지중해 지역과 똑같은 기후를 가질 것이라고 //

continent	*n.* 대륙
lay claim to	～에 대한 권리를 주장하다
climate	*n.* 기후

11 이런 사고방식을 가지라 / 그러면 여러분은 더 빨리 죽게 될 것이고 / 그 삶의 질은 더 나빠질 것이다 //

adopt	*v.* 택하다, 차용하다
mindset	*n.* 사고방식
worse	*a.* 더 나쁜

12 밤에 공원에서 들리는 짖고 소리치는 소리가 / 너무 시끄럽고 방해되어서 / 저는 제 아파트에서 쉴 수가 없습니다 //

bark	*v.* 짖다
yell	*v.* 소리치다
disturbing	*a.* 방해되는

1 (A), (B), (C)의 각 네모 안에서 어법에 맞는 표현을 골라 짝지은 것은? •2004학년도 6월 평가원 난이도 하

By the age of one and a half, Matilda knew as (A) many / much words as most grown-ups. The parents, instead of praising her, called her a noisy chatterbox and told her that small girls should be seen and not (B) hear / heard . By the time she was three, Matilda had taught herself to read by studying newspapers and magazines that (C) lay / laid around the house. At the age of four, she could read fast and well.

	(A)		(B)		(C)
①	many	...	hear	...	lay
②	many	...	heard	...	lay
③	many	...	heard	...	laid
④	much	...	hear	...	laid
⑤	much	...	heard	...	laid

다시보기 ▶ 다시 볼 문제 체크✓하고 틀린 이유 메모하기

2 어법이 잘못된 것끼리 짝지은 것은? •2005학년도 9월 평가원 난이도 중하

The first thing a doctor will need to know (A) includes what kind and how much of the poisonous plant was eaten, (B) when was it eaten, and what part of the plant was consumed. The doctor will also need to know how old the patient is and whether they have vomited (C) after eating the plant. If possible, save what remains of the plant (D) that was eaten and let the doctor (E) to see it for identification purposes as there are specific treatments for different plant poisons.

① (A), (B)   ② (A), (C)   ③ (B), (E)
④ (C), (D)   ⑤ (D), (E)

다시보기 ▶ 다시 볼 문제 체크✓하고 틀린 이유 메모하기

3 (A), (B), (C)의 각 네모 안에서 어법에 맞는 표현을 골라 짝지은 것으로 가장 적절한 것은? •2007학년도 9월 평가원 난이도 중

Our basic nature is to act, and not to be acted upon. Not only does this enable us to choose our response to particular circumstances, but this encourages us to (A) create / creating circumstances. Taking the initiative means recognizing our responsibility to make things happen. Over the years, I (B) am / have frequently counseled people who wanted better jobs to show more initiative. The response is usually agreement. Most people can see (C) what / how powerfully such an approach would affect their opportunities for employment or advancement.

	(A)		(B)		(C)
①	create	...	have	...	what
②	create	...	am	...	how
③	create	...	have	...	how
④	creating	...	am	...	what
⑤	creating	...	have	...	what

다시보기 ▶ 다시 볼 문제 체크✓하고 틀린 이유 메모하기

4 다음 글의 밑줄 친 부분 중, 어법상 틀린 것은? •2007학년도 9월 평가원 난이도 중상

We have ① long known about IQ and rational intelligence. And, in part ② because of recent advances in neuroscience and psychology, we have begun to appreciate the importance of emotional intelligence. But we are largely ③ ignorant of that there is such a thing ④ as visual intelligence. Vision is normally so swift and sure, so dependable and informative, and apparently so effortless that we take it for ⑤ granted.

*neuroscience: 신경과학

다시보기 ▶ 다시 볼 문제 체크✓하고 틀린 이유 메모하기

다음 글의 밑줄 친 부분 중, 어법상 틀린 것은?

• 2010학년도 9월 평가원 난이도 상

Almost every day I play a game with myself ① that I call 'time machine.' I made it up in response to my erroneous belief that what I was all worked up about was really important. ② To play 'time machine' all you have to do is to imagine that whatever circumstance you are dealing with is not happening right now but a year from now. It might be an argument with your spouse, a mistake, or a lost opportunity, but it is highly ③ likely that a year from now you are not going to care. It will be one more irrelevant detail in your life. While this simple game will not solve ④ every your problems, it can give you an enormous amount of needed perspective. I find myself laughing at things that I used to ⑤ take far too seriously.

다시보기 ▶ 다시 볼 문제 체크✓하고 틀린 이유 메모하기

6 다음 글의 밑줄 친 부분 중, 어법상 틀린 것은?

• 2021학년도 6월 평가원 난이도 중상

People from more individualistic cultural contexts tend to be motivated to maintain self-focused agency or control ① as these serve as the basis of one's self-worth. With this form of agency comes the belief that individual successes ② depending primarily on one's own abilities and actions, and thus, whether by influencing the environment or trying to accept one's circumstances, the use of control ultimately centers on the individual. The independent self may be more ③ driven to cope by appealing to a sense of agency or control. However, people from more interdependent cultural contexts tend to be less focused on issues of individual success and agency and more motivated towards group goals and harmony. Research has shown ④ that East Asians prefer to receive, but not seek, more social support rather than seek personal control in certain cases. Therefore, people ⑤ who hold a more interdependent self-construal may prefer to cope in a way that promotes harmony in relationships.

*self-construal: 자기 구성

다시보기 ▶ 다시 볼 문제 체크✓하고 틀린 이유 메모하기

7 다음 글의 밑줄 친 부분 중, 어법상 틀린 것은?

• 2019년 10월 교육청 난이도 상

The modern adult human brain weighs only 1/50 of the total body weight but uses up to 1/5 of the total energy needs. The brain's running costs are about eight to ten times as high, per unit mass, as ① those of the body's muscles. And around 3/4 of that energy is expended on neurons, the ② specialized brain cells that communicate in vast networks to generate our thoughts and behaviours. An individual neuron ③ sends a signal in the brain uses as much energy as a leg muscle cell running a marathon. Of course, we use more energy overall when we are running, but we are not always on the move, whereas our brains never switch off. Even though the brain is metabolically greedy, it still outclasses any desktop computer both in terms of the calculations it can perform and the efficiency ④ at which it does this. We may have built computers that can beat our top Grand Master chess players, but we are still far away from designing one that is capable of recognizing and picking up one of the chess pieces as ⑤ easily as a typical three-year-old child can.

다시보기 ▶ 다시 볼 문제 체크✓하고 틀린 이유 메모하기

(A), (B), (C)의 각 네모 안에서 어법에 맞는 표현으로 가장 적절한 것은?
•2011년 10월 교육청 난이도 상

Most amateur speakers do not understand that when they are on stage they are actors and actresses. Most do have some idea that they should speak with more power on stage than they (A) are / do on a one-to-one basis, but they do not realize that their verbal eloquence must be matched with a nonverbal eloquence. If you move your hand two inches to emphasize a point when (B) speaking / to speak to one person, you may have to move it as much as two feet in front of a large audience. The general rule is, the bigger the audience, the bigger the motion. This is so difficult for people, especially business people whose general style is that of understatement, (C) which / that they should take an acting course before they take a speech course.

	(A)		(B)		(C)
①	are	…	speaking	…	which
②	are	…	to speak	…	which
③	do	…	to speak	…	that
④	do	…	to speak	…	which
⑤	do	…	speaking	…	that

다시보기 ▶ 다시 볼 문제 체크✔하고 틀린 이유 메모하기

9 다음 글의 밑줄 친 부분 중, 어법상 틀린 것은?
•2017년 7월 교육청 난이도 하

The most dramatic and significant contacts between civilizations were ① when people from one civilization conquered and eliminated the people of another. These contacts normally were not only violent but brief, and ② they occurred only occasionally. Beginning in the seventh century A.D., relatively ③ sustained and at times intense intercivilizational contacts did develop between Islam and the West and Islam and India. Most commercial, cultural, and military interactions, however, were within civilizations. While India and China, for instance, were on occasion invaded and subjected by other peoples (Moguls, Mongols), both civilizations ④ having extensive times of "warring states" within their own civilization as well. Similarly, the Greeks fought each other and traded with each other far more often than they ⑤ did with Persians or other non-Greeks.

다시보기 ▶ 다시 볼 문제 체크✔하고 틀린 이유 메모하기

⏱ 종료 시각   시   분   초

1 아래 채점표에 내가 답한 것을 적은 다음 채점한다. (틀린 문제에만 '✓' 표시를 한다.)

문항번호	1	2	3	4	5	6	7	8	9
내가쓴답									
채점									

2 틀렸거나 찍어서 맞힌 문제는 다시 푼다.

3 2차 채점을 할 때 다시 풀어서 맞힌 문항은 △, 또 틀린 문항은 ✗ 표시를 한다.

4 △와 ✗ 문항은 반드시 다시 보고 틀린 이유를 알고 넘어간다.

☑ **채점 결과** DAY 12 *반드시 체크해서 복습 때 활용할 것*

1차채점		2차채점	
총 문항수	9개	△ 문항수	개
틀린 문항수	개	✗ 문항수	개

1 다음 글의 밑줄 친 부분 중, 어법상 틀린 것은?

• 2024학년도 6월 평가원 난이도 상

Consider *The Wizard of Oz* as a psychological study of motivation. Dorothy and her three friends work hard to get to the Emerald City, overcoming barriers, persisting against all adversaries. They do so because they expect the Wizard to give ① them what they are missing. Instead, the wonderful (and wise) Wizard makes them aware that they, not he, always had the power ② to fulfill their wishes. For Dorothy, *home* is not a place but a feeling of security, of comfort with people she loves; it is wherever her heart is. The courage the Lion wants, the intelligence the Scarecrow longs for, and the emotions the Tin Man dreams of ③ being attributes they already possess. They need to think about these attributes not as internal conditions but as positive ways ④ in which they are already relating to others. After all, didn't they demonstrate those qualities on the journey to Oz, a journey ⑤ motivated by little more than an *expectation,* an idea about the future likelihood of getting something they wanted?

*adversary: 적(상대)

🖉 **나의 풀이**

①
②
③
④
⑤

위와 같은 이유로, 나의 정답은 ◯ 입니다.

실제 풀이

정답은 ◯ 입니다. 그 이유를 적어 보면,

①
②
③
④
⑤

2 다음 글의 밑줄 친 부분 중, 어법상 틀린 것은?

• 2014학년도 (예비) 수능 난이도 상

"Aerobic" means "with oxygen." It's not surprising that the demands you make on your body when you ask it to sustain an aerobic activity train your lungs to deliver oxygen and your heart ① to pump out greater amounts of blood to carry that oxygen to your working muscles. Your body also responds to this challenge by producing and storing something ② referred to as aerobic enzymes. These enzymes help you burn more fat, which is another reason why aerobic exercise has ③ such a pronounced effect on your body fat. This effect, which is often overlooked, is a primary reason why people ④ do aerobic exercises establish a new metabolism and a leaner body. Yet another benefit of aerobic training is ⑤ that it enables your muscles to better use oxygen to perform work over extended periods of time.

🖉 **나의 풀이**

①
②
③
④
⑤

위와 같은 이유로, 나의 정답은 ◯ 입니다.

실제 풀이

정답은 ◯ 입니다. 그 이유를 적어 보면,

①
②
③
④
⑤

✔ 출제, ━ 미출제

어법 기출 유형	2022학년도 수능·평가원	2023학년도 수능·평가원	2024학년도 6월 평가원
형용사, 부사, 명사	✔	✔	━
시제, 조동사, 가정법	✔	━	━
대명사, 접속사, 전치사	✔	✔	✔
복합관계사와 관계사(계속적 용법)	━	━	━
문장형식, 가주어, 가목적어	━	━	━
기타 기출 어법 (간접의문문, so/such, enough, 문장성분 등)	━	✔	✔

DAY	1 공부한 날	2 초과 시간	총 문항수	3 틀린 문항수	4 △문항수	5 X문항수
7	월 일	분 초	9 개	개	개	개
8	월 일	분 초	8 개	개	개	개
9	월 일	분 초	9 개	개	개	개
10	월 일	분 초	7 개	개	개	개
11	월 일	분 초	8 개	개	개	개
12	월 일	분 초	9 개	개	개	개

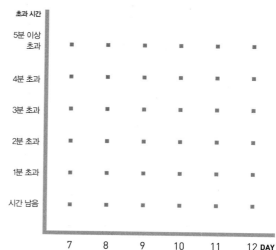

초과 시간

5분 이상
초과

4분 초과

3분 초과

2분 초과

1분 초과

시간 남음

7　8　9　10　11　12 **DAY**

▲매일 체크한 시간을 동그라미 표시하여 시간 변화를 한눈에 보자.

1주일간 공부한 내용을 다시 보니, ……

1　매일 정해진 개수를 시간에 맞춰 풀었다. vs. 내가 한 약속을 못 지켰다.

▶ 시간 부족 문제를 극복하기 위해서는 매일 실전 훈련이 필수적이다.

2　시간이 단축되고 있음을 느낀다. vs. 문제 푸는 시간이 줄지 않는다.

▶ 시간이 들쑥날쑥 하는 원인 중의 하나는 난이도일 수도 있다.

3　△문항이 X문항보다 많다면, △문항수를 줄이는 것이 영어 영역(어법) 고득점의 지름길!

▶ △문항을 줄이는 방법은 처음 틀렸을 때 왜 그 답지를 골랐는지를 생각하는 것이다.
다시 봤을 때 아무리 쉬워도, 틀린 문제는 또 틀릴 수 있다는 것을 명심하자.

4　X문항수가 줄지 않는다면? 아래 중 어떤 상황인지 점검해 보자.

▶ 선택지에서 무슨 개념을 묻는지 잘 모르겠다: 〈STEP 1 기출 유형 한 눈에 보기〉, 〈개념확인 TEST〉를 꼼꼼히
보고 시험에서 전형적으로 묻는 개념이 무엇인지 파악해 두자.

▶ 두세 개 중 고민하는 경우가 많다: 정답지의 〈문제 유형 및 해설〉을 꼼꼼히 읽으며 출제의도를 정확히 파악하고
어떤 함정에 주의했어야 하는지를 분석하자.

▶ 문맥 파악을 요구하는 고난도 문법 문제의 경우, 지문 해석이 잘되지 않아 틀릴 때가 많다: STEP 1~2의
〈끊어읽기〉 해설을 잘 읽어보고, 정확한 해석 연습을 꾸준히 해보자.

결론　| 　결론적으로,

내가 **취약한 부분**은 [　　　　　　　　　]이다.

취약점을 보완하기 위해서 나는 [　　　　　　　　　]을/를 해야겠다.

3주 후 다시 봐야 할 문항과, 꼭 다시 외워야 할 개념이 있는 페이지는 지금 바로 접어 두었다.
용어에 집착하지 않고, 단락의 문맥 속에서 필수 개념을 다시 점검하겠다.

어휘편

DAY
13~16

반의어 (1)

빈출도 상

네모 안에 주어진 두 개의 반의어 중 적절한 것을 고르는 문제

네모 안에 주어진 서로 반의어 관계에 있는 단어 중, 내용상 적절한 어휘를 고르는 문제로 아래 제시된 기출어들은 반드시 기억하도록 한다.

solitary ↔ social	혼자의 ↔ 사회적인
decline ↔ increase	감소하다 ↔ 증가하다
absolute ↔ relative	절대적인 ↔ 상대적인
construction ↔ destruction	건설 ↔ 파괴
comfort ↔ risk	안전 ↔ 위험
specific ↔ general	특정한 ↔ 일반적인
reveal ↔ hide	밝히다 ↔ 숨기다
physical ↔ mental	신체의 ↔ 정신의
former ↔ latter	전자의 ↔ 후자의
temporary ↔ permanent	일시적인 ↔ 영구적인
delay ↔ rush	늦추다 ↔ 서두르다
overestimate ↔ underestimate	과대평가하다 ↔ 과소평가하다
minor ↔ major	사소한 ↔ 주요한
subtle ↔ obvious	미묘한 ↔ 분명한
vague ↔ clear	모호한 ↔ 명확한

awesome ↔ awful	멋진 ↔ 끔찍한
demand ↔ supply	수요 ↔ 공급
qualitative ↔ quantitative	질적인 ↔ 양적인
external ↔ internal	외부적인 ↔ 내적인
fragile ↔ durable	깨지기 쉬운 ↔ 내구성 있는
illegal ↔ legitimate	불법적인 ↔ 합법적인
insufficient ↔ abundant	불충분한 ↔ 풍부한
mild ↔ intense	부드러운 ↔ 강렬한
dense ↔ deficient	밀집한 ↔ 부족한
attract ↔ distract	(주의·흥미를)끌다 ↔ (마음을)흐트러뜨리다
decrease ↔ reinforce	감소하다 ↔ 증강하다
innocent ↔ guilty	무고한 ↔ 유죄의
intact ↔ damaged	온전한 ↔ 손상을 입은
chronic ↔ acute	만성적인 ↔ 급성의
defense ↔ aggression	방어 ↔ 공격

빈출도 상

철자 혼동어 (1)

최근에는 출제 빈도가 많이 낮아졌지만,
혼동하기 쉬우므로 기억해 두는 것이 좋다.

네모 안에 주어진 두 개의 혼동어 중 적절한 것을 고르는 문제

adopt : adapt	채택하다 : 적응하다	generous : genuine	관대한 : 진정한
assist : resist	돕다 : 저항하다	confidence : conference	자신감 : 회의
affect : effect	영향을 주다 : 결과	enclose : enhance	동봉하다 : 강화하다
object : subject	물체, 목적 : 피실험자, 주제	induce : reduce	설득하다 : 감소시키다
describe : subscribe	묘사하다 : 구독하다	likewise : otherwise	마찬가지로 : 만약 그렇지 않으면
shortage : strength	부족 : 힘, 강점	particle : principle	입자 : 원리
light : lighten	불을 켜다 : 밝아지다	concentrate : contaminate	집중시키다 : 오염시키다
average : coverage	평균 : 범위	command : comment	명령 : 논평, 언급
nephew : niece	조카(남자) : 조카(여자)	faculties : authorities	교수단 : 당국
change : range	변화 : 범위	conference : preference	회의 : 선호
reverse : diverse	반대의 : 다양한	define : defeat	정의하다 : 쳐부수다
evolved : involved	진화된 : 관련된	confined : compared	한정된 : 비교된
instinctive : inactive	본능적인 : 비활동적인	acquire : inquire	얻다 : 묻다
critical : critic	비판적인 : 비평가	conserve : observe	보존하다 : 관찰[준수]하다
thirsty : thrifty	목마른 : 검소한	console : counsel	위로하다 : 조언[충고]하다

2005년
5월 교육청 **01**

A twelfth-century couple, Heloise and Abelard, / is often mentioned / when romantic love becomes the object / subject of scholarly discussion. //

2006년
5월 교육청 **02**

Thetis didn't like the fact / that Achilles was mortal / immortal , / so she took her baby son / to the magic river Styx / to give him an eternal life. //

2007년
3월 교육청 **03**

Lighting / Lightening up now / in partially enclosed areas, / in bars, / and less than twenty feet from doorways and window / is illegal. //

2008년
3월 교육청 **04**

More than one and a half million tickets / have already been sold / for the Olympic Games. // Many have been bought / by generous / genuine sports fans. //

2009년
3월 교육청 **05**

Some psychologists / actually use personality tests / based on color conference / preference . //

2009년
10월 교육청 **06**

If you are already diagnosed / with an allergy to some foods, / then your life is easier / in comparison to awareness / ignorance of the triggers. //

2010년
3월 교육청 **07**

During that class / I was able to process / block the information about gas diffusion through senses / and ultimately stored it in my long-term memory. //

2010년
10월 교육청 **08**

The outside dock area in winter, / if the temperature is below freezing, / is no place / for an employee / to conduct superficial / thorough inspection of incoming products! //

2011년
7월 교육청 **09**

Nobles and church leaders, / who were already members of the wealthiest classes, / expanded / reduced their fortunes. //

2012년
3월 교육청 **10**

She pressed the automatic "lock" button / on the car's remote key system, / releasing / trapping the burglar. //

2012년
3월 교육청 **11**

The burglar finally put up his hands / in surrender / resistance / and waited for the police to arrive. //

2013년
10월 교육청 **12**

The monkeys sit in a corner / and avoid any random movements; / even a brief touch could be interpreted / as the beginning of generous / hostile action. // Mutual eye contact / is also dangerous. //

01 12세기의 한 커플인 Heloise와 Abelard이 / 종종 거론된다 / 낭만적인 사랑이 학술 토론의 주제가 될 때 //

scholarly	a. 학술의

02 Thetis는 사실이 싫었다 / Achilles가 죽을 수밖에 없다는 / 그래서 그녀는 자신의 사내 아기를 데리고 갔다 / 마법의 강 Styx로 / 아이에게 영원한 생명을 주기 위해서 //

mortal	a. 반드시 죽는
immortal	a. 불멸의
eternal	a. 영원의

03 이제 담뱃불을 붙이는 것은 / 부분적으로 밀폐된 공간 / 술집 / 그리고 출입구나 창문으로부터 20피트 이내의 공간에서 / 불법이다 //

partially	ad. 부분적으로
enclosed	a. (담으로) 에워싸인
illegal	a. 불법적인

04 백오십만 장 이상의 티켓이 / 이미 팔렸다 / 올림픽 경기 동안 // 많은 것들(입장권들)이 구입되었다 / 진정한 스포츠팬들에 의해 //

genuine	a. 진정한

05 일부 심리학자들은 / 실제로 성격 테스트를 이용한다 / 색상 선호도에 근거한 //

personality test	성격 테스트
conference	n. 회의
preference	n. 선호도

06 만약 당신이 이미 진단을 받았다면 / 어떤 음식에 대해 알레르기가 있다는 / 당신의 삶은 더 쉬워진다 / 그 원인 물질을 모르는 것에 비해서 //

diagnose	v. 진단하다
in comparison to	~와 비교해 볼 때
awareness	n. 의식, 관심
ignorance	n. 무지
trigger	n. (반응·사건을 유발한) 계기[도화선]

07 그 수업시간 동안 / 나는 감각을 통해 기체 확산에 대한 정보를 처리할 수 있었고 / 그것은 궁극적으로 나의 장기 기억 속에 저장되었다 //

block	v. 막다, 방해하다
gas diffusion	가스 확산
long-term memory	장기 기억

08 겨울에 외부에 위치한 적하 지역은 / 온도가 영하로 떨어지게 되면 / 장소가 되지 못한다 / 직원이 / 들어오는 식품의 면밀한 검사를 수행할 수 있는 //

dock	n. 부두, 선창
conduct	v. (특정 활동을) 하다
superficial	a. 피상적인
thorough	a. 면밀한, 완전한
inspection	n. 검사

09 귀족과 교회 지도자들은 / 이미 최고 부유층의 구성원이었던 / 그들의 부를 증대시켰다 //

noble	n. 상류층, 귀족
class	n. 계층
expand	v. 확장하다
fortune	n. 부

10 그녀는 자동 '잠금' 버튼을 눌렀다 / 자동차의 원격 키 시스템에 있는 / 도둑을 가두면서 //

remote	a. 원격의
trap	v. 가두다
burglar	n. 도둑, 강도

11 그 도둑은 마침내 두 손을 들었다 / 항복하여 / 그리고 경찰들이 도착하기를 기다렸다 //

put up one's hands	손을 들다, 항복하다
surrender	n. 항복
resistance	n. 저항

12 원숭이들은 구석에 앉아 / 어떤 우발적인 행동도 피하는데 / 심지어 순간적인 접촉도 해석될 수 있기 때문이다 / 적대적인 행동의 시작으로 // 시선이 서로 마주치는 것도 / 또한 위험하다 //

random	a. 닥치는 대로 하는
hostile	a. 적대적인
mutual	a. 상호적인
contact	n. 접촉

1 (A), (B), (C)의 각 네모 안에서 문맥에 맞는 낱말로 가장 적절한 것은? • 2024학년도 6월 평가원 난이도 상

To the extent that an agent relies on the prior knowledge of its designer rather than on its own percepts, we say that the agent lacks autonomy. A rational agent should be autonomous — it should learn what it can to (A) compensate / prepare for partial or incorrect prior knowledge. For example, a vacuum-cleaning agent that learns to foresee where and when additional dirt will appear will do better than one that does not. As a practical matter, one seldom requires complete autonomy from the start: when the agent has had little or no experience, it would have to act (B) purposefully / randomly unless the designer gave some assistance. So, just as evolution provides animals with enough built-in reflexes to survive long enough to learn for themselves, it would be reasonable to provide an artificial intelligent agent with some initial knowledge as well as an ability to learn. After sufficient experience of its environment, the behavior of a rational agent can become effectively (C) independent / protective of its prior knowledge. Hence, the incorporation of learning allows one to design a single rational agent that will succeed in a vast variety of environments.

	(A)		(B)		(C)
①	compensate	⋯	randomly	⋯	protective
②	compensate	⋯	purposefully	⋯	protective
③	prepare	⋯	randomly	⋯	protective
④	compensate	⋯	randomly	⋯	independent
⑤	prepare	⋯	purposefully	⋯	independent

다시보기   ▶ 다시 볼 문제 체크✓하고 틀린 이유 메모하기

2 (A), (B), (C)의 각 네모 안에서 문맥에 맞는 낱말로 가장 적절한 것은? • 2008년 4월 교육청 난이도 중

Finding good prices for travel is so complicated. That is because airlines have complex formulas for inventory management so they can (A) maximize / analyze profits by filling planes. When there are lots of reservations during peak seasons, these companies can charge (B) lower / higher prices and still be sure that somebody will need their services no matter how much it costs. On the other hand, during the off season, demand is low, so companies cut their prices to (C) attract / distract people who would normally not travel at that time. One good place in which to find these last-minute bargains is on the Internet.

	(A)		(B)		(C)
①	maximize	⋯	higher	⋯	distract
②	maximize	⋯	lower	⋯	distract
③	maximize	⋯	higher	⋯	attract
④	analyze	⋯	higher	⋯	distract
⑤	analyze	⋯	lower	⋯	attract

다시보기   ▶ 다시 볼 문제 체크✓하고 틀린 이유 메모하기

3 (A), (B), (C)의 각 네모 안에서 문맥에 맞는 낱말로 가장 적절한 것은? • 2011학년도 9월 평가원 난이도 중

When it comes to food choices, young people are particularly (A) vulnerable / immune to peer influences. A teenage girl may eat nothing but a lettuce salad for lunch, even though she will become hungry later, because that is what her friends are eating. A slim boy who hopes to make the wrestling team may routinely overload his plate with foods that are (B) dense / deficient in carbohydrates and proteins to 'bulk up' like the wrestlers of his school. An overweight teen may eat (C) greedily / moderately while around his friends but then devour huge portions when alone. Few young people are completely free of food-related pressures from peers, whether or not these pressures are imposed intentionally. *carbohydrate: 탄수화물

	(A)		(B)		(C)
①	vulnerable	⋯	dense	⋯	greedily
②	vulnerable	⋯	dense	⋯	moderately
③	vulnerable	⋯	deficient	⋯	greedily
④	immune	⋯	deficient	⋯	moderately
⑤	immune	⋯	dense	⋯	greedily

다시보기   ▶ 다시 볼 문제 체크✓하고 틀린 이유 메모하기

4 (A), (B), (C)의 각 네모 안에서 문맥에 맞는 낱말로 가장 적절한 것은? •2016학년도 수능 난이도 중하

The Atitlán Giant Grebe was a large, flightless bird that had evolved from the much more widespread and smaller Pied-billed Grebe. By 1965 there were only around 80 birds left on Lake Atitlán. One immediate reason was easy enough to spot: the local human population was cutting down the reed beds at a furious rate. This (A) accommodation / destruction was driven by the needs of a fast growing mat-making industry. But there were other problems. An American airline was intent on developing the lake as a tourist destination for fishermen. However, there was a major problem with this idea: the lake (B) lacked / supported any suitable sporting fish! To compensate for this rather obvious defect, a specially selected species of fish called the Large-mouthed Bass was introduced. The introduced individuals immediately turned their attentions to the crabs and small fish that lived in the lake, thus (C) competing / cooperating with the few remaining grebes for food. There is also little doubt that they sometimes gobbled up the zebra-striped Atitlán Giant Grebe's chicks.

*reed: 갈대 **gobble up: 게걸스럽게 먹다

	(A)		(B)		(C)
①	accommodation	⋯	lacked	⋯	competing
②	accommodation	⋯	supported	⋯	cooperating
③	destruction	⋯	lacked	⋯	competing
④	destruction	⋯	supported	⋯	cooperating
⑤	destruction	⋯	lacked	⋯	cooperating

다시보기 ▶ 다시 볼 문제 체크✓하고 틀린 이유 메모하기

5 (A), (B), (C)의 각 네모 안에서 문맥에 맞는 낱말로 가장 적절한 것은? •2018년 4월 교육청 난이도 상

Hypothesis is a tool which can cause trouble if not used properly. We must be ready to abandon or modify our hypothesis as soon as it is shown to be (A) consistent / inconsistent with the facts. This is not as easy as it sounds. When delighted by the way one's beautiful idea offers promise of further advances, it is tempting to overlook an observation that does not fit into the pattern woven, or to try to explain it away. It is not at all rare for investigators to adhere to their broken hypotheses, turning a blind eye to contrary evidence, and not altogether unknown for them to (B) deliberately / unintentionally suppress contrary results. If the experimental results or observations are definitely opposed to the hypothesis or if they necessitate overly complicated or improbable subsidiary hypotheses to accommodate them, one has to (C) defend / discard the idea with as few regrets as possible. It is easier to drop the old hypothesis if one can find a new one to replace it. The feeling of disappointment too will then vanish.

*subsidiary: 부차적인

	(A)		(B)		(C)
①	consistent	⋯	deliberately	⋯	defend
②	consistent	⋯	unintentionally	⋯	discard
③	inconsistent	⋯	deliberately	⋯	discard
④	inconsistent	⋯	unintentionally	⋯	discard
⑤	inconsistent	⋯	deliberately	⋯	defend

다시보기 ▶ 다시 볼 문제 체크✓하고 틀린 이유 메모하기

(A), (B), (C)의 각 네모 안에서 문맥에 맞는 낱말로 가장
적절한 것은? • 2019년 4월 교육청 난이도 상

The conscious preference for apparent simplicity in the early-twentieth-century modernist movement in prose and poetry was echoed in what is known as the International Style of architecture. The new literature (A) avoided / embraced old-fashioned words, elaborate images, grammatical inversions, and sometimes even meter and rhyme. In the same way, one of the basic principles of early modernist architecture was that every part of a building must be (B) decorative / functional , without any unnecessary or fancy additions. Most International Style architecture aggressively banned moldings and sometimes even window and door frames. Like the prose of Hemingway or Samuel Beckett, it proclaimed, and sometimes proved, that less was more. But some modern architects, unfortunately, designed buildings that looked simple and elegant but didn't in fact function very well: their flat roofs leaked in wet climates and their metal railings and window frames rusted. Absolute (C) complexity / simplicity , in most cases, remained an ideal rather than a reality, and in the early twentieth century complex architectural decorations continued to be used in many private and public buildings.

*inversion: 도치

	(A)		(B)		(C)
①	avoided	······	decorative	······	complexity
②	avoided	······	functional	······	complexity
③	avoided	······	functional	······	simplicity
④	embraced	······	functional	······	simplicity
⑤	embraced	······	decorative	······	simplicity

다시보기 ▶ 다시 볼 문제 체크✓하고 틀린 이유 메모하기

(A), (B), (C)의 각 네모 안에서 문맥에 맞는 낱말로 가장
적절한 것은? • 2020년 4월 교육청 난이도 중

Play can be costly because it takes energy and time which could be spent foraging. While playing, the young animal may be at great (A) comfort / risk . For example, 86 percent of young Southern fur seals eaten by sea lions were play-swimming with others when they were caught. Against these costs many functions have been proposed for play, including practice for adult behaviours such as hunting or fighting, and for developing motor and social interaction skills. However, for these theories, there is (B) much / little experimental evidence in animals. For example, detailed studies which tracked juvenile play and adult behaviour of meerkats couldn't prove that play-fighting influenced fighting ability as an adult. Therefore, the persistence of play across so many animal species (C) remains / resolves a mystery. The answers are likely to involve diverse and multiple factors, which may be quite different in different species, as might what we call *play* itself.

*forage: 먹이를 찾아 다니다   **juvenile: 성장기의

	(A)		(B)		(C)
①	comfort	······	little	······	remains
②	comfort	······	much	······	resolves
③	risk	······	little	······	remains
④	risk	······	much	······	remains
⑤	risk	······	little	······	resolves

다시보기 ▶ 다시 볼 문제 체크✓하고 틀린 이유 메모하기

🕐 종료시각   시   분   초

1 아래 채점표에 내가 답한 것을 적은 다음 채점한다. (틀린 문제에만 '✓' 표시를 한다.)

문항 번호	1	2	3	4	5	6	7
내가 쓴 답							
채점							

2 틀렸거나 찍어서 맞힌 문제는 다시 푼다.

3 2차 채점을 할 때 다시 풀어서 맞힌 문항은 △, 또 틀린 문항은 ✗ 표시를 한다.

4 △와 ✗ 문항은 반드시 다시 보고 틀린 이유를 알고 넘어간다.

☑ 채점 결과 DAY 13 반드시 체크해서 복습 때 활용할 것

	1차채점		2차채점	
총 문항수	7개	△ 문항수		개
틀린 문항수	개	✗ 문항수		개

반의어 (2)

네모 안에 주어진 두 개의 반의어 중 적절한 것을 고르는 문제

네모 안에 주어진 서로 반의어 관계에 있는 단어 중, 내용상 적절한 어휘를 고르는 문제로 아래 제시된 기출어들은 반드시 기억하도록 한다.

deliberately ↔ unintentionally	의도적으로 ↔ 고의 아니게
avoid ↔ embrace	피하다 ↔ 수용하다
exclude ↔ include	제외하다 ↔ 포함하다
decorative ↔ functional	장식적인 ↔ 기능적인
elaborate ↔ simplified	정교한 ↔ 단순화된
abandon ↔ maintain	그만두다 ↔ 유지하다
conceal ↔ reveal	감추다 ↔ 드러내다
hire ↔ fire	고용하다 ↔ 해고하다
absence ↔ presence	부재 ↔ 존재
deteriorate ↔ improve	퇴화되다 ↔ 향상되다
mild ↔ intense	부드러운 ↔ 강렬한
enhance ↔ hinder	강화하다 ↔ 방해하다
accomodation ↔ destruction	조화, 화해 ↔ 파괴
squeeze ↔ release	꽉 쥐다 ↔ 놓아주다
optimistic ↔ skeptical	낙천적인 ↔ 회의적인

expanded ↔ reduced	확장된 ↔ 감소된
least ↔ most	최소한 ↔ 가장
loss ↔ benefit	손실 ↔ 이익, 혜택
saving ↔ spending	저축 ↔ 소비
chronic ↔ acute	만성적인 ↔ 급성의
damaged ↔ recovered	손상된 ↔ 회복된
hostile ↔ favorable	적대적인 ↔ 우호적인
compete ↔ cooperate	경쟁하다 ↔ 협력하다
appearance ↔ disappearance	출현 ↔ 사라짐
reduced ↔ increased	줄어든 ↔ 증가한
poverty ↔ wealth	빈곤 ↔ 부
abundant ↔ scarce	풍부한 ↔ 희박한
greedily ↔ moderately	욕심내어 ↔ 적당히
promote ↔ regulate	촉진시키다 ↔ 규제하다
abstract ↔ concrete	추상적인 ↔ 구체적인

철자 혼동어 (2)

네모 안에 주어진 두 개의 혼동어 중 적절한 것을 고르는 문제

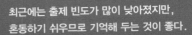

최근에는 출제 빈도가 많이 낮아졌지만,
혼동하기 쉬우므로 기억해 두는 것이 좋다.

reject : reflect	거절하다 : 반영하다
stimulated : simulated	자극적인 : 가장된
contract : contrast	계약 : 대조
expression : impression	표현 : 인상, 감명
defend : discard	방어하다 : 폐기하다
contraction : distraction	수축 : 정신 산만, 기분 전환
policy : politics	정책 : 정치
fine : fee	벌금 : 비용
encourage : encounter	장려하다 : 마주치다
replay : display	재생하다 : 나타내다, 전시하다
lack : leak	부족하다 : 새다
deliberate : delicate	신중한 : 연약한
blow : glow	불다 : 빛나다
thorough : through	철저한 : ~을 통하여
commitment : compliment	헌신 : 칭찬

conflict : comfort	갈등 : 안락
infinite : extinct	무한한 : 멸종한
upset : stable	엉망인 : 안정적인
convenience : consequence	편리함 : 결과
wasteful : watchful	낭비하는 : 지켜보는
construct : contemplate	~을 구성하다 : 응시하다
anticipate : animate	~을 기대하다 : ~에 생명을 불어 넣다
delivered : delayed	옮겨진 : 연기된
refuse : confuse	거절하다 : 혼란시키다
cover : remove	덮다, 망라하다 : 제거하다
preferred : prepared	선호되는 : 준비된
transfer : transform	양도하다 : 변형하다
compatible : competitive	양립하는 : 경쟁적인
avoid : adopt	피하다 : 입양하다
eliminating : encouraging	제거하는 : 장려하는

철자 혼동어 (3)

네모 안에 주어진 두 개의 혼동어 중 적절한 것을 고르는 문제

최근에는 출제 빈도가 많이 낮아졌지만,
혼동하기 쉬우므로 기억해 두는 것이 좋다.

reveal : review	~을 드러내다 : ~을 다시 조사하다
compete : cooperate	경쟁하다 : 협력하다
disturb : adopt	방해하다 : 채택하다
reputation : recognition	평판 : 인식, 인정
cruel : crucial	잔인한 : 신중한, 중대한
impractical : brand-new	비실용적인 : 최신의
justify : identify	정당화시키다 : 식별하다
hesitancy : consistency	망설임 : 일관성
distribution : description	배급, 분배 : 묘사
notify : classify	통지하다 : 분류하다
assumption : exception	가정 : 예외
reserved : released	남겨둔 : 방출시킨
description : subscription	설명서 : 구독
observe : preserve	관찰하다 : 보존하다
contain : obtain	포함하다 : 얻다

resistance : connection	저항, 반대 : 연결
prospect : retrospect	전망 : 회상
restricted : restored	제한된 : 회복된
acquaintance : acquisition	아는 사람 : 습득
penalty : privilege	벌칙 : 특권
optimal : minimal	최적의 : 최소한의
identify : intensify	알아차리다 : 강화하다
complaint : compliment	불평 : 칭찬
addiction : adaptation	중독 : 적응
appealing : misleading	마음을 끄는 : 잘못 이끄는
originality : utility	독창성 : 효용성
constructive : instructive	건설[구조]적인 : 교육적인
instant : constant	즉각적인 : 끊임없는
cooperation : corporation	협조 : 기업
controversial : conventional	논쟁의 여지가 있는 : 전통적인

2005년 4월 교육청 01
This contract / contrast seemed beneficial / to both of them. // As for the old lady, / she received a fixed amount of money / from him monthly. //

2006년 5월 교육청 02
Thetis held Achilles by the heel / and dipped him into the river. // However, / because she was holding him by it, / the heel remained dry / wet and unprotected. //

2007년 3월 교육청 03
State officials say / comprehensive no-smoking laws / in thirteen other states and hundreds of cities / have helped / Americans get used to similar policies / politics . //

2007년 7월 교육청 04
Whatever the case, / you'll be spending a lot of time / working with computers / in many capacities. // It is definitely necessary / to have a strong conflict / comfort level with computers. //

2008년 3월 교육청 05
Olympic rules say / people can transfer / transform a ticket / to somebody else, / but not for financial gain. //

2008년 7월 교육청 06
People who seek meaningful work / find nonprofits / to provide / demand an excellent and fit job. //

2009년 4월 교육청 07
There is no doubt / that the comparison and competition between these schools / stimulated / simulated the artist / to make ever greater efforts, / and helped to create that variety / which we admire in Greek art. //

2009년 7월 교육청 08
His life falls into a set routine; / he is limited to contact and conversation / with a few friends and acquaintances / acquisitions , / and he sees / only what happens in his immediate neighborhood. //

2010년 3월 교육청 09
We groaned, laughed, / and looked around for the offending sources. // We would have appeared focused / unfocused / to an outside observer entering our class at that time. //

2010년 7월 교육청 10
Yet / an undercurrent movement / referred to as "small living" / is creating waves / against wasteful / watchful consumption. //

2011년 4월 교육청 11
Adolescents may be eager / to participate in the abolishment / establishment of such rules / when they find out / that they might include a rule / they like / such as, "No one will enter someone else's room without knocking first." //

2012년 7월 교육청 12
Many have found to their cost, / acknowledging / disregarding interest-rate, currency or commodity risks / can hurt a company / just as badly as the failure of a new product. //

01 이 계약은 유리한 것처럼 보였다 / 그 둘 모두에게 // 노파 입장에서는 / 그녀는 일정액의 돈을 받았다 / 매월 그로부터 //

contract	n. 계약
beneficial	a. 유익한, 유리한

02 Thetis는 Achilles의 뒤꿈치를 잡았다 / 그리고 그 강에 담갔다 // 그러나 / 그녀가 아기의 뒤꿈치를 잡고 있었기 때문에 / 뒤꿈치는 강물에 젖지 않았고 따라서 보호받지 못한 상태로 남아있게 되었다 //

dip	v. 살짝 담그다
remain	v. 남다

03 주정부 관리들은 말하고 있다 / 포괄적인 금연법이 / 다른 13개 주와 수백 개 도시들에서 / 도왔다고 / 미국인들이 유사한 정책에 익숙해지도록 //

comprehensive	a. 포괄적인

04 어떠한 경우이든 / 여러분은 아주 많은 시간을 보내게 될 것이다 / 컴퓨터로 일하면서 / 많은 분야에서 // 반드시 필요하다 / 컴퓨터에 대해 충분히 편안할 수 있는 정도로 되는 것이 //

capacity	n. 능력, 역량
definitely	ad. 명확히
conflict	n. 투쟁, 충돌
comfort	n. 편안함

05 올림픽 규칙은 말하고 있다 / 사람들이 입장권을 양도할 수 있다고 / 다른 사람들에게 / 하지만 경제적인 이득을 위해서는 안 된다고 //

transfer	v. 양도하다
transform	v. 변형하다

06 의미 있는 일을 찾는 사람은 / 비영리적 단체들을 찾는다 / 훌륭하고 적절한 일을 제공해 줄 //

demand	v. 요구하다

07 의심의 여지가 없다 / 이런 학파들 사이의 비교와 경쟁이 / 예술가들을 자극시켜서 / 더욱 노력하게 만들고 / 그리고 다양성을 창조하도록 도왔다는 것에는 / 우리가 그리스 예술에서 추앙하는 //

doubt	n. 의심
variety	n. 다양성

08 그의 삶은 정해진 일상생활 속으로 빠진다 / 그는 제한적으로 연락하고 대화를 한다 / 몇몇 친구와 지인들과 / 그리고 그는 보게 된다 / 바로 아주 가까운 이웃에서 일어나는 일만 //

fall into	～에 빠지다
acquaintance	n. 지인
acquisition	n. 습득
immediate	a. (시간·공간적으로) 아주 가까운

09 우리는 신음하고 웃으면서 / 불쾌감을 주는 원인을 찾아다녔다 // 우리는 산만하게 보였을 것이다 / 그때 우리 교실에 들어온 외부 참관인에게는 //

groan	v. 신음하다
offending	a. 불쾌하게 하는

10 그러나 / 드러나지 않은 움직임이 / "small living"이라 일컬어지는 / 흐름을 만들고 있다 / 사치스런 소비에 반대하는 //

undercurrent	a. 표면에 나타나지 않은
consumption	n. 소비

11 청소년들은 열망할 것이다 / 그런 규칙들을 세우는 것에 참여하는 것을 / 그들이 알게 될 때에 / 그들이 규칙을 포함시킬 수도 있다는 것을 / 그들이 좋아하는 / "노크를 먼저 하지 않으면 누구도 다른 사람의 방에 들어갈 수 없다" 같은 //

be eager to	～을 하고 싶다
abolishment	n. 폐지
establishment	n. 설립

12 많은 이들이 직접 당해보고 나서야 알게 되었다 / 이자율, 통화 또는 상품 위기를 무시하는 것이 / 기업에 해를 끼칠 수 있다는 것을 / 신제품의 실패와 마찬가지로 심각하게 //

interest-rate	n. 이자율
commodity	n. 상품

1 (A), (B), (C)의 각 네모 안에서 문맥에 맞는 낱말로 가장 적절한 것은? • 2014학년도 6월 평가원 난이도 중상

England's plan to establish colonies in North America, starting in the late sixteenth century, was founded on a (A) false / valid idea. It was generally assumed that Virginia, the region of the North American continent to which England laid claim, would have the same climate as the Mediterranean region of Europe, since it lay at similar latitudes. As a result, the English hoped that the American colonies, once established, would be able to supply Mediterranean goods such as olives and fruit and reduce England's (B) dependence / restriction on imports from continental Europe. One prospectus claimed that the colonies would provide "the wines, fruit and salt of France and Spain ... the silks of Persia and Italy." Similarly, (C) abundant / scarce timber would do away with the need to import wood from Scandinavia. In short, America was mistakenly expected to be a land of plenty that would quickly turn a profit.

*latitude: 위도 **prospectus: 사업 설명서, 투자 설명서

	(A)		(B)		(C)
①	false	⋯	dependence	⋯	abundant
②	false	⋯	dependence	⋯	scarce
③	false	⋯	restriction	⋯	abundant
④	valid	⋯	restriction	⋯	scarce
⑤	valid	⋯	restriction	⋯	abundant

다시보기 ▶ 다시 볼 문제 체크✓하고 틀린 이유 메모하기

---

2 (A), (B), (C)의 각 네모 안에서 문맥에 맞는 낱말로 가장 적절한 것은? • 2015학년도 6월 평가원 난이도 하

Although children watch television at various times, the programming that they view alone tends to be specifically aimed at children. In the United States particularly, most of the advertising during this segment consists of ads for food, particularly sugared food. During the run-up to Christmas, (A) increasing / decreasing numbers of ads concern toys and games. Such practices are believed to put pressure on parents to yield to what the media have dubbed "pester power." This has led to calls for legislation to (B) promote / regulate advertising in Europe and the United States. Indeed, the Swedish government has outlawed television advertising of products aimed at children under 12, and recently in the United States, 50 psychologists (C) rejected / signed a petition calling for a ban on the advertising of children's goods.

*pester power: 부모에게 떼를 써서 물건을 구매하게 하는 힘 **petition: 탄원(서)

	(A)		(B)		(C)
①	increasing	⋯	promote	⋯	rejected
②	increasing	⋯	regulate	⋯	signed
③	increasing	⋯	regulate	⋯	rejected
④	decreasing	⋯	promote	⋯	signed
⑤	decreasing	⋯	regulate	⋯	signed

다시보기 ▶ 다시 볼 문제 체크✓하고 틀린 이유 메모하기

---

3 (A), (B), (C)의 각 네모 안에서 문맥에 맞는 낱말로 가장 적절한 것은? • 2015학년도 수능 난이도 중

While the eye sees at the surface, the ear tends to penetrate below the surface. Joachim-Ernst Berendt points out that the ear is the only sense that (A) fuses / replaces an ability to measure with an ability to judge. We can discern different colors, but we can give a precise number to different sounds. Our eyes do not let us perceive with this kind of (B) diversity / precision. An unmusical person can recognize an octave and, perhaps once instructed, a quality of tone, that is, a C or an F-sharp. Berendt points out that there are few 'acoustical illusions' — something sounding like something that in fact it is not — while there are many optical illusions. The ears do not lie. The sense of hearing gives us a remarkable connection with the invisible, underlying order of things. Through our ears we gain access to vibration, which (C) underlies / undermines everything around us. The sense of tone and music in another's voice gives us an enormous amount of information about that person, about her stance toward life, about her intentions.

*acoustical: 청각의

	(A)		(B)		(C)
①	fuses	⋯	precision	⋯	undermines
②	replaces	⋯	diversity	⋯	underlies
③	fuses	⋯	diversity	⋯	undermines
④	replaces	⋯	precision	⋯	underlies
⑤	fuses	⋯	precision	⋯	underlies

다시보기 ▶ 다시 볼 문제 체크✓하고 틀린 이유 메모하기

4 (A), (B), (C)의 각 네모 안에서 문맥에 맞는 낱말로 가장 적절한 것은? •2016학년도 6월 평가원 난이도 중상

The desert locust lives in two remarkably different styles depending on the availability of food sources and the density of the local locust population. When food is scarce, as it usually is in their native desert habitat, locusts are born with coloring designed for camouflage and lead (A) solitary / social lives. But when rare periods of significant rain produce major vegetation growth, everything changes. At first, the locusts continue to be loners, just feasting off the (B) insufficient / abundant food supply. But as the extra vegetation starts to die off, the locusts find themselves crowded together. Suddenly, baby locusts are born with bright colors and a preference for company. Instead of avoiding one another and hiding from predators through camouflage and inactivity, these locusts gather in vast groups, feed together, and (C) overwhelm / overestimate their predators simply through numbers.   *camouflage: 위장

	(A)		(B)		(C)
①	solitary	···	insufficient	···	overwhelm
②	solitary	···	abundant	···	overwhelm
③	solitary	···	insufficient	···	overestimate
④	social	···	abundant	···	overwhelm
⑤	social	···	insufficient	···	overestimate

다시보기   ▶ 다시 볼 문제 체크✓하고 틀린 이유 메모하기

5 (A), (B), (C)의 각 네모 안에서 문맥에 맞는 낱말로 가장 적절한 것은? •2017학년도 6월 평가원 난이도 상

In 2001, researchers at Wayne State University asked a group of college volunteers to exercise for twenty minutes at a (A) preset / self-selected pace on each of three machines: a treadmill, a stationary bike, and a stair climber. Measurements of heart rate, oxygen consumption, and perceived effort were taken throughout all three workouts. The researchers expected to find that the subjects unconsciously targeted the same relative physiological intensity in each activity. Perhaps they would (B) automatically / intentionally exercise at 65 percent of their maximum heart rate regardless of which machine they were using. Or maybe they would instinctively settle into rhythm at 70 percent of their maximum rate of oxygen consumption in all three workouts. But that's not what happened. There was, in fact, no (C) consistency / variation in measurements of heart rate and oxygen consumption across the three disciplines. Instead, the subjects were found to have chosen the same level of perceived effort on the treadmill, the bike, and the stair climber.

*treadmill: 러닝머신 **physiological: 생리학적인

	(A)		(B)		(C)
①	preset	···	intentionally	···	consistency
②	preset	···	automatically	···	variation
③	self-selected	···	intentionally	···	variation
④	self-selected	···	intentionally	···	consistency
⑤	self-selected	···	automatically	···	consistency

다시보기   ▶ 다시 볼 문제 체크✓하고 틀린 이유 메모하기

6 (A), (B), (C)의 각 네모 안에서 문맥에 맞는 낱말로 가장 적절한 것은? •2018학년도 6월 평가원 난이도 중

Some coaches erroneously believe that mental skills training (MST) can only help perfect the performance of highly skilled competitors. As a result, they shy away from MST, (A) denying / rationalizing that because they are not coaching elite athletes, mental skills training is less important. It is true that mental skills become increasingly important at high levels of competition. As athletes move up the competitive ladder, they become more homogeneous in terms of physical skills. In fact, at high levels of competition, all athletes have the physical skills to be successful. Consequently, any small difference in (B) physical / mental factors can play a huge role in determining performance outcomes. However, we can anticipate that personal growth and performance will progress faster in young, developing athletes who are given mental skills training than in athletes not exposed to MST. In fact, the optimal time for introducing MST may be when athletes are first beginning their sport. Introducing MST (C) early / later in athletes' careers may lay the foundation that will help them develop to their full potential.

*homogeneous: 동질적인 **optimal: 최적의

	(A)		(B)		(C)
①	denying	···	physical	···	later
②	denying	···	mental	···	early
③	rationalizing	···	physical	···	early
④	rationalizing	···	physical	···	later
⑤	rationalizing	···	mental	···	early

다시보기   ▶ 다시 볼 문제 체크✓하고 틀린 이유 메모하기

7 (A), (B), (C)의 각 네모 안에서 문맥에 맞는 낱말로 가장 적절한 것은?

• 2017년 10월 교육청 난이도 하

In literature as distinct from journalism, the ablest writers will never assume that the bare bones of a story can be (A) enough / insufficient to win over their audience. They will not suppose that an attack or a flood or a theft must in and of itself carry some intrinsic degree of interest which will cause the reader to be appropriately moved or outraged. These writers know that no event, however shocking, can ever guarantee (B) detachment / involvement ; for this latter prize, they must work harder, practicing their distinctive craft, which means paying attention to language and keeping a tight rein on pace and structure. In certain situations, creative writers may even choose to (C) emphasize / sacrifice strict accuracy, and rather than feel that they are thereby carrying out a criminal act, they will instead understand that falsifications may occasionally need to be committed in the service of a goal higher still than accuracy.

	(A)		(B)		(C)
①	enough	⋯	detachment	⋯	emphasize
②	enough	⋯	involvement	⋯	sacrifice
③	enough	⋯	involvement	⋯	emphasize
④	insufficient	⋯	detachment	⋯	emphasize
⑤	insufficient	⋯	involvement	⋯	sacrifice

다시보기 ▶ 다시 볼 문제 체크✓하고 틀린 이유 메모하기

8 (A), (B), (C)의 각 네모 안에서 문맥에 맞는 낱말로 가장 적절한 것은?

• 2018년 7월 교육청 난이도 중

According to Derek Bickerton, human ancestors and relatives such as the Neanderthals may have had a relatively large lexicon of words, each of which related to a mental concept such as 'meat', 'fire', 'hunt' and so forth. They were able to string such words together but could do so only in a nearly (A) arbitrary / consistent fashion. Bickerton recognizes that this could result in some ambiguity. For instance, would 'man killed bear' have meant that a man has killed a bear or that a bear has killed a man? Ray Jackendoff, a cognitive scientist, suggests that simple rules such as 'agent-first' (that is, the man killed the bear) might have (B) increased / reduced the potential ambiguity. Nevertheless, the number and complexity of potential utterances would have been severely limited. The transformation of such proto-language into language required the (C) destruction / evolution of grammar — rules that define the order in which a finite number of words can be strung together to create an infinite number of utterances, each with a specific meaning.

*lexicon: 어휘 목록 **proto-language: 원시 언어

	(A)		(B)		(C)
①	arbitrary	⋯	increased	⋯	destruction
②	arbitrary	⋯	reduced	⋯	evolution
③	arbitrary	⋯	reduced	⋯	destruction
④	consistent	⋯	reduced	⋯	evolution
⑤	consistent	⋯	increased	⋯	destruction

다시보기 ▶ 다시 볼 문제 체크✓하고 틀린 이유 메모하기

🕐 **종료 시각**　　시　　　분　　　초

1 아래 채점표에 내가 답한 것을 적은 다음 채점한다.(틀린 문제에만 '✓' 표시를 한다.)

문항번호	1	2	3	4	5	6	7	8
내가쓴답								
채점								

2 틀렸거나 찍어서 맞힌 문제는 다시 푼다.

3 2차채점을 할 때 다시 풀어서 맞힌 문항은 △, 또 틀린 문항은 ✗표시를 한다.

4 △와 ✗문항은 반드시 다시보고 틀린 이유를 알고 넘어간다.

☑ **채점 결과** DAY14　반드시 체크해서 복습 때 활용할 것

1차채점		2차채점	
총 문항수	8개	△ 문항수	개
틀린 문항수	개	✗ 문항수	개

STEP 1 기출 유형 한 눈에 보기

반의어 (3)

네모 안에 주어진 두 개의 반의어 중 적절한 것을 고르는 문제

네모 안에 주어진 서로 반의어 관계에 있는 단어 중, 내용상 적절한 어휘를 고르는 문제로 아래 제시된 기출어들은 반드시 기억하도록 한다.

uncomplicated ↔ intricate	복잡하지 않은 ↔ 복잡한	luxurious ↔ ordinary	사치스러운 ↔ 평범한
abolishment ↔ establishment	폐지 ↔ 제정	disastrous ↔ constructive	파멸적인 ↔ 건설적인
contract ↔ expand	수축하다 ↔ 팽창하다	inferior ↔ superior	열등한 ↔ 우수한
despise ↔ support	경멸하다 ↔ 지지하다	familiarity ↔ novelty	친숙함 ↔ 새로움
impoverished ↔ affluent	빈곤한 ↔ 부유한	generous ↔ hostile	관대한 ↔ 적대적인
altruism ↔ selfishness	이타주의 ↔ 이기주의	frequently ↔ rarely	흔히 ↔ 보기 드물게
expose ↔ conceal	드러내다 ↔ 감추다	distance ↔ friendliness	거리감 ↔ 친근감
conscious ↔ unintentional	의식적인 ↔ 비의도적인	preset ↔ self-selected	미리 정해진 ↔ 자신이 선택한
adopted ↔ abandoned	채택된 ↔ 버려진	false ↔ valid	거짓의 ↔ 타당한
relevant ↔ irrelevant	관련 있는 ↔ 관련 없는	limited ↔ variable	제한된 ↔ 다양한
release ↔ trap	풀어주다 ↔ 가두다	allow ↔ forbid	허락하다 ↔ 금지하다
wither ↔ prosper	시들다 ↔ 번성하다	attach ↔ detach	붙이다 ↔ 분리하다
fluctuate ↔ stabilize	요동치다 ↔ 안정되다	automatically ↔ intentionally	무의식적으로 ↔ 의도적으로
acknowledging ↔ disregarding	인식하는 ↔ 무시하는	permanence ↔ variation	영속성 ↔ 변이
diminish ↔ reinforce	약화시키다 ↔ 강화하다	erroneous ↔ precise	잘못된 ↔ 정확한

2005년 4월 교육청 01
And for the lawyer, / he would contain / obtain the apartment / without paying a large amount of money / at one time. //

2007년 4월 교육청 02
Lacking / Leaking the desire / to decorate my landlord's place, / I left my apartment a mess. //

2007년 10월 교육청 03
It is good / to lean over a gate / and look at the open field / and to construct / contemplate the beautiful bough structures of oaks and beeches. //

2008년 7월 교육청 04
They do "good works" / that are compatible / competitive with the religious and social values of individuals / who want to help others / and become involved in improving their communities. //

2008년 10월 교육청 05
In some cases, / you'll be asked to justify / identify the person / that you saw among a number of people / from behind a one-way mirror, / or you may be shown / a number of images on a computer. //

2010년 4월 교육청 06
These carriers move / with heat and rainfall. // "We could predict conditions / that would result in the appearance / disappearance of cholera, malaria, and even avian flu," / says an expert. //

2011년 3월 교육청 07
Physiologically, / their blood vessels are more liable to contract / expand / and their blood pressure rises. //

2011년 7월 교육청 08
As the upper class became more impoverished / affluent , / prices went up / and the lower class found it difficult / to buy even the necessities. //

2012년 3월 교육청 09
Even an electronic car key can cause / fight crime. // After a thief broke into a car, / the owner, alerted to the break-in by a neighbor, / grabbed her car keys / and hurried outside. //

2012년 7월 교육청 10
Financial markets have become more variable / since exchange rates were freed in 1973. // As a result, / interest rates and exchange rates / now fluctuate / stabilize more rapidly / than at any time. //

2012년 10월 교육청 11
Suppose / someone gives you $100, / and you buy a set of tires for your car. // This is / what maximizes your originality / utility . //

2013년 10월 교육청 12
When two monkeys are trapped together / in a small cage, / they try everything they can / to prevent / start a fight. // Moving with caution / and suppressing any behaviors / that could trigger aggression / are good short-term solutions to the problem. //

01 변호사 입장에서는 / 그는 아파트를 얻을 수 있었다 / 많은 돈을 지불하지 않고도 / 한 번에 //

02 열망이 부족하여 / 내가 임대한 집을 장식하려고 하는 / 나는 아파트를 엉망으로 방치했다 //

03 기분이 좋아진다 / 문에 기대어 / 넓은 벌판을 바라보며 / 떡갈나무와 너도밤나무의 아름다운 가지를 가만히 쳐다보면 //

04 그들은 "좋은 일"을 한다 / 개인들의 종교적, 사회적인 가치들과 양립되는 / 다른 사람들을 돕기 원하고 / 그들의 지역사회를 향상시키는 일에 참여하고자 하는 //

05 어떤 경우에는 / 당신은 사람을 식별하도록 요청을 받을 것이다 / 많은 사람들 중에 당신이 본 / 편 방향 투시 거울 뒤에서 / 또는 당신에게 보일지도 모른다 / 컴퓨터상의 많은 이미지들이 //

06 이러한 매개체는 이동한다 / 열이나 강우와 함께 // "우리는 조건을 예측할 수 있었다 / 콜레라, 말라리아, 심지어 조류 독감의 출현을 초래하는" / 한 전문가가 말한다 //

07 생리학적으로 / 그들의 혈관은 좀 더 수축하는 경향이 있다 / 그리고 그들의 혈압은 상승한다 //

08 상류층들이 더 부유해지면서 / 물가가 올랐다 / 그리고 하위계층은 어렵다는 것을 알게 됐다 / 생필품조차 구입하는 것조차 //

09 자동차의 전자키로도 범죄와 싸울 수 있다 // 도둑이 차에 침입한 후 / 이웃 주민에 의해 침입을 경고 받은 주인이 / 그녀의 차 키를 집었다 / 그리고 밖으로 서둘러 갔다 //

10 금융 시장은 점점 변동이 심해져 왔다 / 1973년에 환율이 자유로워진 이후로 // 결과적으로 / 이자율과 환율은 / 이제 더 급속하게 요동친다 / 그 어느 때보다도 //

11 가정하라 / 누군가 당신에게 100달러를 준다 / 그리고 당신은 당신의 차를 위해 타이어 세트를 산다고 // 이것이 ~이다 / 당신의 효용성을 극대화하는 것 //

12 원숭이 두 마리가 함께 갇혀 있을 때 / 작은 우리 안에 / 그들은 그들이 할 수 있는 모든 것을 시도한다 / 싸움을 막기 위해 // 조심스럽게 움직이고 / 그 어떤 행동도 억누르는 것은 / 공격을 유발할 수 있는 / 그 문제에 대한 좋은 단기 해결책이다 //

contain	v. 포함하다
obtain	v. 얻다
landlord	n. 주인, 임대주
lean over	~에 기대다
contemplate	v. 응시하다, 고려[생각]하다
bough	n. 가지
beech	n. 너도밤나무
compatible	a. 양립할 수 있는
competitive	a. 경쟁적인
religious	a. 종교적인
justify	v. 정당화하다
identify	v. 확인하다
one-way mirror	(한쪽 방향에서만 투명하게 보이는) 편 방향 투시 거울
carrier	n. 매개체
predict	v. 예측하다
avian flu	조류 독감
expert	n. 전문가
physiologically	ad. 생리학적으로
blood vessel	혈관
be liable to	~하기 쉽다
upper class	상류층
impoverished	a. 빈곤한
affluent	a. 부유한
necessity	n. 생필품
break into	침입하다
alert	v. 알리다
financial market	금융 시장
fluctuate	v. 변동을 거듭하다
stabilize	v. 안정되다
originality	n. 독창성
utility	n. 효용성
caution	n. 조심
suppress	v. 억제하다
trigger	v. 유발하다
aggression	n. 공격

1 (A), (B), (C)의 각 네모 안에서 문맥에 맞는 낱말로 가장 적절한 것은?
• 2018학년도 9월 평가원 난이도 상

Why does the "pure" acting of the movies not seem unnatural to the audience, who, after all, are accustomed in real life to people whose expression is more or less indistinct? Most people's perception in these matters is not very sharp. They are not in the habit of observing closely the play of features of their fellow men — either in real life or at the movies. They are (A) disappointed / satisfied with grasping the meaning of what they see. Thus, they often take in the overemphasized expression of film actors more easily than any that is too naturalistic. And as far as lovers of art are concerned, they do not look at the movies for imitations of nature but for art. They know that (B) artistic / real representation is always explaining, refining, and making clear the object depicted. Things that in real life are imperfectly realized, merely hinted at, and entangled with other things appear in a work of art complete, entire, and (C) free / inseparable from irrelevant matters. This is also true of actng in film.

*entangle: 얽히게 하다

	(A)		(B)		(C)
①	disappointed	…	artistic	…	free
②	disappointed	…	real	…	free
③	satisfied	…	artistic	…	inseparable
④	satisfied	…	real	…	inseparable
⑤	satisfied	…	artistic	…	free

다시보기　▶ 다시 볼 문제 체크✓하고 틀린 이유 메모하기

2 (A), (B), (C)의 각 네모 안에서 문맥에 맞는 낱말로 가장 적절한 것은?
• 2012학년도 수능 난이도 중하

Even those of us who claim not to be materialistic can't help but form attachments to certain clothes. Like fragments from old songs, clothes can (A) evoke / erase both cherished and painful memories. A worn-thin dress may hang in the back of a closet even though it hasn't been worn in years because the faint scent of pine that lingers on it is all that remains of someone's sixteenth summer. A(n) (B) impractical / brand-new white scarf might be pulled out of a donation bag at the last minute because of the promise of elegance it once held for its owner. And a ripped T-shirt might be (C) rescued / forgotten from the dust rag bin long after the name of the rock band once written across it has faded. Clothes document personal history for us the same way that fossils chart time for archaeologists.

	(A)		(B)		(C)
①	evoke	…	impractical	…	rescued
②	evoke	…	impractical	…	forgotten
③	evoke	…	brand-new	…	forgotten
④	erase	…	impractical	…	rescued
⑤	erase	…	brand-new	…	forgotten

다시보기　▶ 다시 볼 문제 체크✓하고 틀린 이유 메모하기

3 (A), (B), (C)의 각 네모 안에서 문맥에 맞는 낱말로 가장 적절한 것은?
• 2013학년도 수능 난이도 중상

Anxiety has a damaging effect on mental performance of all kinds. It is in one sense a useful response gone awry — an overly zealous mental preparation for an anticipated threat. But such mental rehearsal is (A) disastrous / constructive cognitive static when it becomes trapped in a stale routine that captures attention, intruding on all other attempts to focus elsewhere. Anxiety undermines the intellect. In a complex, intellectually demanding and high-pressure task such as that of air traffic controllers, for example, having chronically high anxiety is an almost sure predictor that a person will eventually fail in training or in the field. The anxious are more likely to fail even given (B) inferior / superior scores on intelligence tests, as a study of 1,790 students in training for air traffic control posts discovered. Anxiety also sabotages academic performance of all kinds: 126 different studies of more than 36,000 people found that the more (C) prone / resistant to anxieties a person is, the poorer his or her academic performance is.

*go awry: 빗나가다

	(A)		(B)		(C)
①	disastrous	…	inferior	…	prone
②	disastrous	…	superior	…	prone
③	disastrous	…	superior	…	resistant
④	constructive	…	inferior	…	resistant
⑤	constructive	…	superior	…	resistant

다시보기　▶ 다시 볼 문제 체크✓하고 틀린 이유 메모하기

4

(A), (B), (C)의 각 네모 안에서 문맥에 맞는 낱말로 가장 적절한 것은?

• 2014학년도 수능 난이도 중하

As we all know, it is not always easy to get work done at the office. There is (A) frequently / rarely quiet time during regular business hours to sit and concentrate. Office workers are regularly interrupted by ringing phones, impromptu meetings, and chattering coworkers. This can be as frustrating for an employee as it is for the employer who is paying for this nonproductive work time. Working at home can free you from these (B) attractions / distractions, giving you long blocks of time to focus on your work. Although your home may present its own problems, too, there are ways to deal with them. Your productivity will certainly (C) decrease / increase, as will the quality of your work product. At the same time, you will get to enjoy the personal satisfaction of focusing on your work and getting it done.

*impromptu: 즉석의

	(A)		(B)		(C)
①	frequently	…	distractions	…	increase
②	frequently	…	attractions	…	decrease
③	rarely	…	distractions	…	increase
④	rarely	…	attractions	…	decrease
⑤	rarely	…	distractions	…	decrease

다시보기 ▶ 다시 볼 문제 체크✓하고 틀린 이유 메모하기

6

(A), (B), (C)의 각 네모 안에서 문맥에 맞는 낱말로 가장 적절한 것은?

• 2016년 7월 교육청 난이도 상

The theory of E-prime argues that if you wrote and spoke English without the verb *to be*, you'd describe events more accurately. For example, when you say, "Johnny is a failure," the verb *is* implies that "failure" is in Johnny rather than in your observation of Johnny. The verb *to be* (in forms such as *is*, *are*, and *am*) also implies (A) permanence / variation ; the implication is that because failure is in Johnny, it will always be there; Johnny will always be a failure. A more (B) erroneous / precise statement might be "Johnny failed his last two math exams." Consider this theory as applied to your thinking about yourself. When you say, for example, "I'm not good at public speaking" or "I'm unpopular" or "I'm lazy," you imply that these qualities are in you. But these are simply (C) evaluations / solutions that may be incorrect or, if at least partly accurate, may change over time.

	(A)		(B)		(C)
①	permanence	…	erroneous	…	evaluations
②	permanence	…	precise	…	evaluations
③	permanence	…	precise	…	solutions
④	variation	…	erroneous	…	solutions
⑤	variation	…	precise	…	solutions

다시보기 ▶ 다시 볼 문제 체크✓하고 틀린 이유 메모하기

5

(A), (B), (C)의 각 네모 안에서 문맥에 맞는 낱말로 가장 적절한 것은?

• 2014년 3월 교육청 난이도 중하

When discussing the animal kingdom, each creature belongs to a species scale of generalists to specialists. Specialist creatures like the koala bear can only survive on an extremely (A) limited / variable set of conditions: diet (eucalyptus), climate (warm), environment (trees). Generalists, on the other hand (think mice), are able to survive just about anywhere. They can (B) dread / withstand heat and cold, eat your organic breakfast cereal or seeds and berries in the wild. So, specialist species thrive only when conditions are perfect. They serve a very specific purpose within their particular ecosystem and are good at navigating it. However, should those conditions change — as a result of nature or, more commonly, an outside force — specialist species often become (C) extinct / widespread. In contrast, mice can move from spot to spot on the globe, adapt to different cultures, diets and weather systems. And most importantly, they stay alive.

	(A)		(B)		(C)
①	limited	…	dread	…	extinct
②	limited	…	withstand	…	widespread
③	limited	…	withstand	…	extinct
④	variable	…	withstand	…	widespread
⑤	variable	…	dread	…	widespread

다시보기 ▶ 다시 볼 문제 체크✓하고 틀린 이유 메모하기

7

(A), (B), (C)의 각 네모 안에서 문맥에 맞는 낱말로 가장 적절한 것은?

• 2017년 3월 교육청 난이도 하

Until the twentieth century, when composers began experimenting freely with form and design, classical music continued to follow basic rules relating to structure, not to mention harmony. There still was room for (A) conformity / individuality —the great composers didn't follow the rules, but made the rules follow them—yet there was always a fundamental proportion and logic behind the design. Even after many of the rules were (B) maintained / overturned by radical concepts in more recent times, composers, more often than not, still organized their thoughts in ways that produced an overall, unifying structure. That's one reason the atonal, incredibly complex works by Arnold or Karlheinz Stockhausen, to name two twentieth century Modernists, are nonetheless (C) approachable / inaccessible. The sounds might be very strange, but the results are still decidedly classical in terms of organization.

*atonal: 무조의, 장조나 단조 등의 조를 따르지 않는

	(A)		(B)		(C)
①	conformity	…	maintained	…	approachable
②	individuality	…	overturned	…	approachable
③	individuality	…	maintained	…	approachable
④	individuality	…	maintained	…	inaccessible
⑤	conformity	…	overturned	…	inaccessible

다시보기 ▶ 다시 볼 문제 체크✓하고 틀린 이유 메모하기

8 (A), (B), (C)의 각 네모 안에서 문맥에 맞는 낱말로 가장 적절한 것은?
• 2019학년도 9월 평가원 난이도 상

For every toxic substance, process, or product in use today, there is a safer alternative — either already in existence, or waiting to be discovered through the application of human intellect, ingenuity, and effort. In almost every case, the safer alternative is (A) available / unavailable at a comparable cost. Industry may reject these facts and complain about the high cost of acting, but history sets the record straight. The chemical industry denied that there were practical alternatives to ozone-depleting chemicals, (B) predicting / preventing not only economic disaster but numerous deaths because food and vaccines would spoil without refrigeration. They were wrong. The motor vehicle industry initially denied that cars caused air pollution, then claimed that no technology existed to reduce pollution from vehicles, and later argued that installing devices to reduce air pollution would make cars extremely expensive. They were wrong every time. The pesticide industry argues that synthetic pesticides are absolutely (C) necessary / unnecessary to grow food. Thousands of organic farmers are proving them wrong.

*deplete: 고갈시키다 **synthetic pesticide: 합성 살충제

	(A)		(B)		(C)
①	available	…	predicting	…	necessary
②	available	…	preventing	…	necessary
③	available	…	predicting	…	unnecessary
④	unavailable	…	preventing	…	unnecessary
⑤	unavailable	…	predicting	…	necessary

다시보기 ▶ 다시 볼 문제 체크✓하고 틀린 이유 메모하기

9 (A), (B), (C)의 각 네모 안에서 문맥에 맞는 낱말로 가장 적절한 것은?
• 2019년 7월 교육청 난이도 중

One factor contributing to students' difficulty in making accurate judgments of their own knowledge is hindsight bias: the tendency to assume once something happens that one knew all along that it was going to happen. When students receive feedback suggesting that their knowledge is incomplete, such as getting an exam item (A) incorrect / right , they may respond by telling themselves that they actually did know the information. Although they do not have a strong grasp of the material, they feel as if they do because they recognize something about the item content. Looking back, once they know the answer, the solution seems obvious. This feeling of (B) familiarity / novelty can lead students to have an exaggerated sense of what they know. Hindsight bias therefore (C) diminishes / reinforces the feeling that their failure was due to the nature of the assessment rather than the nature of their knowledge — which makes it more difficult for them to learn from feedback.

	(A)		(B)		(C)
①	incorrect	……	familiarity	……	diminishes
②	incorrect	……	novelty	……	diminishes
③	incorrect	……	familiarity	……	reinforces
④	right	……	novelty	……	reinforces
⑤	right	……	familiarity	……	diminishes

다시보기 ▶ 다시 볼 문제 체크✓하고 틀린 이유 메모하기

⏱ **종료시각**   시   분   초

1 아래 채점표에 내가 답한 것을 적은 다음 채점한다. (틀린 문제에만 '/' 표시를 한다.)

문항번호	1	2	3	4	5	6	7	8	9
내가 쓴 답									
채점									

☑ **채점 결과** DAY 15 반드시 체크해서 복습 때 활용할 것

	1차채점		2차채점
총 문항수	9개	△ 문항수	개
틀린 문항수	개	✕ 문항수	개

2 틀렸거나 찍어서 맞힌 문제는 다시 푼다.
3 2차 채점을 할 때 다시 풀어서 맞힌 문항은 △, 또 틀린 문항은 ✕ 표시를 한다.
4 △와 ✕ 문항은 반드시 다시 보고 틀린 이유를 알고 넘어간다.

STEP **1** 기출 유형 한 눈에 보기

빈출도 상

기출 혼동어 (1)

네모 안에 주어진 두 개의 혼동어 중 적절한 것을 고르는 문제

문맥에 맞는 낱말 고르기로 출제되었던 기출어들을 반드시 확인해 본다.

detect : present	감지하다 : 제시하다	exceed : maximize	초과하다 : 극대화하다
attain : avoid	얻다 : 피하다	attract : exclude	끌다 : 배제하다
lack : support	없다, 부족하다 : 지지하다	limited : accustomed	제한된 : 적응된
emphasize : overwhelm	강조하다 : 압도하다	hazard : institution	위험 : 기관
surrender : resistance	항복 : 저항	originate : separate	유래하다 : 분리하다
adapt : expose	(~에) 적응시키다 : (~에) 노출시키다	prone : resistant	하기 쉬운 : 저항하는
prohibit : prescribe	금지하다 : 규정하다	dependence : restriction	의존 : 제한
broken : obeyed	깨진 : 준수된	authority : indifference	권위 : 무관심
contradiction : acknowledgement	모순 : 인정	concept : ingredient	개념 : 성분, 재료
reject : sign	거부하다 : 서명하다	disturb : maintain	방해하다 : 유지하다
abuse : absence	남용 : 부재	extinct : widespread	죽은 : 광범위한
evoke : erase	불러일으키다 : 지우다	dread : withstand	두려워하다 : 저항하다
merit : peril	장점 : 위험	support : manipulate	지지하다 : 조종하다
rescued : forgotten	구조된 : 잊은	comforted : unfulfilled	편안한 : 충족되지 않은
valid : biased	타당한 : 편견의	survival : self-esteem	생존 : 자존심

기출 혼동어 (2) / 반의어 (4)

네모 안에 주어진 두 개의 혼동어 중 적절한 것을 고르는 문제

문맥에 맞는 낱말 고르기로 출제되었던 기출어 및
반의어들을 반드시 확인해 보고 기억하도록 한다.

missed : unlimited	놓친 : 무한한
consistency : variation	일관성 : 차이
evaluation : solution	평가 : 해결책
concentrate : limit	집중하다 : 제한하다
blend : subdivide	섞다 : 세분하다
resistant : responsive	저항하는 : 반응하는
natural : risky	자연스러운 : 위험한
immune : vulnerable	면역성이 있는 : 연약한
predict : improve	예측하다 : 향상시키다
promote : eliminate	장려하다 : 제거하다
accept : discourage	받아들이다 : 낙담시키다
destructive : instructive	파괴적인 : 교훈적인
frustrate : satisfy	좌절하다 : 만족시키다
ignore : fulfill	무시하다 : 이행하다
fulfill : neglect	성취하다 : 소홀히 하다

based : lost	~을 기반으로 하는 : 이해할 수 없는
mostly : never	주로, 대체로 : 결코 ~않다
isolation : connectedness	고립 : 유대감
celebrate : neglect	축하하다 : 소홀히 하다
avoid : consider	피하다 : 고려하다
difficult : possible	어려운 : 가능한
lack : presence	부족 : 있음, 존재
include : ignore	포함하다 : 무시하다
production : reduction	생산 : 감소
ignore : discover	무시하다 : 발견하다
least : most	가장 적은 : 가장 많은
deflate : inflate	공기를 빼다 : 부풀리다
dependent on : independent of	~에 의존적인 : ~에 독립적인
disconnect : similarity	무관함 : 유사성
allow : forbid	허락하다 : 금지하다

품사 · 의미 혼동어 / 철자 혼동어 (4)

최근에는 출제 빈도가 많이 낮아졌지만, 혼동하기 쉬우므로 기억해 두는 것이 좋다.

네모 안에 주어진 두 개의 혼동어 중 적절한 것을 고르는 문제

suspect : witness	용의자 : 목격자
impatience : obsession	성급함 : 집착
beneficial : disastrous	유익한 : 형편없는
conscious : deprived	의식 있는 : 빼앗은
trigger : solve	촉발시키다 : 해결하다
share : dominate	공유하다 : 지배하다
high : highly	높은, 높이 : 매우
most : mostly	대부분 : 대개, 주로
hard : hardly	어려운 : 거의 ~아니다
rare : rarely	드문, 훌륭한 : 좀처럼 ~하지 않다
short : shortly	짧은 : 곧, 간단히
simple : simply	단순한 : 단순히, 그저
late : lately	늦은 : 최근에
near : nearly	~에서 가까이 : 거의
complex : complexity	복잡한 : 복잡성

economic : economics	경제의 : 경제학
objective : objection	목표, 목적 : 반대
major : majority	다수의 : 대다수
found : founded	발견하다(find의 과거, p.p.) : 설립하다(found의 과거, p.p.)
identity : identification	주체성 : 신원 확인, 동일시
considerable : considerate	상당한 : 사려 깊은
industrial : industrious	산업의 : 부지런한
sensible : sensory	분별 있는 : 감각의
life : living	생명, 수명 : 생계유지
overwhelm : overestimate	압도하다 : 과대평가하다
successive : successful	연속적인 : 성공한
imaginable : imaginary	상상할 수 있는 : 상상의
literary : literate	문학의 : 교양 있는
beneficial : beneficent	수익의 : 자선심이 많은
practicable : practical	실행할 수 있는 : 실질적인

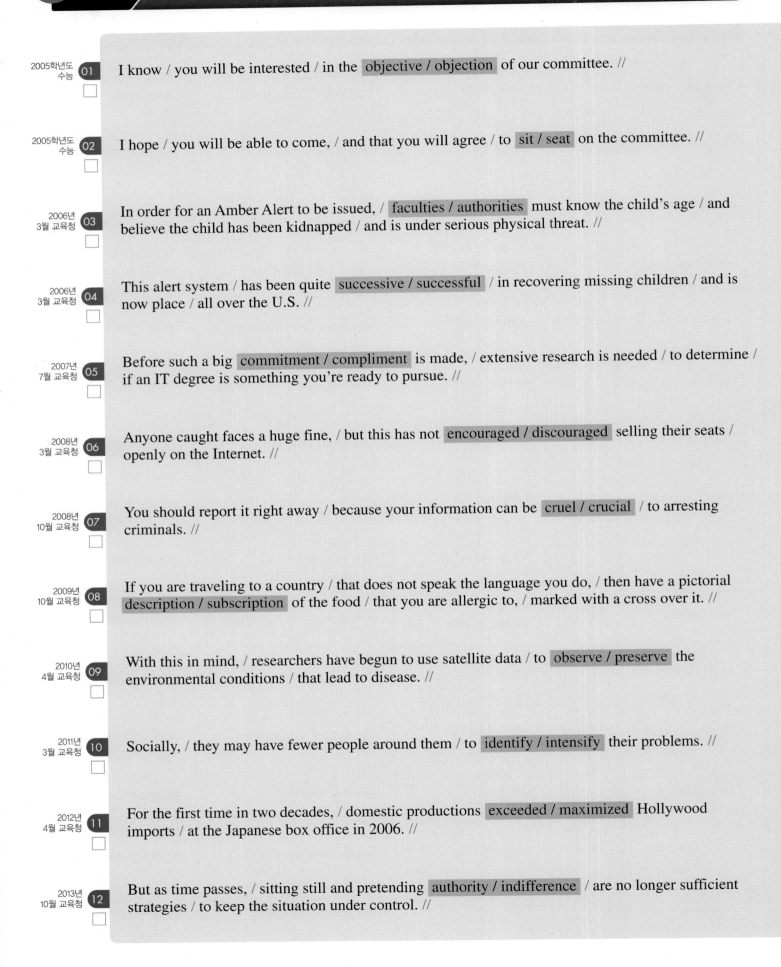

2005학년도 수능 **01** I know / you will be interested / in the objective / objection of our committee. //

2005학년도 수능 **02** I hope / you will be able to come, / and that you will agree / to sit / seat on the committee. //

2006년 3월 교육청 **03** In order for an Amber Alert to be issued, / faculties / authorities must know the child's age / and believe the child has been kidnapped / and is under serious physical threat. //

2006년 3월 교육청 **04** This alert system / has been quite successive / successful / in recovering missing children / and is now place / all over the U.S. //

2007년 7월 교육청 **05** Before such a big commitment / compliment is made, / extensive research is needed / to determine / if an IT degree is something you're ready to pursue. //

2008년 3월 교육청 **06** Anyone caught faces a huge fine, / but this has not encouraged / discouraged selling their seats / openly on the Internet. //

2008년 10월 교육청 **07** You should report it right away / because your information can be cruel / crucial / to arresting criminals. //

2009년 10월 교육청 **08** If you are traveling to a country / that does not speak the language you do, / then have a pictorial description / subscription of the food / that you are allergic to, / marked with a cross over it. //

2010년 4월 교육청 **09** With this in mind, / researchers have begun to use satellite data / to observe / preserve the environmental conditions / that lead to disease. //

2011년 3월 교육청 **10** Socially, / they may have fewer people around them / to identify / intensify their problems. //

2012년 4월 교육청 **11** For the first time in two decades, / domestic productions exceeded / maximized Hollywood imports / at the Japanese box office in 2006. //

2013년 10월 교육청 **12** But as time passes, / sitting still and pretending authority / indifference / are no longer sufficient strategies / to keep the situation under control. //

01 나는 알고 있다 / 당신이 관심 있을 거라는 것을 / 우리 위원회의 목적에 //

| objective | n. 목적 |
| objection | n. 반대, 이의 |

02 나는 기대한다 / 당신이 올 수 있기를 / 그래서 당신이 동의할 것을 / 위원회의 일원이 되는 데에 //

| committee | n. 위원회 |

03 앰버 경보가 발효되기 위해서는 / 당국은 아동의 나이를 알아야 한다 / 그리고 그 아동이 유괴되었다는 확신을 가져야 한다 / 그리고 심각한 신변상의 위험에 처했다는 //

Amber Alert	아동 납치나 실종 시 어린이 보호를 위한 시스템
faculty	n. 학부, 교수단
authorities	n. 당국
threat	n. 위협, 위험

04 이 경보 체계는 / 상당히 성공적이었다 / 미아를 찾는 데 / 그리고 이제 자리 잡고 있다 / 미국 전역에서 //

| successive | a. 연속적인 |
| recover | v. 되찾다, 찾아내다 |

05 그런 큰 약속이 이뤄지기 전에 / 광범위한 조사를 할 필요가 있다 / 결정하기 위해 / IT분야의 학위가 여러분이 취득해야 할 가치가 있는 것인지 //

commitment	n. 약속
compliment	n. 칭찬
pursue	v. 추구하다

06 잡히면 누구나 엄청난 벌금에 처해진다 / 하지만 이것은 입장권을 파는 행위를 막지는 못한다 / 인터넷에서 공개적으로 //

| fine | n. 벌금 |
| openly | ad. 공개적으로 |

07 당신은 즉시 그것을 신고해야 한다 / 당신의 정보는 결정적일 수 있기 때문이다 / 범인 검거에 //

| cruel | a. 잔인한 |
| crucial | a. 결정적인 |

08 당신이 어떤 나라로 여행을 간다면 / 당신이 사용하는 언어를 쓰지 않는 / 음식에 대한 그림 설명 자료를 소지해라 / 당신이 알레르기를 일으키는 / 그 위에 X자로 표시된 //

| pictorial | a. 그림으로 나타낸 |
| mark | v. 표시하다 |

09 이 점을 염두해 두고 / 연구가들은 인공위성 자료를 이용하기 시작했다 / 환경 조건을 관찰하기 위해 / 질병을 일으키는 //

| with ~ in mind | ~을 염두에 두고 |
| satellite | n. 인공위성 |

10 사회적으로 / 그들은 그들 주변에 더 적은 사람들이 있을 것이다 / 그들의 문제를 알아차릴 //

| identify | v. 알아차리다 |
| intensify | v. 강화하다 |

11 20년 만에 처음으로 / 국내 제작물이 할리우드 수입물을 넘어섰다 / 2006년에 일본 박스 오피스에서 //

| domestic | a. 국내의 |
| import | n. 수입품 |

12 하지만 시간이 지나감에 따라 / 가만히 앉아서 무관심을 가장하는 것은 / 더 이상 충분한 전략이 되지 못한다 / 상황을 통제하는 //

pretend	v. ~인 체하다
sufficient	a. 충분한
strategy	n. 전략

1 (A), (B), (C)의 각 네모 안에서 문맥에 맞는 낱말로 가장 적절한 것은?
• 고2 2020년 11월 교육청 난이도 **상**

On projects in the built environment, people consider safety and functionality nonnegotiable. But the aesthetics of a new project — how it is *designed* — is too often considered (A) relevant / irrelevant . The question of how its design *affects* human beings is rarely asked. People think that design makes something highfalutin, called architecture, and that architecture differs from building, just as surely as the Washington National Cathedral differs from the local community church. This (B) connection / distinction between architecture and building — or more generally, between design and utility — couldn't be more wrong. More and more we are learning that the design of all our built environments matters so profoundly that safety and functionality must not be our only urgent priorities. All kinds of design elements influence people's experiences, not only of the environment but also of themselves. They (C) overlook / shape our cognitions, emotions, and actions, and even our well-being. They actually help constitute our very sense of identity.

*highfalutin: 허세를 부리는

	(A)		(B)		(C)
①	relevant	…	distinction	…	shape
②	relevant	…	connection	…	overlook
③	irrelevant	…	distinction	…	overlook
④	irrelevant	…	connection	…	overlook
⑤	irrelevant	…	distinction	…	shape

다시보기 ▶ 다시 볼 문제 체크✓하고 틀린 이유 메모하기

2 (A), (B), (C)의 각 네모 안에서 문맥에 맞는 낱말로 가장 적절한 것은?
• 2013학년도 6월 평가원 난이도 **상**

The growing season in the Arctic region is short as well as cool, and plants must make the most of what warmth there is. One (A) addiction / adaptation by many arctic plants to the short growing season is wintergreen, or semi-evergreen, leaves. They are leaves that develop late in the summer and survive through winter without drying up and dying. They remain green and can start photosynthesis as soon as the weather is warm enough in spring, before there has been time for the new season's leaves to expand and start functioning. They finally (B) wither / prosper after the new leaves have taken over. There are many common arctic plants with wintergreen leaves. Among them are arctic poppy, thrift, alpine saxifrage, and several kinds of chickweeds and starworts. Wintergreen leaves are not (C) limited / accustomed to the Arctic; many plants of the northern forests have them, too.

	(A)		(B)		(C)
①	addiction	…	wither	…	accustomed
②	addiction	…	prosper	…	limited
③	adaptation	…	wither	…	limited
④	adaptation	…	prosper	…	limited
⑤	adaptation	…	prosper	…	accustomed

다시보기 ▶ 다시 볼 문제 체크✓하고 틀린 이유 메모하기

3 (A), (B), (C)의 각 네모 안에서 문맥에 맞는 낱말로 가장 적절한 것은?
• 2014년 10월 교육청 난이도 **중하**

In "The Frog Prince" story, a princess loses her favorite ball in a pond. However, a frog appears and promises to retrieve her ball if she lets him eat at her table, drink from her cup, and sleep in her bed. (A) Desperate / Unwilling to have her ball back, the princess agrees, but when the frog appears at her door the next day she is disgusted by the prospect of being truthful and fulfilling her promise. But her father, the king, gives her no choice and she is (B) compelled / forbidden to carry out her promise. When the promise has been fulfilled the frog disappears, its place being taken by a handsome prince with whom she falls in love. Grateful that she has been truthful and kept her promise, even if it was at her father's (C) indifference / insistence , the prince marries the princess and they live happily ever after.

	(A)		(B)		(C)
①	Desperate	…	compelled	…	indifference
②	Desperate	…	compelled	…	insistence
③	Desperate	…	forbidden	…	indifference
④	Unwilling	…	compelled	…	indifference
⑤	Unwilling	…	forbidden	…	insistence

다시보기 ▶ 다시 볼 문제 체크✓하고 틀린 이유 메모하기

4 (A), (B), (C)의 각 네모 안에서 문맥에 맞는 낱말로 가장 적절한 것은? · 2015년 3월 교육청 난이도 상

It is often believed that an active person can make friends more easily than a shy person, and that a conscientious person may meet more deadlines than a person who is not conscientious. Walter Mischel found, however, that the typical correlation between personality traits and behavior was quite (A) apparent / modest . This news was really shocking, because it essentially said that the traits personality psychologists were measuring were just slightly better at predicting behavior than astrological signs. Mischel did not simply point out the problem; he diagnosed the reasons for it. He argued that personality psychologists had (B) overestimated / underestimated the extent to which the social situation shapes people's behavior, independently of their personality. To predict whether a person will meet a deadline, for example, knowing something about the situation may be more useful than knowing the person's score on a measure of conscientiousness. Situational influences can be very powerful, sometimes (C) emphasizing / overwhelming individual differences in personality.

*conscientious: 성실한 **astrological sign: 점성술의 별자리

	(A)		(B)		(C)
①	apparent	…	overestimated	…	emphasizing
②	apparent	…	underestimated	…	emphasizing
③	modest	…	overestimated	…	emphasizing
④	modest	…	overestimated	…	overwhelming
⑤	modest	…	underestimated	…	overwhelming

다시보기 ▶ 다시 볼 문제 체크✓하고 틀린 이유 메모하기

5 (A), (B), (C)의 각 네모 안에서 문맥에 맞는 낱말로 가장 적절한 것은? · 2015년 10월 교육청 난이도 중하

Until the mid-20th century, only a few immigrants paid a visit to their homeland once or twice before they died, but most never returned to the land of their birth. This pattern has completely changed with the advent of globalization, coupled with the digital revolution that has (A) enhanced / hindered communication. As a result, immigration is a very different experience from what it was in the past. The ability of immigrant families to (B) object / reconnect to their old culture via phone, television, and the Internet has changed their approach to integration into mainstream American society. This has also greatly influenced immigrant practices of socialization with children. Contacts with the country of origin are now more frequent, and result in more immigrant families being influenced to (C) abandon / maintain cultural patterns from the homeland, and to attempt to influence their children to keep them.

	(A)		(B)		(C)
①	enhanced	…	object	…	abandon
②	hindered	…	object	…	abandon
③	enhanced	…	reconnect	…	maintain
④	hindered	…	reconnect	…	maintain
⑤	enhanced	…	reconnect	…	abandon

다시보기 ▶ 다시 볼 문제 체크✓하고 틀린 이유 메모하기

6 (A), (B), (C)의 각 네모 안에서 문맥에 맞는 낱말로 가장 적절한 것은? · 2017학년도 9월 평가원 난이도 상

You can't have a democracy if you can't talk with your neighbors about matters of mutual interest or concern. Thomas Jefferson, who had an enduring interest in democracy, came to a similar conclusion. He was prescient in understanding the dangers of (A) concentrated / limited power, whether in corporations or in political leaders or exclusionary political institutions. Direct involvement of citizens was what had made the American Revolution possible and given the new republic vitality and hope for the future. Without that involvement, the republic would die. Eventually, he saw a need for the nation to be (B) blended / subdivided into "wards" — political units so small that everyone living there could participate directly in the political process. The representatives for each ward in the capital would have to be (C) resistant / responsive to citizens organized in this way. A vibrant democracy conducted locally would then provide the active basic unit for the democratic life of the republic. With that kind of involvement, the republic might survive and prosper.

*prescient: 선견지명이 있는 **vibrant: 활력이 넘치는

	(A)		(B)		(C)
①	concentrated	…	blended	…	resistant
②	concentrated	…	subdivided	…	responsive
③	concentrated	…	subdivided	…	resistant
④	limited	…	subdivided	…	resistant
⑤	limited	…	blended	…	responsive

다시보기 ▶ 다시 볼 문제 체크✓하고 틀린 이유 메모하기

When teachers work in isolation, they tend to see the world through one set of eyes — their own. The fact that there might be someone somewhere *in the same building or district* who may be more successful at teaching this or that subject or lesson is (A) based / lost on teachers who close the door and work their way through the school calendar virtually alone. In the absence of a process that (B) allows / forbid them to benchmark those who do things better or at least differently, teachers are left with that one perspective — their own. I taught various subjects under the social studies umbrella and had very little idea of how my peers who taught the same subject did what they did. The idea of meeting regularly to compare notes, plan common assessments, and share what we did well (C) mostly / never occurred to us. Rather, we spent much time in the social studies office complaining about a lack of time and playing the blame game.

	(A)		(B)		(C)
①	based	···	allows	···	never
②	based	···	forbids	···	mostly
③	lost	···	allows	···	mostly
④	lost	···	allows	···	never
⑤	lost	···	forbids	···	never

다시보기 ▶ 다시 볼 문제 체크✓하고 틀린 이유 메모하기

You can use a third party to compliment a person you want to befriend and still get the "credit" for making the target of your compliment feel good about themselves and, by extension, feel good about you. When you (A) directly / indirectly compliment other people, particularly anybody who suspects you might want something from them, they tend to discount your efforts because they suspect you are intentionally trying to influence them through flattery. A third-party compliment (B) eliminates / encourages this skepticism. To construct a third-party compliment you will need to find a mutual friend or acquaintance who knows both you and your person of interest. Further, you should be relatively certain that the third-party individual you choose will be likely to pass along your compliment to the person for whom it was intended. If this (C) clarification / transmission of information is successful, the next time you meet your person of interest, he or she will see you from a positive perspective.

	(A)		(B)		(C)
①	directly	···	eliminates	···	clarification
②	directly	···	encourages	···	clarification
③	directly	···	eliminates	···	transmission
④	indirectly	···	encourages	···	transmission
⑤	indirectly	···	eliminates	···	clarification

다시보기 ▶ 다시 볼 문제 체크✓하고 틀린 이유 메모하기

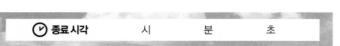

⏱ 종료시각	시	분	초

1 아래 채점표에 내가 답한 것을 적은 다음 채점한다. (틀린 문제에만 '✓' 표시를 한다.)

문항번호	1	2	3	4	5	6	7	8
내가 쓴 답								
채점								

2 틀렸거나 찍어서 맞힌 문제는 다시 푼다.

3 2차 채점을 할 때 다시 풀어서 맞힌 문항은 △, 또 틀린 문항은 ✗ 표시를 한다.

4 △와 ✗ 문항은 반드시 다시 보고 틀린 이유를 알고 넘어간다.

☑ **채점 결과** DAY16 반드시 체크해서 복습 때 활용할 것

1차채점		2차채점	
총 문항수	8개	△ 문항수	개
틀린 문항수	개	✗ 문항수	개

DAY	1 공부한 날	2 초과 시간	총 문항수	3 틀린 문항수	4 △문항수	5 X문항수
13	월 일	분 초	7 개	개	개	개
14	월 일	분 초	8 개	개	개	개
15	월 일	분 초	9 개	개	개	개
16	월 일	분 초	8 개	개	개	개

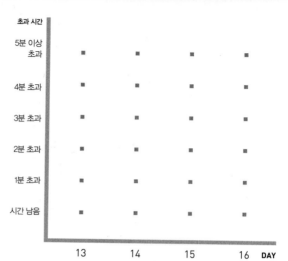

▲매일 체크한 시간을 동그라미 표시하여 시간 변화를 한눈에 보자.

4일간 공부한 내용을 다시 보니, ……

1 매일 정해진 개수를 시간에 맞춰 풀었다. vs. 내가 한 약속을 못 지켰다.

▶ 시간 부족 문제를 극복하기 위해서는 매일 실전 훈련이 필수적이다.

2 시간이 단축되고 있음을 느낀다. vs. 문제 푸는 시간이 줄지 않는다.

▶ 시간이 들쑥날쑥 하는 원인 중의 하나는 난이도일 수도 있다.

3 △문항이 X문항보다 많다면, △문항수를 줄이는 것이 영어 영역(어휘) 고득점의 지름길!

▶ △문항을 줄이는 방법은 처음 틀렸을 때 왜 그 답지를 골랐는지를 생각하는 것이다.
다시 봤을 때 아무리 쉬워도, 틀린 문제는 또 틀릴 수 있다는 것을 명심하자.

4 X문항수가 줄지 않는다면? 아래 중 어떤 상황인지 점검해 보자.

▶ 단어를 몰라서 틀린다: 〈STEP 1 기출 유형 한 눈에 보기〉에 수록된 어휘를 철저히 암기하자.

▶ 단어나 문장의 문맥적 의미를 잘 모르겠다: 〈STEP 2 기출문제로 유형 연습하기〉를 반복해서 풀어보며,
문장 속에서 단어의 의미를 적용하는 연습을 집중적으로 해보자.

▶ 글을 전체적으로 해석하기 어렵다: 전반적인 해석 내공이 아직 부족한 것인지, 아니면 특정 소재의 지문(과학,
경제, 철학 등)에 취약한지 자가 진단해보자. 특히 해석 내공의 문제라면 정답 여부와 상관없이 모든 지문의
〈해석〉을 읽어보는 공부법이 도움이 될 수 있다. 어떤 문장에서 자주 실수가 나는지 확인할 수 있기 때문이다.

결론 | ## 결론적으로,

내가 **취약한 부분**은 [   ]이다.

취약점을 보완하기 위해서 나는 [   ]을/를 해야겠다.

3주 후 다시 봐야 할 문항과, 꼭 다시 외워야 할 어휘 유형이 있는 페이지는 지금 바로 접어 두었다.
어휘는 반드시 전후 문맥을 고려하여 어휘가 포함된 전체 속에서 해당 어휘를 외우겠다.

DAY
17~18

문맥상 낱말의 쓰임이 적절하지 않은 것 고르기(1~2)

STEP **1·2** 기출 *유형* 한 눈에 보기

빈출도 상

문맥 기출 반의어

밑줄 친 낱말 중 쓰임이 적절하지 않은 것을 고르는 문제

기존 수능, 모평, 학평에서 출제되었던 문맥 기출 반의어를 지문에서 확인하여 유형에 익숙해지도록 한다.

cause ↔ effect	원인↔결과	exhale ↔ inhale	내쉬다↔들이쉬다
supply ↔ demand	공급↔수요	lower ↔ increase	낮추다↔증가하다
accept ↔ reject	수락하다↔거절하다	constant ↔ occasional	지속적인↔가끔의
connect ↔ separate	연결하다↔분리하다	flourish ↔ fail	번창하다↔실패하다
cease ↔ continue	멈추다↔계속하다	crude ↔ processed	정제되지 않은↔가공된
neglect ↔ enhance	방치하다↔강화하다	drawback ↔ advantage	약점↔강점
abundant, sufficient ↔ scarce, deficient	풍부한↔부족한	conventional ↔ unconventional	전통적인 ↔전통에 사로잡히지 않는
defect ↔ benefit	단점↔장점, 이점	wealthy ↔ poor	부유한↔가난한
follow ↔ drive	따르다↔이끌다	worried ↔ unworried	걱정스런↔걱정이 없는
curable ↔ incurable	치료 가능한↔치료 불가능한	worth ↔ unworthiness	가치↔하찮음
slower ↔ faster	더 느린↔더 빠른	follow ↔ resist	받아들이다↔반대하다
advantageous ↔ disadvantageous	유리한↔불리한	separate ↔ unite	분리하다↔결합하다
insufficient ↔ sufficient, abundant, adequate	불충분한↔충분한	domestic ↔ foreign	국내의↔외국의
reduce ↔ increase	감소하다↔증가하다	appropriate ↔ inappropriate	적절한↔부적절한
variable ↔ invariable	다양한↔다양하지 않은	voluntary ↔ compulsory	자발적인↔강제적인

문맥 기출어 (1)

밑줄 친 낱말 중 쓰임이 적절하지 않은 것을 고르는 문제

기존 수능/모평/학평에서 출제되었던 문맥에 맞지 않는 낱말은, 우선 어휘와 독해가 기본이 되어야 하며 전체적인 문맥, 앞뒤 문맥까지도 추론할 수 있어야 한다. 기존에 출제되었던 기출어들을 훑어보고 기출 문항에서 어떤 문맥으로 나왔는지 알아야 한다.

unlock	v. 드러내다	indication	n. 지표, 암시
disorder	n. 어수선함, 무질서	predator	n. 포식자
irresistible	a. 저항할 수 없는	depict	v. 묘사하다
concede	v. 인정하다	mimic	v. 흉내 내다
awake	v. 깨다, (감정을) 불러일으키다	confident	a. 자신 있는
sleeplessness	n. 불면	obsessive	a. 강박적인
repeatedly	ad. 반복적으로	surpass	v. 능가하다
criticize	v. 비난하다	underwater	a. 물속의
unselfish	a. 이기적이지 않은	recognition	n. 인정, 승인
noticeable	a. 뚜렷한	eliminate	v. 제거하다
preserve	v. 보존하다	modify	v. 수정하다
delight	n. 즐거움	option	n. 선택
lament	v. 한탄하다	beneficial	a. 이로운
wrap	v. 싸다, 포장하다	indispensable	a. 필수적인
interactively	ad. 쌍방향으로	conventional	a. 관습적인

1 다음 글의 밑줄 친 부분 중, 문맥상 낱말의 쓰임이 적절하지 <u>않은</u> 것은?
• 2021학년도 6월 평가원 난이도 중

In many mountain regions, rights of access to water are associated with the possession of land — until recently in the Andes, for example, land and water rights were ①combined so water rights were transferred with the land. However, through state land reforms and the development of additional sources of supply, water rights have become separated from land, and may be sold at auction. This therefore ②favours those who can pay, rather than ensuring access to all in the community. The situation arises, therefore, where individuals may hold land with no water. In Peru, the government grants water to communities separately from land, and it is up to the community to allocate it. Likewise in Yemen, the traditional allocation was one measure (tasah) of water to one hundred 'libnah' of land. This applied only to traditional irrigation supplies — from runoff, wells, etc., where a supply was ③guaranteed. Water derived from the capture of flash floods is not subject to Islamic law as this constitutes an uncertain source, and is therefore free for those able to collect and use it. However, this traditional allocation per unit of land has been bypassed, partly by the development of new supplies, but also by the ④decrease in cultivation of a crop of substantial economic importance. This crop is harvested throughout the year and thus requires more than its fair share of water. The economic status of the crop ⑤ensures that water rights can be bought or bribed away from subsistence crops.

*irrigation: 관개(灌漑) **bribe: 매수하다

***subsistence crop: 생계용 작물

다시보기 ▶ 다시 볼 문제 체크✓하고 틀린 이유 메모하기

2 다음 글의 밑줄 친 부분 중, 문맥상 낱말의 쓰임이 적절하지 <u>않은</u> 것은?
• 2014학년도 수능 난이도 중상

When people started to plant stored seed stock deliberately, they also began protecting their plants. This changed the evolutionary ①pressure that these food plants experienced, as they no longer had to survive in a natural environment. Instead, people created a new environment for them, and selected for other characteristics than nature previously had. Seeds recovered at archaeological sites clearly show that farmers selected for larger seeds and ②thinner seed coats. Thick seed coats are often ③essential for seeds to survive in a natural environment because the seeds of many wild plants remain dormant for months until winter is over and rain sets in. But under human management thick seed coats are unnecessary, as farmers ④evade responsibility for storing seeds away from moisture and predators. In fact, seeds with thinner coats were ⑤preferred as they are easier to eat or process into flour, and they allow seedlings to sprout more quickly when sown.

다시보기 ▶ 다시 볼 문제 체크✓하고 틀린 이유 메모하기

3 다음 글의 밑줄 친 부분 중 문맥상 낱말의 쓰임이 적절하지 <u>않은</u> 것은?
• 2014년 7월 교육청 난이도 중

Whether an animal can feel anything resembling the loneliness humans feel is hard to say. However, highly social animals, such as certain types of parrot, seem to be ①adversely affected when kept alone. Some parrots will engage in bizarre behaviors and can severely harm themselves. Some large parrots will even seem to go insane if subjected to long periods of ②isolation. On the other hand, certain animals that are by nature ③solitary hardly appear to be affected at all. Some fish, in particular some types of cichlids, will even ④fight viciously with their own kind if more than one is kept in an aquarium. Guam rails, a kind of flightless bird, are ⑤tolerant of their own kind, which has obviously made breeding them in captivity very difficult.

다시보기 ▶ 다시 볼 문제 체크✓하고 틀린 이유 메모하기

4
다음 글의 밑줄 친 부분 중, 문맥상 낱말의 쓰임이 적절하지 <u>않은</u> 것은?
· 2015학년도 9월 평가원 <u>난이도 중하</u>

A special feature of the real estate rental market is its tendency to undergo a severe and prolonged contraction phase, more so than with manufactured products. When the supply of a manufactured product ① exceeds the demand, the manufacturer cuts back on output, and the merchant reduces inventory to balance supply and demand. However, ② property owners cannot reduce the amount of space available for rent in their buildings. Space that was constructed to accommodate business and consumer needs at the peak of the cycle ③ remains, so vacancy rates climb and the downward trend becomes more severe. Rental rates generally do not drop below a certain point, the ④ maximum that must be charged in order to cover operating expenses. Some owners will take space off the market rather than lose money on it. A few, unable to subsidize the property, will sell at distress prices, and lenders will repossess others. These may then be placed on the market at lower rental rates, further ⑤ depressing the market.

* contraction phase: 경기 수축기(후퇴기) **distress price: 투매 가격

다시보기 ▶ 다시 볼 문제 체크✓하고 틀린 이유 메모하기

5
다음 글의 밑줄 친 부분 중, 문맥상 낱말의 쓰임이 적절하지 <u>않은</u> 것은?
· 2016년 3월 교육청 <u>난이도 상</u>

The basic task of the preschool years is to establish a sense of competence and initiative. The core struggle is between initiative and guilt. Preschool children begin to initiate many of their own activities as they become physically and psychologically ready to engage in pursuits of their own ① choosing. If they are allowed realistic freedom to make some of their own decisions, they tend to develop a ② positive orientation characterized by confidence in their ability to initiate and follow through. If their choices are ridiculed, however, they tend to experience a sense of guilt and ultimately to withdraw from taking an ③ active stance. One middle-aged woman we talked with still finds herself extremely vulnerable to being seen as ④ foolish. She recalls that during her childhood family members laughed at her attempts to perform certain tasks. She took in certain messages she received from her family, and these messages greatly influenced her attitudes and actions. Even now she vividly carries these pictures in her head, and these messages ⑤ cease to control her life.

다시보기 ▶ 다시 볼 문제 체크✓하고 틀린 이유 메모하기

6
다음 글의 밑줄 친 부분 중, 문맥상 낱말의 쓰임이 적절하지 <u>않은</u> 것은?
· 2018년 3월 교육청 <u>난이도 상</u>

The repairman is called in when the ① smooth operation of our world has been disrupted, and at such moments our dependence on things normally taken for granted (for example, a toilet that flushes) is brought to vivid awareness. For this very reason, the repairman's ② presence may make the narcissist uncomfortable. The problem isn't so much that he is dirty or the job is messy. Rather, he seems to pose a ③ challenge to our self-understanding that is somehow fundamental. We're not as free and independent as we thought. Street-level work that disrupts the infrastructure (the sewer system below or the electrical grid above) brings our *shared* ④ isolation into view. People may inhabit very different worlds even in the same city, according to their wealth or poverty. Yet we all live in the same physical reality, ultimately, and owe a ⑤ common debt to the world.

*narcissist: 자아도취자 **electrical grid: 전력망

다시보기 ▶ 다시 볼 문제 체크✓하고 틀린 이유 메모하기

7
다음 글의 밑줄 친 부분 중, 문맥상 낱말의 쓰임이 적절하지 <u>않은</u> 것은?
· 2014년 3월 교육청 <u>난이도 중</u>

In the 1970s, when schools began allowing students to use portable calculators, many parents ① objected. They worried that a reliance on the machines would weaken their children's grasp of mathematical concepts. The fears, subsequent studies showed, were largely ② unneeded. No longer forced to spend a lot of time on routine calculations, many students gained a deeper understanding of the principles underlying their exercises. Today, the story of the calculator is often used to support the argument that our growing dependence on online databases is ③ disadvantageous. In freeing us from the work of remembering, it's said, the Web allows us to devote more time to creative thought. The pocket calculator ④ relieved the pressure on our working memory, letting us use that critical short-term store for more abstract reasoning. The calculator, a powerful but highly specialized tool, turned out to be an ⑤ aid to our working memory.

다시보기 ▶ 다시 볼 문제 체크✓하고 틀린 이유 메모하기

다음 글의 밑줄 친 부분 중, 문맥상 낱말의 쓰임이 적절하지 않은 것은?
• 2021학년도 9월 평가원 난이도 중상

If I say to you, 'Don't think of a white bear', you will find it difficult not to think of a white bear. In this way, 'thought suppression can actually increase the thoughts one wishes to suppress instead of calming them'. One common example of this is that people on a diet who try not to think about food often begin to think much ① more about food. This process is therefore also known as the *rebound effect*. The ② ironic effect seems to be caused by the interplay of two related cognitive processes. This dual-process system involves, first, an intentional operating process, which consciously attempts to locate thoughts ③ unrelated to the suppressed ones. Second, and simultaneously, an unconscious monitoring process tests whether the operating system is functioning effectively. If the monitoring system encounters thoughts inconsistent with the intended ones, it prompts the intentional operating process to ensure that these are replaced by ④ inappropriate thoughts. However, it is argued, the intentional operating system can fail due to increased cognitive load caused by fatigue, stress and emotional factors, and so the monitoring process filters the inappropriate thoughts into consciousness, making them highly ⑤ accessible.

다시보기 ▶ 다시 볼 문제 체크✔하고 틀린 이유 메모하기

9 다음 글의 밑줄 친 부분 중, 문맥상 낱말의 쓰임이 적절하지 않은 것은?
• 2020학년도 수능 난이도 상

Suppose we know that Paula suffers from a severe phobia. If we reason that Paula is afraid either of snakes or spiders, and then ① establish that she is not afraid of snakes, we will conclude that Paula is afraid of spiders. However, our conclusion is reasonable only if Paula's fear really does concern either snakes or spiders. If we know only that Paula has a phobia, then the fact that she's not afraid of snakes is entirely ② consistent with her being afraid of heights, water, dogs or the number thirteen. More generally, when we are presented with a list of alternative explanations for some phenomenon, and are then persuaded that all but one of those explanations are ③ unsatisfactory, we should pause to reflect. Before ④ denying that the remaining explanation is the correct one, consider whether other plausible options are being ignored or overlooked. The fallacy of false choice misleads when we're insufficiently attentive to an important hidden assumption, that the choices which have been made explicit exhaust the ⑤ sensible alternatives.

*plausible: 그럴듯한 **fallacy: 오류

다시보기 ▶ 다시 볼 문제 체크✔하고 틀린 이유 메모하기

10 다음 글의 밑줄 친 부분 중, 문맥상 낱말의 쓰임이 적절하지 않은 것은?
• 2021학년도 6월 평가원 난이도 중

Chunking is vital for cognition of music. If we had to encode it in our brains note by note, we'd ① struggle to make sense of anything more complex than the simplest children's songs. Of course, most accomplished musicians can play compositions containing many thousands of notes entirely from ② memory, without a note out of place. But this seemingly awesome accomplishment of recall is made ③ improbable by remembering the musical *process*, not the individual notes as such. If you ask a pianist to start a Mozart sonata from bar forty-one, she'll probably have to ④ mentally replay the music from the start until reaching that bar — the score is not simply laid out in her mind, to be read from any random point. It's rather like describing how you drive to work: you don't simply recite the names of roads as an abstract list, but have to construct your route by mentally retracing it. When musicians make a mistake during rehearsal, they wind back to the ⑤ start of a musical phrase ('let's take it from the second verse') before restarting.

*chunking: 덩어리로 나누기 **bar: (악보의) 마디

다시보기 ▶ 다시 볼 문제 체크✔하고 틀린 이유 메모하기

Sometimes the awareness that one is distrusted can provide the necessary incentive for self-reflection. An employee who ① <u>realizes</u> she isn't being trusted by her co-workers with shared responsibilities at work might, upon reflection, identify areas where she has consistently let others down or failed to follow through on previous commitments. Others' distrust of her might then ② <u>forbid</u> her to perform her share of the duties in a way that makes her more worthy of their trust. But distrust of one who is ③ <u>sincere</u> in her efforts to be a trustworthy and dependable person can be disorienting and might cause her to doubt her own perceptions and to distrust herself. Consider, for instance, a teenager whose parents are ④ <u>suspicious</u> and distrustful when she goes out at night; even if she has been forthright about her plans and is not ⑤ <u>breaking</u> any agreed-upon rules, her identity as a respectable moral subject is undermined by a pervasive parental attitude that expects deceit and betrayal.

*forthright: 솔직한, 거리낌 없는 **pervasive: 널리 스며있는

다시보기 ▶ 다시 볼 문제 체크✓하고 틀린 이유 메모하기

One misconception that often appears in the writings of physical scientists who are looking at biology from the outside is that the environment appears to them to be a static entity, which cannot contribute new bits of information as evolution progresses. This, however, is by no means the case. Far from being static, the environment is constantly changing and offering new ① <u>challenges</u> to evolving populations. For higher organisms, the most significant changes in the environment are those produced by the contemporaneous evolution of other organisms. The evolution of a horse's hoof from a five-toed foot has ② <u>enabled</u> the horse to gallop rapidly over open plains. But such galloping is of no ③ <u>advantage</u> to a horse unless it is being chased by a predator. The horse's efficient mechanism for running would never have evolved except for the fact that meat-eating predators were at the same time evolving more efficient methods of ④ <u>attack</u>. Consequently, laws based upon ecological relationships among different kinds of organisms are ⑤ <u>optional</u> for understanding evolution and the diversity of life to which it has given rise.

*hoof: 발굽 **gallop: 질주하다 ***predator: 포식자

다시보기 ▶ 다시 볼 문제 체크✓하고 틀린 이유 메모하기

⏱ **종료시각** 시 분 초

1 아래 채점표에 내가 답한 것을 적은 다음 채점한다. (틀린 문제에만 '✓' 표시를 한다.)

문항번호	1	2	3	4	5	6	7	8	9	10	11	12
내가 쓴 답												
채점												

2 틀렸거나 찍어서 맞힌 문제는 다시 푼다.
3 2차 채점을 할 때 다시 풀어서 맞힌 문항은 △, 또 틀린 문항은 ✕ 표시를 한다.
4 △와 ✕ 문항은 반드시 다시 보고 틀린 이유를 알고 넘어간다.

☑ **채점 결과** DAY 17 반드시 체크해서 복습 때 활용할 것

1차채점		2차채점	
총 문항수	12개	△ 문항수	개
틀린 문항수	개	✕ 문항수	개

STEP 1·2 기출유형 한 눈에 보기

빈출도 상

문맥 기출어 (2)

밑줄 친 낱말 중 쓰임이 적절하지 않은 것을 고르는 문제

기존 수능/모평/학평에서 출제되었던 문맥에 맞지 않는 낱말은, 우선 어휘와 독해가 기본이 되어야 하며 전체적인 문맥, 앞뒤 문맥까지도 추론할 수 있어야 한다. 기존에 출제되었던 기출어들을 훑어보고 기출 문항에서 어떤 문맥으로 나왔는지 알아야 한다.

exhaust	v. 소진하다	independent	a. 독립적인	property	n. 재산, 소유물
monotony	n. 단조로움	oblige	v. 의무적으로 ~하게 하다	remains	n. 나머지
acceleration	n. 가속	warning	n. 경고	maximum	n. 최대
victim	n. 피해[희생]자	thin	a. 얇은	depressing	a. 우울한
ineffective	a. 비효율적인	essential	a. 필수적인	openness	n. 솔직함
illustrate	v. 분명히 보여주다	evade	v. 피하다	fearsome	a. 두려운
quantity	n. 양	aid	v. 돕다	obsessive	a. 강박적인
complementary	a. 상호 보완적인	relieve	v. (불쾌감, 고통을) 덜어주다	crude	a. 조잡한
capacity	n. 수용량	object	v. 반대하다	curable	a. 치료할 수 있는
restore	v. 회복시키다	adversely	ad. 역으로	resistant	a. 저항력 있는
mindful	a. ~을 염두에 두는	isolation	n. 고립	harsh	a. 거친
satisfactory	a. 만족스러운	solitary	a. 혼자 하는	drawback	n. 결점
promotion	n. 승진, 진급	disadvantageous	a. 불리한	variable	a. 다양한
shield	v. 보호하다, 가리다	tolerant	a. 참을성 있는	exhale	v. 내쉬[뿜]다
prosperous	a. 번영한, 번창한	exceed	v. 초과하다	plenty	n. 많음

1 다음 글의 밑줄 친 부분 중, 문맥상 낱말의 쓰임이 적절하지 않은 것은?
• 2023학년도 수능 [난이도 상]

Everywhere we turn we hear about almighty "cyberspace"! The hype promises that we will leave our boring lives, put on goggles and body suits, and enter some metallic, three-dimensional, multimedia otherworld. When the Industrial Revolution arrived with its great innovation, the motor, we didn't leave our world to go to some ① remote motorspace! On the contrary, we brought the motors into our lives, as automobiles, refrigerators, drill presses, and pencil sharpeners. This ② absorption has been so complete that we refer to all these tools with names that declare their usage, not their "motorness." These innovations led to a major socioeconomic movement precisely because they entered and ③ affected profoundly our everyday lives. People have not changed fundamentally in thousands of years. Technology changes constantly. It's the one that must ④ adapt to us. That's exactly what will happen with information technology and its devices under human-centric computing. The longer we continue to believe that computers will take us to a magical new world, the longer we will ⑤ maintain their natural fusion with our lives, the hallmark of every major movement that aspires to be called a socioeconomic revolution.

*hype: 과대광고 **hallmark: 특징

다시보기　▶ 다시 볼 문제 체크✔하고 틀린 이유 메모하기

2 다음 글의 밑줄 친 부분 중, 문맥상 낱말의 쓰임이 적절하지 않은 것은?
• 2023학년도 9월 평가원 [난이도 상]

Although the wonders of modern technology have provided people with opportunities beyond the wildest dreams of our ancestors, the good, as usual, is weakened by a downside. One of those downsides is that anyone who so chooses can pick up the virtual megaphone that is the Internet and put in their two cents on any of an infinite number of topics, regardless of their ① qualifications. After all, on the Internet, there are no regulations ② preventing a kindergarten teacher from offering medical advice or a physician from suggesting ways to safely make structural changes to your home. As a result, misinformation gets disseminated as information, and it is not always easy to ③ differentiate the two. This can be particularly frustrating for scientists, who spend their lives learning how to understand the intricacies of the world around them, only to have their work summarily ④ challenged by people whose experience with the topic can be measured in minutes. This frustration is then ⑤ diminished by the fact that, to the general public, both the scientist and the challenger are awarded equal credibility.

*put in one's two cents: 의견을 말하다
**disseminate: 퍼뜨리다 ***intricacy: 복잡성

다시보기　▶ 다시 볼 문제 체크✔하고 틀린 이유 메모하기

3 다음 글의 밑줄 친 부분 중, 문맥상 낱말의 쓰임이 적절하지 않은 것은?
• 2019학년도 수능 [난이도 상]

Europe's first *Homo sapiens* lived primarily on large game, particularly reindeer. Even under ideal circumstances, hunting these fast animals with spear or bow and arrow is an ① uncertain task. The reindeer, however, had a ② weakness that mankind would mercilessly exploit: it swam poorly. While afloat, it is uniquely ③ vulnerable, moving slowly with its antlers held high as it struggles to keep its nose above water. At some point, a Stone Age genius realized the enormous hunting ④ advantage he would gain by being able to glide over the water's surface, and built the first boat. Once the ⑤ laboriously overtaken and killed prey had been hauled aboard, getting its body back to the tribal camp would have been far easier by boat than on land. It would not have taken long for mankind to apply this advantage to other goods. *exploit: 이용하다 **haul: 끌어당기다

다시보기　▶ 다시 볼 문제 체크✔하고 틀린 이유 메모하기

4 다음 글의 밑줄 친 부분 중, 문맥상 낱말의 쓰임이 적절하지 않은 것은?
• 2014학년도 9월 평가원 난이도 상

Occasionally, there are children who have trouble understanding that their clothing choice is inappropriate or even unhealthy. Some children ① follow the suggestion that sandals may not be the best option for a snowy day. For those kids, ② experience may be the best teacher. For example, when Lydia was eight years old, she insisted on wearing her favorite sandals to school despite ③ warnings that the sidewalks were covered in snow and slush. Her mom ④ worried that she would arrive at school with cold, wet feet, but Lydia would not change her mind. Of course, her mother was right. While Lydia did have some very uncomfortable toes because they became soaked and frozen on her way to and from school, she learned that sometimes fashion isn't ⑤ worth the price of serious discomfort.

5 다음 글의 밑줄 친 부분 중, 문맥상 낱말의 쓰임이 적절하지 않은 것은?
• 2022학년도 수능 난이도 상

It has been suggested that "organic" methods, defined as those in which only natural products can be used as inputs, would be less damaging to the biosphere. Large-scale adoption of "organic" farming methods, however, would ① reduce yields and increase production costs for many major crops. Inorganic nitrogen supplies are ② essential for maintaining moderate to high levels of productivity for many of the non-leguminous crop species, because organic supplies of nitrogenous materials often are either limited or more expensive than inorganic nitrogen fertilizers. In addition, there are ③ benefits to the extensive use of either manure or legumes as "green manure" crops. In many cases, weed control can be very difficult or require much hand labor if chemicals cannot be used, and ④ fewer people are willing to do this work as societies become wealthier. Some methods used in "organic" farming, however, such as the sensible use of crop rotations and specific combinations of cropping and livestock enterprises, can make important ⑤ contributions to the sustainability of rural ecosystems.

*nitrogen fertilizer: 질소 비료 **manure: 거름
***legume: 콩과(科) 식물

6 다음 글의 밑줄 친 부분 중, 문맥상 낱말의 쓰임이 적절하지 않은 것은?
• 2015년 7월 교육청 난이도 최상

The dominance of conclusions over arguments is most pronounced where emotions are involved. The psychologist Paul Slovic has proposed a theory in which people let their likes and dislikes determine their beliefs about the world. Your political ① preference determines the arguments that you find compelling. If you like the current health policy, you believe its benefits are substantial and its costs ② more manageable than the costs of alternatives. If you are a hawk in your attitude toward other nations, you probably think they are relatively weak and likely to ③ submit to your country's will. If you are a dove, you probably think they are strong and will not be easily persuaded. Your emotional attitude to such things as red meat, nuclear power, tattoos, or motorcycles ④ follows your beliefs about their benefits and their risks. If you ⑤ dislike any of these things, you probably believe that its risks are high and its benefits negligible.

7 다음 글의 밑줄 친 부분 중, 문맥상 낱말의 쓰임이 적절하지 않은 것은?
• 2016년 10월 교육청 난이도 상

One reason conversational life can lack depth and excitement is that we easily fall into using ① formulaic questions to open a dialogue—How are you? What was the weather like? What do you do? How was your weekend? Although such questions can be important social lubricants, in themselves they generally fail to ② spark an engaging and enriching empathic exchange. We answer "Fine" or "OK," then move on down the corridor. The way a conversation ③ begins can be a major determinant of where it goes. So it is worth experimenting with adventurous openings. Instead of greeting a workmate with "How are things?" try taking your conversation in a different direction with something mildly ④ unusual like, "What have you been thinking about this morning?" or "What was the most surprising thing that happened to you over the weekend?" You need to come up with the kinds of questions that suit your own personality. The point is to ⑤ follow conventions so your conversations become energizing, memorable, and vehicles for empathic discovery.

*lubricant: 윤활유

Most people are confident that creativity is an individual possession, not a collective phenomenon. Despite some notable ① collaborations in the arts and sciences, the most impressive acts of creative thought—from Archimedes to Jane Austen—appear to have been the products of individuals (and often isolated and eccentric individuals who reject commonly held beliefs). I think that this perception is something of an ② illusion, however. It cannot be denied that the primary source of ③ novelty lies in the recombination of information within the individual brain. But I suspect that as individuals, we would and could accomplish little in the way of creative thinking ④ outside the context of the super-brain, the integration of individual brains. The heads of Archimedes, Jane Austen, and all the other original thinkers who stretch back into the Middle Stone Age in Africa were ⑤ disconnected with the thoughts of others from early childhood onward, including the ideas of those long dead or unknown. How could they have created without the collective constructions of mathematics, language, and art?

*eccentric: 기이한

How the bandwagon effect occurs is demonstrated by the history of measurements of the speed of light. Because this speed is the basis of the theory of relativity, it's one of the most frequently and carefully measured ① quantities in science. As far as we know, the speed hasn't changed over time. However, from 1870 to 1900, all the experiments found speeds that were too high. Then, from 1900 to 1950, the ② opposite happened — all the experiments found speeds that were too low! This kind of error, where results are always on one side of the real value, is called "bias." It probably happened because over time, experimenters subconsciously adjusted their results to ③ match what they expected to find. If a result fit what they expected, they kept it. If a result didn't fit, they threw it out. They weren't being intentionally dishonest, just ④ influenced by the conventional wisdom. The pattern only changed when someone ⑤ lacked the courage to report what was actually measured instead of what was expected.

*bandwagon effect: 편승 효과

10 다음 글의 밑줄 친 부분 중, 문맥상 낱말의 쓰임이 적절하지 <u>않은</u> 것은? ·2020년 4월 교육청 난이도 중상

Life in the earth's oceans simply would not exist without the presence of dissolved oxygen. This life-giving substance is not, however, distributed evenly with ① <u>depth</u> in the oceans. Oxygen levels are typically high in a thin surface layer 10–20 metres deep. Here oxygen from the atmosphere can freely diffuse into the seawater, plus there is plenty of floating plant life producing oxygen through photosynthesis. Oxygen concentration then decreases rapidly with depth and reaches very low levels, sometimes close to zero, at depths of around 200–1,000 metres. This region is referred to as the oxygen ② <u>minimum</u> zone. This zone is created by the low rates of oxygen diffusing down from the surface layer of the ocean, combined with the high rates of consumption of oxygen by decaying organic matter that sinks from the surface and accumulates at these depths. Beneath this zone, oxygen content ③ <u>increases</u> again with depth. The deep oceans contain quite high levels of oxygen, though not generally as high as in the surface layer. The higher levels of oxygen in the deep oceans reflect in part the origin of deep-ocean seawater masses, which are derived from cold, oxygen-rich seawater in the surface of polar oceans. That seawater sinks rapidly down, thereby ④ <u>exhausting</u> its oxygen content. As well, compared to life in near-surface waters, organisms in the deep ocean are comparatively scarce and have low metabolic rates. These organisms therefore consume ⑤ <u>little</u> of the available oxygen.

*dissolve: 용해시키다 **diffuse: 퍼지다

11 다음 글의 밑줄 친 부분 중, 문맥상 낱말의 쓰임이 적절하지 <u>않은</u> 것은? ·2021학년도 9월 평가원 난이도 중상

To the extent that sufficient context has been provided, the reader can come to a well-crafted text with no expert knowledge and come away with a good approximation of what has been intended by the author. The text has become a public document and the reader can read it with a ① <u>minimum</u> of effort and struggle; his experience comes close to what Freud has described as the deployment of "evenly-hovering attention." He puts himself in the author's hands (some have had this experience with great novelists such as Dickens or Tolstoy) and he ② <u>follows</u> where the author leads. The real world has vanished and the fictive world has taken its place. Now consider the other extreme. When we come to a badly crafted text in which context and content are not happily joined, we must struggle to understand, and our sense of what the author intended probably bears ③ <u>close</u> correspondence to his original intention. An out-of-date translation will give us this experience; as we read, we must bring the language up to date, and understanding comes only at the price of a fairly intense struggle with the text. Badly presented content with no frame of reference can provide ④ <u>the same</u> experience; we see the words but have no sense of how they are to be taken. The author who fails to provide the context has ⑤ <u>mistakenly</u> assumed that his picture of the world is shared by all his readers and fails to realize that supplying the right frame of reference is a critical part of the task of writing.

*deployment: (전략적) 배치
**evenly-hovering attention: 고르게 주의를 기울이는 것

🕑 **종료시각** 시 분 초

1 아래 채점표에 내가 답한 것을 적은 다음 채점한다.(틀린 문제에만 '/' 표시를 한다.)

문항번호	1	2	3	4	5	6	7	8	9	10	11
내가 쓴 답											
채점											

2 틀렸거나 찍어서 맞힌 문제는 다시 푼다.

3 2차 채점을 할 때 다시 풀어서 맞힌 문항은 △, 또 틀린 문항은 ✕ 표시를 한다.

4 △와 ✕ 문항은 반드시 다시 보고 틀린 이유를 알고 넘어간다.

☑ **채점 결과** DAY 18 반드시 체크해서 복습할 때 활용할 것

1차채점		2차채점	
총 문항수	11개	△ 문항수	개
틀린 문항수	개	✕ 문항수	개

DAY	1 공부한 날	2 초과 시간	총 문항수	3 틀린 문항수	4 △문항수	5 X문항수
17	월 일	분 초	12 개	개	개	개
18	월 일	분 초	11 개	개	개	개

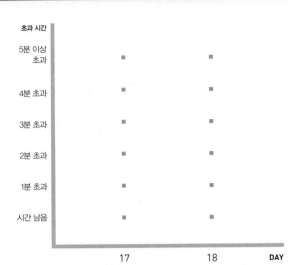

초과 시간

5분 이상 초과
4분 초과
3분 초과
2분 초과
1분 초과
시간 남음

17   18   **DAY**

▲ 매일 체크한 시간을 동그라미 표시하여 시간 변화를 한눈에 보자.

2일간 공부한 내용을 다시 보니, ……

1   매일 정해진 개수를 시간에 맞춰 풀었다. vs. 내가 한 약속을 못 지켰다.

▶ 시간 부족 문제를 극복하기 위해서는 매일 실전 훈련이 필수적이다.

2   시간이 단축되고 있음을 느낀다. vs. 문제 푸는 시간이 줄지 않는다.

▶ 시간이 들쑥날쑥 하는 원인 중의 하나는 난이도일 수도 있다.

3   △문항이 ×문항보다 많다면, △문항수를 줄이는 것이 영어 영역(어휘) 고득점의 지름길!

▶ △문항을 줄이는 방법은 처음 틀렸을 때 왜 그 답지를 골랐는지를 생각하는 것이다.
다시 봤을 때 아무리 쉬워도, 틀린 문제는 또 틀릴 수 있다는 것을 명심하자.

4   ×문항수가 줄지 않는다면? 아래 중 어떤 상황인지 점검해 보자.

▶ 단어를 몰라서 틀린다: 〈STEP 1 기출 유형 한 눈에 보기〉에 수록된 어휘를 철저히 암기하자.

▶ 단어나 문장의 문맥적 의미를 잘 모르겠다: 〈STEP 2 기출문제로 유형 연습하기〉를 반복해서 풀어보며,
문장 속에서 단어의 의미를 적용하는 연습을 집중적으로 해보자.

▶ 글을 전체적으로 해석하기 어렵다: 전반적인 해석 내공이 아직 부족한 것인지, 아니면 특정 소재의 지문(과학,
경제, 철학 등)에 취약한지 자가 진단해보자. 특히 해석 내공의 문제라면 정답 여부와 상관없이 모든 지문의
〈해석〉을 읽어보는 공부법이 도움이 될 수 있다. 어떤 문장에서 자주 실수가 나는지 확인할 수 있기 때문이다.

결론 | 결론적으로,

내가 **취약한 부분**은 [＿＿＿＿＿＿＿＿＿＿]이다.

취약점을 보완하기 위해서 나는 [＿＿＿＿＿＿＿＿＿＿]을/를 해야겠다.

3주 후 다시 봐야 할 문항과, 꼭 다시 외워야 할 어휘 유형이 있는 페이지는 지금 바로 접어 두었다.
어휘는 반드시 전후 문맥을 고려하여 어휘가 포함된 전체 속에서 해당 어휘를 외우겠다.

매일

3 단계로
푸는

영어

어법어휘
실전서

개념 20년치 수능 기출 전격 분석
최빈출 어법어휘 집중 학습

적용 필수 기출 문장으로 개념 복습
문맥을 잡는 어법어휘 학습

실전 매일 10+개 기출문제 풀이로
실전 skill & 시간 관리 급속 향상

어법어휘

정답 및 해설

교육 R&D에 앞서가는
Key 기출판사

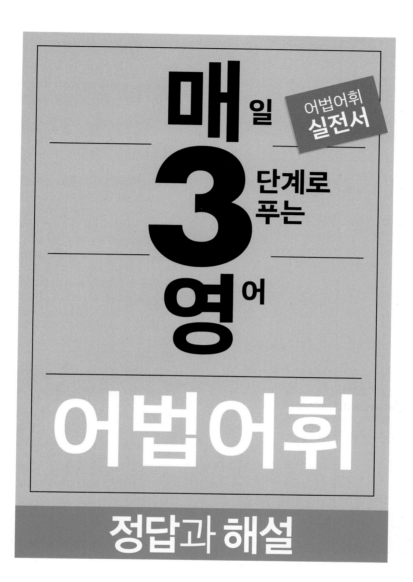

매^일 어법어휘 실전서

3^{단계로 푸는}

영^어

어법어휘

정답과 해설

어법편

DAY 1~12

DAY 1 주어와 동사의 수일치

개념확인 TEST

1 ○   2 was   3 have   4 ○   5 look for

1 수강할 수 있는 유익한 강의가 많이 있다.
 ▶ 주어 lots of courses는 복수이므로 동사 are는 적절하다.

2 최악의 순간 중 하나는 그가 수학 시험지를 나눠주었을 때였다.
 ▶ 「one of + 복수명사」가 주어가 되면 동사는 단수가 되므로 복수동사 were를 was로 고쳐야 한다.

3 눈과 카메라는 둘 다 상(象)이 맺히는 빛에 민감한 층을 가지고 있다.
 ▶ 「Both A and B」가 주어로 쓰이면 항상 복수 취급하므로 단수동사 has를 복수동사 have로 고쳐야 한다.

4 각각의 서식지는 수많은 종류의 생물들이 사는 곳인데, 그들 대부분은 그 서식지에 의존한다.
 ▶ 「Each + 단수명사」는 항상 단수 취급하므로 단수동사 is는 적절하다.

5 이것을 알고있는 사람들은 자신들의 불행에서 단순히 어떤 긍정적인 면을 찾으려 하는 데 그치지 않고 사실상 한 걸음 더 나아간다.
 ▶ 관계대명사절의 수식을 받는 People이 주어이므로 단수동사 looks for를 복수동사 look for로 고쳐야 한다.

STEP 2 기출문제로 유형 연습하기 p. 12

01 is	02 is	03 claim	04 ranges
05 helps	06 is	07 is	08 are
09 are	10 is	11 is	12 does

01 부정어(Rarely)가 문두에 나와 주어와 동사가 도치된 문장이므로 주어의 수를 확인해야 한다. 주어(a computer)가 단수이므로 단수동사(is)가 필요하다.

02 주어(the main reason)가 단수이므로 단수동사(is)가 필요하다.

03 선행사의 수는 복수(those)이므로 복수동사(claim)가 필요하다.

04 과거분사구(used in ~ imaging)가 주어(The frequency of sound waves)를 수식해 주고 있고, 실제 주어(The frequency)는 단수이므로 단수동사(ranges)가 필요하다.

05 동명사(learning)가 주어로, 동사는 단수여야 하므로 helps가 적절하다.

06 주어(The observation)가 단수이므로 단수동사(is)가 필요하다.

07 One이 주어이므로 단수동사(is)가 적절하다. to부정사(to cultivate a possibility mind-set)는 ways를 수식하는 형용사구로 동사의 수에 영향을 줄 수 없다.

08 부사구(on each of those dozens of grooves)가 문장 앞으로 나와 있으므로 동사의 수는 뒤에 온 주어(hundreds ~ of hairlike

bumps)를 확인해야 한다. if not thousands는 삽입구에 해당되고 hairlike bumps가 복수이므로 복수동사(are)가 적절하다.

09 부분표현(the majority)을 포함한 주어에서 동사는 of 다음에 있는 명사(groups)의 수에 일치해야 하므로 복수동사(are)를 써야 한다.

10 주어는 the information(추상명사)이므로 단수 처리되어 단수동사(is)가 적절하다.

11 주어(The precedence)가 단수이므로 단수동사(is)가 필요하다. Pica suggests는 삽입문이다.

12 동명사(Bringing)가 주어로, 동사는 단수여야 하므로 부정(not)을 나타내기 위해 쓰인 단수 조동사(does)가 적절하다.

STEP 3 수능기출 실전 문제 풀어보기 pp. 14~16

1 ④ 2 ① 3 ⑤ 4 ④ 5 ④ 6 ⑤ 7 ⑤ 8 ①

1 ⸻ 정답 ④

소셜 네트워크의 사용자 콘텐츠에 대한 권한 남용

해석 ● 요즘은 E-World와 Face-Space 같은 다양한 소셜 네트워크의 성장이 인상적이다. 그것들은 A-Tube의 바로 뒤를 이어, 각각 네 번째와 다섯 번째로 유명한 사이트이다. 사용자의 60% 이상이 하루에 이백만 장이나 되는 개인 사진을 게시하여, E-World는 전국 최고의 사진 웹사이트가 되었다. 하지만 많은 사용자들은 그 사진이 모두 회사의 소유라는 것을 깨닫지 못할 수도 있다. 사실 사람들이 게시하는 모든 것의 전송, 배포 및 공개적인 게시에 대하여 E-World가 자동적으로 권한을 가지게 된다. 최근 E-World는 그 사이트에 게시된 모든 "사용자 콘텐츠"를 다른 업체에 팔았다. 많은 사용자들은 자기가 올린 사진을 자기도 모르는 사이에 기업의 손에 넘긴 셈이 되었다.

▶ 문제 유형 및 해설

주어동사 수일치, 분사구문, 관계대명사(what), 문장성분(동사), 「주격 관계대명사 + be동사」 생략

① 주어는 the growth이므로 단수, 시제는 Nowadays를 통해 현재임을 알 수 있으므로 동사 is가 적절하다.

② [~ and make ~]가 원래의 문장이기 때문에 분사구문으로 바꾸면 making이 적절하다.

③ what은 선행사를 포함하는 관계대명사로 '~하는 것'이라는 명사절의 의미를 가지고 있고 실제 주어가 되므로 적절하다.

④ [everything that people post]에서 everything이 주어이고 that 이하는 수식어구이며, 동사가 필요하므로 being이 아니라 is가 되어야 한다.

⑤ posted는 "user content"를 수식하는 과거분사이며 posted 앞에 「주격 관계대명사 + be동사」가 생략되었다고 보면 된다.

rank	v. ~의 순위에 들다
respectively	ad. 각각, 제각기
post	v. 게재하다
distribution	n. 배포, 분배, 분포
unknowingly	ad. 모르게
hand over	넘겨주다
corporate	a. 기업의, 회사의, 법인의

2 ⸻ 정답 ①

두 회사의 각기 다른 문제 해결 방법

해석 ● 연구원들이 기술적인 문제를 해결하려고 애쓰는 두 곳의 휴대전화 회사를 연구했다. 한 회사는 '기술 선반'이라고 부르는 것을 개발했는데, 그것은 소집단의 기술자들에 의해 만들어졌고, 그 위에는 장차 다른 팀이 사용할 수도 있는 가능한 기술적인 해결책들이 올려져 있었다. 그 회사는 또한 판매원들과 디자이너들이 자주 포함되어 있는 기술자들 간의 제한 없는 대화를 만들었다. 사업 단위 간의 경계는 일부러 불명확하게 했는데, 왜냐하면 문제에 대한 감을 얻기 위해서는 기술적인 정보 이상의 것이 필요했기 때문이다. 하지만, 다른 회사는 문제를 각 부문으로 나누면서 겉으로 보기에는 보다 명료하고 질서 있게 일을 진행했다. 서로 다른 부서들은 각자의 영역을 보호했다. 개인과 팀들은 서로 경쟁하며, 정보 공유를 중지했다. 그 두 회사는 결국 기술적인 문제를 해결했지만, 후자의 회사가 전자의 회사보다 어려움이 더 많았다.

▶ 문제 유형 및 해설

주어동사 수일치, 대명사, to부정사, 분사구문, 강조(동사)

① 문장의 주어(possible technical solutions)는 복수이므로, 단수동사 was를 복수동사(were)로 바꿔야 한다.
② 소유격 대명사 its에 밑줄이 쳐진 것은 대명사가 지칭하는 대상의 단·복수를 구별하는 문제이다. 밑줄 친 its는 해당 문장의 주어 It을 받는 것이고 주어 It은 앞에 나온 One company를 지칭하는 것이기 때문에 어법상 옳다.
③ was needed의 수동태 뒤에 to부정사가 나왔으므로 need의 목적어가 아닌, to부정사의 부사적 용법(문제에 대한 감을 얻기 위해서)으로 해석된다.
④ dividing은 내용상 그 주체가 문장의 주어인 the other company와 능동의 관계이며 'divide A into B(A를 B로 나누다)'의 숙어 구문이다.
⑤ 동사에 밑줄이 쳐진 경우 수일치, 수동 / 능동 관계, 시제 등을 살펴보아야 한다. 강조의 조동사 do의 과거형 'did'가 쓰였기 때문에 본동사는 동사원형이 온다.

▶ 구문 분석

▶ It also created an open-ended **conversation** among its engineers **in which(= where)** salespeople and designers were often included.

선행사는 conversation이고 관계대명사 뒤에 완전한 절이 왔으므로 in which는 관계부사 where로 바꿀 수 있다.

open-ended	a. 제약[제한]을 두지 않은
boundary	n. 경계
deliberately	ad. 의도적으로
ambiguous	a. 분명치 않은, 불명료한
clarity	n. 명확, 명료
discipline	n. 기강, 질서, 규율
territory	n. 영역, 영토

3 .... 정답 ⑤

뇌의 추론 과정에서의 결함

해석 ● 우리 모두는 우리의 뇌가 가능한 가장 이성적인 방법으로 정보를 가려낸다는 것을 믿고 싶어 한다. 이와 반대로, 수없이 많은 연구들이 인간의 추론에 많은 약점들이 있음을 보여준다. 추론에 있어서 흔히 드러나는 약점들은 모든 연령대와 교육적 배경을 가진 사람들에게 존재한다. 예를 들어, 확증 편향은 아주 흔하다. 사람들은 자신들의 견해와 반대되는 증거는 무시하는 반면에, 자신들의 견해를 지지하는 정보에는 주의를 기울인다. 확증 편향은 고집이 있는 것과 똑같은 것은 아니며, 사람들이 강력한 의견을 갖고 있는 사안들에 국한되지 않는다. 그 대신, 그것은 우리가 정보를 수집하고 가려내는 방식을 통제하기 위하여 잠재의식 수준에서 작용한다. 우리들 대부분은 우리의 추론 과정에서 이러한 종류의 결함을 인식하지 못하지만, 우리에게 특정한 견해를 설득하기 위해 일하는 전문가들은 자신들의 메시지에 우리를 좀 더 취약하도록 만들기 위해 우리의 약점들을 이용하는 방법을 정하려고 인간의 의사결정에 관한 연구를 한다.

▶ 문제 유형 및 해설

형용사, 주어동사 수일치, 분사구문, 관계대명사, 문장성분(동사)

① 형용사 possible, available 등은 최상급, every, all 등과 함께 쓰이면 명사 뒤에서 수식할 수 있으므로, the most rational way를 수식

하는 형용사 possible은 적절하다.
② 문장의 실제 주어 Common weaknesses가 복수이므로 복수동사 exist는 적절하다.
③ ignoring은 대조를 나타내는 분사구문의 현재분사로 사용되어 적절하다. 참고로 접속사 while(~인데 반하여)은 의미를 강조하기 위해 생략되지 않았다.
④ 뒤에 완전한 절(people ~ opinions)이 왔으므로 「전치사 + 관계대명사」의 형태로 선행사 issues를 수식하는 것은 적절하다.
⑤ but 이후 절에서 professionals를 주어로 하는 동사가 필요하므로 to study를 study로 바꾸어야 한다.

▶ 구문 분석

▶ Confirmation bias [is not the same as being stubborn], **and** [is not constrained to issues {about which people have strong opinions}].

두 개의 동사구 [ ]가 등위접속사(and)로 병렬 연결되어 있으며, { }는 선행사 issues를 수식하는 관계대명사절이다.

▶ ~ professionals [who work to convince us of certain viewpoints] study the research on human decision making [to determine {how to exploit our weaknesses (to make us more susceptible to their messages)}].

첫 번째 [ ]는 professionals를 수식하는 관계대명사절로 to convince 이하는 to부정사의 부사적 용법(목적)이다. 두 번째 [ ]도 to부정사의 부사적 용법(목적)으로 { }는 determine의 목적어인 명사구이며, ( )도 to 부정사의 부사적 용법(목적)으로 쓰였다.

rational	a. 합리적인, 이성적인
countless	a. 무수한, 셀 수 없는
reasoning	n. 추론
confirmation bias	확증 편향
constrain	v. 국한하다
subconscious	a. 잠재의식의
gather	v. 모으다, 모이다
filter	v. 여과하다
flaw	n. 결함, 흠
convince	v. 확신시키다, 설득하다
susceptible	a. 취약한

4 .... 정답 ④

사회적 비교의 역효과

해석 ● 타인과 견주어 우리 자신을 평가해서는 안 된다는 많은 경고에도 불구하고, 우리 대부분은 여전히 그렇게 한다. 우리는 의미를 추구하는 존재일 뿐만 아니라 사회적인 존재라서, 우리 자신을 평가하고, 우리 지위를 개선하며, 우리의 자존감을 높이기 위해 끊임없이 사람들끼리 비교한다. 그러나 사회적 비교의 문제는 그것이 흔히 역효과를 낸다는 것이다. 우리보다 더 잘하고 있는 사람과 우리 자신을 비교할 때, 우리는 흔히 그만큼 잘하지 못하는 것에 대해서 무능하다고 느낀다. 이것은 때로는 심리학자들이 '악성 질투'라고 부르는 것, 즉 누군가가 불행을 만나기를 바라는 욕망("그 사람이 지금 자기가 가진 걸 안 갖고 있으면 좋을 텐데.")으로 이어진다. 또한, 우리 스스로를 더 못하고 있는 사람과 비교하는 것은 경멸, 즉 다른 사람이 우리의 호의를 받을 가치가 없다("그녀는 내가 주목할 만하지 않아.")는 느낌으로 이어질 위험이 있다. 한편, 우리 자신을 타인과 비교하는 것은 또한 '양성 질투', 즉 다른 사람이 불행해지기를 바라지 않고 그 사람의 성취를 재생산하려는 열망("그 사람한테 있는 게 나한테도 있으면 좋을 텐데.")으로 이어질 수 있으며, 그것은 몇몇 상황에서 최근의 실패에도 불구하고 우리가 더 노력하도록 영감을 주고 동기를 부여하는 것으로 알려져 왔다.

▶ 문제 유형 및 해설

부정대명사(one), 형용사, to부정사, 주어동사 수일치, 관계대명사

① 앞에 나온 creatures가 복수명사이므로 부정대명사 ones를 썼다.

② 감각동사 feel 뒤에 보어가 필요하므로 형용사 inadequate를 썼다.
③ desire는 to부정사의 수식을 받는 명사이다.
④ 주어가 동명사구(comparing ourselves ~ we are)이므로 동사를 단수형인 risks로 고쳐야 한다. someone을 꾸미는 'who's ~ are'를 걷어내고 핵심 주어를 찾는 것이 관건이다.
⑤ 선행사 benign envy를 받는 계속적 용법의 which이다.

▶ 구문 분석
► Then again, comparing ourselves to others can also lead to **benign envy**, [**the longing** to reproduce someone else's accomplishments without wishing them ill ("I wish I had what she has")], **which** has been shown in some circumstances ~

[ ]은 삽입구로, benign envy와 동격 관계이다. which는 benign envy를 보충 설명하지만, 의미상 the longing을 설명한다고 봐도 된다.

abundant	*a.* 풍부한
interpersonal	*a.* 대인 관계에 관한, 사람 간의
inadequate	*a.* (~하기에) 무능한, 부적절한, 불충분한
risk	*v.* ~의 위험을 무릅쓰다
undeserving of	~할 자격이 없는
reproduce	*v.* 재생산하다

5 ··········· 정답 ④

카메라 렌즈 사용의 중요성
해석 ● 테이프의 디지털 제작이 빠르게 그리고 꾸준히 성장해왔지만, 이미지 캡처를 위해 여전히 필름이 주로 선호되는 제작 분야에서는 주목할 만하게 거부하는 사람들이 있다. 간단히 말해서, 필름 상의 그림은 항상 더 좋게 보이고 시각적으로 더 미묘한 차이가 있는 것으로 보인다. 일단 필름 룩으로 영화 필름에 찍히면 그러한 영상은 편집을 위해 디지털 테이프 형식으로 옮겨져야 한다. 예를 들어, 전국적으로 판매되는 많은 상품들의 고급 광고들도 여전히 자주 필름에 촬영된다. 화려한 전국적인 광고 캠페인에서 필름 룩에 대한 선호가 널리 퍼져 있다. 그럴지만 텔레비전 프로듀서들은 어떤 그림이든 그 "룩"을 보다 완전히 결정짓는 것은 그것이 디지털로 기록되는지 아니면 필름으로 기록되는지보다는 바로 카메라 렌즈의 사용이라는 것을 널리 받아들이고 있다.

▶ 문제 유형 및 해설
「전치사 + 관계대명사」, 분사구문, 주어동사 수일치, 문장성분(동사), [it is ~ that] 강조 구문

① areas of production을 선행사로 하는 관계대명사절로, 「전치사 + 관계대명사」 뒤에는 완전한 절이 이어진다.
② 접속사 Once를 생략하지 않은 분사구문으로 의미상 수동이므로 being captured에서 being이 생략된 형태이다.
③ 주어(commercials)가 복수이므로 복수동사(are)가 적절하다.
④ 문장 안에 동사가 없으므로 prevailing이 동사가 되어야 한다. 단수, 현재시제이므로 prevails로 바꾸어야 한다.
⑤ [it is ~ that] 강조 구문으로 the use of camera lenses를 강조하고 있다.

steadily	*ad.* 꾸준히
notable	*a.* 눈에 띄는
holdout	*n.* 거부하는 사람
nuanced	*a.* 미묘한 차이가 있는
celluloid	*n.* 셀룰로이드
footage	*n.* 화면, 장면
high-end	*a.* 고급의

6 ··········· 정답 ⑤

근대 초기 유럽의 수로를 통한 운송
해석 ● 근대 초기 유럽에서 수로를 통한 운송은 대개 육로를 통한 운송보다 훨씬 더 저렴했다. 1550년에 이탈리아의 한 인쇄업자는 Rome에서 Lyons까지 책 한 짐을 보내는 데 뱃길로는 4스쿠도인 데 비해 육로로는 18스쿠도가 들 것이라고 추정했다. 편지는 보통 육로로 운반되었지만 운하용 배를 통해 사람뿐만 아니라 편지와 신문을 운송하는 시스템이 17세기에 네덜란드 공화국에서 발달했다. 그 배들의 평균 속력은 시속 4마일이 약간 넘어서, 말을 타고 다니는 사람에 비해 느렸다. 반면 그 서비스는 규칙적이고 빈번하고 저렴해서 Amsterdam과 더 작은 마을들 사이뿐만 아니라 작은 마을과 또 다른 작은 마을 간에도 연락이 가능했고, 따라서 정보에 대한 접근을 균등하게 했다. 운송과 메시지 연락 사이의 전통적인 관계가 깨진 것은 바로 1837년 전기 전신의 발명으로 인해서였다.

▶ 문제 유형 및 해설
접속사(that), 문장성분(동사), 형용사, 분사구문, 주어동사 수일치

① 뒤에 to부정사구를 주어로 하는 완전한 절이 오므로 접속사 that은 적절하다.
② 절의 본동사가 필요하므로 과거동사 developed는 적절하다.
③ which was가 생략되고 was의 보어로 형용사 slow를 쓴 것은 적절하다.
④ 문장의 본동사(allowed)가 이미 존재하므로 분사구문을 이끄는 equalizing의 형태로 쓰는 것은 적절하다.
⑤ 주어(the traditional link)가 단수이므로 단수동사 was로 써야 한다.

▶ 구문 분석
► [Letters were normally carried overland], but [a system of transporting letters and newspapers, {as well as people}, by canal boat **developed** in the Dutch Republic in the seventeenth century].

두 개의 절 [ ]이 등위접속사(but)로 병렬 연결되어 있으며, 두 번째 절의 동사는 developed이다. { }는 콤마로 둘러싸인 삽입구문이다.

► It was [only in 1837, with the invention of the electric telegraph], **that** the traditional link between transport and the communication of messages was broken.

「It was ~ that」 강조 구문으로 전치사구 [ ]를 강조하고 있으며, 주어는 the traditional link로 단수 취급한다.

calculate	*v.* 추정하다, 계산하다, 산출하다
load	*n.* 짐
overland	*ad.* 육로로
canal	*n.* 운하, 수로
equalize	*v.* 동등하게 하다
accessibility	*n.* 접근성

7 ··········· 정답 ⑤

오늘날 과학에 선행한 이슬람 과학
해석 ● 서기 8세기부터 12세기까지, 유럽이 아마도 지나치게 극적으로 이름 붙여진 '암흑시대'를 겪던 시기에, 지구상의 과학은 거의 오로지 이슬람 세계에서만 찾아볼 수 있었다. 이 과학이 오늘날 우리 과학과 정확히 비슷하지는 않았지만 이것은 확실히 우리 과학에 선행했고, 그럼에도 불구하고(완전히 비슷하지 않다는 점에도 불구하고) 세상에 관해 아는 것을 목표로 한 활동이었다. 무슬림 통치자들은 도서관, 천문대, 병원과 같은 과학 기관에 엄청난 물자를 주었다. 근동 아랍과 북아프리카(와 심지어 스페인까지)에 걸친 모든 도시의 훌륭한 학교에서 여러 세대의 학자들을 훈련시켰다. 접두사 'al'로 시작하는 현대 과학 어휘 목록의 거의 모든 단어가 — 알고리즘, 연금술, 알코올, 알칼리, 대수학 등 — 이슬람

과학에 그 기원을 두고 있다. 그리고 그것이 시작된 지 막 400년이 넘었던 그때, 그것은 서서히 멈춘 것 같았고, 대략 몇백 년이 지나서야 우리가 오늘날 과학이라고 확실히 인식하게 될 것이 갈릴레오, 케플러, 그리고 조금 뒤 뉴턴과 함께 유럽에서 출현했다.

▶ 문제 유형 및 해설

부사, 대명사, 현재분사, 주어동사 수일치, 관계대명사(what)

① 뒤에 나오는 전치사구 in the Islamic world를 수식하는 부사 exclusively이다. 앞의 almost와 어울려 '거의 전적으로'라는 의미를 나타낸다.
② but 뒤의 주어 it은 but 앞의 This science를 받는데, ②의 it은 문맥상 our science today를 받는다. 두 대명사의 지칭 대상이 다르므로 재귀대명사 itself가 아닌 일반 인칭대명사 it을 썼다.
③ all the cities가 여러 지역에 '걸치는' 주체이므로 능동을 나타내는 현재분사 covering을 썼다.
④ 주어가 「every+단수명사」 형태(Almost every word)이므로 단수동사 owes를 알맞게 썼다.
⑤ before 뒤에 recognize의 목적어가 없는 불완전한 절이 나왔다. 이 경우 선행사를 포함하는 관계대명사 what을 써야 한다.

▶ 구문 분석

▶ **Almost every word** in the modern scientific lexicon [**that** begins with the prefix "al"] **owes** its origins to Islamic science — {algorithm, alchemy, alcohol, alkali, algebra}.

[ ]은 주어를 수식하는 관계절이며, { }은 주어의 예시를 드는 명사구이다.

overdramatically	ad. 과하게 극적으로
nonetheless	ad. 그럼에도 불구하고
ruler	n. 지배자
tremendous	a. 엄청난
observatory	n. 관측소
prefix	n. 접두사
owe A to B	A의 존재는 B 덕분이다
grind to a halt	서서히 멈추다

8 ──────────────── 정답 ①

경쟁이 제공하는 피드백의 유용함

해석 ● 경쟁을 벌이는 활동은 최고는 인정받고 나머지는 무시되는, 단지 수행 기량을 보여주는 공개 행사 그 이상일 수 있다. 참가자에게 수행 기량에 대한 시기적절하고 건설적인 피드백을 제공하는 것은 일부 대회와 경연이 제공하는 자산이다. 어떤 의미에서는, 모든 대회가 피드백을 제공한다. 많은 경우에, 이것은 참가자가 상을 받는지에 관한 정보에 제한된다. 그런 유형의 피드백을 제공하는 것은 반드시 탁월함은 아닌, 우월한 수행 기량을 보여주는 것으로 강조점을 이동하는 것으로 해석될 수 있다. 최고의 대회는 단순히 승리하는 것이나 다른 사람을 '패배시키는 것'만이 아니라, 탁월함을 장려한다. 우월성에 대한 강조는 우리가 일반적으로 유해한 경쟁 효과를 조장하는 것이라고 간주하는 것이다. 수행 기량에 대한 피드백은 프로그램이 '이기거나, 입상하거나, 또는 보여주는' 수준의 피드백을 넘어설 것을 요구한다. 수행 기량에 관한 정보는 이기지 못하거나 입상하지 못하는 참가자뿐만 아니라 이기거나 입상하는 참가자에게도 매우 도움이 될 수 있다.

▶ 문제 유형 및 해설

관계부사, 주어동사 수일치, 생략, 동명사, 대동사(do)

① 뒤에 등위접속사로 연결된 완전한 2개의 절(the best is recognized, the rest are overlooked)이 이어지므로 관계대명사 which는 관계부사 where가 되어야 한다. 이때 where 이하는 performance showcases를 수식한다.
② 전치사구(of timely ~ on performance)가 주어(The provision)를 수식하고 있으며, 주어는 단수이므로 단수동사(is)가 적절하다.

③ 'not necessarily(반드시 ~은 아닌)'는 부분 부정으로, not necessarily와 excellence 사이에 반복되는 demonstrating이 생략된 것으로 이해할 수 있다. 따라서 demonstrating을 수식하는 necessarily는 적절하다.
④ 내용상 전치사 as의 목적어가 필요하므로, 동명사(fostering)은 적절하다.
⑤ do는 앞에 나온 win or place를 대신 받는 대동사로 적절하다.

▶ 구문 분석

▶ Performance feedback **requires that** the program **go** beyond the "win, place, or show" level of feedback.

「(명령, 요구, 주장, 충고, 제안 등의) 동사+that+주어+(should +) 동사원형」의 구문 형식으로 that절 뒤에 동사원형이 쓰였다.

showcase	n. 공개 행사, 진열장
recognize	v. 인정하다, 인식하다
overlook	v. 무시하다, 간과하다
provision	n. 제공, 공급
constructive	a. 건설적인
asset	n. 자산, 재산
restrict	v. 제한하다, 한정하다
interpret	v. 해석하다, 이해하다
emphasis	n. 강조(점), 주안점
demonstrate	v. 보여 주다, 입증하다
promote	v. 장려하다, 증진하다
beat	v. 패배시키다, 이기다

기출마무리　　p. 17　　1 ③　　2 ⑤

1 ──────────────── 정답 ③

물개의 생태

해석 ● 동태평양 북부의 물개들이 캘리포니아에서 알래스카까지 북아메리카의 연안에서 보내는 겨울 동안 어디에서 그리고 무엇을 먹고 사는지는 오랫동안 다소 불가사의한 것이었다. 그것들이 얼마만큼이나 많은 정어리, 고등어 또는 다른 상업적으로 중요한 어류를 먹고 살고 있다는 증거는 없다. 추측컨대, 알려진 사실이 없지만 4백만 마리의 물개들이 같은 종을 놓고 상업을 목적으로 하는 어부들과 다툴 수 없을 것이다. 그러나 물개들의 먹이에 관한 약간의 증거가 있고 그것은 대단히 의미심장하다. 그들의 위에서 살아 있는 채로는 절대 발견된 적이 없는 한 물고기 종류의 뼈가 나왔다. 사실, 물개들의 위 속을 제외하고 어느 곳에서도 그것의 잔존물조차 발견된 적이 없었다. 어류학자들은 이 '물개 어류'가 보통 대륙붕 가장자리에서 떨어진 아주 깊은 물에서 서식하는 한 집단에 속한다고 말한다.

▶ 문제 유형 및 해설

관계대명사/관계부사, 「전치사 + 동명사」, 주어동사 수일치

(A) 「관계부사 + 완전한 절」, 「관계대명사 + 불완전한 절」인데 문장에서 spend의 목적어가 없으므로 which가 적절하다.
(B) without(전치사)는 목적어로 명사 또는 동명사를 필요로 하므로 동명사구 being known이 적절하다. the fact는 동명사의 의미상 주어이다.
(C) 주어(remains)는 복수명사이므로 복수동사(have)가 적절하다.

▶ 구문 분석

▶ **It** had long been something of a mystery [where, and on what, the northern fur seals of the eastern Pacific feed during **the winter**, **which** they spend off the coast of North America from California to Alaska].

It은 형식상의 주어(가주어)이고 [ ]로 표시된 부분이 내용상의 주어(진주어)이다. 또한, 목적격 관계대명사(which)의 선행사는 the winter이다.

▶ Their stomachs have yielded the bones of a species of fish that has never **been seen alive**.

alive는 서술적 용법의 형용사로 쓰이며 be seen alive는 「see + O + O·C(alive)」가 수동태가 된 것이다.

to any great extent	얼마만큼이나 많이
sardine	n. 정어리
mackerel	n. 고등어
presumably	ad. 추측컨대
compete	v. 경쟁하다
significant	a. 의미심장한, 중대한
yield	v. 산출하다
remain(s)	n. 잔존물, 잔해, 유적
inhabit	v. ~에 살다, 거주하다, 서식하다
continental shelf	대륙붕

2 .... 정답 ⑤

더 빨리 잠들게 하는 글쓰기의 유형

해석 ● Baylor 대학의 연구자들은 다양한 종류의 글쓰기가 사람들을 편하게 하여 잠들도록 해 줄 수 있는지 아닌지를 조사하였다. (그것을) 알아보려고, 그들은 57명의 젊은 성인들에게 잠자리에 들기 전 5분간 앞으로 며칠 동안 해야 할 일의 목록과 지난 며칠 동안 끝낸 일들의 목록 중 하나를 쓰는 데 시간을 보내도록 했다. 그 결과는 잠들기 전 글쓰기가 모두 똑같이 만들어지지는 않는다는 것을 확인해 준다. 해야 할 일의 목록을 잠자리에 들기 전에 만드는 사람들은 지나간 일에 관해 쓰는 사람들보다 9분 더 빨리 잠들 수 있었다. 목록의 질 또한 중요했는데, 과업이 더 많을수록 그리고 해야 할 일의 목록이 더 구체적일수록, 글을 쓴 사람들은 더 빨리 잠들었다. 그 연구의 저자들은 미래의 과업을 적으면 생각을 내려놓게 되므로 여러분은 그것을 곰곰이 생각하는 것을 멈출 수 있다고 결론짓는다. 여러분은 자신의 뇌에게 그 과업이 처리될 것인데 단지 지금 당장은 아니라고 말하고 있는 것이다.

▶ 문제 유형 및 해설

whether(명사절 접속사), 동명사, 주어동사 수일치, 비교급 활용, 문장성분(동사)

① 문장에서 동사 investigate의 목적어 역할을 하며 완전한 절(different types of ~)을 이끌고 있어 접속사가 필요하므로 명사절 접속사 whether(~인지 아닌지)는 적절하다.
② 「spend+시간·돈+(in) 동명사」는 '~하는 데 ~(시간·돈)를 소비하다'는 의미를 가진 표현으로 시간 다음에 동명사(writing)가 오므로 적절하다.
③ 문장의 주어(those)가 복수이므로 동사는 복수여야 하며, 종속절(than ~) 시제가 과거이므로 주절의 시제도 과거여야 하므로 were는 적절하다.
④ 비교급의 활용구문인 「the 비교급+주어₁+동사₁, the 비교급+주어₂+동사₂」에서 첫 번째 were의 보어로 형용사가 올 수 있으므로 specific은 적절하다.
⑤ 구조상 that절 안에 주어(writing down future tasks)의 술어 역할을 하는 동사가 와야 하므로 unloading을 unloads로 바꿔야 한다.

▶ 구문 분석

▶ To find out, they **had 57 young adults** <u>spend</u> **five minutes** before bed **writing** [either {a to-do list for the days ahead} or {a list of tasks they'd finished over the past few days}].

「사역동사(have)+목적어+목적격보어」의 구조이며 목적격보어 자리는 「spend+목적어+V-ing(~하는 데 시간을 사용하다)」가 왔다. 또한 writing의 목적어가 상관접속사(either A or B)로 연결되어 있다.

▶ The quality of the lists mattered, too; [{the more tasks **and** the more specific the to-do lists were}, the faster the writers fell asleep].

[ ]는 비교급의 활용 구문인 「the 비교급+S₁+V₁, the 비교급+S₂+V₂(~하면 할수록 더욱 ...하다)」로, 앞 비교급 자리의 { }의 the more tasks와 the more specific ~ lists가 등위접속사(and)로 병렬연결되었다.

▶ The study authors figure [that writing down future tasks unloads the thoughts] so you can stop turning them over in your mind.

동사 figure의 목적어인 명사절 that절 [ ]에서 주어는 writing down future tasks이고 동사는 unloads이다.

▶ You're telling your brain [that the task will **get done** — just not right now].

4형식 문장(S+V+I·O+D·O)의 문장으로 [ ]는 직접목적어가 된다. 「get+형용사(과거분사)」 형태인 get done은 수동태처럼 사용된다.

investigate	v. 조사하다
ease A(목적어) into B(명사)	A를 편안하게 B하게 하다
to-do list	해야 할 목록
task	n. 일, 과업
confirm	v. 확인해 주다
past	a. 지나간
matter	v. 중요하다
specific	a. 구체적인, 상세한
author	n. 저자, 필자
figure	v. 결론짓다, 생각하다, 이해하다
unload	v. 짐을 내려놓다, 부담을 덜다
turn ~ over in one's mind	~을 곰곰이 생각하다

DAY 2 능동태와 수동태

1 그것은 우리가 가정하는 잠재력에 대한 현실의 비율에 의해 결정된다.
▶ 동사(determine)의 목적어 없이 by 뒤에 능동태 구문의 주어가 따라오므로 「be + p.p.」의 수동태가 적절하다.

2 철로는 가장 적합한 운송 기술로서 자리잡았다.
▶ 주어(The railroad)와 동사(establish)의 관계가 수동이고, 시제가 과거이므로 「was + p.p.」는 적절하다.

3 여러분이 접시를 깨끗이 비울 때까지 식탁에 앉아있어야 했다면, 여러분은 혼자가 아니다.
▶ 사역동사의 수동태의 경우 능동문에서 목적격보어였던 원형부정사는 to부정사의 형태를 취해야 하므로 sit을 to sit으로 고쳐야 한다.

4 비버들은 풍경을 물리적으로 바꿈으로써 자신들의 영향력을 행사하기 때문에, 생태계의 토목기사로 알려져 있다.
▶ '~로 알려져 있다(자격)'는 의미의 수동태는 be known as가 되어야 한다.

5 전문가들이 정책을 만들고 실행하는 데 있어 큰 역할을 할 때 정책수립은 더욱 객관적인 것으로 간주될 수 있다.
▶ 지각동사의 수동태의 경우 능동문에서 목적격보어였던 원형부정사는 to부정사의 형태를 취해야 하므로 to be는 적절하다.

STEP 2 **기출문제로 유형 연습하기**   p. 22

01 be won	02 are delivered	03 are counted
04 interested	05 laid	06 selling
07 be kept	08 needed	09 is taken
10 being given	11 was found	12 considered

01 주어(the battle)가 스스로 승리하는 것이 아니라, be won(승리되는) 수동의 의미가 적절하다.

02 더 작고 가벼운 조각들이 스스로 운반하는 것이 아니므로 'are delivered(운반되는)'의 수동형이 적절하다.

03 The votes는 사물이므로 수동태(are counted)가 적절하다.

04 '그 직책에 관심이 있는 학생들'이라는 의미로, '~에 관심이 있다'는 be interested in으로 나타낸다. 이때, Students와 interested 사이에 who are가 생략되었음을 알 수 있다.

05 자동사, 타동사의 과거분사형을 구분할 수 있어야 한다. '매장하다(lay)'의 과거분사 형태인 laid가 적절하다.
vi. lie(눕다) - lay - lain
     lie(거짓말하다) - lied - lied
vt. lay(매장하다, 알을 낳다) - laid - laid

06 뒤에 목적어(prepackaged goods)가 나왔으므로 수동형이 올 수 없고 by가 전치사이므로 능동형 동명사(selling) 형태가 적절하다.

07 주어인 초콜릿이 보관된다는 것을 나타내는 수동태(be kept)가 알맞으며 조동사 뒤에는 동사의 원형이 와야 하므로 「조동사 + be + p.p.」의 형태를 가진다.

08 물과 자양분은 생존하는 데 'needed(필요로 되는)'의 수동형이 적절하며, 원래 문장은 which are needed이나 「관계대명사 + be동사」는 생략 가능하므로 needed만 남았다.

09 주어가 speaking이므로 수동형(is taken)이 적절하다.

10 「be + being + p.p.(~되고 있는 중이다)」의 진행 의미를 가지는 수동태(being given) 구문이 내용상 적절하다.

11 주어가 사물인 The largest gap(행위의 대상)이므로 동사는 수동이 되어야 적절하므로 was found가 적절하다.

12 신체와 정신 훈련에 있어서 '성공적인 수행으로 여겨지는 것'을 달성해야 한다는 의미이므로, 수동형으로 what is에 이어지는 'considered'가 적절하다.

STEP 3 **수능기출 실전 문제 풀어보기**   pp. 24~26

1 ① 2 ① 3 ② 4 ① 5 ② 6 ③ 7 ④ 8 ④ 9 ④

1 ─────────────── 정답 ①

시설에서의 금지사항들

해석 ● 모든 Smithsonian 시설에서는 흡연이 금지되어 있습니다. 박물관이나 국립 동물원에서는 애완동물(안내견을 제외한)의 출입이 금지됩니다. 특별 전시 구역을 제외하고 상설 전시관에서는 카메라와 비디오 카메라의 사용이 허용됩니다. 그러나, Public Affairs Office의 허가가 없다면 박물관 내에서 플래시 카메라는 허용되지 않습니다.

▶ 문제 유형 및 해설

수동태, 주어동사 수일치, 접속사

(A) 흡연이 '금지되는' 것이므로 수동태의 과거분사(prohibited)가 필요하다.
(B) 주어인 The use와 호응을 이룰 수 있는 단수(is)가 적절하다.
(C) 문맥상 '허락을 얻지 않는다면 허용이 되지 않는다'라는 의미가 되어야 하므로 unless가 적절하다.

prohibit	*v.* 금지하다
facility	*n.* 시설
permit	*v.* 허락하다, 허가하다
permanent	*a.* 상설의, 불변의
collection	*n.* 수집, 수집물
exhibition	*n.* 전시

2 ─────────────── 정답 ①

토끼의 개체 수 변화와 전파

해석 ● 세계의 대부분 지역에서 토끼는 오랫동안 그것의 고기와 가죽 때문에 소중하게 여겨졌다. 유럽에는 빙하시대부터 야생토끼가 있었다. 12세기에 노르만 침략자들이 그 유럽산 토끼를 영국으로 가져왔으며 개체 수가 크게 증가했다. 호주에는 1859년까지 토끼가 없었다. 그때, 호주의 한 지주가 24마리의 유럽산 토끼를 영국으로부터 들여왔다. 토끼의 수가 증식했다. 그 지주는 4년 후, 토끼고기와 가죽을 얻기 위해 2만 마리 정도의 토끼를 죽였다고 말했다. 1930년 경 그때까지 살아남아 있던 토끼는 빠르게 번식하여 수백만 마리가 호주 전역에 널리 퍼졌다.

▶ 문제 유형 및 해설

수동태, 관계부사, 과거분사, 시제, 「most of (the) + 명사」

① 주어인 rabbits는 평가의 주체가 아니라 대상이므로 수동형(have long been valued)이 적절하다.
② 장소(England)를 가리키는 관계부사(where)가 적절하다.
③ 「사역동사(had) + O + O·C」에서 목적어(rabbits)와 목적격보어(sent)의 관계가 수동관계이므로 과거분사(sent)는 적절하다.
④ 지주가 말한(said) 것보다 토끼를 죽인 것이 더 먼저 일어난 일이므로 대과거(had killed)가 적절하다.
⑤ 「most of (the) + 명사」는 '대부분의 것들'로 해석된다. Australia는 무관사이므로 most of Australia가 적절하다.

◆ 구문 분석

▶ By 1930, the remaining rabbits had multiplied **so** fast **that** millions of them had spread over most of Australia.

「so ~ that ...」 구문은 '너무 ~해서 …하다'로 해석한다.

value	v. 가치 있게 생각하다, 평가하다
pelt	n. 털가죽
invader	n. 침입자
multiply	v. 크게 증대하다, 증식하다

3 정답 ②

성공의 비밀: 계획된 태만

해석 ● 연주회에서 바이올린을 연주하는 연주자에게 성공의 비결을 묻자, "계획된 태만"이라고 답변했다. "제가 학교에 다니고 있었을 때, 시간과 에너지를 요구하는 많은 일들이 있었어요. 아침을 먹고 방에 들어가서 이부자리를 개고, 방을 정리하고, 마루에 먼지를 닦고, 내 눈길을 사로잡는 것은 무엇이든 했어요. 그런 다음 서둘러 바이올린 연습을 하러 갔죠. 생각했던 것만큼 바이올린 실력이 나아지고 있지 않다는 것을 알게 된 저는 순서를 바꾸어 해 봤어요. 연습기간이 종료될 때까지 저는 의도적으로 다른 모든 일을 소홀하게 했어요. 계획된 태만이라는 그 프로그램이 제 성공의 비결이라고 생각합니다."라고 말했다.

◆ 문제 유형 및 해설

수동태, 능동태, 병렬, 시제

① 바이올린 연주자가 답변하는 것으로 보아, '질문을 받은' 것이므로 was asked가 적절하다.
② things를 선행사로 취해 were가 적절한 듯 보이나, demand는 '~을 요구하다'라는 의미의 타동사이고, 뒤에 목적어(my time and energy)가 제시되고 있으므로 능동태가 되어야 한다. 즉, were demanded가 아니라 demanded가 되어야 한다.
③ made, straightened, and did와 함께 병렬 구조를 이루므로 dusted가 적절하다.
④, ⑤ 모두 과거 사실에 대한 서술식 구조를 이루고 있으므로 과거 시제가 적절하다.

neglect	n. 태만, 소홀
straighten	v. 정리하다
come to one's attention	주의를 끌다
reverse	v. 순서를 바꾸다
deliberately	ad. 고의로, 의도적으로
account for	~을 설명하다

4 정답 ①

열정을 불어 넣은 자동차 경주대회

해석 ● 아빠가 나에게 자동차 경주에 대해 소개한 것은 내가 다섯 살 때였다. 아빠는 자동차 경주대회에 가는 것이 정상적인 가족 외출이라고 생각했다. 그것은 아내와 아이들과 함께 좋은 시간을 보내는 아빠의 방식이었다. 그는 아들에게 평생토록 계속될 열정을 불어 넣고 있다는 사실을 결코 알지 못했다. 나는 나의 작은 발이 나를 자동차 대회 경기장에 있는 특별관람석으로 이르는 계단으로 이끌던 5월의 그 날 내가 느꼈던 최고의 감정을 여전히 기억한다.

◆ 문제 유형 및 해설

가/진주어, 부정부사(little), 능동태

(A) 뒤에 진주어(to go to a car ~)를 대신할 수 있는 가주어(it)가 필요하다. which는 문장에서 의문사나 관계대명사로 사용된다.

(B) He little knew that ~에서 부정의 의미를 지닌 부사 little(거의 ~ 않다)을 강조하기 위해 문장의 앞부분으로 옮긴 형태이다.
(C) 수동태는 뒤에 목적어가 나올 수 없으므로 목적어 me를 취할 수 있는 타동사 carried가 적절하다.

outing	n. 여행, 소풍
passion	n. 열정
awesome	a. 근사한, 멋진
grandstand	n. 특별관람석

5 정답 ②

빙하

해석 ● 우리가 빙하라고 부르는 움직이고 있는 얼음 덩어리는 자연의 볼거리들 중에서도 가장 장관을 이룬다. 그것은 조밀하게 뭉쳐진 눈에서 생겨난다. 시내와 달리, 빙하는 움직이는 것을 볼 수 없다. 하지만, 정확하게 측정해보면 그것이 흐르고 있다는 것을 알 수 있다. 빙하에 의한 기반암의 침식과 침식된 물질의 퇴적물은 독특하고 쉽게 알아 볼 수 있다. 그것들의 분포는 오래되지 않은 과거에 빙하가 오늘날보다 훨씬 더 광범위하게 퍼져 있었다는 것을 추론할 수 있게 해 준다. 동시에, 이런 증거는 '빙하시대'의 원인에 대한 문제를 제기했다.

◆ 문제 유형 및 해설

주어동사 수일치, 지각동사의 수동형, 부사(형용사 수식), 비교급, 과거분사

① 주어(The bodies)가 복수이므로 are는 적절하다.
② 지각동사가 들어간 문장은 수동태로 바뀔 시, 목적격보어로 쓰인 원형부정사가 to부정사로 바뀌게 된다. 따라서 Unlike a stream, a glacier cannot be seen to move.가 되어야 한다.
③ 형용사(recognizable)를 수식할 수 있는 부사(easily)가 적절하다.
④ 비교급 구문으로 than은 적절하다.
⑤ 현재완료이므로 '제기하다'라는 동사(raise)의 과거분사(raised)가 적절하다.

glacier	n. 빙하
spectacular	a. 장관의, 구경거리가 되는
feature	n. 특징, 볼만한 것
densely	ad. 밀집하게, 빽빽이
measurement	n. 측정
erosion	n. 침식
bedrock	n. 기반암
deposit	n. 퇴적물
recognizable	a. 알아볼 수 있는
distribution	n. 분포
infer	v. 추론하다
extensive	a. 광범위한
evidence	n. 증거

6 정답 ③

프로와 아마추어의 차이

해석 ● 요즘에는 프로 스포츠에서 선수와 코치가 과정에 대하여 말하는 것을 듣는 것이 특이한 일이 아니다. 그들은 과정에 집중하고 과정을 따르는 것에 대하여 말한다. 그들은 골 넣기, 터치다운, 홈런, 점수, 혹은 명중시키는 것에 대해서는 좀처럼 말하지 않는다. 이는 전적으로 과정에 관한 것이다. 그러면 그들은 이것으로 무엇을 말하려는 것인가? 그들이 과정에 집중한다고 말하는 의미는 그들은 자신이 바라는 결과를 달성하기 위하여 할 필요가 있는 행동에 집중한다는 것이다. 그들은 결과 자체에 집중하지 않는다. 여기에서의 논리는 요구되는 단계들을 여러분이 따라간다면, 결과는 알아서 나올 거라는 것이다. 이것이 프로 스포츠인과 아마추어 스포츠인 간의 큰 차이 중 하나이다. 아마추어들은 보통 결과에 집중하고 거의 자동으로 결과로 이어질 모든 것들을 행하는 것에 대해서는 잊어버린다.

📳 문제 유형 및 해설

가/진주어, 도치, 능동태, 접속사(that), 전치사+동명사

① 가주어, 진주어를 알면 쉽게 해결할 수 있는 문제로, it은 가주어, to부정사구(to hear ~ process)가 진주어가 된 형태로 적절하다.
② 부정어(Rarely)가 문두에 와서 도치된 경우로 「부정어 + do동사 + 주어 + 동사원형」의 형태로 적절하다.
③ the actions가 의미상 목적어로 they와 take the actions의 관계가 능동이므로, be taken이 take로 바뀌어야 한다.
④ 문장에서 보어 역할을 하는 명사절을 이끄는 접속사로 that의 쓰임은 적절하다.
⑤ 전치사 다음에는 항상 명사(구)나 동명사(V-ing)의 형태가 와야 하므로 doing은 적절하다.

📳 구문 분석

▶ **Rarely do they** talk about scoring a goal, a touchdown, a home run, a point, or achieving a good shot.

부정어(Rarely, Scarcely, Seldom, Neither, Nor 등)가 문두에 나오면 주어와 동사(혹은 조동사)가 도치된다.

▶ The reasoning here is [**that** {if you follow the steps required, then the result will look after itself}].

that은 보어 역할을 하는 명사절을 이끄는 접속사로, that절 [ ] 안에서 다시 {if조건절(종속절), 주절}로 이루어져 있다.

professional	n. 프로 운동선수, 전문직 a. 직업의, 전문의
process	n. 과정 v. 진행하다
focus on	~에 집중하다
score	n. 점수 v. 득점하다
achieve	v. 성취하다, 이루다
in order to	~하기 위하여
desired	a. 바랐던, 희망하는
require	v. 필요로 하다, 요구하다
look after	뒤따르다, 배웅하다
automatically	ad. 무의식적으로, 자동으로
lead to	~로 이어지다

7 .... 정답 ④

동물의 행동과 신체적 형태의 관계

해석 ● 어떤 동물이 어떤 종류의 행동을 하도록 선천적으로 타고났다면, 생물학적인 단서가 있을 가능성이 있다. 물고기가 지느러미와 강력한 꼬리를 갖춘 유선형이고 매끄러운 몸을 가지고 있는 것은 우연이 아니다. 그들의 몸은 물속에서 빠르게 움직이는 데 구조적으로 알맞다. 마찬가지로, 여러분이 죽은 새나 모기를 발견한다면, 그 날개를 보고서 비행이 그것의 보편적인 이동 방식이라는 것을 추측할 수 있을 것이다. 하지만, 우리는 지나치게 낙관적이어서는 안 된다. 생물학적인 단서는 필수적인 것이 아니다. 그것들(생물학적인 단서)이 발견되는 정도는 동물마다 다르고 행동마다 다르다. 예를 들어, 새들이 둥지를 짓는 것을 그들의 몸에서 추측하는 것은 불가능하고, 때로 동물들은 유령거미가 엄청나게 긴 다리를 가지고 있지만 매우 짧은 가닥으로 거미집을 짓는 것처럼 그들의 신체적 형태에서 예상될 수 있는 것과는 정반대의 방식으로 행동한다. 관찰자인 인간에게는 거미집 둘레를 빙빙 돌며 움직일 때 그것들의 다리는 엄청난 방해물처럼 보인다.

📳 문제 유형 및 해설

주어동사 수일치, 주격보어, 대명사, 수동태, 관계대명사(what)

① there는 유도부사이고 동사의 수는 be동사 다음에 온 내용상의 주어(clues)에 일치시키므로 are는 적절하다.
② 형용사 streamlined와 smooth는 등위접속사(and)로 연결되어 are

의 주격보어 역할을 하므로 적절하다.
③ 등위접속사 or로 연결된 단수명사는 단수 취급하므로 a dead bird or mosquito를 its로 지칭한 것은 적절하다.
④ 주어인 they(biological clues)가 동작(find)의 대상이므로 현재분사(능동)인 finding을 과거분사(수동) found로 바꾸어야 한다.
⑤ what은 선행사를 포함하는 관계대명사로 contrary to의 목적어 역할을 하는 관계대명사절을 이끌어 적절하다.

📳 구문 분석

▶ **It** is no accident [**that** fish have bodies {which are streamlined and smooth}, with fins and a powerful tail].

It은 가주어, [ ]는 진주어인 that절이다. { }는 bodies를 수식하는 주격 관계대명사절이다.

▶ For example, [**it** is impossible {to guess from their bodies (that birds make nests)}], **and**, [sometimes, animals behave in a way quite contrary to {what might be expected from their physical form}]: ~

두 개의 절 [ ]이 등위접속사(and)로 병렬 연결되어 있다. 첫 번째 절의 it은 가주어, { }는 진주어인 to부정사구이며 ( )는 guess의 목적어 역할을 하는 명사절(that절)이다. 두 번째 절에서 { }는 contrary to의 목적어인 관계대명사절이다.

innately	ad. 선천적으로, 태어나면서부터
streamlined	a. 유선형의
fin	n. 지느러미
adapted	a. 알맞은, 적당한
mode	n. 방식, 유형
transport	n. 이동
over-optimistic	a. 지나치게 낙관적인
tremendously	ad. 엄청나게
weave	v. (옷감·카펫 등을) 짜다, 엮다
thread	n. 가닥, 실
hindrance	n. 방해

8 .... 정답 ④

놀이를 통한 아이들의 공감 능력

해석 ● 아이들의 공감 능력을 길러줄 수 있는 가장 간단하고도 효과적인 방법 중 하나는 스스로 더 놀도록 내버려 두는 것이다. 감독 없이 노는 아이들은 그들이 어떻게 느끼는지를 서로에게 주저 없이 말한다. 게다가, 놀고 있는 아이들은 흔히 다른 역할을 맡아서 Walsh 교장 선생님이나 Josh 엄마인 척하고, 즐거운 마음으로 다른 누군가가 어떻게 생각하고 느끼는지를 스스로 상상하게 만든다. 불행하게도, 자유로운 놀이는 드물어지고 있다. Boston 대학의 연구 교수인 Peter Gray는 미국과 다른 선진국에서 지난 50년에 걸쳐서 아이들이 자기 자신들이 선택한 방식으로 놀면서 탐구할 기회가 지속적이고, 궁극적으로는 급격한 감소를 보이고 있음을 상세히 기록해 왔다. 그 결과는 공감 능력을 특히 훼손해 왔다고 그는 주장한다. 사회적으로 놀 기회를 거의 갖지 못하는 아이들에게서 우리가 볼 것으로 예상하는 것은 바로 공감 능력의 감소와 자아 도취의 증가라고 그는 결론 내린다.

📳 문제 유형 및 해설

주어동사 수일치, 재귀대명사, 부사, 능동태, 관계대명사(what)

① 주어가 One of~이므로 단수 취급하여 단수동사 is는 적절하다.
② 주어인 children과 forcing의 목적어가 같은 대상이므로 목적어를 재귀대명사 themselves로 쓰는 것은 적절하다.
③ 형용사 dramatic을 수식해야 하므로 부사인 ultimately는 적절하다.
④ 문장의 주어인 The effects가 '훼손하다(damage)'라는 동작의 주체이므로 능동의 의미를 가진 damaging을 써야 한다.
⑤ 뒤에 불완전한 절이 오고 있고, '우리가 기대하는 것'의 의미가 되어야 하므로 선행사를 포함하는 관계대명사 what이 적절하다.

▶ 구문 분석

▶ [One of the simplest and most effective ways {to build empathy in children}] is (to **let** them **play** more on their own).

[ ]이 문장의 주어로, 형용사적 용법의 to부정사구 { }가 ways를 수식하며 명사적 용법의 to부정사구 ( )가 주격보어로 쓰인 2형식 문장이다. 사역동사 let의 목적격보어로 동사원형인 play가 쓰였다.

▶ In addition, children at play often take on other roles, [pretending to be Principal Walsh or Josh's mom], [happily forcing themselves to imagine {how someone else thinks and feels}].

두 개의 분사구문 [ ]이 연결되어 있으며, 간접의문문 { }가 imagine의 목적어로 쓰였다.

effective	a. 효과적인
unsupervised	a. 감독을 받지 않는
reluctant	a. 주저하는
pretend	v. ~인 척하다
rare	a. 드문, 흔하지 않은
document	v. (상세히) 기록하다
continuous	a. 지속적인
ultimately	ad. 궁극적으로
dramatic	a. 극적인
decline	n. 감소
explore	v. 탐구하다
conclude	v. 결론 내리다
rise	n. 증가, 상승
narcissism	n. 자아도취

9 ——————————— 정답 ④

지도자의 특성 연구

해석 ● 지도자는 그들을 지도자가 아닌 사람과 구별해 주는 특정한 신체적, 지적, 혹은 성격적 특성을 '선천적으로' 가지고 있다는 생각은 리더십에 대한 특성 기반 접근법의 기초적인 믿음이었다. 이 접근법은 1800년대 후반부터 1940년대 중반까지 리더십 연구를 지배했으며, 지난 몇십 년 동안 관심이 되살아나는 것을 경험했다. 어떤 사람들은 위대한 지도자가 될 수 있게 해 주는 특성을 가지고 태어난다고 초기 특성 이론가들은 믿었다. 따라서 이 분야의 초기 연구는 '지도자는 만들어지는 것이 아니라 태어나는 것'이라는 널리 언급되는 주장을 자주 제시하였다. 또한, 초기 리더십 연구 중 일부는 '위인' 이론이라 불리는 것에 기반을 두었는데, 이는 그 당시 연구자들이, 보통 남성이면서 귀족이거나 정치 또는 군대의 리더십과 관련 있는, 역사상 대단히 눈에 띄는 지도자들의 특징을 밝히는 데 초점을 맞췄기 때문이다. 더 최근의 역사에서, 수많은 저자들은 타고나든 (후천적으로) 습득되든 리더십 잠재력에 기여하는 많은 지속성 있는 자질이 있다는 것을 인정했다. 이런 특성에는 '추진력', '자신감', '인지 능력', '성실성', '결단력', '지능', 그리고 '청렴' 등이 포함된다.

▶ 문제 유형 및 해설

주어동사 수일치, 대명사, 접속사(that), 수동태, 접속사 (whether)

① 주어가 단수인 The idea이므로 동사 was는 알맞다.
② some individuals를 가리키는 복수 인칭대명사 them이 알맞다.
③ the widely stated argument를 보충 설명하는 동격의 접속사 that이다. that 뒤의 문장구조는 완전하다.
④ 문맥상 what은 '위인 이론'과 동격을 이룬다. 즉 what이 '위인 이론이라고 언급되는' 대상인 것이다. 따라서 능동태 동사 referred를 수동태인 was referred로 고쳐야 한다.
⑤ 「whether A or B(A이든 B이든)」 구조로, 보어인 A or B 앞에 「대명사 주어+be동사」인 they are가 생략되어 있다. 이 they는 many enduring qualities를 가리킨다.

▶ 구문 분석

▶ ~ some of the earliest leadership studies were grounded in [what **was referred to as** the "great man" theory] ~.

전치사 in의 목적어인 what절에 「refer to A as B(A를 B라고 일컫다)」의 수동태인 「A be referred to as B(A가 B라고 일컬어지다)」가 쓰였다.

inherently	ad. 선천적으로
trait	n. 특성
distinguish A from B	A를 B와 구별하다
state	v. 언급하다
be grounded in	~에 기반을 두다
visible	a. 눈에 띄는, 가시적인, 두드러지는
enduring	a. 지속되는
conscientiousness	n. 성실성

기출마무리 p. 27   1 ④   2 ①

1 ——————————— 정답 ④

실제 생활 속에서의 수학

해석 ● Brown 선생은 그의 학생들이 실제 생활 속에서 수학을 배우기를 원했다. 그는 단지 책에서 나온 문제를 푸는 것만으로는 부족하다고 느꼈다. 그의 학생들에게 수학이 어떻게 정말 그들을 도울 수 있는지를 보여주기 위해, 그는 그 해에 몇 차례의 대회를 열었다. 그 대회들은 그의 학생들이 수학을 연습하고 돈을 버는 중에 재미를 갖게끔 했다. 한번은 그가 어항에 구슬을 가득 넣고 학생들에게 얼마나 많은 수의 구슬이 있는지 맞춰보라고 했고, 맞춘 사람에게는 공짜 점심을 수여했다. 다른 때에는 그들은 소형 오픈 트럭 안에 몇 개의 소다 캔이 있는지 맞추는 대회에 참가하기도 했다. 이기기 위해, 그들은 추정하고, 곱하고, 나누고, 재는 그들의 기술을 연마해야만 했다. 그들은 연말의 수학여행에서 대부분의 상금을 사용했다.

▶ 문제 유형 및 해설

인칭대명사, 5형식 동사, 병렬, 능동태, most

① 문맥상 help 다음에 his students를 가리키는 목적어 them이 쓰였다.
② 「allow + 목적어 + to동사원형」의 형태가 되어야 한다.
③ filled, asked, awarded의 병렬 구조이다.
④ ~ how many soda cans the back of a pickup truck was held.에서 how는 간접의문문의 의문사이고, the back of a pickup truck은 주어, how many soda cans는 목적어가 된다. 그러므로 동사로는 능동형(held)이 적절하다.
⑤ most는 '최고'의 의미일 경우 앞에 the가 붙지만, '대부분'의 의미로 쓰였기 때문에 맞는 표현이다.

context	n. 상황, 문맥
real life	실생활
raise money	모금하다
fishbowl	n. 어항
marble	n. 구슬, 대리석
pickup truck	소형 오픈 트럭
estimate	v. 견적하다, 평가하다
multiply	v. 곱하다, 번식하다
divide	v. 나누다
measure	v. 측량하다
field trip	수학여행, 견학

2 ──────────────────────────── 정답 ①

부모와 유아가 같이 자는 데 대한 문화적 차이

해석 ● 새 아기의 탄생을 기다리는 동안, 북미의 부모들은 일반적으로 아기의 잠자는 거처로 방 하나를 준비한다. 수십 년 동안, 아이 양육에 대한 전문가들의 충고는 밤 시간에 아이를 부모로부터 떨어져 있게 하는 것을 장려해 왔다. 예를 들어, 아기들은 생후 3개월 즈음에는 자기들만의 방으로 옮겨져야 한다고 한 연구는 권장한다. "생후 6개월 즈음에 규칙적으로 부모의 방에서 자는 아이는 이러한 배치에 의존하게 되는 경향이 있다."라고 그 연구는 보고한다. 하지만, 부모와 유아가 '같이 자는 것'은 세계 인구의 약 90퍼센트 사람들에게는 표준이다. 일본인들, 과테말라의 마야인들, 그리고 북서 캐나다의 이누잇족과 같은 다양한 문화권에서는 그것을 행한다.

▶ 문제 유형 및 해설

> **능동태, 관계대명사, 「as + 형용사 + as」**

(A) 동사 뒤에 목적어가 이어지므로 수동형이 아닌 능동형(encouraged)이 적절하다.

(B) 관계대명사가 이끄는 regularly sleeps in her parents' room에서 주어가 없으므로 주격 관계대명사 who가 적절하다.

(C) 「as + 형용사 + as ~」 구문이 명사(culture)를 뒤에서 수식하고 있는 구조이므로, 형용사 diverse가 적절하다.

▶ 구문 분석

▶ For example, a study **recommends that** babies (should 생략) **be** moved into their own room by three months of age.

「(명령, 요구, 주장, 충고, 제안 등의) 동사 + that + 주어 + (should+) 동사원형」의 구문 형식으로 기출로 자주 등장한다.

await	v. ~을 기다리다
typically	ad. 전형적으로, 일반적으로
quarter(s)	n. 숙소, 막사
separation	n. 분리
regularly	ad. 규칙적으로
norm	n. 기준, 규범, 표준
diverse	a. 다양한

DAY 3 분사(현재·과거)와 분사구문

개념확인 TEST

> 1 fascinating 2 ○ 3 leaving 4 picked up 5 working

1 사람들은 얼굴 표정을 과장하고 유아들이 매력적이라고 느끼는 방식으로 목소리를 바꾸며 유아들과 관계를 맺는다.
   ▶ 선행사 voices를 설명하는 목적격보어 자리이다. voices는 유아들을 '매혹시키는' 주체이므로 fascinated를 fascinating으로 고쳐야 한다.

2 프랑스로 돌아왔을 때, Fourier는 열전도에 관한 그의 연구를 시작했다.
   ▶ 주절보다 앞선 시제를 나타내는 완료분사구문으로 「having + p.p.」의 형태는 적절하다.

3 그녀의 어머니는 젊어서 죽었고, 부유한 남편에게 재능 있는 다섯 딸을 남겼다.
   ▶ 분사구문으로 주절의 주어(Her mother)와의 관계가 능동이므로 left를 현재분사 leaving으로 고쳐야 한다.

4 아침에 하와이 농장에서 수확된 농산물은 저녁이면 캘리포니아 가정의 저녁 식탁에 올랐다.
   ▶ The agricultural products를 수식해야 하고 앞에 주격 관계대명사와 be동사(which were)가 생략되었다고 본다면 picking up을 과거분사인 picked up으로 고쳐야 한다.

5 그러나 최근 캘리포니아에서 17년 매미를 연구하는 한 과학자 집단은 (매미) 애벌레들이 외부의 신호를 사용하며 그들이 숫자를 셀 수 있음을 시사했다.
   ▶ one group of scientists를 수식해야 하고 앞에 주격 관계대명사와 be동사(who are)가 생략되었다고 본다면 worked를 현재분사인 working으로 고쳐야 한다.

STEP 2	기출문제로 유형 연습하기	p. 32

01 Realizing	02 living	03 done
04 outlining	05 considered	06 Spending
07 grounded	08 liberating	09 installed
10 experiencing	11 Faced	12 surprising

01 분사구문은 문장의 주어를 우선 찾아야 한다. South Korea가 주어이며 주어와 동사의 관계는 능동 관계이므로 Realizing이 적절하다.

02 명사(cats)가 이집트에 살고 있다는 능동(living)의 의미가 적절하다.

03 something이 나에게 무엇인가를 '행하는 것'이 아니라, '되어지는' 것이라는 의미이므로 과거분사(done)가 적절하다.

04 a movie가 '요약해주는' 주체이므로 현재분사 outlining을 써야 한다. what절이 분사의 목적어 역할을 한다.

05 분사 문제로, 명사(things)와의 관계가 수동(명사가 동작을 받고 있는 관계)에 있으므로 considered가 맞다.

06 문두에 분사구문이 나온 경우, 먼저 주어를 찾아야 한다. 주어는 a robot이고 spend 뒤에 an enormous amount of computing time이 나와 있으므로 능동형의 분사(Spending)가 적절하다.

07 an identity가 ground의 목적어에 해당하므로 과거분사(grounded)를 써야 한다.

08 경험이 '해방감을 안겨주는' 주체이므로 현재분사 liberating이 적절하다.

09 시간부사절을 이끄는 When이 생략되지 않은 분사구문의 형태로, 전체 주어는 the glass이며 내용상 설치되는(installed)이 적절하다. 또한 install 다음에 목적어가 없으므로 과거분사를 써야 한다는 것을 추측할 수 있다.

10 목적어(someone)가 an emotion을 경험하고 있다는 의미가 되어야 하므로 현재분사(experiencing)가 적절하다.

11 [When we are faced with a group ~]가 원래 문장이다. 종속절 (When ~)과 주절(we ~ us)의 주어가 같으므로 접속사(When)와 주어(we)를 생략하여 분사구문으로 바꾸면 [Being faced ~]가 된 다. 이때 Being은 생략이 가능하므로 과거분사인 Faced만 남긴 것 이다.

12 진주어인 that절을 설명하는 보어 자리이다. '철학자가 많다는 사실' 은 '놀라움을 유발하는' 주체이므로 현재분사 surprising을 쓴다.

STEP 3 수능기출 실전 문제 풀어보기 pp. 34~36

1 ② 2 ⑤ 3 ④ 4 ① 5 ④ 6 ④ 7 ⑤ 8 ② 9 ④ 10 ④

1 ————————— 정답 ②

찬가의 특성

해석 ● 사전적 정의에 따르면, 찬가(讚歌)는 흔히 국가에 대한 충성 의 노래이자 한 곡의 '성스러운 음악'인데, 이 두 가지 정의는 모두 스 포츠 상황에 적용될 수 있다. 이 장르는 전적으로는 아닐지라도 축구에 서 가장 두드러지게 나타나며, 인기 있는 노래들이 구단과 밀접한 연관 을 갖게 되고 팬들에 의해 열광적으로 받아들여지는 많은 사례를 만들 어 냈다. 게다가, 그것들은 흔히 충성과 정체성의 자발적인 표현이며, Desmond Morris에 따르면 '지역 예술 형태에 근접하는 어떤 것의 수 준에 도달했다'. 그런 스포츠 노래의 강력한 매력 요소는 이것이 '팬들 이 참여할 수 있는 외우기 쉽고 부르기 쉬운 합창'을 특징으로 한다는 것 이다. 이것은 팬들의 존재를 더 확실하게 느낄 수 있게 하므로 팀의 (경 기) 수행에 아주 중요한 부분이다. 이러한 형태의 대중문화는 '품위 있는 미적 거리와 통제'를 유지하는 경향이 있는 지배적인 문화와는 대조적으 로, 즐거움과 감정적 과잉을 보여 준다고 말할 수 있다.

▶ 문제 유형 및 해설

관계부사(where), 현재분사, 주어동사 수일치, 접속사(as), to부정사

① a number of examples를 꾸미는 'popular songs become ~ and are ~'가 완전한 문장이므로 관계부사 where를 썼다. '사례, 상황' 등의 명사는 추상적 공간으로 보아 where로 수식한다.
② 수식받는 대명사인 something이 '다가가는' 주체이므로 현재분사 approaching을 써야 한다. 뒤에 목적어 a local art form도 나왔다.
③ 핵심 주어인 A strong element가 단수명사이므로 is가 알맞다.
④ 부사절 접속사 as가 이유(~하므로)의 의미를 나타낸다.
⑤ 「be said+to부정사」는 '~라고 이야기된다'라는 뜻이다.

▶ 구문 분석

▶ [This form of popular culture] **can be said to display** pleasure and emotional excess ~

원래 이 문장은 'It can be said that this form of popular culture displays ~'인데, that절의 주어를 문장 전체 주어로 올리고 that절의 동사를 to부정사로 바꾸어 문장구조를 단순화했다.

definition	n. 정의
loyalty	n. 충성
sacred	a. 성스러운
exclusively	ad. 전적으로, 독점적으로
enthusiastically	ad. 열광적으로
spontaneous	a. 자발적인
feature	v. ~을 특징으로 하다
excess	n. 과잉
in contrast to	~와 대조적으로
respectable	a. 품위 있는, 존경할 만한
aesthetic	a. 미적인

2 ————————— 정답 ⑤

아버지의 사진들

해석 ● 전면 유리창 양쪽 벽은 그녀의 아버지가 직장에서 얻어 온 사 진들로 가득 차 있었다. 그는 우주 센터에서 사진기를 가지고 일을 했었 다. 매번 우주선이 발사된 후, 아버지는 검고 얇은 금속 액자에 끼워진 사진들을 받았는데, 주황색 우주복을 차려입고 웃고 있는 우주비행사 세 명의 사진과 그들이 로켓을 만들었던 큰 건물, 주황색과 흰색 줄무늬 낙하산 아래 바다를 표류하고 있는 은색 로켓 캡슐들의 사진이 거실 이 곳 저곳에 마치 상장처럼 걸려 있었다. 텔레비전 위에는 Neil Armstrong 이 달 표면에 서서 빳빳한 미국 성조기에 경례하고 있는 큰 사진이 놓여 있다.

▶ 문제 유형 및 해설

수동태, 관계대명사, 관계부사, 현재분사, 병렬

① 주어가 The walls이므로 의미상 수동태가 적절하다.
② which는 앞의 photographs를 받고 있는 관계대명사(계속적 용법) 이므로 적절하다.
③ 선행사(the enormous building)가 장소를 나타내고 뒤에 완전한 절 이 있으므로 where(관계부사)가 적절하다.
④ 원래 문장은 silver capsules which were drifting down ~인데, 「주격 관계대명사 + be동사」는 생략 가능하므로 drifting(현재분사)이 되어 silver capsules를 수식해 주는 형용사 역할을 하고 있으므로 적절하다.
⑤ 병렬 구조를 묻는 문제로, standing과 함께 연결되어 Neil Armstrong 을 꾸며주고 있으므로 salutes가 아닌 saluting을 써야 한다.

▶ 구문 분석

▶ **Above the television** is [a large picture of Neil Armstrong standing on the surface of the moon and saluting a stiff American flag].

부사구(above the television)가 문두에 나와 주어와 동사의 도치가 이 루어진 구조이다. [ ]이 주어가 되고 is가 동사가 되어, 원래의 문장은 A large picture of ~ flag is above the television.이 된다.

launch	n. (미사일, 우주선 등의) 발사
certificate	n. 증명서 v. ~임을 증명서로 증명하다
astronaut	n. 우주비행사
drift	v. 표류하다, 떠가다
parachute	n. 낙하산
salute	v. 인사하다, 경례하다

3 ————————— 정답 ④

사람들이 녹음된 음악에 끌리는 이유

해석 ● 개인용 음악 플레이어가 흔하고 사람들이 헤드폰으로 음악을 많이 듣는 것을 특히 고려하면, 요즘 우리 중 그렇게나 많은 사람이 녹 음된 음악에 끌리는 이유가 있다. 녹음 엔지니어와 음악가는 우리 청각 환경의 중요한 특징들을 식별하도록 진화한 신경 회로를 이용하여 우리 뇌를 자극하는 특수 효과를 만들어 내는 법을 배웠다. 이러한 특수 효과 들은 원리상 3-D 아트, 모션 픽처, 또는 착시와 비슷하지만, 이 중 어느 것도 우리의 뇌가 이것들을 인식하기 위한 특수한 방법을 진화시킬 만 큼 충분히 오랫동안 주변에 존재하지는 않았다. 오히려 3-D 아트, 모션 픽처, 그리고 착시는 다른 것들을 성취할 목적으로 자리 잡은 인식 체계 를 이용한다. 그것들이 이러한 신경 회로를 새로운 방식으로 사용하기 때문에, 우리는 그것들이 특히 흥미롭다고 여긴다. 똑같은 것이 현대의 녹음된 음악이 만들어지는 방법에도 적용된다.

▶ 문제 유형 및 해설

to부정사, 관계대명사, 주어동사 수일치, 현재분사, 관계부사 (that)

① 자동사 evolved 뒤에서 목적(~하기 위해)을 설명하는 to부정사구이다.

② 콤마 앞뒤로 절이 연결되므로 접속사가 필요한데, 동시에 3-D art, motion pictures, or visual illusions를 대신하는 대명사도 필요하다. 따라서 「접속사+대명사」 역할을 동시에 하는 관계대명사 which를 썼다.

③ 주격 관계대명사절의 동사는 선행사에 수일치한다. 여기서 선행사는 복수명사 perceptual systems이므로 are가 알맞다.

④ 목적어인 them은 3-D art, motion pictures, and visual illusions를 가리킨다. 이것들은 '흥미를 유발하는' 주체이므로, 보어 자리에 현재분사 interesting을 써야 한다.

⑤ the way를 꾸미는 관계부사 역할의 that이다.

▶ 구문 분석

▶ The same is true of the way [**that** modern recordings are made].

본래 that은 관계대명사이지만 관계부사 how나 why를 대신해 쓰이기도 한다. 참고로 선행사 the way는 방법의 선행사이나 방법의 관계부사 how와 함께 쓰이지 않는다는 특징이 있다.

be attracted to	~에 끌리다
considering	prep. ~을 고려하면
special effect	특수 효과
exploit	v. 이용하다
neural	a. 신경의
in principle	원칙적으로
perceive	v. 인식하다
true of	~에 해당하는, 적용되는

4 .... 정답 ①

네팔의 수도 카트만두

해석 ● 해발 1,350미터에 위치하고 있으면서, 반짝이는 히말라야 산맥이 내다보이는 카트만두 시는 일 년 내내 기후가 온화하여 살기 좋은 곳이다. 카트만두는 남북으로 5킬로미터와 동서로 5킬로미터로 정사각형 모양을 형성하면서 분지의 거의 정중앙에 위치한다. 그 곳은 네팔의 고대 왕국의 유적지였다. 지금은 네팔의 수도이면서 정치와 경제, 그리고 문화의 중심지이기도 하다.

▶ 문제 유형 및 해설

분사구문, 「make + O + O·C」, 소유격 대명사

(A) situate는 '~에 위치하게 하다'라는 의미의 타동사이므로, '~에 (위치해) 있는'의 의미가 되려면 수동태(be situated)로 쓰여야 한다. 그런데 분사구문으로 쓰였고 being이 생략되어 있으므로 Situated가 적절하다.

(B) make의 목적어에 해당하므로, 동명사 living이 적절하다.

(C) 네팔을 가리키는 it의 소유격으로 쓰였으므로 its가 적절하다. it's는 it is의 축약형이므로 (C)에서는 사용될 수 없다.

elevation	n. 높이, 고도, 해발
sparkling	a. 반짝이는
basin	n. (수반 모양의) 저지, 분지
site	n. 유적

5 .... 정답 ④

방문객 규모와 야영장 훼손 가능성 사이의 상관관계

해석 ● 대부분의 황무지에서 그 지역을 방문하는 무리는 대부분 보통 2명에서 4명 사이로 작다. 그러나 규모가 큰 무리도 황무지를 실제로 방문하는데, 그들이 야영장을 훼손할 잠재적 가능성은 규모가 작은 무리의

그것(훼손할 잠재적 가능성)과는 다르다. 무리의 크기가 야영지에 미치는 영향이 공식적으로 연구된 적은 전혀 없지만, 큰 무리가 작은 무리보다 훼손되지 않은 지역에 더 빠르게 충격을 가할 수 있다는 점은 일리가 있다. 예를 들면, West Virginia 주의 New River 강가에서 규모가 큰 상업적 래프팅 회사에 의해 사용된 장소에서 초목이 손실된 지역은 작은 규모의 어부들에 의해 사용된 장소의 (초목이 손실된) 지역보다 네 배 이상 넓었다. 그러나 이미 정착된 야영지에서는 현재 사용되는 장소의 경계 안쪽으로 활동이 제한되는 한, 규모가 큰 무리가 문제가 되지는 않는다.

▶ 문제 유형 및 해설

현재분사, 대명사, 부사, 주어동사 수일치, 과거분사

① 「주격 관계대명사 + be동사(who are)」 생략으로 현재분사(visiting)가 바로 앞에 있는 the majority of groups를 수식하는 형용사 역할을 하므로 적절하다.

② that은 potential을 가리키는 대명사로 potential이 단수이므로 적절하다. 복수인 경우는 those가 된다.

③ 동사 cause를 수식하므로 부사 rapidly가 적절하다.

④ 문장의 주어는 the area이므로 동사는 복수(were)가 아닌 단수(was)가 되어야 한다.

⑤ activities(활동)가 '제한하는' 주체가 아닌, '제한되는(are confined)' 대상이므로 수동형이 적절하다.

▶ 구문 분석

▶ In most wilderness, **the majority of groups** visiting the area **are** small — usually between two and four people.

「the majority of + 명사」가 주어가 되는 경우, 동사는 of 다음에 있는 명사의 수에 일치해야 한다. of 다음 복수(groups)가 왔으므로 동사는 are가 된다.

wilderness	n. 황무지
the majority of	~의 대부분
potential	n. 잠재력
disturb	v. 방해하다
campsite	n. 야영장
formally	ad. 공식적으로
vegetation	n. 초목
commercial rafting	상업적 래프팅
confine	v. 제한하다
boundary	n. 경계

6 .... 정답 ④

물체에 대한 그리스인과 중국인의 생각

해석 ● 그리스인은 두드러진 물체와 그것의 속성에 초점을 맞추느라 인과관계의 근본적인 성질을 이해하지 못했다. 아리스토텔레스는 돌이 공중에서 떨어지는 것은 돌이 '중력'이라는 성질을 가지고 있기 때문이라고 설명했다. 하지만 물론 물에 던져진 나무 조각은 가라앉는 대신 뜬다. 이 현상을 아리스토텔레스는 나무가 '가벼움'이라는 성질을 가지고 있기 때문이라고 설명했다! 그 물체 밖에 있는 어떤 힘이 관련 있을지도 모른다는 가능성에 주의를 기울이지 않고, 두 경우 모두 초점은 오로지 그 물체에 있다. 그러나 중국인은 세계를 계속적으로 상호 작용하는 물질로 구성된 것으로 보았고, 그래서 그것을 이해하고자 하는 그들의 시도는 그들로 하여금 전체적인 '장(場)', 즉 전체로서의 맥락이나 환경의 복잡성에 중점을 두도록 했다. 사건은 언제나 여러 힘이 작용하는 장에서 발생한다는 개념은 중국인에게 전적으로 직관적이었을 것이다.

▶ 문제 유형 및 해설

소유격 대명사, 과거분사, 부사, 문장성분(동사), 접속사(that)

① 명사(failure)를 수식하려면 형용사[구]가 필요하므로 형용사 기능을 하면서 the Greeks'를 대신할 수 있는 소유격 대명사(their)는 적절하다.

② 수식을 받는 명사구(a piece of wood)가 던지는(toss) 행위의 대상이므로 과거분사(tossed)는 적절하다.

③ 전치사구(on the object)를 수식하기 위해 부사(exclusively)를 사용한 것은 적절하다.

④ 접속부사(so) 다음에는 절이 오므로 적절한 주어와 동사가 필요하다. their attempts to understand it이 주어이므로, 주어의 수와 문장의 시제(과거)와 능동/수동 관계를 고려하면 causing을 caused로 바꿔야 한다. 특히 to understand it은 주어(their attempts)를 수식하는 to부정사구(형용사적 용법)이므로 동사의 수에 영향을 미치지 않는다.

⑤ The notion과 that events always occur in a field of forces는 내용상 동격이므로 동격의 접속사 that이 필요하다.

▶ 구문 분석

▶ Aristotle explained [that **a stone** (falling through the air) is due to **the stone** (having the property of "gravity").]

[ ]는 explained의 목적어로 쓰인 명사절이다. ( )로 묶인 두 개의 동명사구의 의미상의 주어는 각각 a stone과 the stone, 즉 동명사구의 의미상 주어로 명사 앞에 소유격 혹은 목적격 형태로 나타난다.

▶ ~ so their attempts to understand it **caused them to be** oriented toward the complexities of **the entire "field,"** that is, [the context or environment as a whole].

caused them to be는 「cause + 목적어 + to부정사」의 형태로 '~(목적어)로 하여금 …하게 하다'라는 의미를 나타낸다. [ ]는 the entire "field"와 동격 관계에 있는 것으로 해석한다.

▶ The notion [**that** events always occur in a field of forces] would have been completely intuitive to the Chinese.

명사인 The notion은 접속사 that절과 내용상 동격의 관계가 되므로 관계대명사의 that과 혼동해서는 안 된다. 관계대명사 that 뒤에는 불완전한 문장이 나오고 동격 접속사 that 뒤에는 완전한 문장이 나온다.

attribute	n. 속성, 자질
causality	n. 인과관계
property	n. 성질, 속성
gravity	n. 중력
toss	v. (가볍게) 던지다
phenomenon	n. 현상
exclusively	ad. 오로지, 배타적으로
relevant	a. 관련 있는
substance	n. 물질
oriented toward	~에 중점을 둔, ~을 지향하는
complexity	n. 복잡성
context	n. 맥락, 전후 사정
notion	n. 개념, 관념
intuitive	a. 직관적인

7 ──────────── 정답 ⑤

애완동물이 주는 애정

해석 ● 사람들이 진짜 역경, 즉 질병, 실직, 혹은 연령으로 인한 장애에 직면할 때, 애완동물로부터의 애정은 새로운 의미를 띤다. 애완동물의 지속적인 애정은 고난을 견디고 있는 사람들에게 그들의 핵심적인 본질이 손상되지 않았다고 안심시켜 주기 때문에 매우 중요해진다. 그러므로 애완동물은 우울증이 있거나 만성적인 질병이 있는 환자들의 치료에 중요하다. 게다가, 애완동물은 시설에 수용된 노인들에게 매우 유익하게 이용된다. 그런 시설에서 직원들은 모든 환자가 건강이 쇠퇴하고 있을 때 낙관주의를 유지하기가 힘들다. 방문하는 자녀들은 부모님이나 조부모님이 예전에 어떠했는지를 기억하고 그들의 무능함에 의기소침해할 수밖에 없다. 그러나 동물은 정신적인 능력에 대한 기대를 하지 않는다. 그들은 젊음을 숭배하지 않는다. 그들은 노인들이 예전에 어떠했는지에 대한 기억이 전혀 없어서 그들이(노인들이) 마치 어린이인 것처럼 그들을 반긴다. 강아지를 안고 있는 노인은 완전히 정확하게 어린 시절을 다시 체험할 수 있다. 그의 기쁨과 그 동물의 반응은 동일하다.

▶ 문제 유형 및 해설

대명사, 과거분사, 수동태, 관계대명사(what), 주어동사 수일치

① '사람들'의 의미를 나타내는 대명사 those로 어법상 적절하다.

② depressed는 뒤에 나오는 patients를 수식하는 형용사로 어법상 적절하다. patients가 depress의 동작 주체가 아니라 그 동작을 받는 대상이므로 과거분사가 쓰였다.

③ pets가 use의 주체가 아니라 그 동작을 받는 대상이므로 수동태를 이루는 과거분사 used는 어법상 적절하다.

④ 선행사를 포함한 관계대명사 what이 remember의 목적어 역할을 하는 명사절을 이끌고 있는데, 그 절 안에서 were의 보어 역할을 하고 있으므로 적절하게 사용되었다.

⑤ 주어인 the aged가 「the + 형용사」의 형태로 복수의 의미를 나타내므로 동사가 was가 아니라 were가 와야 적절하다.

▶ 구문 분석

▶ {When people face real adversity — disease, unemployment, or the disabilities of age} — [**affection** from a pet **takes** on new meaning].

{ }는 종속절(시간 부사절)이며 주절은 [ ]으로 주어는 affection이며 동사는 takes on이 된다.

▶ ~ **it** is difficult {for the staff} **to retain** optimism [when all the patients are declining in health].

「가주어(it)—진주어(to부정사)」 구문으로 { }는 to부정사의 의미상의 주어가 되며, [ ]는 시간 부사절이다.

adversity	n. 역경
disability	n. 장애
affection	n. 애정
chronically	ad. 만성적으로
to advantage	유익하게, 유리하게
institutionalize	v. 시설에 수용하다
retain	v. 유지하다
optimism	n. 낙관주의
worship	v. 숭배하다
relive	v. 다시 체험하다
accuracy	n. 정확성

8 ──────────── 정답 ②

자연과 함께 하는 경험의 부족

해석 ● 자연 속에서 그리고 자연과 함께하는 실제적이고 직접적인 경험의 부족은 많은 아이들이 자연 세계를 단지 추상적인 개념, 즉 멸종 위기의 열대 우림과 위험에 처한 북극곰으로 가득한 그렇게 환상적인, 아름답게 영화화된 장소로 여기게 해 왔다. 이렇게 과장되고 자주 허구화된 형태의 자연은 바로 문밖에서 아이들의 방식과 속도로 발견되기를 기다리는 일상의 자연보다 그들에게 더 현실적이지 않지만, 덜 현실적이지도 않다. 여덟 살 난 한 집단의 아이들이 흔한 야생의 종보다 애니메이션의 캐릭터를 상당히 더 많이 구별해낼 수 있다는 것을 발견한 케임브리지 대학의 연구를 생각해 보라. 사람들은 우리 아이들이 자신들의 환경에 대한 정보를 인식하고, 분류하며, 체계화할 내재적 능력, 즉, 한때 바로 우리의 생존에 필수적이었던 능력이 서서히 퇴화하여 점점 더 가상화된 세계에서의 삶을 촉진하는지 궁금해 한다. 그것은 모두 Robert Pyle이 처음으로 '경험의 소멸'이라고 불렀던 것의 일부이다.

▶ 문제 유형 및 해설

과거분사, 현재분사, 부사, 대명사, 관계대명사(what)

① 수식을 받는 명사 place와 fill의 관계가 수동이므로 과거분사로 수식하는 것이 적절하다.

② 문장의 동사인 is가 이미 존재하므로 현재분사 waiting으로 바꾸어야 한다. 이 분사구는 앞의 everyday nature를 수식한다.

③ 형용사 more를 수식하는 부사 substantially는 적절하다.

④ our children을 가리키는 대명사로서 their는 적절하다.
⑤ 뒤에 불완전한 절이 오고 있고 '경험의 소멸이라고 불렀던 것'의 의미가 되어야 하므로 선행사를 포함하는 관계대명사 what이 적절하다.

▶ 구문 분석

▶ This overstated, often fictionalized version of nature is no more real ~ to them than **the everyday nature** right outside their doors, [**waiting** to be discovered in a child's way, at a child's pace].

[ ]는 the everyday nature를 보충 설명하는 현재분사구이다. [ ] 앞에 which is가 생략되었다.

▶ Consider the University of Cambridge study [which found {that a group of eight-year-old children was able to identify substantially more characters from animations than common wildlife species}].

[ ]는 the University of Cambridge study를 수식하는 관계대명사절이며, { }는 found의 목적어인 명사절이다.

abstraction	n. 추상적인 개념
endangered	a. 멸종 위기에 처한
polar bear	n. 북극곰
overstate	v. 과장하다
fictionalize	v. 허구화하다
identify	v. 구별하다, 확인하다
substantially	ad. 상당히
inherent	a. 내재적인
capacity	n. 능력, 용량
facilitate	v. 촉진하다, 용이하게 하다
extinction	n. 소멸, 사멸, 멸종

9 정답 ④

선사 시대 예술의 의미와 목적

해석 ● 선사 시대 예술의 의미와 목적에 대한 고찰은 현대의 수렵 채집 사회와의 사이에서 끌어낸 유사점에 많은 것을 의존한다. Steven Mithen이 'The Prehistory of the Modern Mind'에서 강조하듯이, 그런 원시 사회는 인간과 짐승, 동물과 식물, 생물체의 영역과 무생물체의 영역을 통합적이고 살아 있는 총체에 대한 참여자로 여기는 경향이 있다. 이런 경향이 표현된 두 가지가 '의인화'(동물을 인간으로 간주하는 관행)와 '토테미즘'(인간을 동물로 간주하는 관행)인데, 이 두 가지는 원시 문화의 시각 예술과 신화에 널리 퍼져 있다. 따라서 자연의 세계는 인간의 사회적 관계 측면에서 개념화된다. 이런 측면에서 고려될 때, 초기 인류가 자신들의 세계에 살고있는 인간 이외의 생명체들에 대하여 시각적으로 집착한 것은 깊은 의미를 띠게 된다. 인류학자인 Claude Levi-Strauss가 말했듯이 수렵 채집인들에게 동물은 먹기 좋은 대상일 뿐만 아니라, '생각해 보기에도 좋은' 대상이다. 토템 신앙의 풍습에서 문맹의 인류는 "자연 속에서의 자신과 자신의 위치에 대해 곰곰이 생각한다."라고 그는 말했다.

▶ 문제 유형 및 해설

주어동사 수일치, 부사절 접속사(as), 관계사(계속적 용법), 현재분사, 재귀대명사

① 주어가 복수명사(Speculations)이므로 rely는 적절하다.
② '~하듯이'라는 양태를 나타내는 부사절 접속사이므로 as는 적절하다.
③ 앞에 있는 anthropomorphism and totemism을 가리키는 계속적 용법의 관계사이므로 which는 적절하다.
④ 주절의 동사가 뒤에 나오는 becomes이므로 the nonhuman creatures를 수식하는 분사 자리인데, the nonhuman creatures와 inhabit이 능동의 관계이므로 inhabited를 inhabiting으로 고쳐야 적절하다.
⑤ 주어(an unlettered humanity)와 동일한 대상이므로 재귀대명사(itself)는 적절하다.

▶ 구문 분석

▶ Such primitive societies, {as Steven Mithen emphasizes in *The Prehistory of the Modern Mind*}, tend to **view** [man and beast, animal and plant, organic and inorganic spheres], **as** [participants in an integrated, animated totality].

{ }는 '양태'를 나타내는 부사절 접속사이며, 「view ~ as …」는 '~을 …로 여기다[간주하다]'라는 의미의 구문이다.

▶ [When considered in this light], [**the visual preoccupation of early humans** with the nonhuman creatures {inhabiting their world} **becomes** profoundly meaningful].

첫 번째 [ ]는 시간 부사절 접속사(when)가 이끄는 부사절이 분사구문으로 바뀐 형태이며, 두 번째 [ ]는 주절이다. 주어는 the visual preoccupation of early humans이고 동사는 becomes이며, { }는 the nonhuman creatures를 수식하는 분사구이다.

prehistoric	a. 선사 시대의
draw an analogy with	~과의 유사점을 끌어내다
hunter-gatherer society	수렵 채집 사회
primitive	a. 원시의, 원시 시대의
organic	a. 생물의, 유기체의, 유기농의
integrated	a. 통합적인
animated	a. 살아 있는, 생기 있는
dual	a. 둘의
tendency	n. 경향, 풍조
mythology	n. 신화
conceptualize	v. 개념화하다
preoccupation	n. 집착, 열중
inhabit	v. ~에 살다, 거주하다
profoundly	ad. 깊게, 매우
observe	v. (의견·소견 등을) 말하다, 관찰하다
unlettered	a. 문맹의, 무지의

10 정답 ④

심적 표상이 음악 연주에 주는 도움

해석 ● 심적 표상은 감각에 실제로 존재하지 않는 것들에 대한 심상이다. 일반적으로, 심적 표상은 우리가 학습하는 데 도움을 줄 수 있다. 이에 대한 최고의 증거 중 몇몇은 음악 연주 분야에서 온다. 여러 연구자들은 최고의 음악가들과 실력이 더 낮은 음악가들을 무엇이 구분 짓는가를 조사해 왔으며, 주요한 차이점들 중 하나가 최고의 음악가들이 만드는 심적 표상의 질에 있다. 새로운 작품을 연습할 때 상급 음악가들은 작품에 대한 자신의 연습, 궁극적으로 자신의 연주를 이끌기 위해 사용하는 음악에 대한 매우 정밀한 심적 표상을 가지고 있다. 특히, 그들은 자신이 그 작품을 제대로 이해하는 것에 얼마나 근접했는지와 그들이 향상하기 위해 무엇을 다르게 할 필요가 있는지를 알 수 있도록 심적 표상을 자기 자신의 피드백을 제공하기 위해 사용한다. 초급 및 중급 학생들은 예를 들어 자신이 언제 틀린 음을 쳤는지 알게 해주는 음악에 대한 투박한 표상을 가질 수도 있겠으나, 더 미묘한 실수와 약점을 알아내기 위해서는 자기 선생님의 피드백에 의존해야 한다.

▶ 문제 유형 및 해설

주어동사 수일치, 관계대명사(what), 분사구문, 형용사, 관계대명사(that)

① 주어가 some of ~ this로 some of 뒤에 오는 단수명사(the best evidence)에 수 일치시켜야 하므로 단수동사(comes)가 적절하다.
② 문장의 목적어 역할을 하는 관계절을 이끌어야 하므로 선행사가 포함된 관계대명사 what은 적절하다.
③ 원래 문장은 When they practice ~, advanced musicians ~.으로 앞의 부사절에서 접속사는 그대로 둔 뒤 주어를 생략, practice를 practicing으로 바꾼 분사구문으로 적절하다.

15

④ 의문사절에서 are의 보어 역할이므로 부사 closely는 형용사 close
로 바꾸어야 한다.
⑤ 뒤에 이어지는 allow them to tell은 선행사(crude representations
~ music)를 수식해주는 관계대명사절이므로 주격 관계대명사 that
은 적절하다.

mental	a. 마음의, 정신의
representation	n. 표상, 표현
imagery	n. 심상
evidence	n. 증거
examine	v. 조사하다, 검사하다
differentiate	v. 구분 짓다, 구별하다
advanced	a. 상급의, 진보한
ultimately	ad. 궁극적으로
intermediate	a. 중급의, 중간의
subtle	a. 미묘한
weakness	n. 약점

기출마무리 p. 37   1 ③   2 ④

1 ──────────────── 정답 ③

장학기금 모금 참여 요청

해석 ● 처음으로 일일 마감에 맞춰 보도했던 것이 어땠는지 기억하십
니까? 혹은 처음으로 시의 공무원을 인터뷰했던 것이요? 혹은 컴퓨터
출판 프로그램을 쓰기 시작했던 것이 어땠는지 기억하세요? 우리 대학
의 언론학 프로그램이 이런 많은 첫 경험들의 원천이었다는 것을 우리
는 알고 있습니다. 우리는 여전히 이런 중요한 첫 경험들을 젊은 신진 작
가들과 편집자들에게 제공하고 있습니다. 그리고 우리는 당신이 이 학생
들이 프로그램을 끝낼 수 있도록 기꺼이 도와주기를 바라고 있습니다.
아시다시피, 최고 수준의 교육을 제공하기 위한 비용은 계속 오르고 있
습니다. 우리는 교육의 질을 손상시키지 않으면서 비용을 억제하기 위해
우리가 할 수 있는 모든 일을 다했습니다. 그것들 중 하나가 특별한 재정
적 지원이 필요한 학생들을 위해 장학기금을 설립하는 일입니다. 그리고
우리는 당신이 그 기금에 후하게 기부해 주시기를 바랍니다. 당신이 이
분야에서 미래의 지도자 양성을 돕고 있다는 것을 아시면 정말 기분이
좋아질 것입니다.

▶ 문제 유형 및 해설

수량대명사, to부정사, 분사구문

(A) 명사구 these firsts에 연결되므로 셀 수 있는 명사 앞에 사용되
는 수량대명사 many가 적절하다. 참고로 「many(형용사) + 명사」,
「many(수량대명사) + of + 명사」가 된다.
(B) we can (do)은 everything을 수식하는 관계대명사 절이고, 해석상
목적을 나타내는 부사적 용법의 to부정사가 필요하므로 to contain
이 적절하다.
(C) 뒤에 절을 목적어로 취하면서, 주절에 연결되는 분사구문이 필요한
곳이다. 분사구문에서 주어는 주절의 주어(you)와 동일하고, you와
know는 해석상 능동관계이므로 knowing이 적절하다.

maneuver	v. 기동시키다, 교묘히 다루다
desktop publishing program	컴퓨터 출판 프로그램
budding	a. 신진의, 싹이 트는
compromise	v. 훼손하다, 타협하다
generously	ad. 후하게

2 ──────────────── 정답 ④

인터넷의 개인 정보 유출의 폐해

해석 ● 인터넷은 정보가 이전의 그 어느 때보다 더 자유롭게 흐르도록
한다. 우리는 전례 없는 방법으로 의사소통을 하고 아이디어를 공유할

수 있다. 이러한 발전들은 우리의 자기표현을 혁신하고 우리의 자유를
증진하고 있다. 하지만 문제가 있다. 우리는 우리에 관한 단편적 정보의
광범위한 흔적이 인터넷에 영원히 보존되어 검색 결과에서 즉각 보이게
될 세상으로 향하고 있다. 우리는 전 세계 어느 곳에서나 검색할 수 있고
접근할 수 있는, 우리가 어디에 가든 평생 우리와 함께할, 어린 시절부
터 시작하는 상세한 기록을 지니고 살 수밖에 없을 것이다. 이러한 정보
는 자주 신뢰성이 의심스러울 수 있거나, 틀릴 수 있거나, 혹은 사실이
지만 매우 창피하게 할 수도 있다. 새 출발을 하거나 다시 한 번의 기회를
갖는 것이 점점 더 어려워질 수 있다. 만약 모든 실수와 어리석은 행동이
영구적인 기록으로 영원히 보존된다면, 우리는 자기를 탐색하기가 더 어
렵다는 것을 알게 될지도 모른다.

▶ 문제 유형 및 해설

부사, 관계부사, 현재분사, 가목적어/진목적어(to부정사)

① more freely는 앞에 있는 동사 flow를 수식하는 부사이다.
② 선행사인 a world를 수식하는 형용사절이 필요하고 뒤따르는 절이
완전한 절이므로 관계부사 where는 적절하다.
③ begin은 자동사이고 이것이 앞에 있는 record를 수식하기 위해서
는 문맥상 현재분사(beginning)가 적절하다.
④ 동사 humiliate의 주체는 it(This data)이므로 동사(is)의 주격보어로
능동의 의미를 가지는 현재분사(humiliating)가 적절하다.
⑤ find it harder to engage는 「가목적어(it)–진목적어(to부정사)」 구문
으로 목적어 자리에 it은 적절하다.

▶ 구문 분석

▶ We're heading toward a world [where {an extensive trail of
information fragments about us} **will be** forever **preserved** on
the Internet, displayed instantly in a search result].

[ ]는 선행사를 수식해 주는 관계부사절로 형용사 역할을 한다. 관계
부사절 [ ]에서 주어는 { }이고 동사는 will be ~ preserved이며
displayed 이하는 분사구문이다.

▶ We will be forced to live [**with a detailed record** {beginning
with childhood} {that will stay with us for life wherever we go},
{searchable and accessible from anywhere in the world}].

[ ]는 전치사구로 live를 수식해 주는 부사 역할을 한다. 세 개의 { }는
앞에 있는 record를 수식하는 형용사(관계대명사절, 형용사구) 역할을
한다.

▶ We might find **it** harder **to engage in self-exploration** if every
false step and foolish act is preserved forever in a permanent
record.

5형식 문장에서 목적어가 너무 길 경우에, 목적어 자리에 가목적어(it)를
놓고, 진목적어(to engage in self-exploration)는 목적격보어 뒤로 보
낸다. 이런 형식을 갖는 동사로 find, make, consider, believe, think가
있다.

unprecedented	a. 전례 없는
revolutionize	v. 대변혁을 일으키다
self-expression	n. 자기표현
enhance	v. 증진하다
fragment	n. 흔적
preserve	v. 보존하다
searchable	a. 검색이 가능한
accessible	a. 접근 가능한
reliability	n. 신뢰성
humiliate	v. 창피를 주다
engage in	~에 관여하다
self-exploration	n. 자기 탐구
permanent	a. 영구적인

DAY 4 동명사와 (to)부정사

개념확인 T E S T

1 ○   2 being   3 ○   4 laugh   5 to installing

1 완벽을 요구하는 것은 마비상태를 일으킨다.
  ▶ to부정사가 주어로 쓰이면 단수 취급하므로 단수동사 is는 적절하다.

2 아주 가까이 다가가서 보게 되는 순간 그들은 멀리 보는 것을 멈춘다.
  ▶ stop은 동명사를 목적어로 취하거나 to부정사의 부사적 용법(목적)과 함께 쓰인다. 문맥상 '~하기를 멈추다'의 의미가 적절하므로 to be를 being으로 고쳐야 한다.

3 낯선 거리에서 길을 잃은 사람은 지역 주민으로부터 방향을 물어보는 것을 종종 피한다.
  ▶ avoid는 동명사를 목적어로 취하는 동사이므로 asking은 적절하다.

4 그것은 어머니를 훨씬 더 많이 웃게 만들었고, 곧 작은 오두막집은 사랑과 웃음으로 가득 찼다.
  ▶ 사역동사의 목적격보어는 원형부정사여야 하므로 to laugh를 laugh로 고쳐야 한다.

5 주요한 구조 조정을 겪고 있는 한 전자회사의 고객 서비스 직원들은 장비를 설치하고 수리해주는 것에 이외에도, 장비에 대한 서비스 계약 판매를 시작해야 한다는 말을 들었다.
  ▶ in addition to의 to는 전치사로 뒤에 동사원형이 아닌 명사(구)가 와야 하므로 install을 동명사 installing으로 고쳐야 한다.

STEP 2 기출문제로 유형 연습하기   p. 42

01 being	02 play	03 catching
04 expressing	05 create	06 come
07 to oil	08 to have fallen	09 to receive
10 committing	11 to see	12 buying

01 remember는 목적어로 to부정사(미래)와 동명사(과거) 둘 다 취할 수 있으나 각각 다른 의미(~할 것을 기억하다/~했던 것을 기억하다)를 지닌다. 여기서는 ever(여태껏)로 보아 과거의 의미이므로 동명사(being)가 적절하다.

02 사역동사 let 다음에 목적격보어로 원형부정사(play)가 나와야 한다.

03 「from A to B」 구문에서 to가 전치사로 사용되어 동명사(catching)가 적절하다.

04 목적어가 있는 것으로 보아 앞에 타동사가 오는 것을 알 수 있으며 동사 앞에 of(전치사)가 있으므로 동명사(expressing)가 적절하다.

05 encourage는 목적격보어로 to부정사를 취하므로 create가 적절하다.

06 지각동사(see)의 목적격보어로는 원형부정사(come)가 와야 한다.

07 '누군가(someone) 기름칠할 것'의 미래의 의미를 갖고 있으므로 to부정사(to oil)가 적절하다.

08 부정사와 본동사의 시제가 일치하면 단순부정사를, 부정사가 본동사의 행위보다 앞서면 완료부정사를 쓰므로 북송조가 멸망한 시점이 Huizong이 생각한(is thought) 것보다 이전이므로 완료부정사(to have fallen)가 적절하다.

09 refuse는 to부정사를 목적어로 취하는 동사이므로 to receive가 적절하다.

10 avoid는 동명사를 목적어로 취하는 동사이므로 committing이 적절하다.

11 「have no choice but to부정사」는 '~할 수밖에 없다, ~외에는 선택의 여지가 없다'의 의미를 갖는 구문으로 but 뒤에 to부정사인 to see가 적절하다.

12 '사는 것을 멈추다'라는 의미가 되어야 하므로 목적어는 동명사(buying)가 적절하다. to부정사가 올 경우 목적어가 아닌 부사적 용법(목적)으로 쓰인다.

STEP 3 수능기출 실전 문제 풀어보기   pp. 44~46

1 ③   2 ③   3 ④   4 ④   5 ②   6 ③   7 ②

1   정답 ③

전기 자동차의 한계

해석 ● 전기 자동차는 인기를 떨어뜨리는 몇 가지 한계를 지니고 있다. 이러한 불리한 점들 중 몇 가지는 차 값이 비싸고, 상대적으로 느리며, 계속적인 재충전을 필요로 한다는 것이다. 대부분의 전기 자동차는 겨우 시속 45마일에서 효율적으로 달릴 뿐이며, 60마일 마다 재충전될 필요가 있다. 전기 자동차를 구입하는 평균 비용은 15,000달러 이상이다.

▷ 문제 유형 및 해설

접속사(that), 병렬, to부정사의 수동태

(A) 뒤에 온 문장이 완전하므로 be동사(are)의 보어절을 이끌 수 있는 접속사 that이 적절하다.
(B) 등위접속사(and)로 연결된 세 어구로, 앞 문장의 동사가 현재(are)이므로 현재(require)가 적절하다. 동사(are)가 접속사(and)로 병렬 연결되어 있으므로 동사 역할을 할 수 없는 requiring은 적절하지 않다.
(C) 주어인 Most electric cars와 recharge가 수동의 관계이므로 to부정사의 수동태가 적절하다.

▷ 구문 분석

▶ Most electric cars can travel efficiently at **no more than** 45 miles per hour ~.

밑줄 친 부분은 'only(단지, 겨우)'라는 부사와 같은 의미를 가지고 있다.

limitation	n. 제한
popularity	n. 인기
relatively	ad. 상대적으로
constant	a. 끊임없는
recharge	v. 재충전하다
efficiently	ad. 효율적으로

2   정답 ③

파리 지하철(메트로)의 문 여는 방법

해석 ● 대부분의 지하철 전동차에서 문들은 각각의 정거장에서 자동으로 열린다. 그러나 파리의 지하철인 메트로를 타면 사정이 다르다. 나는 메트로를 탄 한 남자가 전동차에서 내리려다가 실패하는 것을 지켜보았다. 전동차가 그가 내릴 정거장으로 들어 왔을 때 그는 자리에서 일어나 문이 열리기를 기다리며 문 앞에 끈기 있게 서 있었다. 그런 일은 일어나지 않았다(문이 열리지 않았다). 전동차는 그저 다시 출발했고 다음 정거장으로 계속 갔다. 메트로에서는 단추를 누르거나 레버를 내리누르거나 문을 옆으로 밀어서 승객 스스로 문을 열어야 한다.

▷ 문제 유형 및 해설

지각동사, to부정사, 병렬

(A) watch가 지각동사이므로 동사원형(try)이 적절하다.
(B) 'A가 ~하기를 기다리다'는 뜻이 되려면 「wait for A to부정사」가 되어야 하므로 to open이 적절하다.
(C) 내용상 pushing a button, depressing a lever와 병렬 구조를 이루어야 하기 때문에 sliding이 적절하다.

Métro	n. 파리의 지하철
depress	v. 내리누르다
lever	n. 지레, 레버
slide	v. 미끄러지게 하다

17

3 ───────────── 정답 ④

휴식의 중요성

해석 ● 대학 생활은 바쁘다. 일정을 계획할 때, 고려해야 할 것들이 너무나 많다. 활동, 친구, 그리고 오락 등은 코앞에 닥친 실질적인 일을 수행하는데 약간의 어려움을 야기할 수 있다. 발표, 보고서 마감시간, 혹은 시험에 의해 압도당하는 느낌이 들 때, 아마도 이러한 긴급한 일들을 처리하기 위해 공부하는데 모든 시간을 사용하게 될 것이다. 하지만, 이러한 휴식 시간의 부족은 너의 공부를 최대한 활용하는 것을 어렵게 만들 것이다. 아무리 할 일이 많더라도 항상 하루 저녁은 온전히 쉬도록 자신에게 약속을 하라. 휴식을 위해서 시간을 낸다면 일을 더 잘하게 될 것이다.

▶ 문제 유형 및 해설

동명사, 과거분사, to부정사, 가/진목적어, 재귀대명사

① 전치사 in의 목적어 역할을 하는 동명사로, 동명사의 의미상의 주어로 소유격 your를 쓸 수 있다.
② feel 다음 과거분사나 현재분사가 보어로 가능하다. 밑줄 뒤에 by가 있는 것으로 보아 과거분사(overwhelmed)가 적절하다.
③ 목적을 나타내는 to부정사의 부사적 용법으로 적절하다.
④ 가목적어 it이 가리키는 진목적어가 문장의 뒷부분에 와야 하므로 get을 to get으로 바꾸어야 한다.
⑤ 주어(명령문의 주어는 you)와 목적어가 같은 대상이기 때문에 목적어는 재귀대명사(yourself)가 적절하다.

demand	n. 요구사항, 필요사항
pastime	n. 오락, 기분전환
perform	v. 수행하다
at hand	바로 가까이에
overwhelm	v. 압도하다
presentation	n. 발표
pressure	n. 압박, 긴급
relaxation	n. 휴식
get the most out of	~을 최대한으로 활용하다

4 ───────────── 정답 ④

진정한 용기

해석 ● '용기'라는 말이 '심장'을 뜻하는 라틴어의 'cor'에서 파생되었다는 것을 기억한다면, 그 말은 추가되는 의미를 지닌다. 사전은 용기를 '불찬성이나, 적의, 또는 경멸을 유발할 수도 있는 올바른 행동의 과정을 추구하게 되는 특성'으로 정의한다. 300년보다 이전에 La Rochefoucauld는 그가 '완전한 용기는 우리가 모든 사람 앞에서 할 수 있는 것을 아무도 보지 않는데서 하는 것이다'라고 말했을 때 한 걸음 더 나갔다. 무관심이나 반대에 직면하여 도덕적 용기를 보여주기는 쉽지 않다. 그러나 진리를 위한 진심어린 입장을 취하는 것에 대담한 사람은 종종 그들의 기대를 능가하는 결과를 성취한다. 반면에, 마지못해 하는 개인들은 그것이 그들 자신의 이익과 연관이 있을 때조차도 용기가 두드러지지 않는다. 모든 상황에서 용감해지는 것은 강한 결단력을 필요로 한다.

▶ 문제 유형 및 해설

현재분사, 관계대명사, 가/진주어, 문장성분(동사), 소유격 대명사

① the Latin word 'cor'를 수식하고 있는 현재분사로 meaning이 제시되었다.
② which는 선행사(a right course of action)를 받는 관계대명사이다.
③ 가주어(It), 진주어(to show ~) 구문을 나타내고 있다.
④ achieving이 포함된 문장에서 주어인 persons에 연결되는 동사가 없으므로 achieving을 achieve로 바꾸어야 한다.
⑤ halfhearted individuals를 받는 소유격 대명사로 복수(their)가 적절하다.

▶ 구문 분석

▶ **It** is not **easy to show** moral courage in the face of either indifference or opposition.

「It(가주어) + be동사 + 형용사 + to부정사(진주어)」는 to부정사가 실제 주어가 되어 To show moral courage in the face of either indifference or opposition is not easy.로 바꾸어 해석한다.

keep in mind	마음에 담아두다
derive	v. 끌어내다
provoke	v. 유발하다
disapproval	n. 불찬성
hostility	n. 적대감
contempt	n. 경멸
unwitnessed	a. 목격되지 않은
be capable of	~할 수 있다
daring	a. 대담한
wholehearted	a. 성심성의의
halfhearted	a. 마음이 내키지 않는
distinguished	a. 눈에 띄는

5 ───────────── 정답 ②

회사에서의 윤리적 문제 인식

해석 ● 윤리적 문제를 인식하는 것은 비즈니스 윤리를 이해하는 데 가장 중요한 단계이다. 윤리적 문제는 옳거나 그르다고, 즉 윤리적 또는 비윤리적이라고 평가될 수 있는 여러 가지 행동들 중에서 한 사람이 선택하기를 요구하는 식별 가능한 문제, 상황 또는 기회이다. 대안 중에서 선택하고 결정을 내리는 방법을 배우는 것은 훌륭한 개인적 가치관뿐만 아니라 관심 사업 영역에 대한 지식 역량도 필요로 한다. 또한 직원들은 언제 자신이 속한 조직의 정책과 윤리 강령에 의존할지, 혹은 언제 동료나 관리자와 적절한 행동에 대해 논의할지를 알아야 한다. 윤리적 의사결정이 항상 쉽지는 않은데, 왜냐하면 어떤 결정이 내려지든 딜레마를 만들어내는 애매한 영역이 늘 있기 때문이다. 예를 들어, 직원은 시간 절도를 하는 동료에 대해 보고해야 하는가? 판매원은 고객에게 프레젠테이션할 때 어떤 제품의 안전 상태가 좋지 않다는 기록에 대한 사실을 생략해야 하는가? 그러한 질문은 의사결정자가 자신이 선택한 윤리를 평가해 지침을 요청할 것인지 아닌지를 결정하도록 요구한다.

▶ 문제 유형 및 해설

수동태, 동명사, 병렬, 관계대명사(that), 접속사(whether)

① 관계대명사 that의 선행사 several actions가 '평가되는' 대상이므로 수동태 be evaluated가 바르게 쓰였다.
② 단수동사 requires 앞에 주어가 필요하므로, 동사원형 Learn을 동명사 Learning으로 고쳐야 한다.
③ 「when to+동사원형」의 병렬구조이다. 'to rely on ~ or (to) have ~'가 병렬 연결된다.
④ gray areas를 꾸미는 주격 관계대명사 that으로, 뒤에 주어 없는 불완전한 절이 연결되었다.
⑤ '~인지 아닌지'라는 의미의 접속사 whether이다.

▶ 구문 분석

▶ ~ there are always gray areas that create dilemmas, **no matter how** decisions are made.

no matter how는 복합관계부사 however로 바꿀 수 있으며, '어떻게/얼마나/아무리 ~하더라도'의 의미이다.

identifiable	a. 식별 가능한
competence	n. 역량, 능력
area of concern	관심 영역
code of ethics	윤리 강령
gray area	애매한 영역, (이도 저도 아닌) 중간 영역
leave out	~을 생략하다, 빠뜨리다

6   정답 ③

Adrian Hewitt의 Merton 법안

해석 ● 'Merton 법안'은 2003년에 런던 남서부에 있는 Merton의 지역 기획관인 Adrian Hewitt에 의해 고안되었다. Hewitt가 몇몇 동료들과 만들고 통과시키도록 자치구 의회를 설득했던 그 법은 소규모를 넘는 어떤 개발(공사)도 그 건물이 필요로 하는 에너지의 10퍼센트는 자가 발전할 능력을 갖추어야 하는데, 그렇지 않으면 개발업자에게 건축 허가가 주어지지 않을 거라는 것이었다. 그 법은 타당한 것으로 여겨졌고 빠르게 인기를 얻어 몇 년 안에 백 개가 넘는 다른 지역 의회가 그 법을 따랐다. 런던에서 그 당시 시장이던 Ken Livingstone은 'Merton Plus'를 도입했는데, 그것은 20퍼센트로 기준을 높였다. 그러자 중앙 정부는 그 법을 더 널리 도입했다. Adrian Hewitt는 지역 의회 기획이라는 작은 세계에서 유명 인사가 되었고, Merton 의회는 환경 리더십으로 상을 받기 시작했다.

▶ 문제 유형 및 해설

주어동사 수일치, to부정사, 현재분사, 부사, 소유격 대명사

① 문장의 주어(The rule)가 단수이고 글 전체의 시제가 과거이므로 was가 적절하다.
② to build는 to부정사의 형용사적 용법으로 명사(permission)를 수식하고 있으므로 적절하다.
③ 「with + 목적어 + 분사」 구문으로, '다른 지역 의회들이 그 법을 따랐다'는 능동의 의미이므로 followed를 following으로 바꾸어야 한다.
④ more 다음에 형용사나 부사가 가능한데, 여기서는 동사 introduced를 수식하므로 부사인 widely는 적절하다.
⑤ Merton Council을 가리키는 단수 소유격 대명사(its)가 나오고 뒤에 명사구가 나오므로 적절하다.

▶ 구문 분석

▶ **The rule, [which** Hewitt created with a couple of colleagues and persuaded the borough council to pass,] **was** that any development beyond a small scale would have to include the capacity to generate ten percent of that building's energy requirements, **or** the developers would be denied permission to build.

[ ]은 삽입절로 which는 목적격 관계대명사이며, 삽입절을 빼면 The rule이 주어가 되고 동사는 was가 된다. 또한 or는 '그렇지 않으면'으로 해석되는 접속사로 쓰였다.

devise	v. 고안하다
persuade	v. 설득하다
capacity	n. 능력
catch on	인기를 끌다
celebrity	n. 유명 인사

7   정답 ②

이중적인 특징을 가지는 활성 산소

해석 ● 중요한 것은 바로 산소이다. 역설적이게도, 우리에게 생명을 주는 것이 결국 그것(생명)을 죽인다. 궁극적인 생명력은 우리가 들이쉬는 거의 모든 산소를 태우는, 미토콘드리아라고 불리는 아주 작은 에너지 세포 공장에 있다. 그러나 호흡에는 대가가 있다. 우리를 살아있게 하고 활동적이게 유지하는 산소 연소는 활성 산소라고 불리는 부산물을 내보낸다. 그것들은 지킬박사와 하이드 씨의 특징을 가지고 있다. 한편으로, 그것들은 우리의 생존 보장을 돕는다. 예를 들어, 감염원과 싸워 물리치기 위해 신체가 동원될 때, 그것(신체)은 침입자들을 매우 효율적으로 파괴하기 위해 한바탕 활성 산소를 생산한다. 다른 한편으로, 활성 산소는 통제할 수 없을 정도로 신체를 돌아다니면서 세포를 공격하고, 세포의 단백질을 부식시키고, 세포막을 뚫고 세포의 유전 암호를 변질시켜 마침내 그 세포는 제대로 기능을 하지 못하게 되고 때로는 포기하여 죽어버린다. 보호자인 동시에 보복자로 생명체의 일부가 되어 있는 이런 사나운 활성 산소는 노화의 강력한 동인이다.

▶ 문제 유형 및 해설

관계대명사, 문장성분(동사), to부정사, 부사, 과거분사

① that은 tiny cellular factories of energy를 선행사로 취하고 관계절에서 주어 역할을 하는 관계대명사이다. 쉼표(,)는 계속적 용법이 아닌 삽입구를 뜻하므로 that이 올 수 있다.
② 문장에는 시제와 수, 그리고 인칭이 표시되는 동사가 있어야 한다. The combustion of oxygen ~ and active가 주어이므로 V-ing 형태인 sending을 동사인 sends로 바꾸어야 한다.
③ to fight는 목적(~하기 위하여)을 나타내는 부사적 용법으로 쓰여 동사 mobilizes를 수식한다.
④ 동사 move를 수식하므로 부사인 uncontrollably를 사용하고 있다.
⑤ 의미상 주어인 These fierce radicals는 분사가 나타내는 동작의 대상이므로 과거분사 built를 사용하고 있다.

combustion	n. 연소
free radical	활성산소
mobilize	v. 동원되다
infectious agent	감염원
burst	n. 한바탕 터뜨림
uncontrollably	ad. 통제할 수 없게
pierce	v. 뚫다
membrane	n. 막
genetic code	유전 암호
dysfunctional	a. 제대로 기능을 하지 않는
avenger	n. 보복자
agent	n. 요인

기출마무리   p. 47   1 ④   2 ④

1   정답 ④

근거리 이사에 대한 오해

해석 ● 가까운 거리를 이사하는 것은 너무나 쉬워서 거의 힘들이지 않고도 금방 해치울 수 있다고 생각할지 모른다. 당신은 이삿짐 회사의 서비스를 필요로 하지 않는다고 생각하기 때문에 당신 자신의 자동차를 사용하기로 결정할 수도 있다. 그런데 당신의 생각은 틀릴 수도 있다. 당신은 이삿짐을 꾸릴 물건들이 실제로 존재하는 것만큼 많지 않다는 잘못된 생각을 갖고 있다. 당신은 당신의 차가 생각했던 것보다 그다지 많이 실어 나르지 못한다는 사실을 뒤늦게 깨닫는다. 그래서 생각했던 것보다 훨씬 더 여러 번 새로 이사 갈 집으로 짐을 실어 운반해야 한다. 또한 물건을 훼손할 가능성도 있는데, 물건들 중에는 귀중한 것도 일부 있다. 이러한 모든 것들을 고려해 본다면, 이삿짐 회사에 부탁하는 것이 더 좋을 지도 모른다.

▶ 문제 유형 및 해설

형용사, 대동사, 부사, 동명사, 과거분사

① 해석상 '거의 힘들이지 않고도'라는 의미이므로 의미에 문제없으며, effort는 셀 수 있는 명사와 셀 수 없는 명사 둘 다에 해당되므로 little은 적절하다.
② 앞의 일반 동사 have의 대동사이다.
③ '너무'라는 의미의 단어 too가 부사 late를 수식한다.
④ damage는 전치사 of의 목적어 역할을 하면서 your stuff를 목적어로 취할 수 있는 동명사 damaging으로 바꾸어야 한다.
⑤ 주절의 주어와 부사절의 주어가 다른 독립분사구문으로, 주어인 All these things가 동사 consider의 대상이므로 과거분사형이 적절하다.

▶ 구문 분석

▶ **You find out** too late **that** your car cannot carry as much as [you thought] it could (carry).

3형식 문형으로 [ ] 부분은 삽입절이며, could 다음에 carry가 생략되어 있다고 보고 해석한다.

impression	n. 인상
pack	v. 꾸리다, 싸다
possibility	n. 가능성
stuff	n. 물건

2
────────────────────── 정답 ④

세탁기 수리 서비스에 대한 불만

해석 ● 3개월 전에 우리에게 공급된 세탁기의 서비스에 대해 지난 월요일에 있었던 우리의 논의를 기억하고 있기를 바랍니다. 그 기계가 더 이상 작동하지 않는다는 사실을 말하게 되어 유감입니다. 만났을 때 합의한 바와 같이 가능한 한 빨리 그것을 수리할 서비스 기사를 보내 주시기 바랍니다. 제품 보증서에는 귀사에서 여분의 부품과 재료들은 무료로 제공하지만, 기사의 수고에 대해서는 비용을 부과한다고 되어 있습니다. 이것은 부당한 것 같습니다. 저는 기계의 고장이 생산 결함에 의해 발생한 것이라고 믿습니다. 처음부터 그것은 많은 소음을 냈으며, 나중에 그것은 완전히 작동을 멈추었습니다. 결함을 고쳐 주는 것은 전적으로 회사의 책임이므로, 수리를 위한 인건비를 우리에게 지불하게 하지 않기를 바랍니다.

▷ 문제 유형 및 해설

과거분사, 접속사(that), 2형식 동사, 동명사, 사역동사

① 수식을 받는 명사(the washing machine)가 동작이 가해진 대상이므로 수동의 의미를 지니는 과거분사(supplied)는 적절하다.
② that은 동사 says의 목적어인 명사절을 이끄는 접속사이므로 적절하다.
③ sounds는 주격보어를 필요로 하는 동사인데, 형용사(unfair)는 주격보어로 사용 가능하므로 적절하다.
④ 문맥상 '작동을 멈추다'의 의미가 되어야 하므로 to operate를 동명사 operating으로 바꾸어야 한다. stopped to operate는 '작동하기 위해 멈췄다'로 해석된다.
⑤ make는 사역동사로 목적격보어로 동사원형을 필요로 하므로 pay는 적절하다.

servicing	n. 수리, 정비
warranty	n. 보증서, 담보
spare	a. 여분의
manufacture	v. 제조하다
defect	n. 결함, 결점
entirely	ad. 완전히, 아주
wholly	ad. 전적으로, 완전히
component	n. 부분, 구성 요소

DAY 5 관계대명사와 관계부사

개념확인 TEST

1 what 2 ○ 3 ○ 4 where[in which] 5 that

1 머지않아, 하고자 하는 일을 할 수 없어서 당신은 그만 두게 된다.
  ▶ 앞에 선행사가 없고 뒤에는 불완전한 절이 오고 있으므로 that을 선행사를 포함한 관계대명사 what으로 고쳐야 한다.

2 그것은 3년 전 Anderson이 처음으로 교장선생님을 만났던 세미나실에서 열렸다.
  ▶ a seminar room을 수식하고 뒤에 완전한 절이 오고 있으므로 관계부사 where는 적절하다.

3 게임을 하는 동안 보호 장구를 착용한 아이들은 더 많은 신체적 위험을 감수하는 경향이 있다.
  ▶ Children을 수식하고 뒤에 주어가 없는 불완전한 절이 오고 있으므로 주격 관계대명사 who는 적절하다.

4 경쟁은 종종 어느 한 조직이 다른 조직들을 희생시켜야만 이길 수 있는 제로섬 게임이 된다.
  ▶ 관계대명사 which 뒤에는 불완전한 문장이 오는데, 'one organization can only win ~'은 완전한 1형식 문장이다. 따라서 which를 관계부사 where로 고치거나, 혹은 which 앞에 전치사 in을 추가해 「전치사+관계대명사」 구조로 만들어야 한다.

5 이러한 외관상의 객관성이 불러일으키는 바로 그 신뢰성이 지도를 매우 강력한 이데올로기의 전달자로 만드는 것이다.
  ▶ 선행사에 the very가 포함되어 있는 경우 관계대명사 that이 선호된다. what은 선행사가 없을 때 쓴다.

STEP 2 | 기출문제로 유형 연습하기 | p. 52

01 which	02 who	03 where	04 what
05 that	06 where	07 who	08 that
09 that	10 where	11 where	12 that

01 what은 선행사를 따로 필요로 하지 않는 관계대명사이나 which는 선행사가 필요한 관계대명사이다. 여기서는 선행사(the things)가 있으므로 which가 적절하다.

02 선행사가 a uniform이 아닌 a teenager이므로 사람을 선행사로 하는 관계대명사(who)가 쓰여야 한다.

03 'the tree is getting it'이 완전한 문장이므로 what이 아닌 where를 써야 한다. 이때 where는 '어디에서'라고 해석되는 의문부사이다.

04 did의 목적어인 선행사가 없고, 뒤에도 had done의 목적어가 없는 불완전한 절이 오므로 선행사를 포함한 관계대명사 what을 쓴다.

05 what은 선행사를 포함하는 관계대명사이고, that은 앞의 the great dictators를 수식해 주는 주격 관계대명사의 역할을 한다.

06 전치사 from의 목적어인 the place가 생략되고 뒤에 완전한 절을 연결하는 관계부사 where가 남은 구조이다. 이처럼 관계부사의 선행사가 일반적인 명사(the time, the place 등)인 경우 선행사를 생략하기도 한다.

07 관계사 다음 동사가 이어지고 있고 선행사는 the English(영국인)이므로 주격 관계대명사(who)가 적절하다.

08 선행사(a problem)를 수식해 주는 형용사절을 이끄는 목적격 관계대명사(that)가 적절하다. you think는 삽입절이다.

09 관계대명사 what은 선행사를 포함하므로 적절하지 않으며, 선행사가 dozens이므로 주격 관계대명사 that이 적절하다.

10 areas는 장소를 나타내는 선행사이며, 뒤에 완전한 절이 왔으므로 관계부사(where)가 적절하다.

11 가주어(It)–진주어(that) 구문으로 진주어에 해당하는 명사절 접속사 (that)가 이끄는 절(countries ~ the past century)은 완전한 절이 되어야 한다. 빈칸 뒤(sleep time ~ century)가 완전한 절이므로 that이나 관계부사가 필요하므로 where가 적절하다.

12 선행사가 anything이 있으므로 관계대명사 that을 쓴다. what은 선행사가 없을 때 쓴다.

STEP 3 수능기출 실전 문제 풀어보기   pp. 54~56

1 ⑤ 2 ⑤ 3 ⑤ 4 ⑤ 5 ⑤ 6 ③ 7 ③ 8 ④ 9 ④ 10 ⑤

1 ─────────────────── 정답 ⑤

기억력

해석 ● 일반적으로 어떤 시기에 대한 사람의 기억력은 그것으로부터 멀어짐에 따라 필연적으로 약해진다. 사람들은 계속해서 새로운 사실을 배우며, 옛날 것은 새로운 것들에 자리를 양보하기 위해 떨어져 나가야만 한다. 20살 때, 나는 지금은 전혀 불가능할 정확성으로 내 학창 시절의 역사를 글로 옮길 수도 있었을 것이다. 그러나 사람의 기억력은 긴 시간이 경과한 후에도 훨씬 더 날카로워지는 일이 또한 일어날 수도 있다. 이것은 새로운 눈으로 과거를 보고 이전에는 수많은 다른 것들 사이에서 구별되지 않은 채로 존재했던 사실들을 분리시키고, 말하자면 그 사실들에 주목할 수 있기 때문이다. 어떤 의미에서 내가 기억했지만 아주 최근까지 나에게 이상하거나 흥미롭게 다가오지 않았던 일들이 있다.

📑 문제 유형 및 해설

접속사(as, because), to부정사, 비교급 수식, 관계대명사

① 'as(~함에 따라)'는 접속사로 뒤에 절이 오므로 적절하다.
② make way for는 '~을 위해 양보하다, ~에게 자리를 내주다'는 구동사로, to부정사의 부사적 용법으로 쓰여 적절하다.
③ 비교급을 강조하기 위해 much, even, still, a lot, far 등이 쓰이므로 적절하다.
④ because는 이유를 나타내는 접속사로 사용되었으므로 적절하다.
⑤ 앞에 선행사인 things가 있으므로 what은 which로 바꾸어야 한다. 이 which는 remembered의 목적어 역할을 하고 있다. 선행사 things를 수식하는 관계대명사 절이 두 개가 연결되고 있는 구조이다.

weaken	v. 약해지다
make way for	~에 자리를 양보하다
accuracy	n. 정확성
passage	n. 경과
isolate	v. 분리시키다
undifferentiated	a. 분화되지 않은

2 ─────────────────── 정답 ⑤

히말라야에 있는 고대 정착지

해석 ● 고고학자 Mark Aldenderfer는 지난해에 히말라야 높이 자리하고 있는 고대 정착지 근처에서 인간의 유골을 찾을 목적으로, 네팔 Mustang 지역에 있는 외진 절벽사면에 있는 동굴을 탐사하려고 떠났다. 거의 즉시, 그는 자신이 찾고 있는 것과 맞닥뜨렸다: 바위에서 툭 튀어나온 채, 해골 하나가 그가 그것을 보고 있을 때 그를 똑바로 바라보고 있었다. 아마도 2,500년까지 거슬러 올라가는 그 해골은 몇몇 매장굴의 내부에 쌓여 있는 많은 사람 뼈 사이에 있었다. Aldenderfer와 그의 팀은 DNA분석이 이 고립된 지역의 거주자들의 기원을 정확히 찾아줄 것으로 기대하고 있다. 그리고 그들은 티베트 고원이나 남쪽 지역에서 이주해 왔을지도 모른다.

📑 문제 유형 및 해설

형용사, 관계대명사(what), 접속사(as), 과거분사, 조동사

① settlement를 수식하는 형용사로 쓰였다. settlement와 high 사이에 which is가 생략된 형태로도 볼 수 있다.
② with 다음에 목적어가 와야 하므로 what, which가 가능하나, he was seeking은 목적어가 없는 불완전한 절이며, 앞에 선행사가 보이지 않으므로, 선행사를 포함한 관계대명사 what이 적절하다.
③ 해석상 '~할 때'라는 의미를 가진 접속사가 와야 하므로 as는 적절하다.
④ '많은 뼈가 쌓여 있었다'는 의미로 piled가 적절하다.
⑤ 해석상 과거 사실에 대한 추측(조동사 + have +p.p.)이 와야 한다. 따라서 may have migrated가 적절하다. 반면, 현재사실에 대한 추측은 「조동사 + 동사원형」이 된다.

archaeologist	n. 고고학자
set out	떠나다, 출발하다
cliffside	n. 절벽 쪽
remain(s)	n. 유골, 유해
inhabitant	n. 주민, 거주자
migrate	v. 이주하다
plateau	n. 고원

3 ─────────────────── 정답 ⑤

문화 인류학에서의 현지 조사

해석 ● 현지 조사는 문화 인류학의 특성이다. 그것은 방대할 정도로 세세하게 얽히고설킨 인류 문화와 개개인의 행동에 대해 탐구하고 배우는 방법이다. 그리고 중요하게도 그것은 대부분의 문화 인류학자들이 자신들의 전문적인 입장을 획득하고 유지하는 방법이다. 현장에서 작업하던 인류학자들의 초기의 개인적인 기술들 중 몇몇을 읽어보면 현지 조사가 흥미진진하고, 모험적이며, 분명히 색다르고, 때로는 쉬운 것처럼 들린다. 전형적인 인류학 현지 탐험가인 Malinowski는 현지 조사의 초기 단계들을 '이내 자연스런 과정을 채택하게 되는 낯설고, 때로는 불쾌하기도 하며, 때로는 강렬하게 흥미를 유발하는 모험'이라고 기술하고 있다. 그는 계속해서 가정생활의 사소한 세부 사항들을 관찰하면서 마을 구석구석을 이리저리 돌아다니는 판에 박힌 일과에 대해서 기술하고 있는데, 그가 말하듯이, 그러한 관찰은 가능하고 (누구나) 해볼 수 있는 것처럼 보인다.

📑 문제 유형 및 해설

형용사, 「전치사 + 관계대명사」, 「사역동사 + O + O·C (동사원형)」, 관계대명사의 수일치, 현재분사

① detailed는 뒤에 오는 명사(intricacy)를 수식하는 형용사이다.
② in which 이하는 앞의 the way를 수식한다. the way 다음에는 관계부사 how는 올 수 없고, 관계부사 대신 쓰이는 that이 오거나 in which가 온다.
③ 사역동사 make의 목적격보어이므로 동사원형(sound)이 왔다.
④ 주격 관계대명사절의 동사의 수는 앞에 있는 선행사와 일치한다. 선행사가 단수인 adventure이므로 단수동사(adopts)가 왔다.
⑤ 뒤에 the intimate details of family life라는 목적어가 있으므로 과거분사인 observed가 아니라 현재분사인 observing이 와야 맞다. observing은 주어인 He의 부수적인 동작을 설명해 주는 부대상황의 분사구문이다.

fieldwork	n. 현지[실지] 조사
hallmark	n. 특징, 특질
anthropology	n. 인류학
intricacy	n. 복잡한 사항
standing	n. 입장
account	n. 설명, 이야기, 기술
adventuresome	a. 모험적인
exotic	a. 이국적인, 이국풍의, 색다른
classic	a. 전형적인, 일류의

intensely	*ad.* 강렬하게, 매우, 대단히
adopt	*v.* 채택하다, 골라잡다
go on to+V	계속해서 ~하다
stroll	*v.* 산책하다
intimate	*a.* 사적인, 자세한, 친밀한
accessible	*a.* 접근하기 쉬운

4 ———————————————————— 정답 ⑤

컴퓨터 프로그래머의 생산성 측정에 관한 문제점

해석 ● 내가 전에 그 밑에서 일했던 가장 똑똑한 IT 중역 중 한 사람이 그 당시에 널리 퍼져 있었던 프로그래머의 생산성을 측정하려는 움직임에 강하게 반대했던 것을 나는 기억한다. 그는 컴퓨터 프로그래머를 관리하는 데 있어 가장 큰 문제점은, 겉으로 보아서는 그들이 일을 하고 있는 지를 결코 알 수 없다는 것이라고 말하는 것을 좋아했다. 나란히 앉아 일하고 있는 두 명의 프로그래머를 상상해 보라. 한 명은 눈을 감고 책상 위에 발을 올린 채로 뒤로 기대어 의자에 앉아 있다. 다른 한 명은 컴퓨터에 코드를 타이핑해서 넣으며 열심히 일하고 있다. 다리를 올리고 있는 사람은 생각하고 있을 수도 있고, 다른 한 명은 타이핑하는데 너무 바빠서 그 일에 대해 충분한 생각을 하지 못할 수도 있다. 결국, 바쁘게 타이핑하는 사람은 생각하는 사람보다 열 배나 더 많은 줄의 코드를 만들어 낼 수 있지만, 이것은 생각하는 사람의 것보다 두 배나 더 많은 새로운 문제를 포함하고 있을 수도 있다. 불행하게도, 내가 접했던 생산성 측정 시책의 대부분은 노력이나 겉으로 보이는 활동을 측정한다. 그것(생산성 측정 시책)은 그에게는 상을 주고 깊이 생각하는 그의 동료에게는 벌을 주게 된다.

▶ 문제 유형 및 해설

「전치사 + 관계대명사」, 접속사(whether), 부대상황, 「too ~ to」, 문장성분(동사)

① 선행사가 사람이고, 이를 수식하는 절의 동사 worked는 전치사 for 를 필요로 한다. 따라서 「전치사 + 관계대명사(목적격)」 형식이 적절하다.
② tell의 목적어가 와야 하므로 명사절(whether + S + V)이 온 것은 적절하다.
③ 부대상황(with + 목적어 + 분사)으로, 목적어와 분사의 관계가 능동의 관계이면 현재분사, 수동의 관계이면 과거분사를 쓴다. 여기서는 수동의 관계이므로 closed는 적절하다.
④ 「too + 형용사 + to부정사(너무 ~해서 …할 수 없다)」이므로 to give 는 적절하다.
⑤ I have encountered가 앞의 주어를 수식하여 most ~ encountered까지 주어가 되며 동사가 없으므로 measuring이 아닌 measure를 사용해야 적절하다.

▶ 구문 분석

▶ In the end, the busy typist could well produce **ten times as many** [lines of code] **as** the thinker, which contain **twice as many** [new problems] **as** the thinker's.

「배수사+as+원급+as」는 '몇 배 더 ~한'의 의미이다.

executive	*n.* 중역
work for	~를 위해 일하다
measure	*v.* 측정하다
productivity	*n.* 생산성
picture	*v.* ~을 상상하다
side by side	나란히
lean	*v.* 기대다
scheme	*n.* 시책, 계획, 안
apparent	*a.* 겉으로 보이는, 분명한
thoughtful	*a.* 깊이 생각하는

5 ———————————————————— 정답 ⑤

친절의 진정한 의미

해석 ● 며칠 전 퇴근하면서 나는 어떤 여자가 큰 길로 들어오려고 애쓰는데 계속되는 차량 흐름 때문에 기회가 별로 없는 것을 봤다. 나는 속도를 줄이고 그녀가 내 앞에 들어오게 해 주었다. 나는 기분이 꽤 좋았는데, 그 후 두어 블록 간 후에 그녀가 몇 대의 차를 끼워 주려고 차를 멈추는 바람에 우리 둘 다 다음 신호를 놓치게 되었다. 나는 그녀에게 완전히 짜증났다. 내가 그렇게 친절하게 그녀가 들어오게 해 주었는데 어떻게 감히 그녀가 나를 느리게 가게 한단 말인가! 내가 안달하면서 (자동차에) 앉아 있을 때 나는 내 자신이 참으로 어리석게 굴고 있다는 사실을 깨달았다. 불현듯 언젠가 읽었던 문구 하나가 마음속에 떠올랐다. '누군가 점수를 매기고 있기 때문이거나, 하지 않으면 처벌을 받기 때문이 아니라 내적 동기로 사람들에게 친절을 베풀어야 한다.' 나는 내가 보상을 원하고 있었다는 사실을 깨달았다. 내가 당신에게 이런 친절을 베푼다면 당신(또는 어떤 다른 사람)이 나에게 그만한 친절을 베풀 것이라는 생각이었다.

▶ 문제 유형 및 해설

지각동사, 5형식, 간접의문문, 관계대명사(목적격, what), 문장성분(동사)

① 불완전 타동사인 지각동사(see)는 목적어와 목적격보어 관계가 능동인 경우 목적격보어로 동사원형 혹은 현재분사(V-ing)를 취할 수 있으므로 having은 적절하다.
② 「주어(S) + 동사(V) + 목적어(O) + 목적격보어(O·C)」의 5형식에서 목적어(myself)와 목적격보어의 관계가 수동이므로 irritated(과거분사)가 적절하다.
③ how가 이끄는 간접의문문[의문사를 포함하는 어구 + 주어 + 동사]으로 realized의 목적어 역할을 한다.
④ I once read는 선행사(a phrase)를 수식해 주는 관계대명사절로 목적격 관계대명사 which 혹은 that이 생략되었고 따라서 전체 문장의 동사 역할을 하는 came(과거)은 적절하다.
⑤ what 이하가 완전한 문장이므로 목적절을 이끄는 접속사 that이 와야 한다. 참고로 what은 관계대명사로 「what+불완전 문장」의 형태를 이룬다.

▶ 구문 분석

▶ ~ I **saw a woman** [trying to ~] **and** [having ~].

불완전 타동사는 목적어와 목적격보어를 취하게 되는데, 목적어와 목적격보어가 수동 관계라면 「지각·사역동사+O+O·C(p.p.)」, 능동 관계라면 「사역동사+O+O·C(동사원형)」, 「지각동사+O+O·C(동사원형/V-ing)」의 형식을 취한다. (지각·사역동사 문장형식 암기)

▶ ~ **a phrase** [(which 또는 that 생략) I once read] **came** floating into my mind: ~

[ ]는 주어인 선행사(a phrase)를 수식해 주는 관계대명사절로, 목적격 관계대명사 which나 that이 생략되었다. 글 전체의 시제가 과거이므로 과거동사(came)가 왔다.

stream	*n.* 흐름
traffic	*n.* 차량, 교통(량)
irritated	*a.* 짜증난
graciously	*ad.* 친절하게
ridiculous	*a.* 어리석은
phrase	*n.* 구절
float	*v.* 떠오르다
kindness	*n.* 친절
reason	*n.* 동기
punish	*v.* 처벌하다
reward	*n.* 보상
equally	*ad.* 똑같이, 동등하게

6

생태계의 구성과 범위

해석 ● 생태계는 구성과 범위 면에서 차이가 있다. 생태계는 여러분의 입속 유기체들의 군집과 상호작용, 또는 열대 우림 (나뭇잎이 우거져 만든) 덮개 속의 군집과 상호작용부터 지구 바닷속 모든 (유기체) 군집과 상호작용에 이르는 것으로 정의될 수 있다. 이것들을 지배하는 과정들은 복잡성과 속도에 차이가 있다. 몇 분 안에 바뀌는 시스템도 있고, 규칙적으로 순환하는 시간이 수백 년까지 뻗어나가는 시스템도 있다. 어떤 생태계는 광범위하고(아프리카 사바나 같은 '생물군계'), 어떤 생태계는 (여러) 지역에 걸쳐 있으며(강의 유역), 많은 생태계는 마을 군집을 포함하고(작은 분수령들), 다른 생태계들은 단 하나의 마을 차원으로 국한된다(마을 연못). 각각의 사례에는 불가분성이라는 요소가 있다. 장벽을 만들어서 어떤 생태계를 여러 부분으로 나누면, 그 부분들의 생산성 총합은 다른 것이 동일할 때 일반적으로 전체의 생산성보다 더 낮다는 것이 밝혀질 것이다. 생물학적 개체군의 이동성이 한 가지 이유이다. 예를 들어, 안전한 통행은 이동하는 생물 종들을 생존하게 한다.

▶ 문제 유형 및 해설

지시대명사(those), 현재분사, 관계대명사, 독립분사구문, to 부정사

① 앞에 나온 복수명사 the communities and interactions of organisms를 가리키는 대명사 those가 적절하다.
② The processes가 '지배하는' 주체이므로 능동의 현재분사가 적절하다. 분사 뒤에 목적어 them도 나왔다.
③ 뒤에 「주어+자동사(extends to~)」의 완전한 구조가 나오는데, 관계대명사 which는 불완전한 문장과 결합하므로 적절하지 않다. 문맥을 보면, 선행사 'others(=other systems)'의 반복 주기가 수백 년에 이른다는 의미이므로, 선행사의 소유격을 나타낼 수 있는 whose를 대신 써야 한다.
④ 콤마 뒤에 접속사 없이 의미상 주어(other things)만 나오므로, 분사구문인 being이 알맞게 이어졌다.
⑤ 「enable+목적어+to부정사」의 5형식 구조이다.

▶ 구문 분석

▶ ~ the sum of the productivity of the parts will typically be found to be lower than the productivity of the whole, **other things being equal**.

other things being equal은 독립분사구문(의미상 주어+분사구문)의 대표적인 예시이다. 숙어처럼 외워도 된다.

ecosystem	n. 생태계
composition	n. 구성
extent	n. 범위, 정도
govern	v. 지배하다
complexity	n. 복잡성
rhythmic	a. 규칙적으로 반복되는
extensive	a. 광범위한
cluster	n. 무리, 송이
be confined to	~로 제한되다
productivity	n. 생산성
mobility	n. 이동성

7

기생벌 cleptoparasite

해석 ● 대부분의 벌은 꽃을 방문하고 꽃가루를 모으면서 하루를 보내지만 몇몇 벌은 다른 벌의 힘든 노동을 이용한다. 도둑질하는 이런 벌은 이상한 킴새를 못 챈 (숙주라 알려진) "보통" 벌의 집으로 슬며시 들어가서 숙주 벌이 자기 자신의 새끼를 위해 모으고 있는 꽃가루 덩어리 근처에 알을 낳고 그리고 나서 슬그머니 도로 나온다. 그 도둑의 알이 부화하면 그것은 숙주의 새끼를 죽이고 그리고 나서 자기의 희생자를 위해 마련된 꽃가루를 먹는다. 가끔 탁란(托卵) 동물로 불리는 이 벌은 뻐꾸기벌이라고 불리기도 하는데 다른 새의 둥지에 알을 낳아 놓고 그 알을 그 새가 기르도록 두는 뻐꾸기와 유사하기 때문이다 그들은 더 전문적으로는 'cleptoparasite'라고 불린다. 'clepto'는 그리스어로 도둑을 의미하여 'cleptoparasite'라는 용어는 구체적으로 먹이를 훔침으로써 다른 것에 기생하는 생물을 가리킨다. 이 경우 그 cleptoparasite는 숙주가 애써서 얻은 꽃가루 비축물을 먹고 산다.

▶ 문제 유형 및 해설

현재분사, 대명사, 주어동사 수일치, 부사, 관계대명사

① 수식을 받는 명사 normal bee와 unsuspect의 관계는 능동이므로 현재분사 unsuspecting은 적절하다.
② 도둑의 새끼벌을 가리키므로 대명사 its는 적절하다.
③ leaves는 주격 관계대명사절의 동사로, 선행사(cuckoo birds)가 복수이므로 복수동사 leave로 고쳐야 한다.
④ 동사를 수식하므로 부사 형태의 technically는 적절하다.
⑤ an organism을 선행사로 갖는 주격 관계대명사 that은 적절하다.

▶ 구문 분석

▶ These thieving bees **sneak** into the nest ~ **lay** an egg near the pollen mass [being gathered by the host bee for her own offspring], **and then sneak** back out.

동사구가 등위접속사(and)로 병렬 연결되어 있다. [ ]는 the pollen mass를 수식하는 현재분사구이다.

▶ [Sometimes called brood parasites], these bees **are** also **referred to** as cuckoo bees, because they are similar to cuckoo birds, {which lay an egg in the nest of another bird and leave it for that bird to raise}.

[ ]는 과거분사구문이고, 「be + p.p」의 수동태가 동사로 쓰였으며, { }는 cuckoo birds를 선행사로 갖는 계속적 용법의 관계대명사절이다.

pollen	n. 꽃가루
thieve	v. 도둑질하다
sneak	v. 슬그머니 움직이다
unsuspecting	a. 이상한 킴새를 못 챈, 의심하지 않는
host	n. 기생 동물의 숙주, 주인
offspring	n. 새끼들
cuckoo	n. 뻐꾸기
technically	ad. 전문적으로는, 엄밀히 말해
organism	n. 유기체
live off	v. ~에 기생하다, 얹혀살다
hard-earned	a. 힘들게 얻은
store	n. 비축물, 저장

8

시간에 대한 우리의 사고방식과 물리학의 차이

해석 ● 현재 순간은 특별하게 느껴진다. 그것은 실재한다. 여러분이 얼마나 많이 과거를 기억하거나 미래를 예상할지라도, 여러분은 현재에 살고 있다. 물론, 여러분이 그 문장을 읽었던 그 순간은 더 이상 일어나고 있지 않다. 이 순간은 일어나고 있다. 다시 말해서, 현재가 지속적으로 그 자체를 갱신하고 있다는 의미에서 시간은 흐르는 것처럼 느껴진다. 우리는 미래가 그것이 현재가 될 때까지 열려 있고 과거는 고정되어 있다는 깊은 직관력을 가지고 있다. 시간이 흐르면서, 고정된 과거, 당면한 현재 그리고 열린 미래라는 이 구조가 시간 안에서 앞으로 흘러간다. 그러나 이러한 사고방식이 자연스러울지라도, 여러분은 이것이 과학에 반영된 것은 발견하지 못할 것이다. 물리학의 방정식들은 어떤 사건들이 바로 지금 발생하고 있는지 우리에게 말해 주지 않는데, 그것들은 '현재 위치' 표시가 없는 지도와 같다. 현재 순간은 그것들 안에 존재하지 않으며, 그러므로 시간의 흐름도 그렇지 않다.

「전치사＋관계대명사」, 재귀대명사, 동격, 주격보어, 도치

① 전치사의 목적어로 관계대명사절(목적격)이 올 수 있으며 선행사가 the moment(시간)이므로 which가 적절하다.

② 주어(the present)와 updating의 목적어인 itself는 동일 대상이므로 재귀대명사(itself)는 적절하다.

③ 등위접속사(and)로 병렬 연결되어 있는 두 개의 that절(that the future is open until it becomes present, that the past is fixed)은 a deep intuition과 동격을 이루고 있으므로 that은 적절하다.

④ 「as+형+as+주어+동사(비록 ～일지라도)」의 양보 구문에 사용된 동사와의 관계에서 동사(is)의 주격보어로 부사(naturally)가 아닌 형용사(natural)가 적절하다.

⑤ 부정부사(neither)가 문두에 오면 뒤따라오는 주어와 동사가 도치되어 「neither(부정부사)+동사+주어」의 형태를 갖는다. 주어(the flow of time)가 3인칭 단수이므로 does는 적절하다.

▶ 구문 분석

▶ **However** much you may remember the past or anticipate the future, you live in the present.

복합관계부사(However)는 '아무리 ～할지라도'의 의미로 뒤에 완전한 문장을 수반하며, 부사절의 기능을 한다. 또한 No matter how로 바꿔 쓸 수 있다.

▶ Of course, the moment **during which** you read that sentence is no longer happening.

선행사는 the moment이며 관계대명사 뒤에 완전한 문장(S+V+O)이 오고 있으므로 which는 전치사(during)의 목적어로 쓰인 목적격 관계대명사이다.

▶ We have **a deep intuition** [that the future is open until it becomes present] and [that the past is fixed].

등위접속사(and)로 병렬 연결되어 있는 두 개의 [ ]는 a deep intuition과 동격을 이루는 that절이다.

anticipate	v. 예상하다
no longer	더 이상 ～아닌[하지 않는]
constantly	ad. 지속적으로
intuition	n. 직관력
immediate	a. 당면한, 목전의
reflect	v. 반영하다[나타내다]
equation	n. 방정식, 등식
physics	n. 물리학

9 ·· 정답 ④

뒷공론을 하는 주요 동기

해석 ● 심리적인 이유부터 시작하자면, 다른 사람의 개인적인 일에 대해 아는 것은 이 정보를 가진 사람이 그것을 뒷공론으로 반복하도록 부추길 수 있는데, 왜냐하면 숨겨진 정보로서는 그것이 사회적으로 비활동적인 상태로 남기 때문이다. 그 정보를 소유한 사람은 그 정보가 반복될 때만 자신이 무언가를 알고 있다는 사실을 사회적 인지, 명성 그리고 악명과 같은 사회적으로 가치 있는 어떤 것으로 바꿀 수 있다. 자신의 정보를 남에게 말하지 않는 동안은, 그는 그것을 알지 못하는 사람들보다 자신이 우월하다고 느낄 수도 있다. 그러나 알면서 말하지 않는 것은 '말하자면 그 비밀 속에 보이지 않게 들어 있다가 폭로의 순간에만 완전히 실현되는 우월감'이라는 그 기분을 그에게 주지 못한다. 이것이 잘 알려진 인물과 우월한 사람에 대해 뒷공론을 하는 주요 동기이다. 뒷공론을 만들어 내는 사람은 자신이 그의 '친구'라고 소개하는 그 뒷공론 대상의 '명성' 일부가 자신에게 옮겨질 것이라고 생각한다.

5형식 동사, 도치, 재귀대명사, 문장성분(동사), 관계대명사(소유격)

① 5형식(주어+동사+목적어+목적격보어) 동사 중 하나인 tempt는 목적격보어로 to부정사를 취하므로 to repeat는 적절하며 '～가 …하도록 부추기다'로 해석한다.

② Only when ～ repeated가 문두로 나가면서 조동사 can과 주어 its possessor가 도치된 구조이므로, can에 이어지는 동사원형 turn은 어법상 적절하다.

③ keep ～ to oneself는 '～을 남에게 말하지 않다[비밀로 간직하다]'라는 뜻이다. 주어인 he와 그 대상이 같으므로 himself를 쓰는 것은 어법상 적절하다.

④ that feeling of superiority를 선행사로 하는 주격 관계대명사 that이 이끄는 관계절의 동사가 나와야 할 자리이므로 actualizing을 actualizes로 고쳐야 한다. 관계대명사(that)와 관계절의 동사(actualizes) 사이에 두 개의 구가 삽입되어 있어서 정확한 구조를 파악하기가 쉽지 않다.

⑤ the subject of gossip을 선행사로 하여 관계절 속의 "friend"를 수식하며 관계절을 이끌고 있으므로, 소유격 관계대명사 whose는 어법상 적절하다. 참고로 whose "friend"가 전치사 as의 목적어이다.

▶ 구문 분석

▶ [Only when the information is repeated] **can its possessor** turn {the fact that he knows something} into {something socially valuable like social recognition, prestige, and notoriety}.

only가 포함된 부사(절)이 문두에 있는 경우, 「Only 포함 부사(절)+조동사+주어+동사」의 형태를 취하는 도치가 일어난다. 즉 Only 포함 부사절인 [ ]가 문두에 위치하면서 조동사 can과 주어 its possessor가 도치된 구조로 이해하면 된다. 「turn ～ into …」는 '～를 …로 바꾸다'라는 의미로 두 개의 명사구 { }를 연결한다.

▶ But [knowing and not telling] does not give him that feeling of superiority {that, (so to say, latently contained in the secret), fully actualizes itself only at the moment of disclosure."}

[ ]가 주어이며, 4형식 동사 does not give 뒤로 간접목적어(him)와 직접목적어(that feeling of superiority)가 제시된다. { }는 직접목적어를 꾸민다. ( )는 주격 관계대명사인 that과 동사구인 fully actualizes 사이에 들어간 삽입구이다.

tempt	v. 부추기다, 유혹하다
possessor	n. 소유자
conceal	v. 숨기다
recognition	n. 인지
superior	n. 우월한 사람 a. 우월한
actualize	v. 실현하다
disclosure	n. 폭로, 발각, 드러남
figure	n. 인물
rub off on	～으로 옮겨지다, ～에 영향을 주다

10 ·· 정답 ⑤

아이들에게 통제권을 주는 것의 중요성

해석 ● 아이들이 어릴 때, 일의 많은 부분은 아이들이 정말로 통제권을 가지고 있음을 그들에게 보여주는 것이다. 20년간 부모 교육자로 일했던 우리의 현명한 친구 한 명은 취학 전 연령의 아이들에게 달력을 주고 아이들 생활에서 중요한 모든 일들을 적어 보라고 조언하는데, 이는 부분적으로 아이들이 시간의 흐름을 더 잘 이해하도록, 그리고 자신들의 하루하루가 어떻게 펼쳐질지 이해하도록 도움을 주기 때문이다. 아이들이 자신의 하루를 통제하고 있다고 느끼도록 돕는 데 있어 달력이라는 도구의 중요성은 아무리 과장해도 지나치지 않다. 요일들에 다가가면서, 아이들이 그 요일들을 지워가도록 하라. 가능한 경우마다 그 일정에 대해 아이들에게 선택권을 주면서 그날의 일정을 검토하는 데 시간을 보내라. 이러한 의사소통은 존중을 보여주어, 아이들이 자신들이 그저 여러분의 하루와 여러분의 계획에 붙어서 따라다니는 사람이 아니라는 것을 알게 되고, 어떤 일이 언제, 왜 일어나게 될지 이해하게 된다. 아이들은 나이가 더 들어감에 따라, 그 다음에는 <u>스스로 중요한 일들을 적어 넣기 시작할 것</u>이며, 그것은 나아가 그들이 자신의 통제감을 발달시키는 데 도움을 준다.

▶ 문제 유형 및 해설

동사 강조, 주어동사 수일치, 「사역동사+O+O·C(동사원형)」, 복합관계부사, 관계대명사

① 동사를 강조하는 의미로 do를 동사 앞에 썼다.
② 주어가 One wise friend of ours ~ years이므로 동사는 단수형인 advises를 썼다.
③ 사역동사 have의 목적격보어 역할을 할 수 있는 동사원형 cross가 적절하다.
④ 복합관계부사 뒤에 오는 부사절에서 '주어+동사(it is)'가 생략된 것으로 possible은 적절하다. 여기서 주어 it은 giving them choice in that schedule이다.
⑤ 두 개의 절을 연결해야 하므로 대명사 it은 적절하지 않다. 이 경우에는 and it으로 쓰거나 관계대명사 which를 써야 한다.

demonstrate	v. 보여주다, 설명하다
preschool-age	a. 취학 전 연령의
passage	n. 흐름, 경과, 추이
unfold	v. 펼쳐지다, 전개되다
overstate	v. 과장하다, 허풍을 떨다
cross off	~을 지우다
go over	~을 검토하다
tagalong	n. 붙어서 따라다니는 사람
sense of control	통제감

기출마무리　p. 57　　1 ④　　2 ③

1　　　　　　　　　　　　　　　　　　정답 ④

세포의 성장과 주기

해석 ● 개체 전체와 마찬가지로, 세포도 수명을 가지고 있다. 그것의 생명 주기(세포 주기) 동안에, 세포의 크기, 모양, 물질대사 활동이 극적으로 변할 수 있다. 세포는 모세포가 분열할 때 쌍둥이로 '탄생'해 두 개의 딸세포를 생성한다. 각각의 딸세포는 모세포보다 더 작으며, 특이한 경우를 제외하고는 각각 모세포의 (원래) 크기만큼 커질 때까지 자란다. 이 기간에 세포는 물, 당, 아미노산, 다른 영양소들을 흡수하고, 그것들을 결합해 새로운 살아있는 원형질로 조합한다. 세포가 적절한 크기로 성장한 후, 그것은 분열할 준비를 하거나 혹은 성숙하여 특화된 세포로 분화하면서 물질대사가 변화한다. 성장과 발달 둘 다 모든 세포 부분을 포함하는 일련의 복잡하고 역동적인 상호 작용을 필요로 한다. 세포의 물질대사와 구조가 복잡할 것이라는 점은 당연하겠지만, 실제로 그것들은 꽤 간단하고 논리적이다. 가장 복잡한 세포조차도 몇 개 안 되는 부분을 가지고 있는데, 각각은 세포 생명의 뚜렷하고 명확한 측면을 맡고 있다.

▶ 문제 유형 및 해설

현재분사, 대동사, 병렬, 접속사(that), 형용사

① 결과의 분사구문이다. 의미상 주어인 its mother cell이 딸세포를 '만들어내는' 주체이므로 능동의 현재분사를 썼다.
② becomes를 대신하는 대동사 was이다. 뒤에 생략된 표현이 보어인 large이고, 비교 대상이 '원래 모세포의 크기'라는 과거 상태이므로 be의 과거시제 was를 썼다.
③ matures와 연결되는 단수동사 differentiates가 알맞다.
④ 선행사를 포함한 관계대명사 What을 쓰려면 뒤에 불완전한 문장이 나와야 하는데, cell metabolism and structure should be complex는 완전한 2형식 문장이다. 따라서 What을 명사절 접속사 That으로 바꿔야 한다.

⑤ 'each (being) responsible ~'에서 분사인 being이 생략되고 보어인 responsible만 남은 구조이다.

▶ 구문 분석

▶ ~ it **either** [prepares to divide] **or** [matures and differentiates into a specialized cell].

「either A or B」 구조로, B 안에도 「A and B」의 병렬구조가 포함되어 있다.

life span	수명, 생애 주기
dramatically	ad. 극적으로
divide	v. 분열하다, 나누다
except for	~을 제외하고
amino acid	아미노산
nutrient	n. 영양소
assemble A into B	A를 결합해 B로 만들다
proper	a. 적절한
specialized	a. 특화된, 전문화된
distinct	a. 뚜렷한

2　　　　　　　　　　　　　　　　　　정답 ③

정보의 폭발적 증가로 더 어려워진 의학적 결정

해석 ● 의학 치료에 있어서 환자들은 선택을 축복이자 부담으로 본다. 그리고 그 부담은 주로 여성들에게 주어지는데, 그들은 일반적으로 자기 자신의 건강뿐만 아니라 남편과 아이들의 건강의 수호자이다. "여성들이, 그리고 일반적으로 소비자들이, 자신이 찾은 정보를 자세히 살펴보고 결정을 내릴 수 있는 것은 매우 힘든 과업이다."라고 National Women's Health Network의 프로그램 디렉터인 Amy Allina는 말한다. 그리고 그것을 매우 힘든 것으로 만드는 것은 그 결정이 우리 자신의 것이라는 것뿐만 아니라, 우리가 결정을 내리는 데 근거가 되는 정보 원천의 수가 폭발적으로 증가해 왔다는 것이다. 그것은 단지 여러분의 주치의가 선택 사항들을 제시하는 것을 듣고 선택을 하는 문제가 아니다. 지금 우리에게는 비전문가의 백과사전 같은 건강에 대한 안내, '더 나은 건강' 잡지들과 인터넷이 있다. 그래서 이제 의학적 결정의 가능성은 모든 이에게 기말보고서 과제와 같은 최악의 악몽이 되었는데, 한 강좌에서의 성적보다 걸려있는 것이 훨씬 더 많다.

▶ 문제 유형 및 해설

부사, 가/진주어, 「전치사 + 관계대명사(which)」, 병렬, 주어동사 수일치

① 동사(are)를 수식하므로 부사인 typically가 적절하다.
② 「가주어(it) ~ 진주어(to부정사)」 구문으로, to be~이하가 진주어 구문에 해당하며, be able to가 뒤에 연결되고 있으므로 to be는 적절하다.
③ 관계대명사인 which 다음에는 불완전한 절이 나와야 되는데 완전한 절(we ~ decisions)이 나왔으므로 적절하지 않다. 문맥상 '정보로부터' 결정을 내릴 근거를 얻는다는 의미이므로, which 앞에 전치사 from을 붙여야 한다.
④ 전치사 of의 목적어로 동명사 listening과 making이 등위접속사(and)로 병렬 연결되고 있으므로 같은 형태(동명사)가 되어야 한다.
⑤ 주어는 the prospect이므로 단수동사(has)가 적절하다.

▶ 구문 분석

▶ And what makes it overwhelming is **not only** that the decision is ours, **but** that the number of sources of information [which we are to make the decisions] has exploded.

「not only A but (also) B」의 상관접속사를 이용한 문장이며, [ ]는 to부정사의 형용사적 용법 중 하나인 be to 용법(의도)으로 사용되었다.

▶ It's not just a matter of [**listening** to your doctor **lay out** the options] and [**making** a choice].

전치사 of의 목적어로 2개의 동명사구 [ ]가 병렬 연결되었다. listen to

가 지각동사이므로 목적격보어인 lay out은 원형부정사로 쓰였다.

medical treatment	의학 치료
blessing	*n.* 축복
burden	*n.* 부담, 짐
primarily	*ad.* 주로
guardian	*n.* 수호자
overwhelming	*a.* 매우 힘든, 견디기 어려운
in general	보통, 일반적으로
sort through	(무엇을 찾거나 정리하기 위해) ~을 자세히 살펴보다
make decisions	결정하다
matter	*n.* 문제
lay out	*v.* 제시하다
make a choice	선택하다
encyclopedic	*a.* 백과사전의, 해박한
prospect	*n.* 전망
nightmare	*n.* 악몽
term paper	학기말 리포트
assignment	*n.* 과제
stake	*n.* 지분, (내기·도박 등에) 건 것[돈]
infinitely	*ad.* 대단히, 엄청
course	*n.* 과목, 과정

DAY 6 특수구문 (병렬, 도치, 강조, 생략)

개념확인 T E S T

1 ○   2 ○   3 **much**   4 **preserving**   5 **do**

1 Tara는 프로젝트가 이번 주까지 끝나야 한다고 주장했다.
▶ 주장을 나타내는 동사 insist 뒤에 당위의 that절이 연결되는 것이므로 be completed가 적절하다.

2 오직 우리 자신을 시험해 봄으로써 우리는 우리가 정말로 이해하고 있는지 아닌지 실제로 밝혀낼 수 있다.
▶ Only를 포함한 부사구가 문두에 위치하여 주어와 동사가 도치된 문장이다. 따라서 can we의 어순은 적절하다.

3 대부분의 개들이 대부분의 사람들보다 훨씬 더 행복한 한 가지 이유는 개들은 우리처럼 외부 상황에 영향을 받지 않는다는 점이다.
▶ 비교급 happier를 강조하는 부사이다. 따라서 very를 비교급 강조 부사인 much, even, still, far, a lot 등으로 고쳐야 한다.

4 진화론적 관점에서 볼 때, 두려움은 변화를 조성하고 제한하며, 종을 보존하는 데 기여해왔다.
▶ 「both A and B」의 상관접속사와 등위접속사(and)로 동명사가 병렬 연결되어 있는 문장이다. 따라서 preserve를 동명사인 preserving으로 고쳐야 한다.

5 이것은 스스로는 인터넷에 접속할 수 없지만 인터넷에 접속한 주변 사람으로부터 소식이나 소문을 들을 수 있는 사람들 사이에서 특히 그러하다.
▶ 동사 have를 강조하기 위해 조동사 do가 쓰인 문장이다. 이때 do는 주어(the people)와 수일치 시켜야 하므로 does를 복수동사인 do로 고쳐야 한다.

STEP 2   기출문제로 유형 연습하기   p. 62

01 **was their English**	02 **acted**	03 **get**
04 **acting**	05 **having**	06 **find**
07 **remembering**	08 **becomes**	09 **evaluate**
10 **that**	11 **turn**	12 **even**

01 부정어(Nor)로 시작되는 문장이므로 주어와 동사의 도치가 일어나 was their English가 된다.

02 「between A and B(A와 B 사이에)」 구문으로, and 다음에는 A와 같은 명사구가 나와야 한다. acts를 답으로 선택하면 병렬 구조를 이룰 수 없으므로 과거분사(acted)의 수식을 받는 명사구 violence acted out with plastic guns가 적절하다.

03 등위접속사(or) 다음에 단어의 형태를 묻는 문제는 대체로 병렬 구조와 관련되어 있다. 앞에 나와 있는 구들(do your schoolwork, set your schedule)과 병렬로 연결되어 있으므로 or 다음에 동사원형(get)이 적절하다.

04 등위접속사(and)가 putting up과 acting을 연결하고 있는 병렬 구조이다.

05 등위접속사(or)에 의해 병렬 구조가 되므로 marriage(명사)와 같은 품사가 와야 하며 전치사(like)의 목적어가 될 수 있는 동명사 (having)가 적절하다.

06 주절 동사인 suggests에 당위의 의미가 없고 현재시제이므로 find 가 적절하며 should 생략과는 다르다.

07 so 강조 용법(so + (조)동사 + 주어)으로, 조동사(does) 뒤에 주어가 와야 하므로 동명사인 remembering이 적절하다. does는 matters 의 의미이다.

08 등위접속사(and)에 의해서 gets(3인칭 현재 단수)와 병렬 구조를 이뤄야 하므로 becomes가 적절하다.

09 주어는 you이고 두 개의 동사구(analyze ~, evaluate ~)가 등

위접속사(and)로 연결된 병렬 구조이므로 analyze와 같은 형태인 evaluate가 되어야 한다.

10 「it is ~ that」 강조 구문으로 the use of camera lenses를 강조하고 있다.

11 Only when ~ repeated가 문두로 나가면서 조동사 can과 주어 its possessor가 도치된 구조이므로, can에 이어지는 동사원형 turn이 어법상 적절하다. 참고로 원래 문장은 Its possessor can turn the fact that he knows something into something socially valuable like social recognition, prestige, and notoriety only when the information is repeated.였지만 「Only+부사절(when ~)」의 강조를 위해 도치된 경우이다.

12 비교급인 greater는 very로 수식할 수 없고 much, a lot, still, far, even 등으로 꾸며 강조할 수 있다.

STEP 3 수능기출 실전 문제 풀어보기   pp. 64~66

1 ①   2 ③   3 ②   4 ⑤   5 ⑤   6 ⑤   7 ②   8 ④

1 ──────────────── 정답 ①

어머니의 청결함

해석 ● 어머니는 유별나게 청결한 분이셨다. 어머니는 나와 동생에게 아침 식사를 주고서는 모든 물건들을 문지르고, 닦고, 먼지를 털어 내곤 하셨다. 우리가 나이를 먹자, 어머니는 우리 방을 깨끗이 하는 것으로 우리의 역할을 하라고 강조하셨다. 어머니는 바깥에서 작은 정원을 손질하시곤 했는데, 이웃들은 그 정원을 부러워했다. 어머니의 손이 닿는 모든 것들은 황금으로 변했다. 어머니는 어느 것이든 대충한다는 생각을 하지 않으셨다. 어머니는 종종 우리에게 우리가 하는 모든 것들에 최선을 다해야 한다고 말씀하시곤 했다.

▶ 문제 유형 및 해설

병렬, 5형식 동사, 동사

(A) ~ would scrub, mop, and dust의 병렬 구조로 would 다음에 scrub, mop, dust 모두 동사원형을 썼다.
(B) 「keep+O+O·C」 구문에서 목적격보어가 될 수 있는 것은 명사 또는 형용사만 가능하다. neatly는 부사이므로 보어가 될 수 없다.
(C) she touched는 everything을 꾸며주는 형용사절(목적격 관계대명사 that생략)이므로 본동사(turned)가 적절하다.

extraordinarily	ad. 유별나게
scrub	v. (솔 따위로) 문질러 닦다, 문지르다
mop	v. 걸레질하다
dust	v. 먼지를 털다
neat	a. 깨끗한
halfway	ad. 어중간하게, 불완전하게

2 ──────────────── 정답 ③

유인 우주 임무의 장점

해석 ● 무인 우주 임무보다 유인 우주 임무가 비용이 더 많이 들기는 하지만, 그것들은 더 성공적이다. 로봇과 우주 비행사는 우주 공간에서 거의 똑같은 장비를 사용한다. 하지만 인간은 그러한 도구들을 올바르게 조작하고 그것들을 적절하고 유용한 위치에 설치하는데 있어서 훨씬 더 많은 능력을 지니고 있다. 컴퓨터는 동일한 지역적인 혹은 환경적인 요소들을 관리하는 데 있어서 인간보다 민감하지도 못하며 정확하지도 않다. 로봇은 또한 문제가 발생할 때에 그것을 해결할 수 있는 능력이 인간처럼 갖추어져 있지 않으며, 종종 도움이 되지 못하거나 부적절한 자료들을 수집하기도 한다.

▶ 문제 유형 및 해설

부정대명사, 명사, 병렬, 도치, 시간 접속사(as)

① ones가 받는 명사는 복수인 missions이다.
② equipment는 셀 수 없는 명사이므로 much가 적절하다.
③ 접속사 and가 operating과 placing을 연결해 주는 병렬 구조가 되어야 어법상 옳다. 따라서 to place를 placing으로 바꾸어야 한다.
④ Rarely(부정어)가 문두에 와 주어와 동사가 도치되고 be동사는 주어(a computer)가 단수이므로 is가 된다.
⑤ as는 시간 접속사(~할 때)의 의미로 쓰였다.

▶ 구문 분석

▶ **Rarely** is **a computer** more sensitive and accurate than a human in managing the same geographical or environmental factors.

부정어인 rarely가 문두에 오는 경우 주어와 동사의 순서가 도치되고, 이럴 경우 해석은 도치되지 않은 원래 문장(A computer is rarely more sensitive and accurate ~ factors.)으로 해석을 한다.

manned	a. 사람이 탑승한
astronaut	n. 우주 비행사
operate	v. 작동하다, 조작하다
sensitive	a. 민감한
geographical	a. 지리적인
capability	n. 능력
irrelevant	a. 부적절한

3 ──────────────── 정답 ②

야생화가 가득한 정원

해석 ● 이 정원에 들어오자마자 내가 처음 알아차린 것은 발목 높이의 풀이 울타리 반대편의 풀보다 더 푸르다는 것이다. 무수히 다양한 품종의 야생화 수십 그루가 길 양편으로 땅을 덮고 있다. 덩굴 식물들은 윤이 나는 은빛의 대문을 덮고 있고 거품을 내며 흐르는 물소리가 어디에선가 들려온다. 야생화 향기는 공기 중에 가득하고 풀은 산들바람에 춤을 춘다. 풀이 들어 있는 큰 바구니가 서쪽 울타리에 기대어 놓여 있다. 나는 이 정원으로 걸어들어 올 때마다 "낙원에 사는 것이 어떤 것인지를 이제야 알겠어."라고 생각한다.

▶ 문제 유형 및 해설

지시대명사, 한정사(형용사), 주어동사 수일치

(A) the grass를 받을 수 있는 단수형의 지시대명사 that이 적절하다.
(B) both 다음에는 복수 명사가 나오고 either 다음에는 단수 명사가 나와야 하므로 both가 적절하다.
(C) 주어(The perfume)에 연결되는 단수동사 fills가 적절하다.

▶ 구문 분석

▶ **Every time** I walk in this garden, I think, "Now I know what it is like to live in paradise."

every time(= whenever)은 '~할 때마다'라는 의미로 해석한다.

ankle-high	a. 발목 높이의
countless	a. 수많은
variety	n. 품종, 변종
polish	v. 윤이 나다, 품위 있게 하다
bubble	v. 거품을 내며 흐르다
perfume	n. 향기
breeze	n. 산들바람
paradise	n. 천국, 낙원

4 ——————————————— 정답 ⑤

초기 천문학이 연구된 이유

해석 ● 대부분의 과학 역사가들은 별과 행성에 대한 연구, 즉 우리가 현재 천문학이라 부르는 것을 배우려는 동기로 농업 활동을 규제하기 위한 신뢰할 만한 달력의 필요성을 지적한다. 초기 천문학은 언제 작물을 심어야 하는지에 대한 정보를 제공했고, 인간에게 시간의 흐름을 기록하는 최초의 공식적인 방법을 제공했다. 영국 남부의 4,000년 된 고리 모양 돌인 스톤헨지는 아마도 우리가 살고 있는 세계의 규칙성과 예측 가능성을 발견한 데 대한 가장 잘 알려진 기념비일 것이다. 스톤헨지의 커다란 표식은 우리가 계절의 시작을 표시하기 위해 여전히 사용하는 날짜인 지점(하지, 동지 등)과 분점(춘분, 추분 등)에 태양이 뜨는 지평선의 장소를 가리킨다. 그 돌들은 심지어 (해·달의) 식(蝕)을 예측하는 데 사용되었을지도 모른다. 글이 없던 시절 사람들이 세운 스톤헨지의 존재는 자연의 규칙성뿐만 아니라, 눈앞에 보이는 모습의 이면을 보고 사건에서 더 깊은 의미를 발견할 수 있는 인간의 정신적 능력을 말없이 증언해 준다.

▶ 문제 유형 및 해설

대명사, 주어동사 수일치, 관계부사(where), 수동태, 병렬

① humans의 소유격을 받는 복수대명사 their이다.
② 주어 Stonehenge가 단수이므로 is가 알맞게 쓰였다. the 4,000-year-old ring of stones in southern Britain은 주어와 동격 관계이다.
③ the spots가 장소 선행사이고, 뒤의 'the sun rises ~'가 완전한 1형식 문장이므로 관계부사 where를 썼다.
④ The stones가 '사용되었을지도 모르는' 대상이므로 수동태 동사인 (may have) been used가 알맞게 쓰였다.
⑤ the ability를 꾸미는 to부정사의 병렬구조이다. 문맥상 '~을 보고 …을 발견할 수 있는 능력'이라는 의미에 알맞게 to see와 같은 형태의 (to) discover를 써야 한다. discovers를 그대로 두면 bears와 병렬 연결되는데, 이 경우 주어인 The existence가 '~을 증언해주고 …을 발견한다'는 의미가 되어 문맥상 부자연스럽다.

▶ 구문 분석

▶ The stones **may even have been used** to predict eclipses.

과거에 대한 추측 표현(may have p.p.)과 수동태(be p.p.)가 결합되었다. '~되었을지도 모른다'라는 뜻이다.

historian	n. 역사가
reliable	a. 믿을 만한
regulate	v. 통제하다
agricultural	a. 농업의
astronomy	n. 천문학
passage of time	시간의 흐름
predictability	n. 예측 가능성
inhabit	v. 거주하다
bear testimony to	~을 증언하다

5 ——————————————— 정답 ⑤

'jack-of-all-trades(만물박사)'라는 말의 기원

해석 ● 'jack-of-all-trades(만물박사)'라는 말은 'jack of all trades and master of none(모든 일을 다 잘하지만 정말 잘하는 것은 없는 사람)'이 축약된 형태이다. 그것은 수많은 업무에 능숙하다고 주장하지만, 그것들 중 한 가지도 잘 수행하지 못하는 사람들을 가리킨다. 이 말은 산업혁명이 시작될 때에 영국에서 처음 사용되었다. 많은 수의 효율성 전문가들이 모든 유형의 새로운 제조 과정, 무역, 사업에 대해 잘 알고 있다고 자신들을 광고하면서 런던에 사무소를 차렸다. 상당한 액수의 비용을 받고, 그들은 자신들의 지식을 고객들에게 알려주곤 했다. 하지만 얼마 안 가서 그들의 지식은 제한되어 있으며 현실적으로 아무런 가치가 없다는 사실이 분명해졌다. 의심을 품게 된 생산업자들은 이러한 자칭 전문가라고 주장하는 사람들을 'jacks of all trades and masters of none'이라고 부르기 시작했다. 이러한 전문가들은 아직도 우리 주변에 있으며, 그 결과 이 말 또한 우리 곁에 있다.

▶ 문제 유형 및 해설

과거분사, 주어동사 수일치, 현재분사, 2형식 동사, 「so + 동사 + 주어」

① 과거분사(수동의 의미)가 형용사 역할을 하고 있고 의미도 적절하다.
② 선행사가 those이므로 복수동사(claim)가 적절하다.
③ 주어가 A large number of efficiency experts이므로 분사구문은 능동의 현재분사(advertising)가 적절하다.
④ became의 보어로 형용사 evident가 적절하다.
⑤ 「so + 동사 + 주어」의 강조 구문으로, 앞에 be동사 are가 쓰였으므로, does를 is로 고쳐 써야 한다.

▶ 구문 분석

▶ These experts are still with us, and as a result **so is the phrase**.

「So + 동사 + 주어」는 '~도 역시 그래(주절과 다른 주어)'라는 뜻으로, 앞에 긍정형 동사가 나왔을 때 쓰는 동의 구문이다.

jack-of-all-trades	n. 만물박사
proficient	a. 능숙한, 숙달된
knowledgeable	a. 지식이 있는, 식견이 있는
substantial	a. 실질적인, 내용이 풍부한
self-appointed	a. 자칭의, 혼자 생각의

6 ——————————————— 정답 ⑤

꿈꾸는 고양이

해석 ● 고양이가 딱 우리처럼 꿈을 꾸는지 확실히 아는 것은 불가능하다. 하지만 만일 당신이 당신의 고양이가 깊게 잠들 때 그것을 본 적이 있다면, 당신은 때때로 그 고양이의 수염, 발, 혹은 심지어 꼬리가 마치 꿈을 꾸고 있는 것처럼 갑자기 움직일 수도 있다는 것을 알게 될 것이다. 심지어 고양이가 잠들어 있는 동안에 이따금 으르렁거리거나 기분 좋게 가르랑거리는 소리를 내는 것을 들을 수 있는데, 아마도 그들은 꿈속에서 사냥을 하거나 쥐를 쫓으러 밖으로 나가는 것일 수 있다! 고양이는 하루에 많은 시간 동안 잠을 잘 수 있다. 사실상, 평균적인 고양이는 힘을 절약하고 시간을 보내기 위해 매일 13시간에서 18시간 동안 낮잠을 잔다. 야생에 사는 고양이는 이른 아침과 밤에 가장 활동적인데, 그 때 대부분의 사냥을 한다. 길들여진 고양이들은 우리의 일상에 순응한다. 뭐라고 해도, 우리가 깨어 있을 때 깨어 있고 밤에는 잠자는 것이 더 즐거운 일이다.

▶ 문제 유형 및 해설

부사, to부정사(목적), 관계부사(when)

(A) 문맥상 앞에 있는 현재분사 growling or purring을 수식해야 하므로 부사 occasionally가 적절하다.
(B) 문맥상 동시동작을 나타내는 분사구문(~하면서)을 이끄는 분사 saving보다는 목적을 나타내는 to부정사(~하기 위해서)인 to save가 적절하다. to부정사의 동사원형 save와 pass가 병렬 구조를 이루고 있다.
(C) the early morning and evenings 등의 시간을 나타내는 선행사를 수식하고 있고 관계사 뒤에 완전한 절이 왔으므로, 관계부사(when)가 적절하다. 관계부사와 달리 관계대명사(which) 다음에는 불완전한 절이 온다.

▶ 구문 분석

▶ After all, **it's more fun** [to be awake when we are, and to sleep at night.]

가주어/진주어 구문으로 [ ]가 진주어가 되며 '[ ] is more fun.' 즉 '[ ]는 더 즐거운 일이다.'로 해석한다.

fast	ad. (잠이) 깊게, 푹
whisker	n. (고양이 따위의) 수염
paw	n. (발톱이 있는 동물의) 발
growl	v. 으르렁거리다
purr	v. (고양이가 기분 좋은 듯이) 목을 가르랑거리다
chase	v. 쫓다, 추격하다
nap	v. 낮잠을 자다
adjust	v. 순응하다, 조절하다
routine	n. 일상의 과정[일]

7 ──────────────── 정답 ②

음식의 수분 함량과 포만감의 관계

해석 ● 물은 칼로리가 없지만 위장에서 공간을 차지하여 그것이 포만감을 만든다. 최근에 한 연구는 식사 전에 물 두 잔을 마신 사람은 더 빨리 배가 부르고, 더 적은 칼로리를 먹으며, 더 많은 몸무게가 빠진다는 것을 밝혀냈다. 수분 함량이 더 적은 음식보다 수분 함량이 더 많은 음식을 선택함으로써 같은 전략이 작동하도록 할 수 있다. 예를 들어, 포도와 건포도의 유일한 차이는 포도가 약 여섯 배 더 많은 수분을 함유하고 있다는 것이다. 그 수분이 그것들이 얼마만큼 배를 채우는지에 큰 차이를 만든다. 당신은 100칼로리 상당의 건포도를 먹은 후에 느끼는 것보다 100칼로리 상당의 포도를 먹은 후에 훨씬 더 만족감을 느끼게 된다. 상추, 오이, 그리고 토마토와 같은 샐러드 채소 역시 묽은 수프가 그런 것처럼 매우 높은 수분 함량을 갖고 있다.

▶ 문제 유형 및 해설

접속사(that), 주어동사 수일치, 대동사(do)

(A) 뒤에 완전한 절이 왔으므로, 목적어 역할의 명사절을 이끄는 접속사 that이 적절하다.
(B) the only difference가 주어이므로, 단수동사 is가 적절하다.
(C) 일반동사 have를 대신하는 표현으로, 대동사(do)가 적절하다.

▶ 구문 분석

▶ Recently, a study found [that people {who drank two glasses of water before meals} got full sooner, ate fewer calories, **and** lost more weight].

[ ]는 found의 목적어인 명사절로 명사절의 주어 people은 관계대명사절 { }의 수식을 받는다. 명사절(that절) 안에서 세 개의 동사구가 등위접속사(and)로 병렬 연결되어 있다.

▶ For example, [the only difference between grapes and raisins] is [that grapes have about **6 times as much** water in them].

첫 번째 [ ]는 문장의 주어이며 동사는 is이다. 두 번째 [ ]는 is의 보어 역할을 하는 명사절이다. 「배수사 + as + 형용사/부사의 원급(+as)」는 '…배 더 ~한'의 의미이다.

take up	(공간을) 차지하다
create	v. 만들다
fullness	n. 포만감
strategy	n. 전략
water content	수분 함량
raisin	n. 건포도
lettuce	n. 상추
cucumber	n. 오이

8 ──────────────── 정답 ④

최후통첩 게임

해석 ● 인간은 속고 있다고 느끼는 것을 매우 싫어해서 흔히 겉보기에는 거의 말이 되지 않는 방식으로 반응한다. 인간의 마음이 계산기처럼 작동한다고 단순히 가정하는 부류의 사람들과는 대조적으로 사람들이 하는 행동을 실제로 연구하는 경제학자들인 행동경제학자들은, 사람들은 불공정한 제안을 거부하는 것이 자신에게 돈이 든다고 해도 그렇게 한다는 것을 반복해서 보여 주었다. 대표적인 실험은 최후통첩 게임이라고 불리는 과업을 이용한다. 그것은 매우 간단하다. 짝을 이루는 두 사람 중 한 사람이 얼마간의 돈, 가령 10달러를 받는다. 그러고 나서 그 사람은 자기 짝에게 그 돈의 일부를 주는 기회를 가진다. 그 짝에게는 두 가지의 선택권만 있다. 그는 주어지는 것을 받거나, 아무것도 받지 않겠다고 거절할 수 있다. 협상의 여지는 없고, 그런 이유로 그것은 최후통첩 게임이라 불린다. 대체로 어떤 일이 일어나는가? 많은 사람은 짝에게 똑같이 나눈 몫을 제안하며, 그것은 두 사람을 모두 행복하게 하고 장래에 서로를 기꺼이 신뢰하게 한다.

▶ 문제 유형 및 해설

「so ~ that …」, 관계대명사(what), 「it costs A B to do」, 병렬, 분사구문

① 「so ~ that …(너무 ~해서 …하다)」 구문이 사용되었으므로 접속사 that은 적절하다.
② 동사 study의 목적어 역할을 하는 관계절을 이끌어야 하므로 선행사가 포함된 관계대명사 what은 적절하다.
③ 「it costs A B to do (~하면 A에게 B의 비용이 든다)」가 사용되었으므로 it은 적절하다.
④ 등위접속사(or)로 조동사 다음의 동사원형(take)과 병렬 관계를 이루어야 하므로 refused를 refuse로 고쳐야 적절하다.
⑤ offer an equal split to the partner와 동시에 일어나는 일을 나타내는 분사구문을 이끌어야 하므로 leaving은 적절하다.

▶ 구문 분석

▶ Humans are **so** averse to feeling [{that they're being cheated} **that** they often respond in ways (that seemingly make little sense.)]

「so ~ that …('너무 ~해서 …하다')」 구문을 이용한 문장이며, feeling 다음의 { }에서 that은 앞에 추상 명사 feeling을 설명하는 동격의 that이다. 그리고 ( )는 선행사 ways를 수식하는 관계대명사절(주격)이다.

▶ Behavioral economists (— the economists ~ —) have shown again and again [that people reject unfair offers {even if it costs them money to do so.}]

( )는 삽입절로 앞에 Behavioral economists를 설명하는 내용이므로 생략해도 문장은 성립한다.

▶ Many people offer an equal split to the partner, [{leaving both individuals happy} **and** {willing to trust each other in the future}].

[ ]는 분사구문으로 앞에 주절을 부대상황의 의미로 수식한다. [ ]에서 두 개의 현재분사구 { }가 등위접속사(and)로 병렬 연결되어 있다.

averse to	~을 싫어하는
cheat	v. 속이다, 사기 치다
seemingly	ad. 겉보기에, 외견상으로
make sense	말이 되다
assume	v. 가정하다, 생각하다
reject	v. 거부하다, 거절하다
ultimatum	n. 최후통첩
straightforward	a. 간단한, 복잡하지 않은
option	n. 선택(권)
negotiation	n. 협상, 교섭
willing to do	기꺼이 ~하는

1 ————————————————————————— 정답 ③

현재의 중요성

해석 ● 우리는 마치 미래가 너무 느리게 오고 있다고 생각해서 그것을 서둘러 오게 하려고 하는 것처럼 미래를 고대한다. 우리는 너무나 경솔해서 우리의 것이 아닌 시간 속에서 방황하고 우리에게 속한 것에 대해 생각하지 않는다. 우리는 미래를 가지고 현재를 지탱하려고 하며, 우리가 도달할 확실성이 전혀 없는 시간을 위해 우리가 통제할 수 없는 것들을 조정하려고 생각한다. 당신의 생각을 점검해 보면, 당신은 그것들이 완전히 과거나 미래에 사로잡혀 있다는 것을 알게 될 것이다. 우리는 현재에 대해서는 거의 전혀 생각을 하지 않으며, 만약 그렇게 한다 해도 그것은 단지 미래를 위한 우리의 계획을 보다 분명히 하기 위해서일 뿐이다. 과거와 현재는 우리의 수단이고, 단지 미래만이 우리의 목적이다.

▶ 문제 유형 및 해설

도치, 병렬, 5형식

(A) so(부사)는 형용사나 부사를 수식하고 such(형용사)는 명사를 수식한다. 여기서는 형용사인 imprudent를 수식하고 있으므로 So가 적절하며 부사가 문두로 왔기 때문에 주어와 동사가 도치되었다.

(B) 접속사(and)로 to부정사를 연결해 주는 병렬 구조를 이루어야 하므로 think가 와야 한다.

(C) them은 find의 목적어이며, 목적격보어 자리에 올 형태를 찾는 5형식 문장이다. 목적어가 them(= your thoughts)이므로 해석상 수동의 형태(occupied)가 필요하다.

▶ 구문 분석

▶ **So** imprudent are we **that** we wander about in times that are not ours ~ to us.

부사(so)가 문두에 나와 주어와 동사가 도치된 문장으로, 해석은 도치 전의 문장[We are so imprudent that ~.]으로 하는 것이 용이하다.

anticipate	v. 고대하다
imprudent	a. 경솔한
belong to	~에 속하다
arrange	v. 조정하다, 배열하다
certainty	n. 확실성
shed light on	~를 보다 분명하게 하다, ~을 비추다

2 ————————————————————————— 정답 ①

훌륭한 미용사의 자질

해석 ● 미용사는 미용 잡지에서 오려낸 사진을 들고 "이것이 내가 원하는 모습이에요. 이렇게 머리를 잘라 주세요."라고 말하는 고객들을 끊임없이 맞이한다. 미용사는 그냥 머리를 자르고, 돈을 받고, 고객이 원하는 바대로 되었다고 말할 수 있다. 그러나 훌륭한 미용사는 고객이 원한다고 생각하는 것이 흔히 그녀가 진짜로 원하는 것이 아니라는 것을 알고 있다. 그 사진 속의 '모습'은 그 특정 고객에게 어울리는 '모습'이 아닌 경우가 많다. 훌륭한 미용사는 그들의 일은 자신들이 요구받은 대로 단지 완벽하게 머리를 자르는 것만이 아니라는 것을 알고 있다. 그들은 얼굴과 (머리의) 골격, 머릿결의 상태가 고객이 가장 선호하는 사진 속의 모습을 어떻게 변화시킬지를 알고 있다.

▶ 문제 유형 및 해설

병렬, 주어동사 수일치, 의문사(how)

(A) 주어는 stylist이고 조동사(can)에 동사원형인 do, take, tell 등이 병렬 구조로 연결되어 있다.

(B) what a customer thinks she wants가 주어이므로 동사인 is가 와야 한다.

(C) 뒤에 완전한 절이 왔으며, 의미상 '어떻게 얼굴과 골격, 그리고 머릿결의 상태가 ~'라고 되어야 하므로 how가 적절하다.

▶ 구문 분석

▶ But a good stylist knows [that {what a customer thinks she wants} is often not {what she really wants}].

[ ]는 동사(knows)의 목적어인 that절이다. that절 안에서 첫 번째 { }가 주어이고 두 번째 { }가 주격보어이다.

service	v. (서비스를) 제공하다
clip	v. 오려내다
execute	v. 실행하다

DAY 7 형용사, 부사, 명사

개념확인 TEST

1 anxious　2 ○　3 relatively　4 a few　5 ○

1 우리는 불안하고 혼란스러워할 것이며 후회하며 슬퍼할 것이다.
▶ feel은 대표적인 2형식 동사로 주격보어를 취해야 하므로 부사 anxiously를 형용사 형태인 anxious로 고쳐야 한다.

2 Tim은 아무도 전에 가지 않은 곳을 대담히 가는 사람이다.
▶ 준동사의 일종인 to부정사 to go를 부사 boldly가 꾸미는 구조이다.

3 장편 소설과 단편 소설은 상대적으로 연구하기 쉬운데 왜냐하면 그것들은 읽기 위해 쓰인 것이기 때문이다.
▶ 형용사인 easy를 수식해야 하므로 relative를 부사 형태인 relatively로 고쳐야 한다.

4 나는 아직도 신들이 인간과 같이 서로 약속을 했다는 몇몇의 이야기를 기억한다.
▶ stories는 셀 수 있는 명사이므로 수량형용사 a little을 a few로 고쳐야 한다.

5 의사소통에서 거의 잘 이해되지 않는 역설 중 하나는 단어가 어려우면 어려울수록 설명은 짧아진다는 것이다.
▶ 「the 비교급 ~, the 비교급 ~」 구문으로 the shorter는 적절하다.

STEP 2 기출문제로 유형 연습하기 　p. 74

01 free	02 finally	03 short
04 than	05 deeper	06 a few
07 frequently	08 fewer	09 much
10 alike	11 necessary	12 difficult

01 5형식 문장(make + O + O·C)으로 목적격보어 자리에 올 수 있는 품사는 명사, 형용사만 가능하다. 형용사 free가 적절하며, 부사는 보어 자리에 올 수 없다.

02 준동사인 to부정사 to break를 수식하는 말로 부사인 finally가 적절하다.

03 shortly는 '곧, 간략하게'의 의미이므로, '모자라게'의 뜻을 지닌 short가 적합하다.

04 문장에 cheaper가 있는 것으로 보아 비교급 구문(비교급+than)으로 맞추어야 하므로 than이 적절하다.

05 「the + 비교급 ~, the + 비교급 ~」의 비교급 표현으로 '발버둥 치면 칠수록 더욱 가라앉는다'로 deep의 비교급인 deeper가 적절하다.

06 「a few + 가산복수명사」, 「a little + 불가산명사」로 사용된다. products가 복수명사이므로 a few가 적절하다.

07 「the 비교급 ~, the 비교급 ~」 구문으로 동사(is run)를 수식할 수 있는 것은 부사(frequently)가 적절하다.

08 뒤에 가산복수명사 people이 나오므로 fewer가 적절하다. less는 little의 비교급이며 불가산명사와 함께 쓰인다.

09 동사를 수식하는 것은 부사이므로 much를 쓴다. many는 형용사로 명사를 수식하므로 적절하지 않다.

10 「A and B alike」는 'A와 B 똑같이'라는 의미이며, 이때 alike는 '똑같이'라는 의미의 부사이다.

11 부정 의미의 부사구(In neither case)가 문두에 와서 주어(it)와 동사(was)가 도치된 문장이다. be동사 다음 주격보어 자리에 형용사 (necessary)가 적절하다. 특히 이 문장은 「가주어(it) – 진주어(to부정사)」 구문으로 이루어져 있다.

---

12 found의 목적격보어 자리이므로 형용사인 difficult가 적절하다. it은 가목적어이고, 'to imagine ~'이 문장의 진목적어이다.

STEP 3 수능기출 실전 문제 풀어보기 　pp. 76~78

1 ②　2 ④　3 ④　4 ②　5 ⑤　6 ③　7 ③　8 ③　9 ①

1 .... 정답 ②

작품 레퍼토리

해석 ● 주류 레퍼토리에서 작품을 선택하는 것이 사람들을 놀라게 할 것 같지는 않다. 현실적으로 대부분의 공연자들은 어느 정도의 신용을 확보하기 위해 이러한 레퍼토리를 연주해야 할 것이다. 그러나 주류 레퍼토리가 반드시 최고의 레퍼토리와 같은 것은 아니다. 어떤 작품은 인기를 얻고 다른 작품은 그러지 못하는 몇 가지 이유가 있으며, 이러한 이유들은 작품의 지속되는 특질만큼이나 음악의 역사적인 이용가능성과도 관련이 있다.

▶ 문제 유형 및 해설

「be unlikely to + 동사원형」, 형용사, many vs. much

(A) 「be unlikely to+동사원형(~일 것 같지 않다)」의 구문으로 to 다음에 surprise가 적절하다.
(B) 의미상 '대부분(most)'보다는 '최상의(best)'가 적절하다.
(C) '~과 많은 관계가 있다'라고 할 때 have much to do with의 표현을 사용하므로 much가 적절하다.

▶ 구문 분석

▶ However, mainstream repertory is **not necessarily** the same as the best repertory.

not necessarily는 '반드시 ~한 것은 아니다'라는 의미로 문장 내에서 부분부정(=not always)의 의미로 사용된다.

mainstream	a. 주류의, 대세적인
repertory	n. 레퍼토리(특정 극단이 몇 개의 연극을 교대로 공연하는 형식)
realistically	ad. 현실적으로
performer	n. 연주자
secure	v. 확보하다
credibility	n. 신뢰성
have much to do with	~과 관계가 많다
availability	n. 이용할 수 있음
enduring	a. 영속적인, 지속되는

2 .... 정답 ④

마사이족

해석 ● 마사이족은 날로 현대화되는 세상에서 자신들의 방식을 계속 보존하려고 애쓰는 부족이다. 그들은 케냐와 탄자니아의 국경을 따라 살고 있으며 그들의 생계의 원천인 소들을 쫓아 때때로 집을 이동한다. 마사이족은 소에게 그들의 생활의 많은 부분을 의존한다. 그들은 식량을 얻기 위해 소들을 도살하지는 않는다. 그러나 소가 죽으면 뿔은 그릇으로 쓰이고 가죽은 신발, 옷, 침대 덮개를 만드는 데 사용된다. 한 사람이 소유한 소가 더 많을수록 그는 더 부유하다고 여겨진다. 소는 비록 남성의 소유이기는 하지만, 그 남성의 모든 가족에게 속하는 것으로 여겨진다.

▶ 문제 유형 및 해설

부사구, 현재분사, 수동태 관용구, 비교급, 과거분사

① '날로 현대화되는 세상에서'라는 의미의 부사구이다.
② 접속사와 주어가 생략된 분사구문으로 의미상 생략 전의 구문은 as they move ~이므로 현재분사가 적절하다.
③ 뿔이 그릇으로 사용되는 것과 마찬가지로 the hides(가죽)도 여러 용도로 사용된다는 수동의 의미이므로 적절하다. 특히 「be used to + 동사원형(~하기 위해 사용되다)」는 수동태 관용구로 종종 사용되며 「be used to+V-ing(~에 익숙하다)」와 구별할 필요가 있다.
④ 「the + 비교급 ~, the + 비교급 ~ (~ 할수록 더 ~하다)」는 비교급 구문의 병렬 구조 the richer로 바꾸어야 한다.
⑤ 삽입 구문으로 The cattle(소 떼)는 남자에 의해 소유되어지는 것이므로 과거분사(owned)는 적절하다.

livelihood	n. 생계
slaughter	v. 학살하다, 도살하다
entire	a. 전체의

3 ··· 정답 ④

생물과 무생물의 공통점과 차이점

해석 ● 비록 생물은 무생물과 다르지만, 완전히 다르지는 않다. 살아있는 것들은 생명이 없는 우주에 존재하며 여러 가지 면에서 이 우주에 의존한다. 식물은 태양으로부터 에너지를 흡수하고 박쥐는 동굴에서 서식지를 찾는다. 사실 생명체는 무생물체를 구성하는 것과 동일한 작은 소립자로 구성되어 있다. 유기물과 이 유기물을 구성하는 물질들을 구분되게 만드는 것은 이 유기물의 조직 수준이다. 생명체는 단지 하나가 아닌 많은 층의 생물학적 조직을 보여준다. 위계를 지향하는 이러한 경향성은 종종 생명의 피라미드의 모델이 된다.

📌 문제 유형 및 해설

부사, 대명사, 관계대명사(that), 주어동사 수일치, 수동태

① 형용사(different)를 수식하므로 부사인 completely는 적절하다.
② 밑줄 친 대명사가 a nonliving universe라는 단수 사물을 지칭하므로 it이 적절하다.
③ 뒤에 불완전한 절이 왔으며, 특히 선행사 부분에 「the same + 명사」가 있으므로 반드시 관계대명사 that을 사용한다.
④ 문장의 주어가 단수 형태인 관계대명사 What절이므로 is가 적절하다.
⑤ model이 타동사인데, 뒤에 부사구가 있으며 This tendency (toward order)와의 관계가 수동이므로 modeled가 적절하다.

absorb	v. 흡수하다
tiny	a. 작은
tendency	n. 경향

4 ··· 정답 ②

독점의 진짜 원인인 국가 통제주의

해석 ● 독점의 실제 문제들은 자본주의가 아니라 국가 통제주의로 생긴다. 국가 통제주의 사회 체제하에서는 세금, 보조금, 관세, 그리고 규제가 종종 시장에서 기존의 대기업들을 보호하는 역할을 한다. 그러한 기업들은 외국과의 경쟁을 방지하는 새로운 관세, 신규 기업들이 그들과 경쟁하는 것을 더 어렵게 만드는 보조금, 또는 대기업이 자산을 가지고 있어 준수할 수 있는 규제 조치 등 보호책들을 유지하거나 확대하기 위해 결실 전략을 종종 사용한다. 반면에 자본주의 사회 체제하에서는 정부가 기업이 업계에서 얼마나 우위를 점할 것이며, 회사들이 서로 어떻게 인수합병할 것인지에 관해 발언권이 없다. 게다가 자본주의 사회는 권리를 침해하는 세금, 관세, 보조금이나 누군가에 유리한 규제를 두지 않으며, 독점 금지법도 갖고 있지 않다. 자본주의하에서 우위는 오로지 여러분이 하고 있는 일에 아주 능숙해져서 얻을 수 있다. 그리고 우위를

유지하기 위해 여러분은 계속해서 경쟁자를 앞서 있어야 하는데, 이것은 여러분의 우위와 이익을 다른 사람들도 벌 돈이 있다는 신호로 본다.

📌 문제 유형 및 해설

가목적어, 형용사, 현재분사, 관계대명사(what), 접속사 (that)

① make 5형식 구문이다. 가목적어 it, 목적격보어 harder, 의미상 주어 for new players 뒤로 진목적어 to compete가 알맞게 나왔다.
② 「how+형/부+주어+동사」 구조에서, 형용사가 올지 부사가 올지는 뒤에 나오는 절을 보고 판단한다. 여기서는 뒤에 2형식 동사인 may become이 오므로, become의 보어가 될 수 있는 형용사 dominant를 써야 한다.
③ 수식받는 명사 regulations가 목적어 anybody를 '유리하게 해주는' 주체이므로 현재분사를 써서 꾸몄다.
④ 앞에 선행사가 없고 뒤에도 are doing의 목적어가 없는 불완전한 절이 나오므로, 선행사를 포함한 관계대명사 what을 썼다.
⑤ a sign의 내용을 보충 설명하는 완전한 문장을 이끌기 위해 동격 접속사 that을 썼다.

📌 구문 분석

▶ ~ a capitalist society doesn't have rights-violating taxes, tariffs, subsidies, or regulations favoring anybody **nor does it have antitrust laws**.

앞에 부정문(doesn't have)이 나오므로 부정 동의 구문(~도 않다)이 쓰였다. nor 뒤의 주어-동사는 의문문 어순(do/does/did+주어+동사원형)으로 도치되었다.

monopoly	n. 독점
subsidy	n. 보조금
tariff	n. 관세
regulation	n. 규제
existing	a. 기존의, 현존하는
comply with	~에 순응하다
have no say in	~에 발언권이 없다. 참여할 권리가 없다
take over	인수하다
merge with	~와 합병하다
violate	v. 위반하다
stay ahead of	~보다 앞서다

5 ··· 정답 ⑤

비인간적인 주유소들의 행태

해석 ● 주유소는 인간미 없는 태도를 보여주는 좋은 예이다. 많은 주유소에서 종업원들은 심지어 휘발유를 주유하는 것조차 중단했다. 운전자들은 종업원이 돈을 받을 접시가 있는 유리 부스 안에 둘러싸여 있는 주유소에 차를 댄다. 운전자는 차에서 내려, 주유를 하고, 대금을 지불하기 위해 부스로 걸어가야 한다. 그리고 엔진에 문제가 있거나 히터가 작동하지 않는 고객은 대개 운이 없다. 왜일까? 많은 주유소들이 상근하는 정비원들을 없애 버렸기 때문이다. 기술 있는 정비원은 자동차에 대해 아는 것이 전혀 없고 전혀 신경도 쓰지 않는 유니폼을 입은 십대로 대체되었다.

📌 문제 유형 및 해설

「stop+동명사」, 수동태, 병렬, 빈도부사, 관계대명사

① '주유소의 종업원들이 기름을 넣어 주는 것을 중단했다'는 의미이므로 stopped 다음에는 동명사인 pumping이 왔다. pumping 대신에, to pump를 쓰게 되면 '종업원들이 기름을 넣어 주기 위해 멈추었다'는 의미가 되어 문맥에 맞지 않는다.
② 종업원이 유리 상자에 둘러 싸여 있으므로 수동(is enclosed)으로 쓰는 것이 적절하다.
③ 조동사 must 뒤에 get, pump, walk가 병렬 구조로 연결된 올바른 문장이다.

④ usually는 '대개'라는 뜻의 빈도부사로 주로 be동사나 조동사 뒤에 쓴다.
⑤ 선행사가 a uniform이 아닌 a teenager이므로 사물을 나타내는 관계대명사 which 대신에 사람을 나타내는 관계대명사 who가 쓰여야 한다.

impersonal	*a.* 비인간적인
attendant	*n.* 종업원
non-functioning	*a.* 작동하지 않는
on-duty	*a.* 근무 중인
mechanic	*n.* 자동차 정비원
replace	*v.* 대체하다

6   정답 ③

수면 부족의 영향

해석 ● 수면 부족은 면역 체계에 큰 영향을 미친다. 겨울방학이 시작되기 직전인 12월에 공립학교에서 어떤 일이 일어나는지 생각해 보라. 아이들이 아프다. 교사들이 아프다. 학부모들도 아프다. 우리는 그저 바이러스가 많이 떠돌아다닌다고 생각하는 경향이 있다. 사실, 경미하지만 반갑지 않은 이런 질병들의 주요 원인은 피로 때문이다. 학생들과 교사들은 모두 첫 학기의 계속되는 스트레스로 인해 잠이 부족한 상태이고, 그것은 우리에게 나쁜 영향을 미치기 시작한다. 면역 체계는 우리가 휴식을 잘 취했을 때만큼 효과적으로 기능하지 못하고 우리는 아프게 된다. 겨울 방학이 오면 우리 대부분은 무엇을 하는가? 잠을 만회하기 위해 애쓴다.

▶ 문제 유형 및 해설

현재분사, 주어동사 수일치, 부사

(A) think와 there 사이에 접속사 that이 생략되어 있고 that절에 이미 동사 are가 있으므로, 빈칸에는 a lot of viruses를 수식하는 현재분사(going)가 적절하다.
(B) 문장의 주어가 the main reason(단수)이므로 단수동사(is)가 적절하다.
(C) 형용사는 명사를 수식하고, 부사는 동사, 형용사, 부사, 문장 전체를 수식한다. 주어는 immune systems, 동사는 are not functioning이고 동사를 수식할 말이 와야 하므로 부사(effectively)가 적절하다.

▶ 구문 분석

▶ In reality, the main reason **for these minor but unpleasant illnesses** is that we are exhausted.

for these minor but unpleasant illnesses는 「전치사＋명사구」로 the main reason을 수식해 주는 형용사 역할을 한다.

deprivation	*n.* 부족
immune system	면역 체계
minor	*a.* 소수의
exhaust	*v.* 지치게 하다
deprive	*v.* 빼앗다
catch up with	～에게 나쁜 결과를 가져오다
catch up on	～의 부족을 만회하다[채우다]

7   정답 ③

Arthur Conan Doyle의 섬세함

해석 ● Sherlock Holmes를 탄생시킨 Arthur Conan Doyle경은 다른 사람들의 감정이 관련된 경우에 대단히 섬세한 감각을 지녔다. 그가 늙고 허약했던 소설가 George Meredith를 방문했던 적이 있다. Meredith는 이따금씩 쓰러지는 희귀한 질병을 앓고 있었다. Conan

Doyle이 앞장 선 채, 그 두 남자는 Meredith의 여름 별장을 향해 길을 걷고 있던 중 Conan Doyle은 그 나이 든 소설가가 뒤에서 쓰러지는 소리를 들었다. 그는 그 소리를 듣고 넘어진 것이 단순히 미끄러진 것이어서 Meredith가 다치지 않았을 거라고 판단했다. 따라서 그는 아무 소리도 듣지 못한 것처럼 뒤돌아보지도 않고 계속 성큼성큼 걸어갔다. "그는 몹시 자존심이 강한 노인이어서 나는 본능적으로 그가 부축 받아 일어난다는 굴욕감이 내가 그에게 제공할 수 있었던 어떠한 구조보다 훨씬 더 강하리라고 생각했어요."라고 Conan Doyle은 나중에 해명했다.

▶ 문제 유형 및 해설

부사절 접속사(where), 「cause + O + to부정사」, 접속사(that), 가정법, 비교급 수식

① where는 부사절을 이끌고 있으므로 적절하다.
② 「cause + O + to부정사」 구문으로 to fall은 적절하다.
③ 동사 judged의 목적절을 이끄는 접속사가 필요하므로 which가 아니라 that이 와야 한다. the fall was a mere slip ～이 완전한 문장구조를 갖추고 있으므로 관계대명사를 사용해서는 안 된다.
④ as if 다음의 시제는 주절의 시제와 밀접하게 관련되어 있다. 주절이 과거시제이므로 as if 종속절에서는 과거완료가 와야 적절하다.
⑤ 비교급을 수식하는 부사로 far는 적절하다.

delicacy	*n.* 섬세함, 정교함
occasionally	*ad.* 이따금씩
summerhouse	*n.* 여름 별장
stride	*v.* 큰 걸음으로 걷다
instinct	*n.* 본능
humiliation	*n.* 굴욕, 수치
relief	*n.* 구조, 구제

8   정답 ③

창의성을 기르기 위해 자신을 강력하게 제약하는 독립 예술가

해석 ● 독립 예술가는 아마도 무한한 창조적인 상황과 가장 가까이에서 살아가는 사람일 것이다. 많은 예술가가 무엇을 해야 하는지, 그것을 어떻게 해야 하는지, 그것을 언제 해야 하는지, 그리고 왜 (그것을 해야 하는지)에 관한 외적인 요구로부터 상당한 자유를 가진다. 그러나 그와 동시에 우리는 예술가들이 일반적으로 재료와 표현 형식에 대한 선택에 의해 자신을 상당히 강력하게 제약한다는 사실을 알고 있다. 고도의 기술이나 색깔을 사용하지 않고 암석에서 특정한 형상을 깎아냄으로써 감정을 표현하는 선택을 하는 것은 예술가를 상당히 제약한다. 그러한 선택은 창의성을 제한하기 위해서가 아니라 오히려 창의성을 기르기 위해서 이루어진다. 모든 것이 가능할 때 창의성은 어떤 긴장감도 갖지 않는다. 창의성이 이상한 것은 아무리 제약을 받을지라도 어떤 종류의 상황에서든 자기의 갈 길을 찾아내기 때문인데, 이는 똑같은 양의 물이 탁 트인 바다를 가로지를 때보다 좁은 해협을 통과할 때 더 빠르고 더 세게 흐르는 것과 같다.

▶ 문제 유형 및 해설

관계대명사(who), 부사, 문장성분(동사), 대명사, 비교급

① 주어가 사람(An independent artist)이므로 보어 the one 역시 사람임을 알 수 있으므로 사람을 선행사로 하는 주격 관계대명사 who는 적절하다.
② 부사 quite는 형용사 forceful 혹은 부사 forcefully 둘 다 수식 가능하나, 앞에 동사(limit)가 있으므로 동사를 수식하는 부사가 필요하다. 그러므로 forcefully가 적절하다.
③ To make the choice ～ a rock의 to부정사구가 문장의 주어, without the use of ～ or colors가 삽입구이므로 그 뒤에는 분사가 아니라 동사가 나와야 한다. 그러므로 ③의 restricting을 restricts로 고쳐야 한다.
④ it은 creativity를 받는 단수 대명사이므로 적절하다.
⑤ 앞에 비교급 faster and stronger가 나왔으므로 than이 적절하며 through a narrow strait와 across the open sea가 비교 대상이다.

⬛ 구문 분석

▶ **An independent artist is** probably **the one** [who lives closest to an unbounded creative situation].

[ ]는 관계대명사절로 선행사(the one)를 수식해 주는 형용사 역할을 한다. 주어진 문장은 「주어(An independent artist)+동사(is)+주격보어(the one)」로 이루어진 2형식 문장이다.

▶ [To make the choice to express a feeling ~ a rock], (without the use of high technology or colors), **restricts** the artist significantly.

to부정사구인 [ ]는 동명사와 마찬가지로 주어 역할을 하며, 주어로 쓰인 to부정사(구)는 항상 단수 취급하므로, 단수동사(restricts)가 와야 한다. ( )는 삽입구이다.

independent	a. 독립된
unbounded	a. 무한한
considerable	a. 상당한
requirement	n. 요구, 필요조건
carve	v. 깎아내다, 조각하다
restrict	v. 제약하다, 제한하다
significantly	ad. 상당히, 크게
cultivate	v. 함양하다, 개간하다

9 ───────────────── 정답 ①

정해진 시간이 없는 야구 경기

해석 ● 전통 사회의 삶과 마찬가지로, 그러나 다른 팀 스포츠와는 달리, 야구는 시계에 의해 좌우되지 않는다. 미식축구 경기는 정확히 60분 경기로 구성되고, 농구 경기는 40분이나 48분으로 이루어지지만, 야구는 경기가 끝나야 하는 정해진 시간의 길이가 없다. 따라서 정확히 잰 시간, 마감 시간, 일정, 시간 단위로 지급되는 임금 같은 규율이 있기 이전의 세상과 마찬가지로 경기의 속도가 여유롭고 느긋하다. 야구는 사람들이 "저는 시간이 많지 않아요."라고 말하지 않았던 그런 종류의 세상에 속해 있다. 야구 경기는 '정말로' 온종일 경기가 이루어진다. 그러나 그것이 그 경기가 영원히 계속될 수 있다는 것을 의미하는 것은 아니다. 야구는 전통적인 삶과 마찬가지로 자연의 리듬, 구체적으로 말해 지구의 자전에 따라 진행된다. 그것(야구)의 첫 반세기 동안 경기가 밤에는 이루어지지 않았는데, 그것은 야구 경기가 전통적인 근무일처럼 해가 질 때 끝난다는 것을 의미했다.

⬛ 문제 유형 및 해설

형용사, 「전치사 + 관계대명사」, 문장성분(동사)

(A) 주격보어가 와야 하므로 형용사 unhurried가 적절하다. 참고로 문장에서 병렬적으로 두 개의 형용사(leisurely, unhurried)가 연결되고 있다.

(B) 뒤에 주요 구성 성분을 모두 갖춘 절이 왔으므로 관계부사 역할을 하는 「전치사 + 관계대명사」 in which를 써야 한다.

(C) meant의 목적어인 명사절(that절)에서 주어는 baseball games이고, 동사부분이 (C)가 들어간 부분이 되므로 동사 역할을 할 수 있는 ended가 적절하다.

⬛ 구문 분석

▶ The pace of the game is therefore leisurely and unhurried, like the world before the discipline of **measured** time, deadlines, schedules, and wages **paid by the hour**.

measured는 과거분사의 형태로 time을 수식해 주는 형용사이며, paid by the hour는 wages를 수식해 주는 형용사 역할의 과거분사구이다.

govern	v. 좌우하다, 지배하다
be comprised of	~으로 구성되다
leisurely	a. 여유로운
unhurried	a. 느긋한, 서두르지 않는

discipline	n. 규율
measured	a. 정확히 잰
belong to	~에 속하다
proceed	v. 진행하다
specifically	ad. 구체적으로
rotation	n. 자전, 회전
set	v. (해 · 달이) 지다

기출마무리　p. 79　1 ③　2 ⑤

1 ───────────────── 정답 ③

수산 양식 산업의 팽창

해석 ● 수산 양식 산업이 급속하게 팽창하고 있던 초기 단계 동안, 실수들이 발생하였으며 이것들은 직접적인 손실 면에서 그리고 그 산업의 이미지 측면 양쪽 모두에 있어 대가가 컸다. 고밀도의 사육은 몇몇 경우에서 가두리에 있는 어류뿐만 아니라 지역의 야생 어류 개체군 또한 황폐화하는 전염성 질병의 발발을 초래했다. 양식장에 인접한 지역에 서식하고 있는 지역 야생 생물에 미치는 부정적 영향이 계속해서 그 산업에 대한 지속적인 대민 관계의 문제가 되고 있다. 더욱이, 수산 양식용 가두리가 처음 지어졌을 때 일반적인 지식의 부족과 불충분하게 행해지던 관리는 초과 사료와 어류 폐기물로부터 발생하는 오염이 거대한 불모의 해저 사막을 만들어냈다는 것을 의미했다. 이것들은 비싼 대가를 치르고 배우게 된 교훈이었지만, 이제는 양식 가두리를 반드시 어류 폐기물을 제거할 수 있는 물의 흐름이 좋은 장소에 설치하도록 하는 더 엄격한 규제들이 시행되고 있다. 이것은 섭취되지 않은 먹이의 전반적인 양을 줄이는 다른 방법들에 더하여, 수산 양식이 자신의 행위를 깨끗이 청소하는 데 도움이 되어왔다.

⬛ 문제 유형 및 해설

시제일치, 형용사, 동사, 관계부사, 주어동사 수일치

① 주절의 동사가 led(과거)이므로 종속절의 동사도 시제일치에 따라 과거(devastated)가 되어야 한다.

② close는 areas를 수식하는 형용사의 역할을 한다.

③ 문장의 주어인 a general lack of knowledge and insufficient care being taken when fish pens were initially constructed에 상응하는 동사가 필요한 위치이므로 meaning을 meant로 바꾸어야 한다.

④ 장소를 나타내는 선행사인 sites(부지)를 수식해 주는 관계부사 where는 적절하다.

⑤ 주어(This)가 단수이고 in addition to ~ food는 삽입구이므로 단수 동사(has)가 되어야 적절하다.

aquaculture	n. 수산 양식, 양어
in respect of	~의 측면에 있어, ~에 관하여
rearing	n. 사육, 양육
outbreak	n. 발발, 발생
devastate	v. 황폐화하다
insufficient	a. 불충분한
pen	n. 우리, 작은 우리
excess	n. 초과 a. 초과한
barren	a. 불모의, 황폐한
in place	시행되고 있는
ensure	v. 반드시 ~하게 하다, 확실하게 하다

2 ───────────────── 정답 ⑤

인간 피험자에 대한 과학 실험의 어려움

해석 ● 인간 피험자에 대한 과학 실험을 다루는 규정은 엄격하다. 피험자는 충분한 설명에 입각한 서면으로 된 동의를 해야 하고, 실험자들은 자신들의 계획된 실험을 감독 기관에 의한 정밀 조사를 받게 해야 한다. 그들 자신을 실험하는 과학자들은, 법률적으로는 아니지만, 직무상으로 다른 사람들을 실험하는 것과 관련된 규제를 피할 수 있다. 그들은 또한 관련된 윤리적 문제 대부분도 피할 수 있는데, 실험을 고안한 과학자들보다 그것의 잠재적 위험을 더 잘 알고 있는 사람은 아마 없을 것이기 때문이다. 그럼에도 불구하고, 자신을 실험하는 것은 여전히 매우 문제가 된다. 한 가지 명백한 문제점은 (실험에) 수반되는 위험인데, 위험이 존재한다는 것을 안다는 것이 그 위험을 줄이는 것은 아니다. 이보다 덜 명백한 문제점은 실험이 만들어 내는 제한된 범위의 데이터이다. 인체의 해부학적 구조와 생리적 현상은 성별, 나이, 생활 방식, 그리고 기타 요인에 따라 사소하지만 의미 있는 방식으로 각기 다르다. 따라서 한 명의 피험자로부터 얻어진 실험 결과는 제한된 가치를 가지며, 그 피험자의 반응이 집단으로서의 인간 반응을 대표하는 것인지 또는 이례적인지를 알 방법이 없다.

▶ 문제 유형 및 해설

과거분사, 대명사, 부사, 주어동사 수일치, 접속사

① 명사 restrictions를 수식하며 '관련된(associated)'이라는 의미의 수동형이 적절하다. 이때 associated 앞에는 '주격 관계대명사+be동사(which are)'가 생략된 것으로도 볼 수 있다.
② it이 가리키는 것은 앞서 언급된 '실험(an experiment)'이므로 적절하다.
③ 형용사(problematic)을 수식하는 부사(deeply)는 적절하다.
④ 주어가 동명사구(knowing that it exists)이므로 단수 동사 does는 적절하다.
⑤ 의미상 '~인지 아닌지'가 되어야 하며 뒤에 완전한 문장이 오고 있으므로, 문장의 목적어인 명사절을 이끌 수 있는 접속사 whether를 써야 한다.

▶ 구문 분석

▶ **Scientists** [who experiment on themselves] can, functionally if not legally, avoid **the restrictions** [associated with experimenting on other people].

첫 번째 [ ]는 선행사 Scientists를 수식하는 주격 관계대명사절이며, 두 번째 [ ]는 명사 restrictions를 수식하는 과거분사구이다. 이때 associated 앞에 '주격 관계대명사+be동사(which are)'이 생략된 형태로도 볼 수 있다.

▶ One obvious drawback is the danger involved; [knowing {that it exists}] does nothing to reduce it.

[ ]는 문장의 주어 역할을 하는 동명사구이며 { }는 그 안에서 목적어 역할을 하는 명사절 that절이다.

regulation	n. 규정, 규제
subject	n. 피실험자, 실험 대상
thorough	a. 철저한, 빈틈없는
examination	n. 조사, 검토
oversee	v. 감독하다
functionally	ad. 직무상으로
sidestep	v. (회)피하다
ethical	a. 윤리적인, 도덕적인
involved	a. 수반되는, 관련된
presumably	ad. 아마, 짐작건대
hazard	n. 위험
problematic	a. 문제가 있는[많은]
drawback	n. 문제점, 결점
significant	a. 의미 있는
derive ~ from …	…로부터 ~을 얻다[유래하다]
typical	a. 대표적인, 전형적인
atypical	a. 이례적인, 전형적이 아닌

DAY 8 시제, 조동사, 가정법

개념확인 **T E S T**

1 hadn't 2 were 3 ○ 4 was 5 ○

1 내가 지나가지 않았더라면, 그는 결국 굶어 죽었을 것이다.
   ▶ 주절에「would have + p.p.」가 쓰인 것으로 보아 가정법 과거완료 문장이므로 조건절의 haven't를 hadn't로 고쳐야 한다.

2 당신이 만약 나비라면, 색깔이 보다 화려한 꽃과 덜 화려한 꽃 중에서 어느 것에 끌리겠는가?
   ▶ 주절에서 조동사의 과거형과 동사원형을 쓰고 있는 것으로 보아 가정법 과거 문장이므로 are를 과거동사 were로 고쳐야 한다.

3 이러한 이주의 선발대는 숫자가 매우 적었음에 틀림없고 비교적 짐을 가볍게 해서 다녔음에 틀림없다.
   ▶ 과거 사실에 대한 강한 추측을 말할 때「must have + p.p.」를 쓰는 것은 적절하다.

4 2만 년 전, 마지막 빙하기가 한창일 때, 해수면은 매우 낮아서 지금은 별개인 대륙들이 육지로 이어졌다.
   ▶ 명백한 과거 시점이 드러나 있으므로 현재완료 대신 과거시제 was를 써야 한다.

5 주목할 만한 것은 1990년대 초반 이래로 4개국 모두 미국의 이공계 박사 학위 취득자 수에 있어서 지속적으로 꾸준한 증가를 보여왔다는 것이다.
   ▶ since가 전치사로 쓰였을 때, 주절에서는 완료시제를 써야 하므로 현재완료 have showed는 적절하다.

STEP 2 기출문제로 유형 연습하기   p. 84

01 should	02 built	03 become
04 have noticed	05 do	06 is
07 hadn't	08 created	09 be
10 did	11 has increased	12 were

01 Steven에게 온 편지가 잘못 온 것이고 실은 Stephanie에게로 '갔어야 했다'는 의미이므로, should have p.p.의 should를 써야 한다.

02 Around 1480이라는 과거시제 부사구가 있으므로 과거시제인 built가 적절하다.

03 did는 강조의 조동사이므로 동사원형(become)이 적절하다.

04 since절에는 과거(arrived)가 나오며 주절에는 현재완료(have noticed)가 오는 것이 적절하다.

05 앞에 나온 동사 have를 받으므로 대동사(do)가 적절하다.

06 시간과 조건 부사절에서는 현재시제가 미래시제를 대신하므로 현재시제의 동사인 is가 적절하다.

07 이미 일어난 과거의 일을 반대로 가정하는 것이므로 가정법 과거완료(hadn't reacted)를 써야 한다.

08 and 이하 절을 보면 the resulting explosion of personal liberty가 주어이고, 동사가 없다. 또, 문맥상 시제가 과거이므로 created가 적절하다.

09 「ask + that + 주어 + (should) + 동사원형(~해야 한다고 요청하다)」구문으로, 동사원형인 be가 정답이 된다.

10 learned를 대신할 수 있는 대동사로 was가 아닌 did가 필요하다.

11 '지난 백 년 간에 걸쳐서 (over the past hundred years)' 즉, 과거의 어느 시점부터 현재까지 이어지고 있는 것이므로 현재완료(has increased)가 적절하다.

12 주절의 시제가 현재이고 현재와 반대되는 사실을 가정하므로 as if 다음에는 과거(were)가 와야 한다.

1 ①   2 ③   3 ⑤   4 ③   5 ③   6 ⑤   7 ⑤   8 ②

1   정답 ①

여성들의 올림픽 참가

해석 ● 옛날에 그리스의 여자들은 올림픽 경기에 참가하는 것이 허용되지 않았다. 여자들은 1912년 근대올림픽 경기에 처음으로 참가하도록 초대되었다. 그 이후 여자 경기 종목이 매우 중요하게 되고 인기를 얻게 되었다. 사람들은 특히 여자 체조 경기를 관람하기를 기대한다. 오늘날 전 세계 소년 소녀들은 올림픽에 참가하는 여자 운동선수들을 존경한다.

▶ 문제 유형 및 해설

수동태, 시제(현재완료), 동명사

(A) 의미상 '그리스의 여성들은 참가가 허용되지 않았다'는 수동의 뜻으로 과거분사(allowed)가 적절하다.
(B) 주절에 현재 완료형(have become)이 나오므로, 의미상 시점을 나타내는 전치사(Since)가 적절하다.
(C) 'look forward to(~하기를 고대하다)'에서 to는 전치사이므로 동명사(watching)가 적절하다.

ancient	a. 고대의
gymnastics	n. 체조
admire	v. 찬미하다, 동경하다
athlete	n. 선수

2   정답 ③

지갑 안의 편지

해석 ● 어느 추운 겨울날 집으로 걸어가다가 나는 누군가 거리에서 잃어버린 지갑에 걸려 넘어질 뻔했다. 나는 그것을 집어 들고, 주인에게 전화를 하기 위하여 무슨 신분증명서라도 있을까 하고 안을 들여다보았다. 그러나 그 지갑에는 겨우 3달러와 여러 해동안 거기 있었던 것으로 보이는 구겨진 편지밖에 없었다. 그 봉투는 다 헤어져서, 읽을 수 있는 것은 고작 보낸 사람의 주소뿐이었다. 나는 무슨 단서라도 찾기를 바라면서 편지를 열기 시작했다. 그 때 나는 날짜 기입란을 보고, 그 편지가 거의 10년 전에 쓰였음을 알게 되었다.

▶ 문제 유형 및 해설

시제, 이어 동사, 완료부정사, 분사구문

① 누군가 잃어버린 것(had lost)이 걸려 넘어진 것(stumbled)보다 더 이전의 일이므로 과거완료(had lost)가 적절하다.
② 이어 동사에서 대명사는 반드시 동사와 부사 사이(picked it up)에 들어가야 적절하다.
③ 기간 부사구(for years)는 대과거에서 과거에 이르기까지의 기간을 말하므로 완료부정사(to have been)가 적절하다.
④ 원래의 문장은 I started ~, and I hoped to find some clue.인데 동시동작을 나타내고 있으므로, 뒤에 있는 문장을 분사구문(hoping to find some clue)으로 바꿀 수 있다.
⑤ 날짜 기입란을 본 것은 과거(saw)이고, 편지가 쓰여진 것은 그보다 10년 전(대과거)이므로 과거완료가 적절하다. 또 의미상 '편지가 쓰여졌다'는 수동의 의미가 되어야 하므로 had been written은 적절하다.

▶ 구문 분석

▶ **As** I walked home one freezing day, I stumbled on a wallet someone had lost in the street.
As는 종속절 시간 접속사로 '~할 때'로 해석을 하며 종속절과 주절의 시제가 같으므로 분사구문(Walking home ~, I stumbled ~ street.)으로 고칠 수도 있다.

stumble on	~에 걸려 넘어질 뻔하다
pick up	~을 줍다
identification	n. 신분증명서
crumpled	a. 구겨진
return address	발신인[반송용] 주소

3   정답 ⑤

코끼리들이 보호구역을 벗어나는 이유에 대한 연구

해석 ● 케냐의 Samburu 국립 보호구역에서 무엇이 코끼리들을 그들의 보호 구역을 벗어나 돌아다니게 하는지를 알아내기 위해 두 가지 방법이 이용되었다. 코끼리 연구자들은 동물들에게 위치 추적 장치인 GPS가 부착된 전파 목걸이를 장착시켰다. 그들은 또한 35마리의 코끼리 꼬리털로부터 털 샘플을 수집했다. 털에 있는 화학 물질을 분석한 결과는 각각의 코끼리가 오랜 시간동안 무엇을 먹었는지를 보여준다. 과학자 Cerling은 그들이 털을 마치 기록 장치처럼 사용했다고 말한다. 식사와 움직임에 대한 정보를 혼합하여 연구자들은 건기동안 몇몇 코끼리들이 농장에 있는 맛있는 곡물을 먹기 위해 Samburu 탈출을 감행한다는 것을 알아냈다.

▶ 문제 유형 및 해설

to부정사, 과거분사, 주어동사 수일치, 전치사, 전치사 vs. 접속사

① 「be used to + 동사원형」은 '~하는 데 사용되다'이므로 find는 적절하다.
② 'GPS가 장착된'이라는 의미이므로 equipped가 알맞은 표현이다.
③ 주어(Analysis)가 단수이므로 shows가 적절하다. 실험 결과라는 사실을 기술한다는 점에서 시제는 현재로 썼다.
④ like는 전치사로서 '~와 같은'의 의미이다.
⑤ while은 접속사이므로 뒤에 절이 와야 하는데 명사구가 쓰였으므로, while을 전치사 during으로 바꾸어야 한다.

reserve	n. 보호구역
habitat	n. 서식지
collar	n. (개 등의) 목걸이
GPS(Global Positioning System) 전 지구 위치 파악장치	

4   정답 ③

수학자가 되기 위한 방법

해석 ● 수학자가 되기 위해서 비싼 실험실이 필요하지는 않다. 수학자의 전형적인 장비는 칠판과 분필이다. 분필은 보다 쉽게 지울 수 있고 수학적인 연구는 흔히 실수로 가득 차 있기 때문에 종이 위보다 칠판 위에서 수학을 하는 것이 더 낫다. 한 가지 더 해야 한다면 수학에 전념하는 클럽에 가입하는 것이다. 혼자서 작업할 수 있는 수학자는 많지 않다. 그들은 그들이 하고 있는 것에 대해 토론할 필요가 있다. 수학자가 되기를 원한다면 새로운 생각을 다른 사람들의 비판에 노출시키는 편이 낫다. 우리는 보지 못하지만 다른 사람들에게는 명백한 숨어있는 가정을 포함하기가 너무나 쉽다.

▶ 문제 유형 및 해설

주어동사 수일치, 비교급, 과거분사, 조동사, 관계대명사

① 문장의 주어는 equipment이므로 동사는 현재단수가 되어야 한다.
② 비교급 구문(better ~ than)임을 알 수 있다.
③ 주절의 동사는 is이므로 devotes는 앞의 명사를 수식하는 과거분사로 바꾸어야 한다. 즉, a club (which is) devoted to mathematics의 형태로 생각할 수 있다.
④ 조동사(had better) 다음에는 동사원형(expose)이 와야 한다.
⑤ that은 관계절의 동사 see의 목적어 역할을 하는 목적격 관계대명사이다.

구문 분석

▶ **It** is so **easy to include** hidden assumptions [that you do not see but that are obvious to others.]

「It(가주어)＋be동사＋형용사＋to부정사(진주어)」에서 to부정사가 실제 주어가 된다. 그리고 [ ]는 앞에 선행사 assumptions를 수식해 주는 관계대명사(that)절이 된다.

laboratory	n. 실험실
equipment	n. 장비
expose	v. 노출시키다
criticism	n. 비판
assumption	n. 가정, 가설

5 ———————————————————— 정답 ③

최면이 더 잘 기억하게 한다는 사람들의 헛된 믿음

해석 ● 최면이 뇌를 기억력이 보통보다 훨씬 더 좋은 특별한 상태로 만들 수 있다는 생각은 쉽게 끌어내어 지는 잠재력의 한 형태에 대한 믿음을 반영한다. 하지만 그것은 거짓이다. 최면에 걸린 사람들이 보통의 상태에서 기억을 해내는 것보다 더 많이 '기억'해내지만, 이 기억들은 사실일 만큼이나 거짓일 가능성이 있다. 최면은 사람들이 더 많은 정보를 생각해 내게 하지만, 반드시 더 정확한 정보를 생각해 내게 하는 것은 아니다. 사실상 실제로 그들이 더 많은 것들을 기억해 내게 하는 것은 바로 최면의 힘에 대한 사람들의 믿음일지도 모른다. 만약 사람들이 그들이 최면에 놓인 상태에서 더 잘 기억해 내야 한다고 믿으면, 그들은 최면에 빠졌을 때 더 많은 기억을 상기해 내려고 더 열심히 노력할 것이다. 안타깝게도, 최면에 걸린 사람들이 상기해 낸 기억이 사실인지 아닌지를 알 방법은 없다. 물론 우리가 그 사람이 무엇을 기억해 낼 수 있어야만 하는지를 정확하게 알지 못한다면 말이다. 그러나 우리가 그것을 안다면, 그러면 애초에 최면을 사용할 필요가 없을 것이다!

문제 유형 및 해설

「전치사 + 관계대명사」, 대동사(do), 관계대명사, 명사절 접속사(whether), 가정법

① 관계대명사 뒤에 나오는 the powers of memory are dramatically greater than normal이 완전한 문장이고 계속적 용법으로 쓰였으므로 in which는 적절하다.
② do는 앞에 있는 generate를 대신 받는 대동사로 적절하다.
③ 주격 관계대명사 that절의 동사 leads의 주어는 선행사인 복수 명사 people's beliefs이므로 leads가 아닌 lead가 되어야 적절하다.
④ 동사 know의 명사절 목적어를 이끄는 접속사로 whether는 적절하다.
⑤ 현재 사실의 반대를 나타내는 가정법 과거로, 주절이 과거면 종속절 if절의 동사도 과거가 되어야 하므로 knew는 적절하다.

구문 분석

▶ **[The idea** {that hypnosis can put the brain into a special state, in which the powers of memory are dramatically greater than normal,}] **reflects a belief** {in a form of easily unlocked potential}.

The idea와 that절 { }은 동격 관계에 있으며, The idea는 주어이고 동사는 reflects이다. 두 번째 { }는 a belief를 수식해 주는 형용사 역할을 하는 전치사구이다.

state	n. 상태
dramatically	ad. 극적으로
reflect	v. 반영하다
generate	v. 만들어 내다
recollection	n. 회상
accurate	a. 정확한
recall	v. 기억해 내다
hypnotize	v. 최면을 걸다
retrieve	v. 상기하다

in the first place	우선

6 ———————————————————— 정답 ⑤

경제 발전 또는 성장의 개념

해석 ● World Bank와 같은 기관들은 부를 사용하여 "선진" 국가와 "개발도상" 국가를 구별하지만, 그들은 또한 발전이 경제 성장 그 이상임에 동의한다. "발전"은 경제 성장으로 비롯되거나 경제 성장을 수반하는 사회 및 환경 변화도 포함할 수 있는데, 그 변화의 일부는 긍정적이며 그렇기에 또 부정적일 수 있다. 경제 성장이 인간과 지구에 어떻게 영향을 미치고 있는지에 대한 문제가 다뤄져야 한다는 인식이 커졌고, 계속해서 커지고 있다. 국가들은 경제 활동이나 프로젝트의 폐해를 피해가 나타난 이후보다 초기, 즉 그것이 계획될 때에 줄이려고 노력하는 것이 비용이 덜 들고 훨씬 적은 고통을 야기한다는 것을 서서히 깨닫고 있다. 이렇게 하는 것은 쉽지 않고 항상 불완전하다. 그러나 그러한 노력의 필요성에 대한 인식은 새로운 제품과 서비스를 만드는 데만 집중했던 이전의 널리 퍼진 태도보다 더 큰 이해와 도덕적 관심을 나타낸다.

문제 유형 및 해설

to부정사, 관계대명사, 주어동사 수일치, 비교급 수식, 대동사

① 동사 use 뒤에 나오는 to부정사는 대체로 부사적 용법(~하기 위해)이다. 이 경우 '~을 사용해 …하다'라고 해석해도 자연스럽다.
② the social and environmental changes를 받으면서 콤마 앞뒤로 문장과 문장을 연결할 수 있도록 관계대명사 which를 썼다.
③ that절의 주어가 the question이라는 단수명사이기 때문에 단수동사 needs가 알맞게 쓰였다. 또한 이 '문제'는 '다뤄지는' 대상이기도 하므로 to be p.p.가 수동형으로 알맞게 쓰였다.
④ less suffering이라는 비교급 표현을 수식하고자 much(훨씬)를 썼다. 이 much는 very로 대체될 수 없다.
⑤ 「비교급+than」 구문 앞에 일반동사인 indicates가 나오는 것으로 보아, 대동사로는 was가 아닌 did가 적합하다. 현재와 과거를 비교하는 문맥이므로 대동사의 시제는 과거로 쓴다.

구문 분석

▶ But an awareness of the need for such an effort indicates a greater understanding and moral concern **than did the previous widespread attitude** [**that** focused only on creating new products and services].

「비교급+than」 구문의 than 뒤로 명사구 주어가 길게 나오면 「대동사+주어」 어순으로 도치하기도 한다. [ ]는 주어를 꾸미는 형용사절이다.

institution	n. 기관
wealth	n. 부
differentiate	v. 구별하다
accompany	v. 수반하다, 동반하다
address	v. 다루다, 처리하다
imperfect	a. 불완전한
indicate	v. 나타내다, 시사하다
concern	n. 걱정, 우려
widespread	a. 널리 퍼진

7 ———————————————————— 정답 ⑤

Mary의 13번째 생일

해석 ● 그날은 Mary의 열세 번째 생일이었다. 또한 아저씨네 집에서 맞는 첫 번째 생일이기도 했다. 모두가 Mary를 위해 가져온 선물들을 꺼냈는데, Elena는 스타킹, Steve는 지갑, Chris는 아주 오래된 은 귀고리 한 쌍을 가지고 왔는데, 그 귀고리는 Chris가 어린 아이였을 때부터

가지고 있었던 것이라고 했다. Jack 아저씨는 그와 Barbara 아주머니에게 Mary가 얼마나 딸 같은 존재인지에 대해 장황한 연설을 했다. 그러고 나서, 그는 50달러짜리 지폐가 담긴 봉투를 그녀에게 건네주었다. Barbara 아주머니의 도움과 조언에 힘입어, Mary는 새 옷을 몇 벌 사입을 수 있게 되었다. 기적과 같은 일이었다! 한꺼번에 주어진 그렇게 많은 선물과 돈은 그녀의 눈을 반짝이게 했다. 그녀는 모두에게 입을 맞추고 싶었다.

▶ 문제 유형 및 해설

시제, 의문부사, 관계대명사, 재귀대명사, 5형식

① 관계대명사절에서 주절의 시제가 과거(said)이고 그것들을 가지고 있었던 것은 더 이전의 일이므로 과거완료(had had)가 맞다.
② how는 의문부사로 뒤에 완전한 절(주어+동사)이 와야 한다.
③ 선행사가 사물(an envelope)이므로 관계대명사 which가 적절하다.
④ 주어와 행위의 대상이 같으므로 재귀대명사(herself)를 써야 한다.
⑤ 5형식(사역동사＋O＋O·C) 구조로 make는 원형부정사나 과거분사 둘 다 사용할 수 있으나 목적어와 목적격보어의 관계가 능동의 의미이므로 원형부정사(shine)가 되어야 한다.

bring out	~을 가지고 오다
a pair of	한 쌍의
lengthy	a. 장황한
tuck	v. ~을 집어넣다
bill	n. 지폐, 청구서

8 .... 정답 ②

이집트 예술의 기념비성

해석 ● '기념비적'이라는 말은 이집트 예술의 기본적인 특징을 표현하는 데 매우 근접하는 단어이다. 그 전에도 그 이후에도, 기념비성이라는 특성이 이집트에서처럼 완전히 달성된 적은 한 번도 없었다. 이에 대한 이유는 그들 작품의 외적 크기와 거대함이 아니다 — 비록 이집트인들이 이 점에 있어서 몇 가지 대단한 업적을 달성했다는 것이 인정되지만, 많은 현대 구조물은 순전히 물리적인 크기의 면에서는 이집트의 구조물들을 능가한다. 그러나 거대함은 기념비성과는 아무 관련이 없다. 예를 들어, 겨우 사람 손 크기의 이집트의 조각이 Leipzig의 전쟁 기념비를 구성하는 그 거대한 돌무더기보다 더 기념비적이다. 기념비성은 외적 무게의 문제가 아니라 '내적 무게'의 문제이다. 이 내적 무게가 이집트 예술이 지닌 특성인데, 이집트 예술은 그 안에 있는 모든 작품이 단지 폭이 몇 인치에 불과하거나 나무에 새겨져 있을지라도, 마치 산맥처럼 원시시대의 돌로 만들어진 것처럼 보일 정도이다.

▶ 문제 유형 및 해설

동명사, 대동사, 대명사, 관계대명사, 병렬

① 전치사 to 다음에 동명사가 와야 하므로 expressing은 적절하다.
② it은 the quality of monumentality를 가리키고 문맥상 이집트에서 그것이 달성되었다는 의미가 되어야 하므로 was achieved를 대신할 수 있는 대동사로 did 대신 be동사(was)로 고쳐야 한다.
③ 앞에 있는 복수 명사인 structures를 대신할 수 있는 대명사 those는 적절하다.
④ 선행사인 that gigantic pile of stones를 수식하는 주격 관계대명사절을 이끄는 that은 적절하다.
⑤ even if it is 다음에 등위접속사(or)에 의해 across (wood)와 carved in wood가 이어지고 있으므로 carved는 적절하다.

▶ 구문 분석

▶ **Never before and never since** has the quality of monumentality been achieved as fully as it was in Egypt.

부정 부사인 Never가 이끄는 부사구가 문두에 와서 주어(the quality of monumentality)와 조동사(has)가 도치가 되었다.

▶ An Egyptian sculpture [no bigger than a person's hand]

is more monumental than **that gigantic pile of stones** [that constitutes the war memorial in Leipzig], for instance.

첫 번째 [ ]는 An Egyptian sculpture를 수식하는 형용사구이며, 두 번째 [ ]는 that gigantic pile of stones를 수식하는 관계대명사절이다.

▶ This inner weight is **the quality** [which Egyptian art possesses **to such a degree that** everything in it seems to be made of primeval stone, like a mountain range, {even if it is only a few inches across or carved in wood}].

[ ]는 the quality를 수식하는 관계대명사절이며 to such a degree that~은 '~할 정도로'라는 의미로 해석한다. { }는 양보부사절로 '비록 ~일지라도'의 의미이다.

monumental	a. 기념비적인
close	a. 가까운
come close to	~에 근접하다, ~할 뻔하다
characteristic	n. 특징
monumentality	n. 기념비성
massiveness	n. 거대함
admittedly	ad. 틀림없이, 명백히, 인정하건대
amazing	a. 놀라운
respect	n. (측)면, 점
exceed	v. 능가하다
in terms of	~의 면에서
purely	ad. 순전히
have nothing to do with	~와 관련이 없다
pile	n. 무더기, 더미
constitute	v. 구성하다
external	a. 외면적인
inner	a. 내면적인
mountain range	산맥
across	ad. 폭으로, 지름으로
carve	v. 조각하다, 새기다

기출마무리 p. 89   1 ⑤   2 ⑤

1 .... 정답 ⑤

돈 가방을 찾아준 남자

해석 ● 얼마 전에 나는 길거리에서 가방 안에 든 35,000달러를 발견한 한 남자에 관한 이야기를 들었다. 그는 즉시 주인을 찾아 돌려주었다. 그 이야기를 접한 모든 사람들은 그를 축하해주고 싶어 했지만 그는 언론을 기피하며 촬영되는 것을 피했다. 그는 돈을 돌려주는 것은 옳은 일이며, 그가 할 수 있는 유일한 일이었다고 확고히 말했다. 그 돈은 한 노파가 평생 동안 모은 저축금이었던 것으로 밝혀졌고, 그가 했던 그 행동으로 그는 아마도 그녀의 경제적 삶을 구해냈다고 할 수 있는데도 그는 찬사를 받기를 거부했다. 왜일까? 분명히 그의 과거의 경험들이 그로 하여금 명백히 옳은 일을 하는 것에 대해 찬사를 받는 것이 전적으로 부적절한 일이라는 신념을 형성하도록 도왔기 때문이다.

▶ 문제 유형 및 해설

시제, 대명사, to부정사, 관계대명사(what)

① 주절(과거)과 관계대명사절의 시제를 일치시켜줘야 하므로 관계대명사절의 밑줄 친 동사도 과거(found)가 적절하다.
② 대명사 it은 앞의 $35,000를 가리킨다.
③ insist가 '(~해야 한다고) 주장하다'라는 뜻을 가지기 보다는 단순히 '(다른 사람들이 믿지 않는 것을 사실이라고) 확고히 말하다'의 의미이므로 that절에서 「should＋동사원형」이 될 이유는 없고, 단순히 주절(과거)과 that절(목적어)의 시제를 일치시키기만 하면 되므로 was가 적절하다.
④ refuse는 to부정사를 목적어로 취하므로 to receive는 적절하다.
⑤ 선행사가 없고 동사 was의 주어 역할을 해야 하므로 선행사를 포함

하는 관계대명사(what)가 적절하다.

▶ 구문 분석

▶ He firmly **insisted** that returning the money **was** the right and only thing he could do.

「(명령, 요구, 결정, 제안 등의) 동사＋that＋주어＋(should)＋동사원형」의 구조로 해석하고 답을 고르면 오답이 될 수 있으므로 항상 문장의 앞뒤를 정확히 파악한 후 정확한 의미를 유추하여야 한다. 밑줄 친 부분은 주절과 목적절의 시제일치가 이루어지도록 한다.

▶ Clearly the experiences of his past **had helped** him **to develop** a belief.

「help＋목적어＋목적격보어(to부정사)」의 구문으로 '(목적어)로 하여금 ~하도록 돕다'의 의미를 가지며 to를 생략하기도 한다.

seek out	~을 찾아내다
shy away	~을 피하다
life savings	평생 저축한 돈
praise	n. 찬사
totally	ad. 전적으로

2 ———————————————— 정답 ⑤

물고기와 새의 움직임 파장(maneuver wave)에 의한 행동

해석 ● 스노클링을 가 본 적이 있다면, 여러분은 전체 물고기 떼가 하나의 단일체로 갑자기 방향을 바꾸는 놀라운 장면을 본 적이 있을지 모른다. 새 떼도 마찬가지이다. 그렇다면 그것들은 모두 한 지도자의 명령을 따르고 있는 것인가? 연구자들은 지도자나 통제 세력은 없다는 것을 밝혀냈다. 오히려(실제로는), 개개의 물고기나 새가 (물고기) 떼나 (새) 무리에서 자신의 옆에 있는 동료들의 움직임에 거의 즉각적으로 반응하고 있는 것이다. 어떤 개체라도 방향 전환과 같은 움직임을 시작할 수 있고, 이것은 "움직임 파장"을 내보내는데, 이것(움직임 파장)은 놀라운 속도로 집단 속으로 퍼져 나간다. (각) 개체들이 자신들에게 다가오는 파장을 보거나, 혹은 느낄 수 있기 때문에, 그것들은 그러한 사전 감지가 없다면 그럴 것보다 더 빨리 반응할 준비가 되어 있다. 우리에게 동시에 일어나는 것처럼 보이는 것이 실제로는 눈이 볼 수 있는 것보다 더 빨리 움직이는, 일종의 "이웃을 따르라"라는 행동이다.

▶ 문제 유형 및 해설

조동사, 부사, 형용사, 현재분사, 관계대명사(what)

① '~했을 지도 모른다'는 뜻으로 과거 사실에 대한 추측을 표현하기 위해「조동사＋have＋p.p.」를 형태로 쓰고 있다.
② 부사(almost)는 뒤따르는 다른 부사 instantly를 수식하고 있다.
③ any는 형용사로 뒤따르는 명사(individual)를 수식하여 '어떤[어느] ~(라)도'의 뜻을 표현한다.
④ coming은 현재분사로 앞에 있는 the wave를 수식하고 있다.
⑤ 문장의 동사(is)의 주어가 되려면 That은 선행사를 포함하는 관계대명사 What이 되어야 한다.

a school of fish	물고기 떼
flock	n. (새, 양 따위의) 무리, 떼
command	n. 명령, 지휘
initiate	v. 시작하다, 착수하다
astounding	a. 믿기 어려운, 놀라운
advance	a. 사전의
simultaneous	a. 동시에 발생하는

DAY 9 대명사, 접속사, 전치사

개념확인 **T E S T**

1 **put it on**　2 ◯　3 **during**　4 ◯　5 **that**

1 그는 준비된 점토 한 덩어리를 집어서, 그것을 그의 발 물레 위에 올려 놓았다.
　▶ 이어 동사의 목적어가 대명사일 경우 반드시 동사와 부사 사이에 위치해야 하므로, put on it을 put it on으로 고쳐야 한다.

2 진정으로 교육을 받은 사람이라면 간결하고 깔끔하게 자신을 표현할 수 있다.
　▶ 주어와 목적어가 동일한 대상일 때 목적어 자리에는 반드시 재귀대명사를 써야 하므로 himself는 적절하다.

3 휴식시간 동안 당신의 정신은 훨씬 더 창의적이 될 것이고, 당신은 정신적으로 보다 건강해질 것이다.
　▶ 뒤에 명사구가 오고 있으므로 접속사 while을 전치사 during으로 고쳐야 한다.

4 당신이 먼저 용기를 내어 솔선하여 자기 자신을 드러낸다면, 다른 사람도 당신에게 비밀을 훨씬 더 잘 드러낼 것이다.
　▶ '(둘 중에서) 나머지 하나'를 지칭할 때 대명사 the other를 쓰는 것은 적절하다.

5 회사가 파산할 예정이라는 소문이 직원들 사이에서 빠르게 퍼지고 있다.
　▶ 'the company is going bankrupt'는 주어 The rumor의 내용을 설명하는 완전한 문장이다. 따라서 which를 동격 접속사 that으로 고쳐야 한다.

STEP 2　기출문제로 유형 연습하기　　p. 94

01 sets us up	02 the other	03 themselves
04 their	05 that	06 others
07 while	08 that	09 screw it up
10 that	11 because	12 themselves

01 대명사가 이어 동사와 함께 쓰일 경우, 대명사(us)는 반드시 동사(sets)와 부사(up) 사이에 위치한다.
02 둘 중 나머지 한 소년을 의미하므로 the other가 적절하다.
03 주어와 목적어가 같으므로 재귀대명사(themselves)가 적절하다.
04 그들의 이익, 즉 정신 질환자들(the mentally ill)의 이익이 되어야 하므로 their가 적절하다.
05 추상명사 the news 뒤에 '소식'의 내용을 설명하는 완전한 절이 오는 것이므로 동격 접속사 that을 쓴다. which를 쓰려면 뒤에 불완전한 절이 와야 한다.
06 Some과 대구를 이루며 동시에 give up의 주어 역할을 할 수 있는 others가 적절하다.
07 뒤에 절이 나오므로 접속사 while(반면에)이 적절하다.
08 추상명사 The idea 뒤에 '관념'의 내용을 설명하는 완전한 절이 오는 것이므로 동격 접속사 that을 쓴다. what을 쓰려면 앞에 명사가 없어야 한다.
09 screw up은 이어 동사로, 목적어가 대명사이므로 대명사는 항상 동사(screw)와 부사(up) 사이에 넣어야 한다.
10 taught의 목적절을 이끄는 접속사 that으로 사용되었다.
11 they fear ~ known은 완전한 문장이므로 전치사구가 아닌 접속사 because가 앞에 오는 것이 적절하다.
12 동사(deprive)의 동작 주체(human beings)와 대상이 같으므로 재귀대명사인 themselves를 써야 한다.

1   정답 ⑤

성공과 실패의 차이

해석 ● 성공이 거의 손에 닿을 수 있는 곳에 있을 때 얼마나 많은 사람들이 포기를 하는지 궁금하다. 그들은 매일 인내하다가 막 성공하려고 할 때 더 이상 참고 견딜 수 없다고 결정을 내린다. 성공과 실패 사이의 차이점은 그렇게 대단하지 않다. 성공한 사람들은 경기에 승리할 때까지 경기에 계속 남아있는 것의 가치를 배웠던 것이다. 결코 성공하지 못하는 사람들은 너무나 빨리 그만두는 사람들이다. 상황이 가장 어두울 때 성공하는 사람들은 자신들이 그곳에(성공에) 거의 다 왔다는 것을 알기 때문에 포기하기를 거부한다. 상황들이 더 좋아지기 전에 최악의 상태인 것처럼 보이는 일이 종종 있다. 산은 정상에서 가장 가파르지만 그것이 되돌아갈 이유는 아니다.

▶ 문제 유형 및 해설

be about to, 부사, 수동태, 주어동사 수일치, 대명사

① '막 ~를 하려 하다'의 뜻을 갖는 be about to의 숙어이며 to는 to부정사의 'to'이므로 to make는 적절하다.
② that이 형용사 great 앞에서 '그렇게'의 뜻을 갖는 부사로 쓰였으므로 적절하다.
③ it이 the game을 받는 대명사이고 win it(=the game)이 수동태가 된 것이므로 is won은 적절하다.
④ Those who never make it의 주어는 it이 아니라 Those이므로 are는 적절하다.
⑤ 문장의 주어는 복수(Things)이므로 its는 their가 되어야 한다.

▶ 구문 분석

▶ **[Those who** never make it] **are** the ones who quit too soon.

those who는 관계대명사 주격과 함께 쓰여 '~한 사람들'로 해석되며 [ ]가 주어가 되며 동사는 are가 된다.

within reach	손이 닿는 곳에, 힘이 미치는 곳에
endure	v. 인내하다, 참다
day after day	매일
make it	성공하다
steep	a. 가파른
summit	n. 정상, 꼭대기

2   정답 ②

철학을 공부하는 이유

해석 ● 간단히 말하면 철학이란 사고의 방법이다. 하지만, 좀 더 정확하게 그것은 일련의 정신적인 도구들이다. 그리고 그러한 사실은 왜 우리가 철학을 공부하는가의 문제와도 직접적으로 연결되어 있다. 그것은 단지 우리들 자신의 심오한 생각으로 친구들을 놀라게 하거나 예기치 못한 질문으로 그들을 혼란스럽게 하는 것은 아닌데, 하지만 일부 대학생들은 철학 과목을 수강할 때 그런 가능성을 가장 중요하게 여길 수도 있다. 우리는 철학이 정신적인 기술을 개발하는 데 도움을 주기 때문에 철학을 공부한다.

▶ 문제 유형 및 해설

의문부사(why), 형용사, 전치사 vs. 접속사

(A) 다음에 주어와 목적어가 있는 완전한 절이 이어지므로 의문대명사 what이 아니라 의문부사(why)가 필요하다.
(B) 명사(questions) 앞이므로 형용사(unexpected)가 적절하다.
(C) 뒤에 절이 아니라 명사구가 이어지므로 because of가 적절하다. it helps us develop는 mental skills를 수식하는 관계대명사절임에 유의한다.

simply put	간단히 표현하면
mental	a. 정신적인
amaze	v. 놀라게 하다
profound	a. 심오한
confuse	v. 혼란시키다
take a course	과목을 수강하다

3   정답 ③

의사소통이 이뤄지는 조건

해석 ● 다른 사람들이 전달하고 있는 어떤 것이든 받아들이는 것은 그들의 관심사가 우리의 관심사와 일치할 때에만 성공한다. 체내의 세포, 벌집 속의 벌을 생각해 보라. 인간 사이의 의사소통에 관한 한, 관심사의 그런 공통성은 좀처럼 달성되지 않는데, 심지어 임산부도 태아가 보내는 화학적 신호를 믿지 못할 이유가 있다. 다행히도, 가장 적대적인 관계에서조차 의사소통이 이루어지게 할 수 있는 방법이 있다. 먹잇감은 포식자에게 자신을 쫓지 말도록 설득할 수 있다. 그러나 그러한 의사소통이 일어나려면 신호를 받는 자가 그것을 믿으면 더 나을 것이라는 강력한 보장이 있어야 한다. 메시지는 전체적으로 정직한 상태로 유지되어야 한다. 인간의 경우, 정직성은 전달된 정보를 평가하는 일련의 인지 기제에 의해 유지된다. 이러한 기제는 우리가 가장 유익한 메시지를 받아들이는 한편(개방적이면서) 가장 해로운 메시지를 거부할(경계할) 수 있게 해준다.

▶ 문제 유형 및 해설

주어동사 수일치, 대명사, 접속사(that), 형용사, 과거분사

① 주어가 such commonality라는 불가산명사이므로 단수동사 is가 적절하다.
② 단수명사 A prey를 받는 단수대명사 it이다. to chase의 의미상 주어인 a predator와 서로 다른 대상이기 때문에 재귀대명사(itself)로 나타내지 않았다.
③ 추상명사 strong guarantees의 내용을 설명하는 완전한 2형식 문장(those ~ will be better ~)이므로 동격의 접속사 that을 사용해야 한다.
④ 「keep+목적어+형용사」의 5형식 구조를 수동태인 「be kept+형용사」로 바꾼 것이다. 삽입구 on the whole을 지우면 ④가 보여진 형용사 자리임을 금방 알 수 있다.
⑤ information이 '전달되는' 대상이므로 수동을 나타내는 과거분사 communicated를 사용해 꾸몄다.

▶ 구문 분석

▶ Accepting **[whatever** others are communicating] only pays off if their interests correspond to **ours** ~

[ ]는 동명사 Accepting의 목적어 역할을 하는 명사절로, '~하는 무엇이든지'라는 의미이다. ours는 our interests를 받는 소유대명사이다.

pay off	성공하다, 수지가 맞다
correspond to	~에 일치하다, 부합하다
commonality	n. 공통성
mistrust	v. 불신하다
convince	v. 설득하다
predator	n. 포식자
chase	v. 뒤쫓다
be well off	(~하여) 좋다, 잘 살다
on the whole	전체적으로
evaluate	v. 평가하다

4 —————————————————— 정답 ②

서로 불신하는 두 승객

해석 ● Potter 씨가 아주 큰 대서양 횡단 정기 여객선을 타고 유럽으로 가고 있었다. 배에 탔을 때, 그는 다른 한 명의 승객이 자신과 선실을 함께 사용하게 될 거라는 사실을 알게 되었다. 숙박시설을 살펴본 후에, 그는 선박의 사무장의 자리로 가서 자신의 귀중품들을 배의 금고에 보관해 둘 수 있겠느냐고 물었다. Potter 씨는 평소에는 그러한 특권을 전혀 이용하지 않지만, 자신의 선실에 갔는데 다른 한 쪽 침대를 사용할 남자를 만났다고 설명했다. 그의 외모로 판단하건대, 그다지 신뢰할 만한 사람이 아닐지도 모른다는 사실이 그는 두려웠다. 선박의 사무장은 귀중품 보관 책임을 받아들이면서 다음과 같이 말했다. "괜찮습니다. 손님을 위해서 기꺼이 그것들을 보관해 드릴게요. 다른 한 분도 여기에 와서 그와 똑같은 이유로 자신의 귀중품들을 맡겨 놓았답니다!"

▶ 문제 유형 및 해설

other vs. another, 명사절 접속사(if), 병렬

(A) 뒤에 단수명사 passenger가 나오므로 another를 써야 한다. other는 복수명사를 꾸민다.

(B) '~인지 물어보았다'라는 뜻을 표현해야 하므로, 명사절 접속사 if를 써야 한다.

(C) 등위 접속사 and가 accepted와 remarked를 병렬 연결해 주고 있다.

transatlantic	a. 대서양 횡단의
liner	n. 정기선(쾌속선)
cabin	n. 선실, 객실
accommodation	n. 숙박시설, 편의시설
inquire	v. 문의하다, 묻다
valuable(s)	n. 귀중품
ordinarily	ad. 평상시에는, 보통
avail oneself of	~을 이용하다

5 —————————————————— 정답 ②

음악이 운전에 미치는 영향

해석 ● 음악이 신체적, 정신적 기술을 향상시키는 듯하다는 점을 감안할 때, 음악이 작업 수행에 해로운 상황이 있는가? 이것이 상당히 중요한 의미를 갖는 한 영역은 안전하게 운전하는 능력에 해로울 수 있는 음악의 영향이다. 시끄럽고 빠른 음악과 난폭한 운전 사이의 연관성을 제시하는 증거가 있는데, 이런 방식으로 운전하는 데 대한 음악의 영향력이 어떻게 설명될 수 있을까? 한 가지 가능성은 운전자가 음악에 있어서 박자의 규칙성에 적응한다는 것, 그리고 그들의 속도가 그에 따라 영향을 받는다는 것이다. 다시 말해, 보다 빠른 음악이 사람들로 하여금 더 빨리 음식을 먹도록 하는 것과 꼭 마찬가지로 보다 빠른 음악은 사람들로 하여금 계속 반복되는 음악 구조에 정신적, 신체적으로 맞물리면서 더 빠른 속도로 운전하게 한다는 것이다.

▶ 문제 유형 및 해설

형용사, 관계부사, 의문사(how), 접속사(that), just as ~, so...

① damaging은 '해로운'이라는 뜻을 가지는 형용사로서 주어의 상태를 설명하는 보어이다.

② 뒤에 오는 문장이 기본 요소를 모두 갖춘 완전한 문장이므로 관계대명사(which)를 관계부사(where)로 바꾸어야 한다.

③ 의문사 how가 이끄는 의문문의 주어는 music's ability ~ this way 이고, 동사는 might be explained이다. 의문문이므로 might가 주어 앞으로 도치되었다.

④ 접속사 that이 이끄는 that their speed ~ accordingly와 앞에 있는 that drivers ~ music이 서로 병렬 구조를 이루어 is의 보어로 사용되었다.

⑤ 「just as ~, so ... (~하는 것과 마찬가지로 그렇게 …하다)」는 구조가 사용되었다.

enhance	v. 향상시키다
domain	n. 분야
of significance	중요한(=significant)
reckless	a. 난폭한, 무모한
adjust	v. 적응하다
regularity	n. 규칙성

6 —————————————————— 정답 ③

이산화탄소에 대한 오해

해석 ● 몇 년 전에 학교 아이들은 산소가 우리에게 꼭 그런 것처럼 이산화탄소가 식물에게 있어서 자연스럽게 발생하는 생명의 원천이라고 배웠다. 오늘날 아이들은 이산화탄소를 독소라고 생각하기가 더 쉽다. 왜냐하면 대기 중의 이산화탄소의 양이 지난 백 년 간에 걸쳐서 입자 백만 개당 약 280개에서 380로 크게 상승했기 때문이다. 그러나 사람들이 모르고 있는 것은 우리 포유류 조상들이 진화하고 있던 약 팔천만 년 전에 이산화탄소 수치가 적어도 입자 백만 개당 천 개였다는 것이다. 사실, 그 수치는 여러분이 에너지 효율이 높은 사무실 건물에서 일하는 경우에 여러분이 정기적으로 호흡하는 이산화탄소의 농도인데, 그것이 난방과 환기 시스템을 위한 규준을 설정하는 기술자 집단에 의해 설정된 수준이기 때문이다. 그러므로 이산화탄소는 명백히 독성을 가지고 있지 않을 뿐만 아니라 이산화탄소 수치의 변화가 꼭 인간 활동을 반영하는 것은 아니다. 역사적으로 대기의 이산화탄소가 반드시 지구온난화의 원인이었던 것도 아니다.

▶ 문제 유형 및 해설

부사, 시제, 문장성분(동사), 접속사, 도치

① occurring(발생하는)은 형용사이므로 부사(naturally)가 수식하는 것이 적절하다.

② 기간 부사구 over the past one hundred years로 보아 현재완료(has increased)가 적절하다.

③ 8천만 년 전(80 million years ago)이라는 명백한 과거부사가 있으므로 시제는 과거여야 하며, 보어절 안에서의 주어는 carbon dioxide level이고 동사가 없으므로 to be를 was로 바꾸어야 적절하다. 'back ~ evolving'은 삽입구로 간주하면 된다.

④ 'for(왜냐하면 ~이니까)'는 이유를 나타내는 접속사로 that이 주어가 되므로 적절하다.

⑤ not only 등의 부정어구가 문두에 온 경우, 주어와 동사의 도치가 이루어지므로 carbon dioxide가 단수이고 시제가 현재이므로 is가 적절하다.

lifeblood	n. 활력의 근원
substantially	ad. 크게, 상당히
concentration	n. 농도
ventilation	n. 환기

7 —————————————————— 정답 ①

변호사의 비밀 유지 의무

해석 ● 법적인 조언을 구하는 사람들은, 그들의 권리나 의무를 변호사와 논의할 때, 후자(변호사)가 받은 정보를 제삼자에게 누설하지 않을 것을 보장받아야 한다. 이런 비밀 유지 의무가 준수될 경우에만, 사람들은 자유롭게 변호사와 상의하고, 변호사가 의뢰인의 변호를 준비하는 데 필요한 정보를 제공할 것이다. 의뢰인이 털어놓은 정보의 종류와 관계없이, 의뢰인은 그것(정보)이 당국에 의해서나 어떤 다른 당사자에 의해 법정에서 자신에게 불리하게 사용되지 않을 것을 확신하고 있어야 한다. 그것은 보통 법률 제도가 제대로 기능하기 위한 조건으로, 그러므로 공익에 맞는 것으로 여겨진다. 법률가의 면책 특권(비밀 유지 특권)은 통상 증거법보다 훨씬 그 이상의 것으로, 특정한 소송의 사실에 한정되어 적용된다. 그것은 법의 집행이 전체적으로 기초를 두고 있는 기본적인 조건이다.

▶ 문제 유형 및 해설

접속사, 도치, 과거분사, 비교급 강조, 주어동사 수일치

① 뒤에 주어, 동사, 목적어를 모두 갖춘 완전한 문장이 오므로 관계대명사 which를 접속사 that으로 고쳐야 한다.
② only가 붙은 부사절(Only if ~ respected)이 문두에 나와 주어와 동사가 도치되었다.
③ 수식을 받는 명사(information)와 disclose의 관계가 수동이므로 과거분사가 적절하다.
④ 비교급을 강조해주는 부사로 much가 적절하다.
⑤ 관계대명사절의 주어가 the administration이므로 단수 취급하여 단수동사 rests를 쓴 것은 적절하다.

▶ 구문 분석

▶ **People** [seeking legal advice] should be assured ~ that the latter will not disclose to third parties **the information** (which is 생략) provided.

[ ]는 people를 수식하는 분사구이고, the information 뒤에 「주격 관계대명사 + be 동사」가 생략되었다.

▶ It is **a fundamental condition** [on which the administration of justice as a whole rests].

[ ]는 선행사(a fundamental condition)를 수식하는 관계대명사절이다.

legal	a. 법률과 관련된
obligation	n. 의무
regardless of	~와 관계없이
authorities	n. 당국
privilege	n. 특전, 특권
application	n. 적용, 응용
administration	n. 집행

8 ───────────────── 정답 ②

두 가지 기부의 양상

해석 ● 기부 행위를 연구하는 심리학자들은 어떤 사람들은 하나 또는 두 개의 자선단체에 상당한 양을 기부하는 반면, 다른 사람들은 많은 자선단체에 적은 양을 기부한다는 것을 알아차렸다. 하나 또는 두 개의 자선단체에 기부하는 사람들은 그 자선단체가 하는 일과, 그것이 정말로 긍정적인 영향을 가지고 있는지에 대한 증거를 찾는다. 만약 그 증거가 그 자선단체는 정말로 다른 이들을 돕고 있다고 보여준다면, 그들은 상당한 양의 기부를 할 것이다. 많은 자선단체에 적은 양을 기부하는 사람들은 그들이 하고 있는 일이 다른 이들을 돕는지에 그다지 관심이 없다─심리학자들은 그들을 따뜻한 빛의 기부자라고 부른다. 그들이 기부하고 있다는 사실을 아는 것은, 그들 기부의 영향과는 관계없이, 그들의 기분을 좋게 만든다. 많은 경우 그 기부는 매우 적어서─10달러 혹은 그 이하─만약 그들이 멈추어 생각해본다면, 그들은 기부를 처리하는 비용이 그것이 자선단체에 가져오는 이익을 넘어설 가능성이 높다는 것을 알아차릴 것이다.

▶ 문제 유형 및 해설

주어동사 수일치, 접속사(if), 현재진행, 대명사, to부정사

① 문장의 주어가 복수인 Psychologists이므로 복수 동사를 써야 하고, 완료의 의미를 나타내는 현재완료 시제이므로 have는 적절하다.
② 뒤에 완전한 문장이 오고 있고 '~인지 아닌지'의 의미로 해석되므로 관계대명사 what을 접속사 if(whether)로 고쳐야 한다.
③ 앞에 be동사와 함께 쓰여 현재진행 시제를 이루고 있으므로 doing은 적절하다.
④ 기부자들을 가리키는 단어이므로 대명사 them은 적절하다.

---

⑤ '멈추어 서서 생각해 본다'는 의미이므로 부사적 용법의 to부정사는 적절하다. 「stop + 동명사」는 '~하는 것을 멈추다'의 의미이다.

▶ 구문 분석

▶ **Psychologists** [who study giving behavior] **have noticed** {that (some people give substantial amounts to one or two charities), (while others give small amounts to many charities)}.

[ ]는 선행사(Psychologists)를 수식하는 주격 관계대명사절이고, { }는 have noticed의 목적어인 명사절이며, { } 안에 두 개의 절 ( )이 역접의 접속사(while)로 연결되어 있다.

▶ **Knowing** [that they are giving] **makes** them **feel** good, regardless of the impact of their donation.

[ ]는 Knowing의 목적어인 명사절이며, 사역동사(make)가 쓰인 5형식 문장으로 목적격보어 자리에 동사원형(feel)이 오고 있다.

substantial	a. 상당한
charity	n. 자선 단체
donate	v. 기부하다
evidence	n. 증거
positive	a. 긍정적인
impact	n. 영향
indicate	v. 나타내다
regardless of	~와 관계없이
process	v. 처리하다
exceed	v. 넘어서다
benefit	n. 이익

9 ───────────────── 정답 ④

인간의 두뇌만이 가지고 있는 메타인지 능력

해석 ● 메타인지는 단순히 "생각에 대해 생각하는 것"을 의미하며, 그것은 인간의 두뇌와 다른 종의 두뇌 간의 주요 차이점 중 하나이다. 우리의 통상적인 사고 과정 위에 있는 사다리에 높이 서서 왜 우리가 지금 생각하고 있는 것처럼 생각하고 있는지 평가할 수 있는 우리의 능력은 진화론적으로 놀라운 일이다. 우리는 이 능력을 가지고 있는데, 인간 두뇌의 가장 최근에 발달한 부분인 전두엽 피질이 자기 성찰적이고 추상적인 사고를 가능하게 하기 때문이다. 우리는 우리가 우리 자신의 일부가 아닌 것처럼 우리 자신에 대해 생각할 수 있다. 영장류의 행동에 대한 연구는 우리의 가장 가까운 사촌인 침팬지조차도 (거울에 비친 모습을 다른 침팬지라고 생각하는 대신 거울 속의 자기 자신을 알아볼 수 있는 것과 같이, 그들이 약간의 자기 성찰적인 능력을 가지고 있기는 하지만) 이 능력이 결여되어 있음을 보여 준다. 그 능력은 양날의 칼인데, 왜냐하면 그것은 우리로 하여금 우리가 생각하고 있는 것을 왜 생각하고 있는지 평가할 수 있게 해주는 한편, 또한 우리로 하여금 쉽게 강박 관념이 될 수 있는 어려운 실존적 질문들과 접촉하게 하기 때문이다.

▶ 문제 유형 및 해설

접속사(and, because), 재귀대명사, 문장성분(동사), 관계대명사(what)

① 등위접속사 and로 앞의 to부정사(to stand)에 연결되어 있으므로 동사원형(evaluate)은 적절하다.
② 뒤에 완전한 문장(the most recently developed part ~ enables ~)이 이어지므로 접속사(because)는 적절하다.
③ 주어와 전치사 of의 목적어가 같으므로 재귀대명사(ourselves)가 적절하다.
④ 동사 indicates의 목적절에서, 주어 our closest cousins 뒤로 동사가 없으므로 lacking 대신 lack을 써야 한다. the chimpanzees는 종속절의 주어와 동격이다.
⑤ what은 선행사를 포함하는 관계대명사로 의문사절(why we ~ thinking)의 목적어 역할을 하는 관계대명사절을 이끌므로 적절하다.

구문 분석

▶ We can think about ourselves [**as if** we **are** not part of ourselves].

as if가 현재 사실의 반대가 아닌 일반 직설법으로 쓰였으므로 주절의 시제에 맞게 현재시제 are이 쓰였다.

▶ The ability is a double-edged sword, [because {while it allows us to evaluate why we are thinking (**what we are thinking**)}, it also puts us in touch with difficult existential questions that can easily become obsessions].

[ ]는 because가 이끄는 접속사절, { }는 because 절 안에서 while이 이끄는 또다른 접속사절이다. ( )는 while 절의 목적격보어(to evaluate ~)의 의문사절(why we are thinking)에서 thinking의 목적어 역할인 관계대명사 what절이다.

metacognition	n. 메타인지
distinction	n. 차이점
evaluate	v. 평가하다
evolutionary	a. 진화론의
marvel	n. 놀라운 일
prefrontal cortex	전두엽 피질
self-reflective	a. 자기 성찰적인
abstract	a. 추상적인
primate	n. 영장류
possess	v. 가지다, 소유하다
double-edged	a. 양날의
existential	a. 실존적인

기출마무리 p. 99　　1 ② 　2 ⑤

1 ───── 정답 ②

유행과 패션

해석 ● 유행은 사람들이 자신을 재조정할 새로운 기회를 끊임없이 제시하고, 변화의 때를 나타낸다. 유행이 궁극적으로 어떻게 개인에게 힘과 자유를 줄 수 있는지를 이해하려면 먼저 변화의 기반인 패션의 중요성에 대해 논의해야 한다. 왜 패션이 그렇게 매력적인지에 대해 내 정보원들이 제공한 가장 흔한 설명은 이것이 일종의 연극적인 의상을 구성한다는 것이다. 옷은 사람들이 세상에 자신을 보여주는 방식의 일부이고, 패션은 (현재) 사회에서 일어나는 일(상황)과 패션 자체의 역사에 대비해 그들을 현재에 위치시킨다. 표현 형태로서 패션은 다수의 모호함을 담고 있어, 개인이 특정한 옷과 연관된 의미를 재창조할 수 있게 한다. 패션은 자기표현의 가장 단순하고 값싼 방법 중 하나로, 옷은 저렴하게 구매할 수 있는 한편, 부, 지적 능력, 휴식 또는 환경 의식(이중 어떤 것도 해당되지 않을 수도 있지만)에 대한 개념을 쉽게 전달할 수 있다. 또한, 패션은 행동을 위한 공간을 열어주며 다양한 방법으로 행동력을 강화할 수 있다.

문제 유형 및 해설

접속사(that), 재귀대명사, 과거분사, 부사, 분사구문

① 술어인 is 뒤로 보어인 명사절을 연결하기 위해 접속사 that을 쓴다. that 뒤는 완전한 3형식 구조이다.
② present의 주어와 목적어가 모두 people이므로 재귀대명사 themselves를 써야 알맞다. 재귀대명사는 동사 또는 준동사의 주어와 목적어가 같을 때 목적어 자리에 쓴다.
③ the meanings가 '연관되는' 대상이므로 과거분사 associated를 사용해 꾸몄다.
④ 동사 can be purchased를 꾸미는 부사 자리이므로 inexpensively를 알맞게 썼다.

⑤ 분사구문의 의미상 주어인 Fashion이 '열어주는' 주체이므로, 능동을 나타내는 현재분사 opening을 썼다.

구문 분석

▶ ~ clothes can be inexpensively purchased **while making it easy** [**to convey** notions of wealth, intellectual stature, relaxation or environmental consciousness, ~].

「while+현재분사」는 접속사를 남긴 분사구문이며, 'making ~'은 5형식 가목적어 구문이다. [ ]가 진목적어이다.

constantly	ad. 지속적으로, 계속해서
represent	v. 나타내다, 대표하다
occasion	n. 때, 경우
basis	n. 기반, 근거
informant	n. 정보 제공자
appealing	a. 매력적인
theatrical	a. 연극적인
a host of	다수의
ambiguity	n. 모호함
convey	v. 전달하다
notion	n. 관념
strengthen	v. 강화하다

2 ───── 정답 ⑤

반(反)가치인 기아

해석 ● 모든 유기체가 생존에 충분한 먹이를 구할 수는 없으므로, 기아는 자연에서 흔히 발견되는 일종의 반가치(反價値)이다. 그것은 또한 생물학적 진화가 기능하게 되는 선택 과정의 일부이기도 하다. 기아는 살아남기에 덜 적합한 것들, 즉 자신과 자신의 새끼들을 위한 먹이를 찾는 수완이 모자라는 것들을 걸러내는 데 도움을 준다. 몇몇 상황에서 기아는 유전적 변종들이 종의 개체군을 장악할 수 있는 길을 열어 주고 결국에는 이전의 종을 대신하여 새로운 종이 출현할 수 있게 할지도 모른다. 따라서 기아는 더 큰 다양성이 주는 이익을 가능하게 하는 데 도움이 될 수 있는 반가치이다. 기아가 고유한 반가치가 되는 바로 그 순간, 실용적인, 즉 도구적인 가치를 지닐 수 있다. 일부 유기체들이 자연에서 기아를 겪어야 한다는 것은 매우 유감스럽고 슬프다. 기아가 때로 좋은 목적에 공헌할 수도 있기는 하지만, 그 말은 여전히 확고하게 진실이다.

문제 유형 및 해설

「전치사 + 관계대명사」, 재귀대명사, to부정사(형용사적 용법), 목적격보어, 접속사(that)

① 관계대명사 which의 선행사는 the process of selection이다. 원래는 It also is part of the process of selection.과 Biological evolution functions by the process of selection.을 관계대명사를 이용하여 It also is ~ evolution functions by.로 만든 것이다. 전치사 by가 관계대명사 which 앞에 위치할 수 있으므로 by which는 적절하다.
② those less resourceful과 동일한 대상을 가리키므로 재귀대명사 themselves는 적절하다.
③ to take hold ~는 앞선 의미상의 주어(for genetic variants)와 함께 그 앞의 명사(the way)를 수식하는 형용사적 용법으로서 적절하다.
④ the good of greater diversity는 동사 make의 목적어이며 possible이 목적격보어이다. 목적어가 길어서 목적어와 목적격보어가 도치된 형태이므로 적절하다.
⑤ 주어가 되기 위해서는 명사절(~하는 것)이 와야 하는데 some ~ in nature가 완전한 문장이므로 what(+불완전한 문장)은 적절하지 않다. 그러므로 명사절을 이끄는 접속사 that을 써야 적절하다.

구문 분석

▶ **Not all** organisms are able to find sufficient food to survive, so starvation is a kind of disvalue often found in nature.

「Not all ~」 구문은 '전부 ~한 것은 아니다'라는 의미의 부분부정을 나타낸다.

43

► It also is part of **the process of selection [by which** biological evolution functions**]**.

「전치사＋관계대명사」절이 수식하는 선행사는 the process of selection이다. 관계대명사가 전치사의 목적어 역할을 하고, 전치사는 관계대명사 앞으로 이동할 수 있기 때문에 by which가 되었다.

► The statement remains implacably true, **[even though** starvation also may sometimes subserve ends that are good**]**.

「even though (~일지라도)」 구문은 양보의 부사절로 보통 문두에서 주절 전체를 수식하나, 부사절이 길어져서 문장 맨 뒤로 갔다.

organism	n. 유기체
sufficient	a. 충분한
starvation	n. 기아, 굶주림
disvalue	n. 반(反)가치, 부정적 가치
evolution	n. 진화
filter out	~을 걸러 내다
resourceful	a. 수완이 있는, 기략이 있는
pave the way	길을 열어 주다, 상황을 조성하다
variant	n. 변종
take hold	장악하다
emergence	n. 출현
in place of	~을 대신하여
instrumental	a. 도구적인, 도움이 되는
even as	~하는 바로 그 순간
intrinsic	a. 고유한, 내재적인
regrettable	a. 유감스러운, 가여운
implacably	ad. 확고히
subserve	v. 공헌하다

DAY 10 복합관계사와 관계사(계속적 용법)

개념확인 TEST

1 whatever 2 wherever 3 when 4 whom
5 which

1 그녀는 우리에게 맘에 드는 것은 어떤 것이든 가지거나 버리라고 말했다.
  ► keep or discard의 목적어가 없고 뒤에 불완전한 절이 오고 있으므로 복합관계대명사인 whatever가 적절하다.

2 본질적으로, 이 사람들은 그들이 원하는 곳이면 어디든지 볼 수 있는 권한이 있다.
  ► 뒤에 완전한 절이 오고 있고, '어디든지'의 의미가 되어야 하므로 wherever가 적절하다.

3 그 땅을 팔려고 내놓았던 1887년에, 할아버지는 Granger 가족에게서 200에이커의 땅을 샀다.
  ► 계속적 용법의 관계부사로 1887년을 부연 설명하는 when이 적절하다.

4 이 책은 몇몇 등장인물을 주축으로 하는데, 그들 모두는 자기만의 고유한 개성을 지닌다.
  ► 콤마 앞뒤로 절과 절이 연결되는데 접속사가 없으므로 관계대명사 whom을 써야 한다.

5 연평균 (자원봉사) 시간은 25세에서 34세 사이의 연령집단을 제외하고 나이에 따라 증가했는데, 이 연령집단(25-34세)은 평균 133시간 자원봉사를 했다.
  ► 계속적 용법으로는 관계대명사 that을 쓸 수 없으므로 관계대명사 which가 적절하다.

STEP 2 기출문제로 유형 연습하기 p. 104

01 which	02 whatever	03 which	04 whenever
05 which	06 which	07 whatever	08 Wherever
09 wherever	10 where	11 which	12 which

01 콤마가 있고 선행사가 a loud trumpet-like sound이므로 which가 적절하며 동사가 makes이므로 which는 주격 관계대명사가 된다.

02 did(동사) 다음에 목적어가 필요하며, 의미상 '내 눈길을 사로잡는 것은 무엇이든'이 적절하다. 그리고 선택지 다음에 불완전한 문장이 왔으므로 명사 기능을 하는 복합관계대명사(whatever)가 적절하다.

03 콤마 앞뒤로 절과 절이 연결되므로 접속사가 필요하고, 동시에 benefits를 대신할 대명사도 필요하다. 따라서 「접속사＋대명사」 역할을 함께 수행할 수 있는 관계대명사 which를 써야 적절하다.

04 '~할 때마다'로 해석이 되는 것이 매끄러우므로 복합관계부사(whenever)가 적절하다.

05 콤마가 있고 선행사가 his first windmill이므로 which가 적절하며 동사가 generated이므로 which는 주격 관계대명사가 된다.

06 선행사가 콤마 앞의 a vast collection of straight and curved lines이므로 which가 적절하다. what은 선행사가 없을 때 쓴다.

07 '어떠한 상황에서라도'로 해석이 되므로 circumstance를 수식해주는 복합관계형용사(whatever)가 필요하다.

08 해석상 '어디에서든지'가 되므로 Wherever가 적절하다.

09 복합관계부사 뒤에는 완전한 문장을 수반하며 '어디에서나'로 해석이 되므로 wherever가 적절하다.

10 선택지 다음 완전한 문장이 왔고 선택지 앞에는 장소를 나타내는 명사구(the Luitpold Gymnasium)가 왔으므로 관계부사(where)가 적절하다.

11 관계사 뒤에 따라오는 절에서 spend의 목적어가 생략된 불완전한 문장이 왔으므로, 관계대명사(which)가 적절하다. (단, 완전한 절이

오는 경우는 관계부사가 적절하다.)

12 빈칸 다음이 동사구(might cause)로 시작되는 불완전한 문장이며 앞 문장 전체를 보충 설명하고 있으므로 관계대명사 계속적 용법으로 쓰여야 한다. that은 계속적 용법으로 쓸 수 없으므로 which가 적절하다.

1 ① 2 ② 3 ③ 4 ① 5 ④ 6 ⑤ 7 ④

1 ────────────────── 정답 ①

마음 챙김 요법의 적용

해석 ● 불교 방식의 마음 챙김을 서양 심리학에 적용하는 것은 기본적으로 Massachusetts 대학교 의료 센터의 Jon Kabat-Zinn의 연구에서 비롯됐다. 그는 처음에 만성 통증 환자들을 치료하는 어려운 일을 맡고 있었는데, 그들 중 다수는 전통적인 통증 관리 요법에는 잘 반응하지 않았다. 여러 가지 면에서, 그런 치료는 완전히 역설적으로 보인다. 여러분은 사람들이 통증을 더 많이 의식하게 도와주어서 통증을 다스리도록 가르치는 것이니 말이다! 그러나, (마음 챙김 요법의) 핵심은 통증과의 싸움에 수반되는 끊임없는 긴장감을 사람들이 놓을 수 있도록 도와주는 것인데, (그 긴장감이란) 고통에 대한 그들의 자각을 실제로 더 연장시키는 투쟁이다. 마음 챙김 명상은 이들 중 많은 수가 행복감이 커지고, 더 나은 삶의 질을 경험하도록 했다. 어떻게 그런 것일까? 왜냐하면 그러한 명상은 우리가 불쾌한 생각이나 기분을 무시하거나 억누르려고 하면 우리는 결국 그것의 강도를 증가시키게 되는 거라는 원리에 바탕을 두기 때문이다.

▶ 문제 유형 및 해설

관계대명사(계속적 용법), 형용사, 주어동사 수일치, 병렬, 동명사

① 콤마 앞뒤로 절이 연결되므로 접속사가 필요한데, 동시에 앞에 언급된 chronic-pain patients도 받아야 한다. 따라서 단순 대명사인 them 대신 관계대명사 whom을 써야 한다.

② seems는 2형식 동사이므로 형용사 보어로 paradoxical을 알맞게 썼다.

③ 주격 관계대명사절의 동사는 선행사에 수일치한다. 여기서 선행사는 the constant tension이므로, 단수동사인 accompanies가 알맞게 쓰였다.

④ 「allow+목적어+to부정사」에서 목적격보어에 해당하는 to부정사가 「A and B」로 병렬 연결되었다.

⑤ 「end up+동명사(결국 ~하게 되다)」 구문이다.

▶ 구문 분석

▶ He initially took on the difficult task of treating **chronic-pain patients, many of whom** had not responded well to traditional pain-management therapy.

앞에 전체에 해당하는 선행사(chronic-pain patients)가 나오고, 그중 일부(many)를 가리키고자 「부분+of+관계대명사」 표현을 썼다.

primarily	*ad.* 기본적으로, 주로
initially	*ad.* 처음에, 초기에
treat	*v.* 치료하다
traditional	*a.* 전통적인
paradoxical	*a.* 역설적인
constant	*a.* 끊임없는
tension	*n.* 긴장
accompany	*v.* 동반하다, 수반하다
meditation	*n.* 명상
ignore	*v.* 무시하다
repress	*v.* 억누르다
intensity	*n.* 강도

2 ────────────────── 정답 ②

어린 시절의 가장 유용한 경험

해석 ● 나의 유년기로부터 내가 얻은 가장 유용한 것은 글 읽기에 대한 자신감이었다. 얼마 전에 나는 어떻게 살아갈 것인가에 대한 실마리를 찾아보려는 희망에서 주말 동안의 자기 탐구 워크숍을 갔었다. 우리에게 주어진 훈련 중의 하나가 우리 일생에 있었던 가장 중요한 10가지 사건의 목록을 만드는 것이었다. 첫 번째는 "내가 태어났다"였고, 그 다음에는 아무 것이라도 자기 좋을 대로 적으면 되는 것이었다. 무엇을 적을까에 대한 고민조차 없이 내 손은 두 번째에 "내가 글 읽기를 배웠다"를 적었다. "내가 태어났고 글 읽는 법을 배웠다"의 순서는 많은 사람들에게 생각나는 순서는 아닐 것 같다. 그렇지만, 나는 내가 무슨 말을 하려고 했는지 알고 있었다. 태어나게 되는 것은 나에게 가해진 무엇이지만, 나 자신의 인생은 내가 처음 문장의 의미를 이해한 때에 비로소 시작된 것이다.

▶ 문제 유형 및 해설

주어동사 수일치, 복합관계대명사, 과거분사

(A) 주어(One of the exercises)가 단수이므로 단수동사(was)가 쓰여야 한다.

(B) 복합관계대명사가 이끄는 절이 자체가 명사절로 사용될 수 있기 때문에, 타동사 put의 목적어로 쓰일 수 있다. 또, 선택지 뒷부분에 liked의 목적어가 생략되어 있으며, 이 목적어로 사용될 수 있는 것은 '무엇이든지 간에'라는 의미의 whatever가 적절하다.

(C) something이 무엇인가를 나에게 '행하는 것'이 아니라, '행해진 것'이라는 의미가 필요하기 때문에 주어진 선택지에서는 done이 적절하다.

▶ 구문 분석

▶ **Without** even think**ing** about it, my hand wrote at number two: ~

「전치사 without+V-ing/명사」는 '~하지 않고, ~하지 않은 채'의 의미를 가지고 있다.

bring out of	~로부터 가져오다
childhood	*n.* 어린 시절, 유년기
confidence	*n.* 자신, 확신, 신임
not long ago	얼마 전에
go on + 명사	(소풍, 휴가 등을) 가다
self-exploratory	*a.* 자기 탐구의
workshop	*n.* 강습회, 워크숍
clue	*n.* 단서, 실마리
make a list of	~의 목록을 만들다
sequence	*n.* 연달아 일어남, 순서, 결과
make out	이해하다, 작성하다, 쓰다

3 ────────────────── 정답 ③

상품 구매의 진정한 의미

해석 ● 우리가 어떤 상품을 구매하던 간에, 우리가 선택하는 것은 근본적으로 상표가 아니라 문화이거나 오히려 그 문화와 관련된 사람들이다. 당신이 찢어진 청바지를 입든 시를 암송하기를 좋아하든, 그렇게 함으로써, 당신은 한 집단의 사람들에 속해 있다는 것을 말해준다. 우리가 믿는 우리가 누구인지는 우리가 비슷해지기를 원하는 사람에 대하여 우리가 만드는 선택들의 결과이며, 우리는 그 결과 다양하고 종종 미묘한 방법으로 다른 사람들과 비슷해지려는 이런 욕망을 나타낸다. 비록 이런 과정이 인위적이지만, 이것은 우리의 '정체성', 즉 우리가 우리 자신과 다른 사람들을 식별하는 모든 피상적인 차이들에 기초를 둔 정체성이 되는 것이다. 요컨대, 이것이 우리가 상품을 구매하는 목적이며, 자아 정체성, 즉 우리가 누구인지에 대하여 아는 것이다.

접속사, 주어동사 수일치, 과거분사

(A) 주어(you)와 동사(wear) 다음에 목적어(torn jeans)가 이미 갖춰져 있는 완전한 문장이고 부사절 다음에 주절이 나오므로 접속사(Whether)가 적절하다. whether와 달리, whatever 다음에는 불완전한 문장이 온다.

(B) 주어(Who we believe we are)가 절 형태로 되어 있고 절이 주어가 되는 경우 동사는 단수 취급되어 is가 와야 한다.

(C) 명사 identity와 grounded 사이에 which is가 생략되어 있고 수동 관계이므로 과거분사(grounded)가 와야 한다.

▶ 구문 분석

▶ **No matter what** we are shopping for, it is not primarily a brand we are choosing, ~.

No matter what은 '무엇이든 간에'라는 의미로 복합관계대명사(Whatever)로 바꾸어 쓸 수 있다.

▶ **Artificial as this process is**, this is what becomes our 'identity,' ~.

주절과 상반되는 내용에서 보어를 강조하기 위해 「형용사/명사＋as＋주어＋동사」를 취한다. 원래의 문장은 As(=Though) this process is artificial, this is what ~의 양보부사절 문장이다.

primarily	ad. 본래, 근본적으로
recite	v. 암송하다
subsequently	ad. 결과로서, 그 후
demonstrate	v. 증명하다, 논증하다
subtle	a. 미묘한
artificial	a. 인위적인
identity	n. 동일함, 정체성
superficial	a. 피상적인
distinguish	v. 구별하다, 식별하다

4 　　　　　　　　　　　　　　　정답 ①

피드백을 받아들이는 태도

해석 ● 사람들은 비판받는 것을 싫어하기 때문에 피드백을 회피한다. 심리학자들은 사람들이 왜 그들 자신의 불완전함에 대해 듣는 것에 그렇게 민감한지에 대한 많은 이론을 가지고 있다. 그 하나는 그들이 피드백을 어린 시절에 부모와 교사로부터 받은 비판적인 말과 연관 짓는다는 것이다. 우리의 불편함의 원인이 무엇이든 간에, 우리들 대부분은 피드백을 구하고 그것을 들을 때 주의 깊게 경청하도록 자신을 훈련시켜야 한다. 그러한 훈련 없이는 종종 비판적인 피드백에 대한 바로 그 위협이 우리의 일 뿐만 아니라, 우리가 속한 조직의 전체적인 건강에까지 부정적으로 영향을 미치는 파괴적이고 부적응적인 행동을 하도록 우리를 이끈다.

▶ 문제 유형 및 해설

보어, 복합관계대명사, 능동태

(A) so 다음에 형용사나 부사 둘 다 가능하지만, 여기서는 앞에 온 be동사(are)의 보어로 형용사(sensitive)가 적절하다.

(B) 해석상 '우리의 불편함의 원인이 무엇이든'으로 '무엇이든지'의 의미를 갖는 Whatever가 적절하다.

(C) 목적어(us)와 목적격보어의 관계가 수동인지 능동인지를 살펴봐야 한다. '우리가 수행하는'이라는 능동으로 해석이 되므로 practice가 적절하다.

psychologist	n. 심리학자
imperfection	n. 결함
maladaptive	a. 부적응의
affect	v. 영향을 미치다
overall	a. 전체의

5 　　　　　　　　　　　　　　　정답 ④

Deseada 섬

해석 ● Deseada는 Lesser Antilles에 속해 있는 작은 섬이다. 이 섬은 크리스토퍼 콜럼버스가 1493년에 그의 두 번째 항해에서 육지를 보려고 느꼈던 욕망으로부터 그 이름을 얻게 되었다고 일컬어진다. 그것은 길이가 12마일이며 폭이 6마일이다. 북쪽을 바라보고 있는 부분은 남쪽을 바라보고 있는 부분보다 더 낮다. 이 섬에는 이구아나와 fragatas라는 종의 새들이 아주 많다. 이 섬에는 인디언들의 뼈와 무기가 들어 있는 깊은 동굴이 있는데, 인디언들이 그곳에 매장되었다고 추정된다. 1762년에 이 섬은 영국인들에 의해 점령되는데, 그들은 이듬해에 파리 조약에 의해 그것을 프랑스인들에게 돌려주었으며, 그 이후로 그것은 후자의 소유 상태가 되었다.

▶ 문제 유형 및 해설

지시대명사, 주어동사 수일치, 관계대명사

(A) 바로 앞에 있는 The part를 받을 수 있는 지시대명사(that)가 적절하다. 비교급 구문에서는 지시대명사로 that이나 those를 쓴다.

(B) the Indians를 받고 있는 관계대명사 who에 이어지는 동사이므로 복수형(were)이 적절하다.

(C) 다음에 동사(restored)가 이어지고 있으므로 주격관계대명사 who가 적절하다.

voyage	n. 항해
width	n. 폭, 너비
cavern	n. 동굴
restore	v. 반환하다
possession	n. 소유
the latter	후자

6 　　　　　　　　　　　　　　　정답 ⑤

시도를 두려워하지 마라

해석 ● 여러분이 아무리 나이가 들었더라도 돌아다니거나 여러 가지를 시도하는 것을 두려워하지 마라. 여러분이 알아내고자 하는 가장 중요한 것은 여러분 자신이 어떤 사람이며, 여러분이 어떤 능력을 가지고 있는가이다. 자신을 면밀하게 살피고, 여러분이 필요로 하는 것을 찾을 시간의 한계를 설정하라. 이 기간에 달리 방도가 없으니, 여러분은 모험을 해야 한다. 여러분이 모험을 하지 않는다면, 인생에서 어떤 달콤함도 얻을 수 없다. 그리고 사실, 인생의 달콤함은 모험과 함께 온다. 나는 모험을 하면서 인생을 살아왔고, 여러분에게 그 모험들이 모두 성공적이었다고 말하면 좋겠지만, 모두 그렇지는 않았다. 하지만, 여러분은 뭔가를 알고 싶은가? 나는 성공에서보다 실패에서 더 많은 것을 배웠다.

▶ 문제 유형 및 해설

복합관계부사, 관계대명사(what), 주어동사 수일치, 현재분사, 대동사

① 해석상 '아무리 ～하더라도'의 복합관계부사(however)가 적절하게 쓰였다.

② you need는 불완전한 절이므로 선행사를 포함하는 관계대명사(what)가 적절하다.

③ 보어절 안의 the sweetness가 주어이고 동사는 3인칭 단수, 현재시제의 comes가 적절하다.

④ 두 개의 절이 and로 병렬 구조를 이루고 있다. 앞 문장의 동사는 have lived이고 밑줄 친 부분은 의미상 '나는 모험을 하면서 인생을 살아왔고'로 되는 게 적절하므로 능동의 현재분사(taking)가 적절하다.

⑤ than 뒤에 의미상 '성공에서 배운 것보다'로 해석해야 하므로 be 동사가 아닌 앞의 learned를 받는 대동사 did가 적절하다.

▶ The most important thing you want to find out **is** [who you are and what capabilities you have.]

[ ] 문장에서 who절과 what절은 and로 연결된 병렬 구조이자 be동사 (is)의 보어이면서 간접의문문을 이끄는 명사절이다.

▶ **I wish** I **could** tell you they were all successful, ~.

「I wish (that) + 주어 + 과거[과거완료]」는 가정법 표현으로 현재 또는 과거의 사실과 반대되는 소망을 나타낸다.

capability	n. 능력
find out	알아내다
risk taker	모험가

7 .... 정답 ④

다른 사람이 아닌 자신의 기준을 만족시키는 삶

해석 ● 때때로 완벽주의자들은 무엇을 하든지 결코 만족스럽지 않아 보이기 때문에 자신들이 괴롭다는 것을 알게 된다. 만일 내가 "그것이 누구에게 만족스럽지 않은가"라고 물으면, 그들은 항상 대답을 아는 것은 아니다. 그것에 대해 생각을 해본 후에 대개 그들은 자신들에게 만족스럽지 못하고, 자신들의 삶 속의 다른 중요한 사람들에게 만족스럽지 못하다는 결론을 내린다. 이것이 중요한 점인데, 왜냐하면 그것은 여러분이 충족시키려고 애쓰고 있는 기준이 실은 여러분 자신의 것이 아닐 수도 있다는 것을 시사하기 때문이다. 대신, 여러분이 자신을 위해 세운 기준이 부모, 사장, 혹은 배우자와 같은 여러분의 삶에서 어떤 중요한 사람의 기준일 수 있다. 다른 누군가의 기대를 추구하며 여러분의 삶을 사는 것은 힘든 삶의 방식이다. 만약 여러분이 세운 기준이 자신의 것이 아니라면, 어쩌면 여러분의 개인적인 기대를 스스로 정하고 자기실현을 여러분의 목표로 삼아야 할 때일 것이다.

➡ 문제 유형 및 해설

복합관계대명사, 능동태 vs. 수동태, 주어(동명사)

(A) because 부사절 안에서 it never seems good enough가 주절이므로, 그 앞에 있는 부분은 부사절이어야 한다. 그러므로 복합관계대명사인 whatever가 어법상 맞다.
(B) 선행사인 the standard가 의미상 동사 meet의 목적어가 되어야 하므로 능동형인 meet가 어법상 맞다.
(C) 동사 is의 주어가 있어야 하므로 주어 역할을 할 수 있는 동명사 Living이 어법상 맞다.

➡ 구문 분석

▶ ~ because it suggests [that the standard {you may be struggling (to meet)} may not actually be your own].

[ ]는 suggest의 목적어인 명사절이며, { }는 the standard를 선행사로 가지는 관계대명사절, ( )는 목적을 나타내는 to부정사의 부사적 용법이다.

▶ **Living** your life in pursuit of someone else's expectations **is** a difficult way [to live].

동명사(Living)가 주어로 쓰였으므로 단수동사 is가 왔다. [ ]는 to부정사의 형용사적 용법으로 a difficult way를 수식한다.

perfectionist	n. 완벽주의자
conclude	v. 결론을 내리다
standard	n. 기준
in pursuit of	~을 추구하여
expectation	n. 기대
define	v. 정하다, 정의하다
self-fulfillment	n. 자기실현

1 .... 정답 ②

신문 읽기 감소에 따른 광고비의 새로운 기술로의 이동

해석 ● 많은 나라에서 더 젊은 사람들 사이에서 신문을 읽는 습관이 감소해 오고 있으며, 전에 신문 광고에 쓰였던 돈의 일부가 인터넷으로 이동해 오고 있다. 물론, 신문 읽기가 이처럼 감소하는 까닭의 일부는 우리들이 신문 읽기를 온라인으로 더 많이 하고 있다는 사실 때문이다. 우리는 〈New York Times〉, 〈Guardian〉 혹은 세상의 거의 모든 주요 신문의 웹사이트에서 그날의 뉴스나 사업, 연예 또는 어떤 뉴스든지 그에 관한 최신 내용을 읽을 수 있다. 점점 더, 우리는 컴퓨터는 물론 모바일 기기로 이런 기사들을 무선으로 이용할 수 있다. 광고비는 이러한 새로운 기술로 이동하는 코스를 단순히 따라가고 있다.

➡ 문제 유형 및 해설

과거분사, 복합관계형용사, 현재완료(진행)

(A) some of the dollars를 수식하는 과거분사 spent가 적절하다.
(B) '어떤 뉴스든지'라는 의미이므로 복합관계형용사(whatever)가 적절하다.
(C) '따라가고 있다'는 능동의 의미가 되어야 하므로 현재완료진행형이 되기 위해 현재분사(following)가 적절하다.

migrate	v. 이동하다
access	v. 이용하다, 접근하다
migration	n. 이동
trail	n. 루트, 길, 자국

2 .... 정답 ⑤

지역사회에서 음악과 공연의 지대한 역할

해석 ● 몇몇 지역사회에서 음악과 공연이 Bilbao의 Guggenheim 박물관이 그랬던 것만큼이나 완전히, 동네 전체를 성공적으로 바꾸어 놓았다. 브라질의 Salvador에서 음악가인 Carlinhos Brown은 이전에 위험했었던 동네에 음악과 문화 센터를 여러 개 세웠다. Brown이 태어난 Candeal에서, 지역 아이들은 드럼 동호회에 가입하고, 노래를 부르고, 무대에서 공연하도록 권장되었다. 이러한 활동들을 통해 활력을 얻은 이 아이들은 마약 거래에서 손을 떼기 시작했다. 어린 범죄자가 되는 것이 더 이상 이들의 유일한 삶의 선택은 아니었다. 음악가가 되고 그룹을 이루어 함께 연주를 하는 것이 더 재미있어 보였으며, 보다 만족스러운 것이었다. 조금씩 이들 동네에서 범죄율이 감소했고, 희망이 돌아왔다. Brown의 본보기에 영감을 받았을 다른 빈민가 지역에서, 문화센터가 지역 아이들로 하여금 뮤지컬 공연을 무대에 올리도록 권장하였으며, 이 중 몇몇은 아이들이 아직 회복 중에 있던 비극적인 일을 극화한 것이었다.

➡ 문제 유형 및 해설

부사, 관계부사, 문장성분(동사), 현재분사, 관계대명사

① 형용사와 부사를 구별하는 문제로, 해석상 profoundly가 동사 transformed를 수식하므로 부사가 적절하다.
②「관계대명사 + 불완전한 문장」,「관계부사 + 완전한 문장」이다. 주어진 Brown was born은 완전한 문장이므로 where가 적절하다.
③ 주어는 kids이고 'energized ~ activities'는 분사구이며, 동사는 began이므로 적절하다.
④ 분사의 주어인 Being musicians and playing together in a group이 만족을 주는 능동인 관계로 satisfying은 적절하다.
⑤ 두 개의 절을 연결하기 위해서는 them이 아니라 접속사의 역할을 하는 관계사 which가 오는 것이 적절하다.

neighborhood	*n.* 동네
stage	*v.* (공연을) 무대에 올리다
performance	*n.* 공연
energize	*v.* 활기를 북돋우다
deal	*v.* 거래하다
inspire	*v.* 영감을 주다
dramatize	*v.* 극화하다

DAY 11 문장형식, 가주어, 가목적어

1 이것은 포식자가 사냥할 한 마리의 동물에 집중하는 것을 더 어렵게 만든다.
　▶ 가목적어를 사용하고 진목적어인 to focus ~ to catch를 뒤로 보낸 구조이므로 가목적어 it은 적절하다.

2 꿈이 하나씩 차례로 사라져 가면서, 나는 매우 우울해졌다.
　▶ 2형식 동사인 became 뒤에는 주격보어가 와야 하므로 형용사(과거분사) 형태의 depressed는 적절하다.

3 이렇게 표현된 제품에 대한 진정한 관심은 소비자로 하여금 증가된 비용을 수용할 수 있게 할 것이다.
　▶ 5형식 동사인 enable은 목적격보어로 to부정사를 취하는 동사이므로 endure를 to endure로 고쳐야 한다.

4 여기에서는 수동태를 사용하는 것이 더 편안하지만, 그렇게 하는 것은 어떤 개인적인 책임감도 저버리는 것이다.
　▶ to use 이하가 진주어 역할을 하고 있으므로 This를 가주어 It으로 고쳐야 한다.

5 연구자들은 곤충들이 뿌리를 먹는 복숭아나무가 햇빛에 노출되는 기간을 늘림으로써 이런 일이 발생하도록 만들었다.
　▶ 사역동사인 made는 목적격보어로 원형부정사를 취하는 동사이므로 to happen을 happen으로 고쳐야 한다.

STEP 2	기출문제로 유형 연습하기	p. 114
01 **to use**	02 **attractive**	03 **surprising**
04 **to have**	05 **to see**	06 **defenseless**
07 **that**	08 **to show**	09 **to recognize**
10 **miserable**	11 **to abandon**	12 **different**

01 enable은 5형식 문장(동사＋목적어＋목적격보어)을 취하는 동사로 목적격보어로 to부정사를 필요로 하므로 to use가 적절하다.

02 5형식 문장의 목적격보어로 명사나 형용사가 올 수 있으므로 attractive가 적절하다.

03 It is ~ how는 「It is ~ that(가주어−진주어)」 구문의 변형으로 it과 how 사이에 형용사인 surprising(놀라운)이 적절하다.

04 「allow＋목적어＋to부정사」의 형태가 되어야 하므로 to have가 적절하다.

05 5형식 동사인 enable은 「enable＋목적어＋목적격보어(to부정사)」 형식을 따르므로 to see가 적절하다.

06 making이 분사구문 형태로 있으면서 5형식(동사＋목적어＋목적격보어)을 취하고 있다. 목적격보어로 부사는 올 수 없으므로 형용사인 defenseless가 적절하다.

07 that과 which 중에서 관계대명사로 쓰이는 which가 오려면 which 앞에 선행사가 와야 한다. 「가주어(it)−진주어(that)」 구문으로 해석이 가능하므로 that이 적절하다.

08 가주어−진주어 구문으로 진주어는 to show가 적절하다.

09 make의 가목적어 it이 왔고 진목적어로 to부정사(to recognize)가 적절하다.

10 현재 수동태로 되어 있는 상황이고 능동태로 바꾸어서 생각해 보면 '소음이 가족들을 괴롭게 하다(The noise made the families miserable ~)'로 made는 5형식 동사이므로 부사가 아닌 형용사(miserable)가 와야 한다.

11 가목적어 it이 가리키는 진목적어가 문장의 뒷부분에 와야 하므로 to abandon이 적절하다.

12 2형식 문장이며 감각동사 smell의 보어이므로 형용사 different가 적절하다.

1 ───────────────────────── 정답 ①

사랑에 빠지는 것

해석 ● 사랑에 빠지는 것은 마법의 구름에 사로잡히는 것과 같다. 공기는 더 상쾌하게 느껴지고 꽃들은 더 향기로우며 음식은 더 맛이 좋고 밤하늘의 별은 더 밝게 빛난다. 당신은 삶을 항해하고 있는 것처럼 즐거움과 행복을 느낀다. 당신의 문제와 도전들은 갑자기 하찮은 것으로 보인다. 당신의 몸은 살아있음을 느끼고, 얼굴에 미소를 띠우며 매일 아침 잠자리에서 일어난다. 당신은 최고로 기쁜 상태이다.

▶ 문제 유형 및 해설

alike vs. like, 부사, as though, 2형식, 부대상황

① alike는 서술적으로 쓰이는 형용사(서로 닮은, 비슷한)로 보어 역할을 하는데, 여기서는 뒤에 being이라는 동명사가 나왔으므로 전치사 'like(~와 같은)'로 바꾸어 주어야 한다.
② 동사 shine을 수식하기 때문에 부사 brilliantly가 적절하다.
③ 「as though(= as if)+S+V」는 '마치 ~인 것처럼'의 의미로 내용상 적절하다.
④ seem은 2형식 동사(불완전 자동사)로 보어(형용사)를 취한다.
⑤ with a smile on your face(얼굴에 미소를 머금은 채)에서 「with + 목적어+형용사, 분사, 전치사구」는 '부대상황(~한 채)'을 나타낼 때 사용된다.

▶ 구문 분석

▶ The air **feels fresher**, the flowers **smell sweeter**, food **tastes more delicious** ~

밑줄 친 부분들은 모두 「감각동사+형용사」의 형식을 취하고 있으며 비교급(fresher, sweeter, more delicious)도 형용사로 간주된다.

magical	a. 마법의
shine	v. 빛나다
brilliantly	ad. 밝게
insignificant	a. 하찮은
smile	n. 미소

2 ───────────────────────── 정답 ③

얼굴의 좌우가 다른 이유

해석 ● 얼굴의 좌측과 우측은 매우 다르다. 좌우 각각은 성격의 다른 면을 나타낸다. 얼굴의 좌측면은 본능적이고 유전적인 성격을 드러낸다. 우리가 공포감, 노여움, 심지어 강렬한 행복감으로 스트레스를 받게 되면 얼굴의 좌측 근육에 힘이 가해진다. 왼쪽 얼굴을 자세히 살펴보면 행복과 고뇌가 더 강하게 나타난다. 이쪽의 주름은 우리가 삶에서 경험하게 되는 강한 감정들을 표현한다. 우측 얼굴은 지성과 자제심을 반영한다. 이쪽은 일반적으로 더 이완되어 있고 부드럽다. 그래서 영화배우들은 우측 얼굴 찍히기를 더 선호한다.

▶ 문제 유형 및 해설

주어동사 수일치, 수동태, 문장성분(동사), 관계대명사, 5형식

① 주어가 sides이므로 동사는 복수형(are)이 적절하다.
② 해석상 '힘이 근육에 가해지는 것'이므로 수동태가 옳다.

③ 「부사절, 주절」의 구조를 가지고 있으므로 주절의 주어와 동사를 확인해야 한다. 주어는 있지만 동사가 없으므로 밑줄 친 부분(showing)을 show로 바꾸어야 한다.
④ strong emotions를 가리키는 목적격 관계대명사(that)는 적절하다.
⑤ 「사역동사(have)+목적어+목적격보어」의 구조이다. 목적어(this side of their face)와 목적격보어(photographed)의 관계가 내용상 수동이므로 과거분사로 쓰인 것은 적절하다.

aspect	n. 측면
reveal	v. 드러내다
instinctive	a. 본능적인
hereditary	a. 유전의, 유전적인
wrinkle	n. 주름
reflect	v. 반영하다

3 ───────────────────────── 정답 ④

자동차 충돌 실험

해석 ● 당신이 구매하려고 하는 신차 혹은 중고차가 안전하다고 생각하는가? 자동차 충돌 시험이 도입된 이후로, 많은 나라에서 차량 사고로 사망하거나 부상당하는 사람들의 수가 감소해 왔다. 분명, 차량 충돌이 발생하지 않는 것이 이상적이다. 하지만 충돌사고는 현실이며 당신은 생존할 가능성이 최대한 높기를 바란다. 자동차들은 어떻게 점점 더 안전해지고 있는가? 자동차가 더 안전해지고 있는 이유 중 하나는, 우리가 충돌 시험 인형으로 안정된 시험을 실시할 수 있다는 것이다. 충돌 시험 인형의 임무는 충돌 도중 인간으로부터는 수집할 수 없는 데이터를 수집하면서 인간 탑승자의 역할을 대신하는 것이다. 그들은 지금까지 충돌에서 인간의 신체가 어떻게 반응하는지에 대한 귀중한 자료를 제공해 왔고, 개선된 차량 설계에 큰 공헌을 해왔다.

▶ 문제 유형 및 해설

주어동사 수일치, 가/진주어, 접속사 vs. 전치사, 과거분사

① 「the number of+ 복수명사 + 단수동사」이므로 동사는 has decreased가 적절하다.
② it은 가주어, to부정사 이하는 진주어로 적절하다.
③ 「one of the+복수명사+단수동사」이므로 is는 알맞다.
④ while은 접속사로 뒤에 「주어+동사」의 형태가 와야 한다. 뒤에 명사(구) 형태라면 while 대신 같은 뜻을 가진 전치사 during이 적절하다.
⑤ 「contribute to(전치사)+명사(구)」의 형태로, improved는 명사(vehicle design)를 수식하는 과거분사로 쓰였다.

crash	n. 충돌
dummy	n. 인체모형
simulate	v. 모방하다
occupant	n. 점유자, 탑승자
invaluable	a. 귀중한

4 ───────────────────────── 정답 ②

노동 후생국가의 필요성

해석 ● 민주주의가 더 강력해지려면 더 많은 평등을 필요로 한다. 문제는 세계화가 반대 방향으로 밀어낸다는 것이다. 근로자들을 더 경쟁적으로 만드는 고도의 기술을 중시함으로써, 세계화는 고도의 기술을 가진 소수와 나머지 사이의 소득 불평등을 증가시킨다. 이러한 상황에서 사회 안전망을 확대함으로써 경제적인 불안정을 감소시키는 것만으로는 충분하지 않다. 대신에 국가는 복지국가에서 노동후생국가로 이동하기 시작해야 하는 바, 보다 더 고도의 기술을 가진 노동력을 창출하고, 여성과 저소득 청년의 노동시장에의 접근을 높이는 것을 강조해야 한다. 일자리 창출을 확대하려면 새로운 사회 정책은 또한 창업 의욕과 혁신에 대한 더 나은 인센티브를 제공해야 한다. 그때서야 사회 정책은 사회 보호의

도구로서의 역할을 넘어서 생산의 주요 요소로 간주될 수 있다.

▶ 문제 유형 및 해설

be to용법, 5형식, 가/진주어, 병렬, 도치

① to부정사의 형용사적 용법 중 하나인 be to용법(의도)으로 사용되었다.
② 「make + 목적어 + 목적격보어」의 형태에 맞아야 하므로 부사(competitively) 대신 형용사(competitive)가 와야 적절하다.
③ 가주어(it), 진주어(to reduce)를 나타내는 구문이다.
④ 「전치사+명사」가 and로 연결된 형태이므로 improving은 알맞다.
⑤ 주어와 동사가 도치된 도치 구문(Only then)으로 앞에 조동사 can이 나왔고 주어(social policies)가 '수동(여겨지는)'의 의미가 되어야 하므로 be considered가 적절하다.

equality	n. 평등, 균등
transition	n. 과도기, 이행
workfare	n. 근로복지제도
emphasis	n. 강조
access	n. 접근, 입장

5 ───────────────────── 정답 ③

사람들이 많은 곳에 모이려는 인간 습성

해석 ● William H. Whyte는 사람들이 어떻게 공간을 활용하는지 알아보기 위해 뉴욕시의 많은 장소에 비디오카메라를 켜 두었다. 그는 많은 놀라운 사실들을 발견하였고, 그것들을 뒷받침해주는 비디오 증거를 갖게 되었다. 그는 매우 붐비는 도시에서조차, 사람들이 찾지 않는 도심 공간이 많다는 것을 발견했다. 사람들은 혼자 앉아 있으려고 할 때조차도 몇몇 분주한 광장에 모여들었다. 왜 그럴까? Whyte에 의해 관찰된 사람들 사이의 가장 흔한 행동은 다른 사람들을 지켜보는 것임이 밝혀졌다. 사람들은 다른 사람들에게 주목받는 것도 좋아하는 것으로 또한 밝혀졌다! Whyte는 연인들이 사적이고 외진 공간에서 발견될 것이라 예상했으나, 대부분 그들은 모든 사람들이 볼 수 있는 한가운데에 앉거나 서 있었다. 더 나아가, 사적인 대화를 하고 있는 사람들은 인도 한가운데 서 있곤 하며 다른 사람들이 그들을 피해 돌아가도록 만들었다.

▶ 문제 유형 및 해설

의문사, 대명사, 문장성분(동사), 수동태, 5형식

① 의문부사(how) 뒤에 완전한 절이 적절하게 연결되었다.
② them은 앞에 있는 a number of fascinating findings를 가리키므로 적절한 대명사이다.
③ 문장에서 실질적인 동사가 없으므로 내용상 turning을 turned로 고쳐야 적절하다.
④ lovers(연인들)가 '발견되어야' 한다는 것이 의미상 적절하므로 to be found가 적절하다.
⑤ 5형식 동사인 force는 목적격보어로 to부정사(to step)를 취한다.

back up	~을 뒷받침하다
urban	a. 도시의
flock	v. 모이다
observe	v. 관찰하다
force	v. ~하게 만들다

6 ───────────────────── 정답 ③

인터넷을 통해 제공되는 젊은이들을 위한 정신 건강 정보

해석 ● 인터넷과 통신 기술은 선진사회에 있는 젊은이들의 사회생활에서 점점 더 큰 역할을 수행하고 있다. 청소년들은 대부분 소통하기 위해 인터넷을 사용하면서 빠르게 과학기술에 몰두해 왔다. 젊은이들은 휴대전화를 생활에 꼭 필요한 필수품으로 다루고 친구들과 소통하기 위해 문자 메시지를 사용하기를 보통 선호한다. 젊은이들은 소셜 네트워킹 웹 사이트에도 점점 더 많이 접속한다. 과학기술과 인터넷이 젊은이들에게 친숙한 수단이기에, 그들이 이 정보원에서 도움을 구할 것이라는 것은 논리적이다. 이것은 젊은이들을 위한 치료법 정보를 제공하는 웹사이트의 증가에서 증명되었다. 많은 수의 '젊은이 친화적인' 정신 건강 웹 사이트들이 개발되어 왔다. 제공되는 정보는 '자주 묻는 질문', 자료표, 추천 링크의 형태를 자주 띤다. 그러므로 젊은이들에게 온라인 상담을 제공해 주는 것은 논리적으로 보일 것이다.

▶ 문제 유형 및 해설

with 분사구문, 부사, 가/진주어, 주어동사 수일치, 과거분사

① 부대상황을 나타내는 「with+명사(most)+분사(using)」가 알맞다.
② 부사(increasingly)는 부사, 형용사, 동사를 수식할 수 있는데, 여기서는 access(동사)를 수식해 주는 부사가 되므로 적절하다.
③ 뒤에 주요 구성 요소를 모두 갖춘 절이 왔으므로 관계대명사 what을 쓸 수 없으며, 가주어 it이 대신하는 진주어를 이끌 수 있는 접속사 that이 필요하다. 따라서 what을 that으로 바꾸어야 한다.
④ 「a number of + 복수명사(A number of ~ websites)」가 주어인 경우 복수동사가 오므로 have는 적절하다.
⑤ presented는 과거분사로 앞의 The information을 수식해 주는 형용사 역할을 하므로 적절하다.

▶ 구문 분석

▶ Young people ~ **prefer to use** text messages to communicate with their friends

prefer(타동사)는 to부정사 혹은 동명사를 목적어로 취하나 to부정사가 주로 목적어로 사용되며 '~을 선호하다'로 해석한다.

▶ ~, **it** is logical [**that** they would seek assistance from this source].

「it is ~ that절 혹은 to부정사」 형식을 가주어-진주어 구문이라고 부르며, 문장에서 「가주어(it) + be동사 + 보어 + (for + 목적격) + 진주어(to부정사)」와 「가주어(it) + be동사 + 보어 + 진주어(that + S + V)」의 형식을 취하며 '[to부정사/that절] is 보어'로 해석한다.

ever-increasing	a. 증가하고 있는
adolescent	n. 청소년, 청년
immerse oneself in	~에 몰두하다, ~에 빠져들다
treat A as B	A를 B로 다루다, 취급하다
necessity	n. 필요성
therapeutic	a. 치료(법)의
Frequently Asked Questions	자주 묻는 질문들(FAQ)
fact sheet	자료표

7 ───────────────────── 정답 ⑤

처음이 분명하지 않을 경우에 더 좋아하는 인간의 심리

해석 ● 인간 심리의 흥미로운 일면은, 우리가 처음으로 어떤 것들을 경험할 때 그것들에 대한 모든 것이 분명하지는 않은 경우에 그것들을 더 좋아하고 더 매력적이라고 생각하는 경향이 있다는 것이다. 이것은 음악에 있어서 분명히 사실이다. 예를 들어, 우리는 라디오에서 우리의 관심을 끄는 노래를 처음 듣고, 그 노래가 마음에 든다고 결정을 내릴 수 있을 지도 모른다. 그러고 나서 다음에 그것을 들을 때, 우리가 처음에 알아차리지 못한 가사를 듣거나, 배경에서 피아노나 드럼이 무엇을 하고 있는지 알아챌 수 있다. 우리가 전에 놓친 특별한 화음이 나타난다. 우리는 점점 더 많은 것을 듣게 되고, 매번 들을 때마다 점점 더 많이 이해하게 된다. 때때로, 예술 작품이 우리에게 그것의 중요한 세부 요소들을 모두 드러내는 데 걸리는 시간이 길어질수록, 그것이 음악이든, 미술이든, 춤이든, 또는 건축이든 간에 우리는 그것을 더 좋아하게 된다.

▶ 문제 유형 및 해설

5형식, 병렬, 목적어(의문사절), 주어동사 수일치, 「it takes 시간 for ~ to V」

① 5형식 문장인 「find+목적어+목적격보어」에서 목적격보어로 명사나 형용사가 올 수 있다. 특히 (현재·과거)분사는 형용사 역할을 할 수 있는데 문장에서 목적어인 them이 사물(things)이므로 현재분사인 appealing은 적절하다.
② might 다음에 동사(hear)가 등위접속사(and)로 병렬 연결되어 있는 문장이므로 decide는 적절하다.
③ 간접의문문을 이끄는 what은 notice의 목적어로 쓰인 명사절을 이끌고 있으므로 적절하다. 참고로 관계대명사 what은 '~한 것', 의문사 what은 '무엇'이라는 의미상의 차이가 있다.
④ 주어(A special harmony)가 단수이므로 단수 동사인 emerges는 적절하다. 뒤에 이어지는 that we missed before는 A special harmony를 수식하는 관계절이다.
⑤ '~가 …하는 데 (시간)이 걸리다'라는 의미의 「it takes 시간 for ~ to V」에서 시간에 해당하는 표현인 long이 앞으로 나가 「the 비교급 ~, the 비교급 ~」의 일부를 이룬 것이므로 that을 it으로 바꿔야 한다.

▶ 구문 분석

▶ Sometimes, [the longer it takes **for a work of art to reveal** all of its subtleties to us], [**the more** fond of that thing—{whether it's music, art, dance, or architecture}—we become].

「the 비교급 ~, the 비교급 ~」 구문으로 '가주어(It)—진주어(for a work of art to reveal ~ to us)' 구문이 첫 번째 비교급 구문인 [ ]을 만들고 있다. 두 번째 비교급 구문인 [ ]에서 { }는 삽입구문으로 생략 가능하다.

tend to V	~하는 경향이 있다
appealing	a. 매력적인
obvious	a. 분명한, 명백한
lyric	n. 가사
emerge	v. 나타나다
reveal	v. 드러내다
subtlety	n. (주로 복수로) 중요한 세부 요소[사항]들
fond of	~을 좋아하는

8 ———————————————————— 정답 ③

수학 학습에 있어 맥락화된 학습 환경의 중요성

해석 ● 수학 연습과 담화는 모든 학생이 수학 학습자로서 긍정적인 정체성을 발달시키는 문화적 맥락, 학생 관심사, 그리고 실생활 상황 안에 위치해야 한다. 수학 기술을 고립적으로 그리고 학생들의 이해와 정체성이 결여된 채 지도하는 것은 그들이 명시적 교수로 이익을 얻는 데 무력하게 만든다. 따라서 우리는 명시적 교수가 학생들에게 유익하다는 데에는 동의하지만, 문화적으로 적합한 교수법과 학습 및 숙달을 촉진하는 비학습 영역에 대한 고려를 포함하는 것이 수학 교수에서 명시적 교수를 필연적으로 강화한다고 제안한다. 나아가 교사는 교실에서의 담화와 연습을 통해 학생의 정체성, 주체성, 그리고 독립심을 장려하는 환경을 개발하는 데 중요한 역할을 한다. 맥락화된 학습 과정에 적극적으로 참여하는 학생들은 학습 과정을 통제하고 있고 더 깊고 더 의미있는 학습을 촉진하기 위해 과거 학습 경험과 연계를 맺을 수 있다.

▶ 문제 유형 및 해설

관계부사, 5형식, 문장성분(동사), 관계대명사, to부정사

① 뒤에 완전한 문장이 오며 선행사 real-life situations(실생활 상황)를 수식하므로 관계부사 where는 적절하다.
② render는 '(어떤 상태가) 되게 만들다'라는 의미의 5형식 동사이므로 목적격보어로 형용사(helpless)는 적절하다.
③ 선행사(nonacademic factors)를 수식하는 주격 관계대명사 that절에서 이어지는 목적어(learning and mastery)를 취할 동사가 필요하므로 promoting은 promote로 바꾸어야 한다.
④ 선행사(environments)를 수식하는 주격 관계대명사절이므로 관계대명사 that은 적절하다.

⑤ 의미상 '~하기 위해서'가 되어야 하므로 목적을 나타내는 to부정사의 부사적 용법(to foster)은 적절하다.

discourse	n. 담화
isolation	n. 고립
devoid of	~이 결여된
explicit	a. 명시적인, 분명한
incorporate	v. 포함하다
nonacademic	a. 비학습의
mastery	n. 숙달
enhance	v. 강화하다, 향상시키다
agency	n. 주체성
contextualized	a. 맥락화된, 맥락과 관련된
foster	v. 촉진하다

기출마무리　　p. 119　　　1 ⑤　　2 ⑤

1 ———————————————————— 정답 ⑤

Emma의 고음 연습

해석 ● Emma는 노래 부르는 것을 매우 좋아했다. 그녀는 매우 좋은 목소리를 가지고 있었다. 일부 고음에서 기름칠을 하지 않은 문과 같은 소리가 나는 경향이 있다는 것만 제외하면 말이다. Emma는 이 약점을 무척 의식해서, 기회가 날 때마다 이러한 고음을 연습했다. 그녀는 다른 가족들을 방해하지 않고는 연습할 수 없는 작은 집에서 살았기 때문에 보통은 밖에서 고음을 연습했다. 어느 날 오후 그녀가 가장 높고도 어려운 음조 부분을 노래하고 있을 때 자동차 한 대가 지나갔다. 그녀는 운전자의 얼굴에 갑자기 걱정스러운 표정이 떠오르는 것을 보았다. 그는 브레이크를 세게 밟더니, 뛰어 나와, 모든 타이어를 주의 깊게 점검하기 시작했다.

▶ 문제 유형 및 해설

to부정사, 관계부사, 지각동사

(A) 의미상 '기름칠하는 것을 잊었다'는 의미이므로 미래의 뜻을 나타내는 to부정사(to oil)가 적절하다.
(B) 선행사(a small house)가 제시되었고 관계사 뒤의 문장도 완벽하므로 관계부사(where)가 적절하다.
(C) 지각동사(saw)의 목적격보어로 동사원형(come)이 적절하다.

▶ 구문 분석

▶ As she lived in a small house, where she **could not** practice **without disturbing** the rest of the family, ~

「could not ~ without+V-ing」은 whenever로 바꾸어 쓸 수 있다. 바꾸어 보면 whenever she practiced, she disturbed ~가 된다.

note	n. 음조
disturb	v. 방해하다

2 ———————————————————— 정답 ⑤

객관적인 측정과 평가

해석 ● 관찰된 사실들은 공개 검증을 받아야 한다는 과학적인 요구 때문에 측정에서 '객관성'이라는 말은 중요하다. 측정 시스템은 같은 동작을 평가하는 두 명의 관찰자가 같은 (혹은 매우 비슷한) 측정치를 얻게 되는 한 객관적이다. 예를 들어, 투창이 던져진 거리를 판정하기 위해서 줄자를 사용하는 것은 누가 줄자의 눈금을 읽느냐에 상관없이 매우 비슷한 결과를 산출한다. 그에 비해, 정교한 점수 규정이 평가를 더 객관적인 것으로 만드는 데 도움을 주기는 하지만, 다이빙, 체조, 피겨스케이팅과 같은 동작에 대한 평가는 더 주관적이다. 운동 행동을 연구하는 관점에서 볼 때, (운동 동작에 대한 점수를 부여할 때는) 점수 부여가 최대한 객관적으로 이루어질 수 있는 실험실(전문 측정 시스템이 갖추어진 곳) 내의 행동을 사용하는 것이 중요하다.

▶ 문제 유형 및 해설

현재분사, 수동태, 대명사

(A) the extent that에서 that은 동격을 나타내는 접속사이므로 that 뒤에 절이 와야 한다. two observers가 주어이고, 동사는 arrive이므로 주어를 수식하는 현재분사형(evaluating)이 적절하다.

(B) using이 문장의 주어이고 yields가 동사인 문장구조이다. the distance 뒤에 있는 a javelin was thrown은 the distance를 꾸미는 관계사절이고 javelin은 '던져지는 (was thrown)'의 수동의 의미이므로, was thrown이 적절하다.

(C) 5형식 동사의 목적어로 쓰인 대명사 수의 일치 문제로 evaluation은 it으로 받는 게 적절하다.

▶ 구문 분석

▶ ~ **it is important** [to use performances in the laboratory for which the scoring can be as objective as possible].

「가주어(it)−진주어(to부정사)」 구문으로 it이 가주어, [ ]가 진주어가 되어 '[ ] is important.'와 같은 의미이다.

term	n. 말, 용어
objectivity	n. 객관성
be subject to	~의 대상이 되다
verification	n. 검증, 입증
objective	a. 객관적인(↔ subjective 주관적인)
tape measure	줄자
yield	v. 산출하다, 생산하다
regardless of	~에 상관없이
gymnastics	n. 체조, 체육
elaborate	a. 정교한, 공들인
motor behavior	운동 행동
laboratory	n. 실험실

DAY 12 기타 기출 어법
(간접의문문, so/such, enough, 문장성분 등)

개념확인 T E S T

1 **what he was**　2 ○　3 **Refining**　4 ○　5 **to impress**

1 그는 깜짝 놀랐는데, 왜냐하면 그가 생각하고 있는 것을 그녀가 아는 것처럼 보였기 때문이다.
　▶ 간접의문문의 어순은 「의문사 + 주어 + 동사」가 되어야 한다. 따라서 what was he를 what he was로 고쳐야 한다.

2 Jeremy는 너무 스트레스를 받아서 교실에 들어가는 것을 두려워 하기까지 했다.
　▶ '너무 ~해서 …하다'는 의미로 「so + 형용사 + that」은 적절하다.

3 복잡한 과학 개념에 대한 우리의 이해를 개선하는 것은 수년간의 헌신적인 연구와 실험을 필요로 한다.
　▶ 술어인 takes 앞에 주어가 필요하므로 동명사 Refining으로 고쳐야 한다.

4 조사가 시작되기 전에 10일이 남았으므로, 스스로 훈련하기 위해 CD를 받아서 사용하기에 충분한 시간이 있을 것입니다.
　▶ '충분한 시간'이라는 의미로 time을 수식하는 형용사 enough는 적절하다.

5 학급의 나머지 사람들과는 다른 각도를 취해 답지에 적을 수 있다면, 당신은 교수들에게 강한 인상을 남길 가능성이 더 많다.
　▶ '~하기 쉽다'는 의미의 「be likely + to부정사」 구문이므로 to impressing을 to impress로 고쳐야 한다.

STEP 2　기출문제로 유형 연습하기　　p. 124

01 **arise**	02 **such a**	03 **however**	04 **Preparing**
05 **trying**	06 **raised**	07 **many students had**	
08 **intelligent enough**	09 **to be**	10 **laid**	
11 **Adopt**	12 **that**		

01 주어 issues가 '발생한다'는 의미이므로 자동사 arise가 적절하다. 타동사 arouse 뒤에는 목적어가 필요하다.

02 「such+a/an+(형용사)+명사」의 어순에 따라 such a를 써야 한다

03 뒤에 「형용사+주어+동사」가 나오는 것으로 보아 however(아무리 ~하더라도)가 적절하다. whatever 뒤에는 불완전한 절이 온다.

04 feels 앞에 주어가 필요하므로 동명사인 Preparing이 적절하다.

05 A person을 꾸미는 수식어 자리이므로 trying이 적절하다. 술어는 looks이다.

06 동사 다음에 목적어(a slippery slice of tofu)가 나와 있으므로 타동사(raised)가 적절하다. arise는 자동사로 목적어가 올 수 없다.

07 동사의 목적어로 간접의문문이 왔으므로 「의문사 + 주어 + 동사」 순으로 와야 한다. 따라서 many students had가 적절하다.

08 「형/부+enough+to부정사(~할 만큼 충분히 …한)」 구문이므로 intelligent enough의 어순이 적절하다.

09 「be likely+to부정사(~할 가능성이 있다)」 구문이므로 to be가 적절하다.

10 목적어 claim(권리)이 나왔으므로 타동사인 'lay (제시하다)'의 과거 (laid)가 적절하다.

11 「명령문, and …(~하면, …할 것이다)」의 구문이 되어야 하므로 Adopt가 적절하다.

12 「so ~ that …(너무 ~해서 …하다)」 구문이므로 that이 적절하다.

1 ②   2 ③   3 ③   4 ③   5 ④   6 ②   7 ③   8 ⑤   9 ④

1   정답 ②

Matilda의 읽기 능력

해석 ● 1살 반쯤 되었을 때, Matilda는 대부분의 성인들만큼 많은 단어를 알았다. 그 부모는 그녀를 칭찬하는 대신에 그녀를 시끄러운 수다쟁이라고 불렀으며, 꼬마 여자애들은 소리가 들리면 안 되고 보여져야 한다고 그녀에게 말했다. 그녀가 3살쯤 되었을 때, Matilda는 집주변에 널려있는 신문과 잡지를 공부하면서 독학으로 읽을 수 있게 되었다. 4살 때 그녀는 빠르게 잘 읽을 수 있었다.

▶ 문제 유형 및 해설

수량형용사, 병렬, 자동사(lie)

(A) words(복수)를 수식해주는 것으로 many를 사용해야 한다.
(B) 앞에 있는 should be seen과 병렬 구조를 이루어서 heard로 써야 한다.
(C) 신문이나 잡지가 집 주위에 '놓여있는' 것이므로 자동사를 써야 한다. 자동사 lie는 lie–lay–lain(눕다, 놓여 있다)로 변화한다. 타동사 lay는 lay–laid–laid(눕히다)로 변화한다. 따라서 lie의 과거형 lay를 써야 한다.

2   정답 ③

유독성 식물을 먹었을 때 의사가 알아야 할 사항

해석 ● 의사들이 알 필요가 있을 첫 번째 것은, 어떤 종류의 독성 식물을 얼마나 많이 먹었는지, 그리고 언제 그것을 먹었는지, 그 식물의 어느 부분을 먹었는지이다. 의사들은 또한 환자들의 나이가 어떻게 되는지 그리고 그들이 그 식물을 먹은 후에 구토를 했는지 안했는지를 알 필요가 있다. 각기 다른 식물 독성에 맞는 특별한 치료법이 있기 때문에, 가능하다면 환자가 먹은 그 식물 중에 먹다 남은 것을 보관해 두고, 확인 목적으로 의사가 그것을 볼 수 있게 하라(의사에게 보여주라).

▶ 문제 유형 및 해설

주어동사 수일치, 간접의문문, 「전치사 + 동명사(구)」, 사역동사

(A) 주어가 The first thing이므로 단수동사(includes)가 적절하다.
(B) 내용상 when은 의문사가 되고 간접의문문을 이끌고 있으므로 「의문사＋S＋V」가 되어야 하므로 when it was eaten으로 고쳐야 한다.
(C) 전치사 after 뒤에 동명사구가 왔으므로 적절하다.
(D) plant가 단수이므로 뒤에 수식해 주는 형용사절의 동사도 단수(was)가 적절하다.
(E) 「사역동사(let)＋O＋동사원형」이므로 to see가 아니라 see가 되어야 한다.

▶ 구문 분석

▶The doctor will also need to **know** [how old the patient is] and [whether they have vomited after eating the plant].

know는 타동사로 목적어를 필요로 하기 때문에, 뒤에 2개의 목적절이 and로 병렬 구조를 이루고 있는 형태이다. 첫 번째 [ ]는 간접의문문이고, 두 번째 [ ]는 whether(～인지 아닌지)로 시작되는 명사절이다.

poisonous	*a.* 독성이 있는
consume	*v.* 소비하다
vomit	*v.* 토하다
identification	*n.* 확인
specific	*a.* 특정한
treatment	*n.* 치료

3   정답 ③

주도권 잡기

해석 ● 우리의 근본적인 천성은 (적극적으로) 행동하는 것이지 행동을 유발하는 바탕이 되는 것은 아니다. 이는 우리로 하여금 특정 상황에 대한 우리의 반응을 선택할 수 있게 해 줄뿐 아니라, 우리로 하여금 상황을 창조하도록 장려하기도 한다. 주도권을 잡는다는 것은 뭔가를 이루어내야 하는 우리의 책무를 인식하고 있다는 것을 의미한다. 수년간에 걸쳐서 나는 더 많은 주도권을 잡기 위해 더 나은 직장을 원하는 사람들에게 수시로 조언을 해 주었다. (조언에 대한) 반응은 대체로 수긍하는 것이다. 대부분의 사람들은 그러한 접근 방식이 고용과 승진 기회에 얼마나 강력하게 영향을 미치는지 확인할 수 있다.

▶ 문제 유형 및 해설

5형식 동사, 현재완료, 의문사

(A) encourage가 목적격보어로 to부정사를 취하므로 create가 적절하다.
(B) 지난 수년간(Over the years)에 계속 해왔던 일을 언급하고 있으므로, 현재완료를 나타낼 수 있는 have가 적절하며 counseled 뒤에 목적어(people)가 제시되어 있으므로 수동을 나타내는 be동사(am)는 적절하지 않다.
(C) 뒤에 부사인 powerfully를 수식하고 있으므로 정도를 나타내는 의문사 how가 적절하다.

▶ 구문 분석

▶ **Not only does this enable** us to choose our response to particular circumstances, but this encourages us to create circumstances.

부정어가 문두에 나와 있으므로 주어(this)와 동사(enables)의 도치가 이루어진 문장이다.

▶ **Taking** the initiative **means** recognizing our responsibility to make things happen.

동명사(Taking)가 주어 역할을 하고 means는 동사인 문장이다. 동명사가 주어인 경우 동사는 단수 동사를 쓴다.

act upon	～에 따라 행동하다
initiative	*n.* 주도권, 솔선하는 정신
make things happen	뭔가를 이루다
counsel	*v.* 조언하다, 협의하다

4   정답 ③

시각 지능

해석 ● 우리는 아이큐와 이성 지능에 대해 오래 동안 알아왔다. 그리고 부분적으로는 최근 신경과학과 심리학 분야의 발달 때문에 우리는 정서 지능의 중요성을 인정하기 시작해왔다. 그러나 우리는 시각 지능과 같은 것이 있다는 것은 대체로 모르고 있다. 시각은 보통 아주 재빠르고 확실하며, 아주 믿을 만하고 정보력의 가치가 있고, 얼핏 보기에도 아무런 노력을 들이지 않아도 되는 것이어서 우리는 그것을 당연한 것으로 여긴다.

▶ 문제 유형 및 해설

부사, 접속사 vs. 전치사, 전치사, such, take ～ for granted

① 분사를 수식하고 있으므로 부사(long)가 앞에 오는 것이 적절하다.
② 명사구(recent advances ～ psychology)를 취하고 있으므로 because of가 적절하다.
③ ignorant는 「of + 목적격 명사(구)/의문사절」을 취하거나, 「that ＋S＋V ～」를 취한다. 즉, of와 접속사 that을 함께 취할 수 없으므로 of가 없어야 한다.
④ as는 앞의 such와 호응을 이루어 '～와 같은'의 의미를 나타낸다.

⑤ take ~ for granted(~를 당연한 것으로 여기다, 당연시하다)는 하나의 관용구이다.

rational	a. 합리적인, 이성적인
neuroscience	n. 신경과학
appreciate	v. ~의 가치를 인정하다, 평가하다
ignorant	a. 무지의, 모르는
apparently	ad. 명백히, 외관상으로
take ~ for granted	~를 당연하게 여기다, 당연시하다

5 .... 정답 ④

문제 해결을 가능케 하는 시간

해석 ● 거의 매일 나는 내가 '타임머신'이라고 부르는 게임을 혼자서 한다. 나는 내가 흥분했던 그 모든 것이 정말 중요했다는 나의 잘못된 믿음에 대한 반응으로 그것을 만들었다. '타임머신'을 작동시키기 위해서 당신이 해야 하는 것의 전부는 당신이 다루고 있는 어떠한 상황도 당장이 아니라 지금부터 일 년 후에 발생한다고 상상하는 것이다. 그것은 배우자와의 논쟁, 실수 또는 놓쳐버린 기회일 수도 있지만, 지금부터 1년 후에는 당신이 (그것에) 신경을 쓰지 않을 가능성이 아주 높다. 그것은 당신의 삶에서 또 하나의 관련 없는 세세한 문제가 될 것이다. 이러한 단순한 게임이 당신의 모든 문제를 해결하지 못할지라도, 그것은 당신에게 필요한 관점을 대단히 많이 줄 수 있다. 나는 나 자신이 과거에 너무도 심각하게 받아들였던 일에 대해 웃어넘기고 있는 나 자신을 발견한다.

▶ 문제 유형 및 해설

관계대명사, to부정사, 형용사, 「used to+동사원형」

① 선행사는 a game이며, that절은 동사 call의 목적어가 없이 목적격 보어(time machine)만 있는 불완전한 구조이다.
② To play 'time machine'은 부사적 용법의 to부정사이다.
③ 「it is likely that ~ (= 사람 주어 + is likely to ~)」은 '~ 할 것 같다'라는 의미의 구문이다.
④ every는 단수 취급하여 뒤에 단수 명사와 함께 쓰이는 형용사이다. 따라서, 뒤의 problems가 복수 명사이므로, every problem of yours 등의 단수로 쓰거나, every를 복수 명사와 함께 쓰이는 형용사 all로 바꾸어야 적절하다.
⑤ 「used to+동사원형」은 '~하곤 했었다(지금은 하지 않는다)'의미로 take는 적절하다.

▶ 구문 분석

▶ I made it up in response to **my erroneous belief** {that [what I was all worked up about] **was** really important.}

my erroneous belief는 that과 동격을 이루고 있고 that절 안의 주어는 [ ]이고 동사는 was가 된다.

in response to	~에 대응하여
erroneous	a. 잘못된, 틀린
worked up	흥분한
circumstance	n. 상황, 환경
argument	n. 논쟁, 토론
spouse	n. 배우자
irrelevant	a. 관계가 없는
perspective	n. 관점, 시각

6 .... 정답 ②

개인주의 문화 vs. 상호의존적 문화

해석 ● 보다 개인주의적인 문화적 배경 출신자들은 자기 자신에 초점을 맞춘 주체성이나 통제력을 유지하려는 동기를 갖기 쉬운데, 이러한

것들이 자아 존중감의 토대 역할을 하기 때문이다. 이런 식의 주체성과 함께 개인의 성공은 본인의 능력과 행동에 달려 있다는 믿음이 생겨나고, 그러므로 환경에 영향을 끼쳐서든, 자기 상황을 받아들이려고 노력해서든, 통제력의 사용은 결국 개인에 집중된다. 독립된 자아는 주체 의식이나 통제 의식에 호소해 (상황에) 대처하도록 더 많이 유도될 수도 있다. 하지만, 보다 상호의존적인 문화 환경의 출신자들은 개인의 성공과 주체성의 문제에 덜 집중하고, 집단의 목표와 화합 쪽에 더 많이 동기부여되기 쉽다. 연구에 따르면, 동아시아인들은 어떤 경우에 개인적인 통제를 추구하기보다는, 사회적 지원을 추구하지까지는 않더라도 받기를 선호한다. 그러므로, 보다 상호의존적인 자기 구성을 지닌 사람들은 관계 속에서 화합을 증진하는 방식으로 대처하기를 선호할 수도 있다.

▶ 문제 유형 및 해설

접속사(as), 문장성분(동사), 수동태, 접속사(that), 관계대명사

① 부사절 접속사 as가 이유(~ 때문에)의 의미를 나타낸다.
② that절에서 individual successes라는 주어 뒤로 동사가 필요하므로, 준동사인 depending 대신 depend를 써야 한다.
③ 「drive+목적어+to부정사(~이 …하도록 유도하다)」의 수동태인 「be driven+to부정사」이다.
④ has shown의 목적어인 명사절 자리인데, 'East Asians prefer ~'가 완전한 3형식 문장이다. 따라서 접속사 that을 알맞게 썼다.
⑤ 사람 선행사 people을 받는 주격 관계대명사 who이다.

▶ 구문 분석

▶ **With this form of agency comes the belief** [**that** individual successes depend primarily on one's own abilities and actions, ~].

「부사구+동사+주어」 어순의 도치 구문이다. 주어 the belief와 [ ]가 동격 관계이다.

▶ ~ East Asians prefer **to receive, but not seek**, more social support **rather than seek** personal control in certain cases.

「A rather than B(B하기보다 A인)」 구문이다. A에는 「not A but B(A가 아니라 B인)」의 응용 형태인 「B, but not A」가 포함되어 있다.

individualistic	a. 개인주의적인
agency	n. 주체성
circumstance	n. 상황
center on	~에 집중하다
cope (with)	(~에) 대처하다
seek	v. 추구하다, 찾다
promote	v. 촉진하다

7 .... 정답 ③

뇌의 신비

해석 ● 현대 성인의 뇌는 무게가 전체 체중의 50분의 1에 불과하지만, 총 에너지 필요량의 최대 5분의 1까지 사용한다. 단위 질량당 뇌의 유지 비용은 신체 근육의 유지 비용의 8배에서 10배 정도이다. 그리고 그 에너지의 약 4분의 3은 우리의 생각과 행동을 만들어낼 목적으로 광대한 연결망에서 소통하는 분화된 뇌세포인 뉴런에 사용된다. 뇌에서 신호를 보내고 있는 개개의 뉴런은 마라톤을 뛰는 다리 근육 세포만큼 많은 에너지를 사용한다. 물론, 전반적으로는 달리고 있을 때 더 많은 에너지를 쓰기는 해도, 우리가 항상 (몸을) 움직이는 것은 아닌 데 반해 우리 뇌는 절대 꺼지지 않는다. 비록 뇌가 신진대사 작용에서 탐욕스럽기는 해도, 수행할 수 있는 계산과 이를 수행하는 효율 두 가지 면에서 뇌는 여전히 어떤 데스크톱 컴퓨터보다도 훨씬 낫다. 우리가 최고의 그랜드 마스터 체스 선수들을 이길 수 있는 컴퓨터를 만들었을지는 모르지만, 우리는 아직 일반적인 세 살배기 아이만큼 쉽게 체스의 말 중 하나를 인식하고 집어낼 수 있는 컴퓨터를 설계하는 것과는 한참 동떨어져 있다.

지시대명사(those), 과거분사, 문장성분(수식어), 「전치사+관계대명사」, 부사

① 비교대상이 복수명사인 running costs이므로, 복수대명사 those가 알맞게 쓰였다.
② brain cells가 '분화된' 대상이므로 과거분사 specialized를 썼다.
③ 주어는 An individual neuron, 동사는 uses이다. 둘 사이는 수식어 자리이므로, 동사 sends를 준동사의 일종인 현재분사 sending으로 바꿔야 한다.
④ 뒤에 나온 it does this가 완전한 3형식 문장이므로 「전치사+관계대명사」는 어법상 옳다.
⑤ 동명사구 recognizing and picking up을 수식하는 부사 자리이므로 easily를 알맞게 썼다. 「as+부사+as(~만큼 …하게)」 구문이다.

▶ 구문 분석

▶ The brain's running costs are **about eight to ten times as high**, per unit mass, **as those of the body's muscles**.

「배수사+as+원급+as」 또는 「배수사+비교급+than」은 '몇 배 더 ~한' 의 의미를 나타내는 배수 표현이다.

weigh	v. 무게가 ~이다
running cost	운영비
expend	v. 소비하다, 지출하다
generate	v. 만들어내다
on the move	이리저리 움직이는, 바쁜
metabolically	ad. 신진대사적으로
greedy	a. 탐욕적인
outclass	v. (경쟁 상대를) 압도하다, 훨씬 능가하다
calculation	n. 계산

8 .... 정답 ⑤

연설할 때의 동작의 중요성

해석 ● 대부분의 아마추어 연사들은 무대에 있을 때 자신들이 배우 노릇을 해야 한다는 것을 이해하지 못한다. 대부분의 연사들은 일대일로 말할 때 보다 무대에서 더 강력하게 말해야 한다는 생각은 갖고 있지만, 언어적 유창함이 비언어적 유창함과 어울려야 한다는 것은 깨닫지 못한다. 한 사람에게 말할 때 어떤 부분을 강조하기 위해 손을 2인치 움직인다면, 많은 청중 앞에서 말할 때는 손을 2피트만큼이나 움직여야 할지도 모른다. 일반적인 규칙은 청중의 규모가 크면 클수록 동작이 더욱 더 커진다는 점이다. 이것이 사람들, 특히 말을 적게 하는 것이 일반적인 스타일인 사업가들에게는 너무 어려워서, 그들은 연설 수업을 받기 전에 연기 수업을 받아야 한다.

▶ 문제 유형 및 해설

대동사, 분사구문, 「so ~ that」 구문

(A) 앞의 동사 speak를 받는 대동사(do)가 와야 한다.
(B) 접속사인 when이 남아 있는 분사구문으로 현재분사(speaking)가 필요하다.
(C) 삽입구(especially ~ understatement)를 제외하고 나면 「so ~ that …」 구문임을 알 수 있다. 그러므로 that이 적절하다.

▶ 구문 분석

▶ The general rule is, **the bigger** the audience, **the bigger** the motion.

「the 비교급 S+V, the 비교급+S+V(~하면 할수록 더욱 ~하다)」가 들어가 있는 문장(the bigger the audience (is), the bigger the motion (is).)이다.

verbal	a. 언어의, 말의
eloquence	n. 유창함, 웅변
nonverbal	a. 비언어의
understatement	n. 절제된 표현
acting course	연기 수업

9 .... 정답 ④

문명 간 그리고 문명 내의 상호작용

해석 ● 문명 간의 가장 극적이고 중대한 접촉은 한 문명의 사람들이 또 다른 문명의 사람들을 정복하고 제거할 때였다. 이러한 접촉은 보통 폭력적일뿐만 아니라 기간이 짧았으며, 가끔씩만 발생했다. 서기 7세기에 시작하여, 비교적 지속적이고 때로는 격렬한 문명 간의 접촉이 이슬람과 서양 사이와 이슬람과 인도 사이에 발생했다. 그러나 대부분의 상업적, 문화적, 군사적 상호작용은 문명 내에 있었다. 예를 들어, 인도와 중국이 가끔 다른 민족들(모굴족, 몽골족)에 의해 침략당하고 지배당했을 때, 두 문명 모두는 그들 자신의 문명 내에서도 '전쟁 중인 국가들'의 긴 시대가 있었다. 이와 유사하게, 그리스인들은 페르시아인들이나 다른 비(非)그리스인들과 그랬던 것보다 자기들끼리 훨씬 더 자주 싸우고 무역을 했다.

▶ 문제 유형 및 해설

관계부사, 대명사, 과거분사, 문장성분(동사), 대동사(do)

① 뒤에 주어, 동사, 목적어를 모두 갖춘 완전한 문장이 오고 있으므로 관계부사 when이 적절하다.
② 주어인 these contacts를 받는 대명사로 they는 적절하다.
③ 수식을 받는 명사인 intercivilizational contacts와 sustain의 관계가 수동이므로 과거분사 sustained는 적절하다.
④ 주절의 동사가 없으므로 having을 과거동사인 had로 고쳐야 한다.
⑤ 앞서 나온 동사(fought, traded)를 받는 대동사 did는 적절하다.

▶ 구문 분석

▶ These contacts normally were **not only** violent **but** brief, ~

「not only A but (also) B」 구문은 'A뿐만 아니라 B도'라는 의미를 갖는다.

▶ [Beginning in the seventh century A.D.], {relatively sustained} and {at times intense} intercivilizational contacts **did** develop between Islam and the West and Islam and India.

[ ]는 부대상황을 나타내는 분사구문이며, 두 개의 수식어구 { }가 주어(intercivilizational contacts)를 수식한다. 동사(develop)를 강조하기 위해 조동사(did)가 사용되었다.

significant	a. 중요한, 중대한
eliminate	v. 제거하다
violent	a. 폭력적인
brief	a. 짧은
occasionally	ad. 가끔
sustained	a. 지속된, 한결같은
invade	v. 침략하다
subject	v. 지배하다
extensive	a. 아주 넓은, 대규모의

1 ──────────────────────── 정답 ③

〈오즈의 마법사〉와 심리학적 동기 부여

해석 ● 〈오즈의 마법사〉를 동기 부여에 관한 심리학적 연구로 생각해 보라. Dorothy와 세 친구는 열심히 애써 에메랄드 시로 가려 하면서, 장벽을 극복하고, 모든 적에게 끈질기게 맞선다. 그들은 마법사가 그들에게 없는 것을 줄 거라고 기대하기 때문에 그렇게 한다. 대신에, 그 멋진 (그리고 현명한) 마법사는 자신이 아니라 그들이 항상 자기 소원을 실현할 힘을 가지고 있었다는 것을 그들이 깨닫게 한다. Dorothy에게 있어, '집'은 장소가 아니라 안정감, 사랑하는 사람들과 함께하는 편안한 느낌이며, 그녀가 마음을 둔 곳이면 어디든 집이다. 사자가 원하는 용기, 허수아비가 바라는 지성, 양철 인간이 꿈꾸는 감정은 그들이 이미 지닌 속성이다. 그들은 이러한 속성을 내적인 조건이 아닌, 자신들이 타인과 이미 관계를 맺고 있는 긍정적 방식으로 여길 필요가 있다. 결국, 그들은 자신들이 원하던 것을 얻을 수 있을 거라는 미래의 가능성에 관한 생각, 즉 어떤 '기대'에 지나지 않는 것에 의해 동기 부여된 여정인 오즈로 향하는 여행에서 그런 자질들을 보여주지 않았는가?

▶ 문제 유형 및 해설

대명사, to부정사, 문장성분(동사), 「전치사+관계대명사」, 과거분사

① to give의 의미상 주어는 the Wizard이고, 목적어인 them은 Dorothy and her three friends이다. 즉 두 대상이 다르므로 ① 자리에 재귀대명사가 아닌, 목적격 대명사를 썼다.
② power를 꾸미는 형용사적 용법이다.
③ 주어 'The courage ∼, the intelligence ∼, and the emotions ∼' 뒤에 동사가 있어야 하므로 being 대신 are를 써야 한다.
④ ways를 꾸미는 완전한 문장을 이끄는 「전치사+관계대명사」이다.
⑤ a journey는 '동기 부여된' 대상이므로 과거분사 motivated의 수식을 받는다.

▶ 구문 분석

▶ **The courage** [the Lion wants], **the intelligence** [the Scarecrow longs for], **and the emotions** [the Tin Man dreams of] **are** attributes they already possess.

주어는 「A, B, and C」형태이다. [ ]는 모두 목적격 관계대명사가 생략된 형용사절이다.

motivation	*n.* 동기 부여
overcome	*v.* 극복하다
persist	*v.* 집요하게 계속하다
fulfill	*v.* 실현하다, 이루다
attribute	*n.* 특성, 속성
possess	*v.* 지니다
internal	*a.* 내부의
relate to	∼와 관계 맺다
quality	*n.* 자질

2 ──────────────────────── 정답 ④

몸의 유산소 활동

해석 ● "Aerobic"은 "산소를 가지고 있는"의 의미이다. 당신이 당신의 몸에게 유산소 활동을 지속하라고 요청할 때, 당신이 몸에 하는 요구는 당신의 폐로 하여금 산소를 나르도록 훈련시키고, 활동 중인 근육으로 그 산소를 나르기 위해서 당신의 심장으로 하여금 더 많은 양의 혈액을 퍼내도록 훈련시킨다는 것은 놀라운 일이 아니다. 당신의 몸은 또한 유산소 효소라고 불리는 어떤 것을 생산하고 저장함으로써 이런 도전에 반응한다. 이런 효소는 당신이 더 많은 지방을 연소시키도록 도와주는데, 이것은 유산소 운동이 당신 신체의 지방에 매우 현저한 효과를 주는 또 다른 이유이다. 이런 효과는 종종 간과되지만, 유산소 운동을 하는 사람들이 새로운 신진대사와 더 날씬한 몸을 만드는 주요한 이유이다. 유산소 훈련의 또 다른 이점은, 그것이 당신의 근육으로 하여금 장기간의 시간에 걸쳐 일을 수행하기 위해서 산소를 더 잘 사용할 수 있도록 해준다는 점이다.

▶ 문제 유형 및 해설

병렬, 과거분사, such, 문장성분(수식어), 접속사(that)

① 동사 train 뒤로 2개의 「목적어+to부정사」가 병렬 연결된다. 즉 to pump는 train의 2번째 목적격보어이다.
② 명사 something을 꾸미는 과거분사로 「refer to A as B」의 수동형이 적절하다.
③ 「such a+형용사+명사」의 어순을 잘 따르고 있으므로 적절하다.
④ do를 people을 수식해 주는 현재분사(doing)로 바꾸어 주면 적절하다.
⑤ 문장의 보어로 쓰인 명사절을 이끄는 접속사 that이 적절하다.

▶ 구문 분석

▶ ∼ which is **another reason why** aerobic exercise has such a pronounced effect on your body fat.

이유를 나타내는 관계부사 why는 여기서 another reason을 선행사로 취하며, 「for+which」로 대체될 수 있다.

sustain	*v.* 지속하다
lung	*n.* 폐, 허파
respond to	∼에 반응하다
store	*v.* 저장하다
referred to as	∼라고 불리는
enzyme	*n.* 효소
pronounced	*a.* 현저한
overlook	*v.* 간과하다
establish	*v.* 확립하다
metabolism	*n.* 신진대사
lean	*a.* 날씬한
extended	*a.* 장기간의

DAY 13~18

DAY 13 문맥에 맞는 낱말 고르기 (1)

STEP 2	기출문제로 유형 연습하기	p. 136

01 subject	02 mortal	03 Lighting
04 genuine	05 preference	06 ignorance
07 process	08 thorough	09 expanded
10 trapping	11 surrender	12 hostile

01 object : subject = 물체, 목표, 대상 : 주제

02 mortal : immortal = 죽을 수밖에 없는, 죽을 운명의 : 영원한, 불멸의

03 light (up) : lighten (up) = 담뱃불을 붙이다 : ~을 심각하게 생각하지 않다

04 generous : genuine = 관대한 : 진정한

05 conference : preference = 회의 : 선호

06 awareness : ignorance = 의식, 관심 : 무지, 모름

07 process : block = 처리하다 : 막다

08 superficial : thorough = 피상적인 : 철저한

09 expand : reduce = 확대하다 : 감소시키다

10 release : trap = 풀어주다 : 가두다

11 surrender : resistance = 항복 : 저항

12 generous : hostile = 관대한, 후한 : 적대적인

STEP 3	수능기출 실전 문제 풀어보기	pp. 138~140

1 ④　2 ③　3 ②　4 ③　5 ③　6 ③　7 ③

1　정답 ④

합리적 인공 지능 에이전트의 자율성

해석 ● 에이전트가 자신이 지각한 내용보다 설계자의 사전 지식에 의존하는 경우, 우리는 그 에이전트가 자율성이 부족하다고 말한다. 합리적 에이전트는 자율적이어야 한다. 즉, 불완전하거나 부정확한 사전 지식을 보완하기(compensate) 위해 배울 수 있는 것을 학습해야 한다. 예를 들어, 또 다른 먼지가 어디에서 언제 나타날지 예측하는 법을 학습하는 진공 청소 에이전트는 학습하지 않는 경우보다 (수행이) 더 나을 것이다. 실질적으로, 처음부터 완전한 자율성이 필요한 경우는 드물다. 에이전트가 경험이 거의 또는 전혀 없을 때, 설계자가 약간의 지원을 제공하지 않는 한, 그것은 임의로(randomly) 작동해야 할 것이다. 따라서, 진화가 동물에게 충분한 양의 타고난 반사 신경을 제공해 (동물이) 알아서 학

습할 만큼 오래 생존할 수 있게 하듯이, 인공 지능 에이전트에게 학습 능력뿐만 아니라 약간의 초기 지식을 제공하는 것이 합리적일 것이다. 환경을 충분히 경험한 후, 합리적인 에이전트의 행동은 사전 지식으로부터 사실상 독립될(independent) 수 있다. 따라서 학습의 통합은 아주 다양한 환경에서 성공할 하나의 합리적 에이전트를 설계할 수 있게 한다.

▶ 문제 유형 및 해설

반의어

(A) compensate : prepare = 보완하다 : 준비하다
　합리적 에이전트는 자율적(autonomous)이어야 한다는 앞 내용으로 보아, 사전 지식이 부족하거나 부정확해도 스스로 '보완할' 수 있어야 한다는 의미로 compensate를 쓰는 것이 적절하다.

(B) purposefully : randomly = 의도적으로 : 임의로
　처음부터 에이전트의 자율성이 완전하지 않아도 된다는 내용 뒤로, 에이전트의 경험이 '부족한' 경우를 예로 든다. 이때 초기 정보마저 없다면 에이전트는 '의도를 갖고' 작동하기보다는 '마음대로' 작동하게 될 것이다. 따라서 randomly가 자연스럽다.

(C) independent : protective = 독립된 : 보호하는
　환경을 충분히 경험해 학습이 어느 정도 일어나면 에이전트는 사전 지식에 전적으로 의지하기보다 '알아서, 독립적으로' 움직일 수 있게 될 것이다. 따라서 independent가 자연스럽다.

▶ 구문 분석

▶ ~ a vacuum-cleaning agent that learns to foresee where and when additional dirt will appear will do better than one that **does not**.

does not은 'does not learn to foresee where and when additional dirt'의 의미를 나타내는 대동사이다.

percept	*n.* 지각의 대상, 인식 결과
autonomy	*n.* 자율성
compensate	*v.* 보완하다
foresee	*v.* 예견하다
reflex	*n.* 반사 작용
sufficient	*a.* 충분한
incorporation	*n.* 통합

2　정답 ③

항공사의 이익 극대화 방안

해석 ● 여행을 위해 좋은 가격을 찾는 것은 아주 복잡하다. 그것은 항공사들이 비행기 좌석을 채움으로써 이익을 극대화하기(maximize) 위해 복잡한 재고 관리 방식을 가지고 있기 때문이다. 예약이 많은 성수기에는 항공사는 더 높은(higher) 가격을 부과할 수 있고, 동시에 가격이 아무리 비싸도 누군가는 자신들의 서비스를 필요로 하고 있음을 확신한다. 반면, 비수기에는 수요가 적어서 항공사들은 보통은 그 때 여행하지 않을 사람들을 끌기(attract) 위해 가격을 낮춘다. 이런 마지막 순간의 할인된 표를 구하기 좋은 곳은 인터넷이다.

▶ 문제 유형 및 해설

반의어

(A) maximize : analyze = 극대화하다 : 분석하다
　항공사들이 좌석을 채움으로써 이익을 극대화할 수 있으므로 maximize가 적절하다.

(B) lower : higher = 더 낮은 : 더 높은
　성수기에는 항공사가 더 높은 가격을 부과하므로 higher가 적절하다.

(C) attract : distract = 끌다 : (주의를) 흐트러뜨리다
　비수기에는 항공사들이 여행하지 않을 사람들을 끌기 위해 가격을 낮추게 되므로 attract가 적절하다.

▶ [One good place **in which**(=where) to find these last-minute bargains] **is** on the Internet.

[ ]는 주어부가 되며 is는 동사가 된다. 주어부 내에서 in which는 관계부사 where로 바꿀 수 있다.

complicated	a. 복잡한
formula	n. 방식
inventory	n. 물품 목록, 재고(품)
peak season	성수기
charge	v. 요금을 부과하다
bargain	n. 할인, 싸게 사는 물건

3 .... 정답 ②

또래들의 영향을 받는 음식 선택

해석 ● 음식 선택에 있어서 젊은 사람들은 특히 또래의 영향에 취약하다(vulnerable). 십대의 소녀는 상추 샐러드가 그녀의 친구들이 먹는 것이기 때문에 나중에 배가 고플지라도 점심으로 상추 샐러드만 먹을지도 모른다. 레슬링 팀을 만들고 싶어 하는 호리호리한 소년은 자기 학교의 레슬링 선수들처럼 '몸집을 불리기' 위해 일상적으로 자기 접시를 탄수화물과 단백질이 많은(dense) 음식으로 가득 채울지도 모른다. 과체중의 십대는 주변에 친구들이 있을 때는 적당히(moderately) 먹을지 모르지만, 혼자 있게 되면 많은 양을 게걸스럽게 먹게 된다. 음식과 관련된 압박이 의도적으로 강요된 것이든 혹은 그렇지 않은 또래들로부터 그러한 압박에서 완전히 자유로운 젊은 사람들은 거의 없다.

문제 유형 및 해설

반의어, 철자 혼동어

(A) vulnerable : immune = 취약한, 연약한 : 면역성이 있는
문맥상 '또래의 영향에 취약한'이라는 의미이므로 vulnerable이 적절하다.

(B) dense : deficient = 밀집한, 밀도가 높은 : 모자라는, 불충분한
문맥상 '탄수화물과 단백질이 많은 음식'이라는 의미이므로 dense가 적절하다.

(C) greedily : moderately = 게걸스레, 욕심내어 : 적당히
문맥상 친구들이 있을 때는 '적당히' 먹는다는 의미이므로 moderately가 적절하다.

구문 분석

▶ **When it comes to food choices**, young people are particularly vulnerable to peer influences.

when it comes to는 '~에 관한 한'의 의미를 가지는 관용구로 「When it comes to + 명사구/동명사」의 형태를 가진다.

when it comes to	~에 관한 한
peer	n. 동료, 동등[대등]한 사람
lettuce	n. 상추
routinely	ad. 언제나, 일상적으로
overload	v. 짐을 너무 많이 싣다
protein	n. 단백질
bulk up	커지다, 크게 하다
devour	v. 게걸스럽게 먹다

4 .... 정답 ③

멸종 위기에 처한 Atitlán Giant Grebe

해석 ● Atitlán Giant Grebe는 훨씬 더 널리 퍼져 있던 더 작은 Piedbilled Grebe(얼룩부리논병아리)에서 진화한 날지 못하는 큰 새였다. 1965년 무렵에는 Atitlán 호수에 약 80마리의 새만이 남아 있었다. 한 가지 직접적인 원인은 알아내기 매우 쉬웠는데, 현지의 인간들이 맹렬한 속도로 갈대밭을 베어 넘어뜨리는 것이었다. 이런 파괴(destruction)는 빠르게 성장하는 매트 제조 산업의 필요에 의해 추진되었다. 그러나 다른 문제들이 있었다. 한 미국 항공사가 그 호수를 낚시꾼들의 관광지로 개발하는 데 강한 관심을 보였다. 하지만 이 생각에 큰 문제가 있었는데, 그 호수에는 적절한 스포츠용[낚시용] 물고기가 없었다(lacked)! 이런 다소 분명한 결함을 보충하기 위해 Largemouthed Bass(큰입농어)라 불리는 특별히 선택된 물고기 종이 도입되었다. 그 도입된 개체는 즉각 그 호수에 사는 게와 작은 물고기에게 관심을 돌렸고, 이리하여 몇 마리 안 남은 논병아리와 먹이를 놓고 경쟁하였다(competing). 가끔 그들(큰입농어들)이 얼룩말 줄무늬가 있는 Atitlán Giant Grebe 새끼들을 게걸스럽게 먹어 치웠다는 데 의심의 여지가 거의 없다.

문제 유형 및 해설

반의어

(A) accommodation : destruction = 적응, 조화, 화해 : 파괴
현지의 인간들이 맹렬한 속도로 갈대밭을 '베어 넘어뜨리는 행위'를 대신하는 말이 와야 하므로 destruction이 적절하다.

(B) lack : support = ~이 없다, 부족하다 : 지지[지원]하다
관광지로서 호수가 가지고 있는 결함을 보충하기 위해 Largemouthed Bass(큰입농어)의 물고기 종이 도입되었다고 했으므로 그 호수에는 '스포츠용[낚시용] 물고기가 없었다'는 것을 알 수 있다. 그러므로 의미상 lacked가 적절하다.

(C) compete : cooperate = 경쟁하다 : 협력하다
새로 도입된 개체인 Large-mouthed Bass(큰입농어)가 호수 안에 게와 작은 물고기에 관심을 돌렸고 먹이를 두고 'Atitlán Giant Grebe와 경쟁하게 되었다'는 내용이므로 competing이 적절하다.

구문 분석

▶ By 1965 **there were** only around 80 birds **left** on Lake Atitlán.

문장에서 주어는 there(유도부사)가 아니라 be동사 뒤에 나온 around 80 birds(약 80마리의 새)로 복수동사(were)가 왔다. left는 birds를 수식하는 과거분사이며, 「by + 연도」는 '~까지'라는 기한을 나타낼 때 쓰는 부사구이다.

▶ The introduced individuals immediately **turned** their attentions **to** the crabs and small fish that lived in the lake, thus [**competing** with the few remaining grebes for food].

「turn one's attention to …」는 '…에 (~의) 주의를 돌리다'라는 의미의 관용 표현이다. [ ]는 분사구문으로 and they thus competed with the few remaining grebes for food가 원래의 문장이다.

flightless	a. 날지 못하는
evolve	v. 진화하다
spot	v. 알아내다, 발견하다
reed bed	갈대 밭
furious	a. 맹렬한, 몹시 화가 난
accommodation	n. 적응, 조화, 화해
intent	a. 강한 관심을 보이는
tourist destination	관광지
compensate for	~을 보충[보상]하다
obvious	a. 분명한
defect	n. 결함
compete	v. 경쟁하다
cooperate	v. 협력하다

5 _____ 정답 ③

가설을 적절하게 사용해야 하는 중요성

해석 ● 가설은 적절하게 사용되지 않으면 문제를 일으킬 수 있는 도구이다. 우리는 가설이 사실들과 일치하지 않는(inconsistent)다고 드러나자마자 우리의 가설을 폐기하거나 수정할 준비가 되어 있어야 한다. 이것은 말처럼 쉽지는 않다. 훌륭한 아이디어가 더 나아간 발전에 대한 가능성을 제공하는 방식에 의해 즐거울 때, 그 짜인 패턴에 들어맞지 않는 관찰을 간과하거나, 그것을 변명하며 넘어가려는 것은 솔깃한 일이다. 연구자들이 반대되는 증거에 눈을 감으면서 자신들의 무너진 가설에 집착하는 것은 전혀 드문 일이 아니며, 그들이 반대되는 결과를 의도적으로(deliberately) 감추는 것이 전혀 알려지지 않은 것은 아니다. 만약 실험의 결과나 관찰들이 확실하게 가설에 반대되거나 그것들을 수용하기 위해 그것들이 지나치게 복잡하거나 있을 법하지 않은 부차적인 가설들을 필요로 한다면, 가능한 한 후회 없이 그 아이디어를 폐기해야(discard) 한다. 이전 가설을 대체할 새로운 것을 찾을 수 있다면 그것을 버리기가 더 쉽다. 그러면 실망감도 사라질 것이다.

▶ 문제 유형 및 해설

반의어, 철자 혼동어

(A) consistent : inconsistent = 일치하는 : 일치하지 않는
'사실들과 일치하지 않는'이 내용상 적절하므로 inconsistent가 적절하다.
(B) deliberately : unintentionally = 의도적으로 : 고의 아니게
결과를 의도적으로 감추는 것이므로 deliberately가 적절하다.
(C) defend : discard = 방어하다 : 폐기하다
아이디어를 폐기하는 것이 내용상 적절하므로 discard가 적절하다.

▶ 구문 분석

▶ [When delighted by the way one's beautiful idea offers promise of further advances], **it** is tempting {**to overlook** an **observation** (that does not fit into the pattern woven)}, or {**to try** to explain it away}.

[ ]는 분사구문으로 원래는 When we are delighted~인데, '주어 + be동사(we are)'가 생략되었다. 주절은 「가주어(It)—진주어(to부정사)」 구문으로 등위접속사(or)로 병렬 연결되었다. 첫 번째 to부정사구 안의 ( )는 관계대명사 that절로 앞에 observation을 수식해주고 있다.

hypothesis	n. 가설
properly	a. 적절하게
delighted	a. 즐거워하는
advance	n. 발전
tempting	a. 솔깃한
overlook	v. 간과하다
observation	n. 관찰
explain ~ away	변명하다
investigator	n. 연구자
necessitate	v. 필요로 하다
improbable	a. 있을 법하지 않은
accommodate	v. 수용하다
regret	n. 후회
as ~ as possible	가능한 한 ~게
replace	v. 대체하다
disappointment	n. 실망

6 _____ 정답 ③

20세기 초 건축 양식의 현실과 이상 사이의 괴리

해석 ● 산문과 시에서 20세기 초반 근대주의 운동에서의 명백한 단순성에 대한 의식적 선호는 건축의 국제양식으로 알려진 것에 투영되었다. 이 새로운 문학은 오래된 낱말, 정교한 비유, 문법적 도치, 그리고 때로 운율과 각운조차 피했다(avoided). 같은 방식으로, 초기 근대주의 건축의 기본 원칙 중 하나는 건물의 모든 부분이 어떠한 불필요하거나 멋진 추가물이 없이 기능적(functional)이어야 한다는 것이다. 대부분의 국제양식 건축은 몰딩과 때로는 창과 문의 틀조차 적극적으로 금했다. Hemingway나 Samuel Beckett의 산문처럼, 그것은 더 적은 것이 더 낫다는 것을 주장했고 때로는 증명했다. 그러나 일부 근대 건축가들은 불행히도 단순하고 우아해 보이지만 사실은 잘 기능하지 않았던 건물을 설계했다. 그것들의 평평한 지붕은 비가 많은 지역에서는 물이 샜고 그것들의 금속 난간과 창틀은 녹이 슬었다. 대부분의 경우에서 절대적 단순성(simplicity)은 현실이라기보다 이상으로 남았고 20세기 초반에 많은 민간 그리고 공공건물에서 복잡한 건축 장식이 계속해서 사용되었다.

▶ 문제 유형 및 해설

반의어

(A) avoid : embrace = 피하다 : 포용하다, 수용하다
산문과 시에서 단순성에 대한 의식적 선호가 있었으므로 오래된 낱말, 정교한 비유, 문법적 도치, 운율, 각운 등을 수용하지는 않았을 것이므로 피했다(avoided)가 적절하다.
(B) decorative : functional = 장식적인 : 기능적인
건축에 있어 불필요하거나 멋진 추가물이 없는 것이므로 기능적(functional)이 적절하다.
(C) complexity : simplicity = 복잡성 : 단순성
근대 건축가들은 건축 등에서 단순하고 우아해 보이지만 잘 기능하지 않았던 건물을 설계했고 민간이나 공공건물에서 복잡한 건축 양식이 계속해서 사용되었으므로, 결국 단순성은 현실이 아닌 이상으로 남아 있다고 하는 것이 적절하므로 단순성(simplicity)이 적절하다.

▶ 구문 분석

▶ [**The conscious preference** {for apparent simplicity} in the early-twentieth-century modernist movement in prose and poetry] **was echoed** in {what is known as the International Style of architecture}.

[ ]는 주어에 해당되며 실제 주어는 The conscious preference, 동사는 was echoed이다. 첫 번째 { }는 앞의 명사인 preference를 수식해주는 전치사구로 형용사 역할을 하고, 두 번째 { }는 전치사 in의 목적어로 선행사를 포함하는 관계대명사절이다.

conscious	a. 의식적인
preference	n. 선호
apparent	a. 명백한
simplicity	n. 단순성
prose	n. 산문
poetry	n. 시
elaborate	a. 정교한
fancy	a. 멋진, 화려한
addition	n. 추가(물)
ban	v. 금하다
molding	n. 몰딩
proclaim	v. 선언하다
frame	n. 틀
elegant	a. 멋진
leak	v. 새다
climate	n. (특정 기후를 가진) 지역
metal	a. 금속의
railing	n. 난간
rust	v. 녹슬다

7 ──────────────── 정답 ③

동물의 놀이가 가지는 부정적 영향

해석 ● 놀이는 먹이를 찾아다니는 데 쓰일 수 있는 에너지와 시간을 빼앗기 때문에 대가를 치를 수 있다. 노는 동안 어린 동물은 큰 위험(risk)에 처할 수도 있다. 예를 들어 바다사자들에게 먹힌 어린 어린 남방물개들 중 86퍼센트가 그들이 잡힐 당시 다른 물개들과 물놀이를 하고 있었다. 이러한 대가와는 반대로, 사냥 또는 싸움과 같은 다 자란 동물의 행동 및 운동과 사교 기술을 발달시키기 위한 연습을 포함하여, 놀이에 있어 많은 기능들이 제기되어 왔다. 그러나 이러한 이론들에 대해 동물에 있어 실험적 증거가 거의 없다(little). 예를 들면 미어캣의 성장기 놀이와 다 자랐을 때의 행동을 추적한 세부 연구들은 싸움 놀이가 다 자랐을 때의 싸우는 능력에 영향을 주었다는 것을 증명할 수 없었다. 그러므로 아주 많은 동물들에 걸친 놀이의 지속은 미스터리로 남아 있다(remains). 해답은 다양한 다수의 요인들을 포함할 것 같은데, 우리가 '놀이'라고 일컫는 것 자체가 그러하듯 여러 종들에게 있어 꽤 다를 것이다.

▶ 문제 유형 및 해설

반의어

(A) comfort : risk = 안전 : 위험
   놀이가 에너지와 시간을 빼앗는다고 했으므로 부정적인 의미의 risk가 나와야 적절하다.
(B) much : little = 많은 : 거의 없는
   뒤에 나오는 문장에서 놀이가 성장 후 능력에 영향을 준 것을 증명할 수 없다고 했으므로 little이 나와야 적절하다.
(C) remain : resolve = 남아 있다 : 해결하다
   별다른 영향이 없음에도 놀이가 지속되는 이유는 밝혀지지 않고 미스터리로 남아 있으므로 remains가 적절하다.

▶ 구문 분석

▶ Against these costs many functions have been proposed for play, [including practice {for adult behaviours such as hunting or fighting}, and {for developing motor and social interaction skills}].

[ ]는 분사구문이며 2개의 전치사구 { }가 등위접속사(and)로 병렬 연결되어있다.

costly	a. 대가가 큰
be at risk	위험에 처하다
seal	n. 바다사자
function	n. 기능
behaviour	n. 행동
social interaction	사교, 사회적 상호작용
track	v. 추적하다
persistence	n. 지속
multiple	a. 다수의

DAY 14 문맥에 맞는 낱말 고르기 (2)

STEP 2 기출문제로 유형 연습하기 p. 144

01 contract   02 dry   03 policies·
04 comfort   05 transfer   06 provide
07 stimulated   08 acquaintances   09 unfocused
10 wasteful   11 establishment   12 disregarding

01 contract : contrast = 계약 : 대조
02 dry : wet = 마른 : 젖은
03 policy : politics = 정책 : 정치[학]
04 conflict : comfort = 투쟁, 충돌 : 편안함
05 transfer : transform = 양도하다 : 변형시키다
06 provide : demand = 제공[공급]하다 : 요구하다
07 stimulate : simulate = 자극시키다 : 모의 실험하다
08 acquaintance : acquisition = 아는 사람 : 습득
09 focused : unfocused = 집중한 : 산만한
10 wasteful : watchful = 낭비하는 : 지켜보는, 신경 쓰는
11 abolishment : establishment = 폐지 : 제정
12 acknowledge : disregard = 인정[인식]하다 : 무시하다

STEP 3 수능기출 실전 문제 풀어보기 pp. 146~148

1 ① 2 ② 3 ⑤ 4 ② 5 ⑤ 6 ⑤ 7 ② 8 ②

1 ──────────────── 정답 ①

북미 식민지 건설에 대한 잉글랜드의 착각

해석 ● 16세기 말에 시작된, 북미에서 식민지를 설립하려는 잉글랜드의 계획은 그릇된(false) 생각에 기반을 두고 있었다. 잉글랜드가 권리를 주장했던 북미 대륙의 지역인 버지니아는 유럽의 지중해 지역과 비슷한 위도에 놓여 있었기 때문에 그 지역과 똑같은 기후를 가질 것이라고 추정되었다. 그 결과, 아메리카 식민지들이 일단 설립되면 올리브와 과일과 같은 지중해의 물품을 공급하게 되어서 유럽 대륙으로부터의 수입품에 대한 잉글랜드의 의존도(dependence)를 줄일 수 있기를 잉글랜드 국민들은 희망했다. 한 사업 설명서에서는 식민지들이 "프랑스와 스페인의 포도주, 과일, 소금을 … 페르시아와 이탈리아의 비단을" 제공해 줄 것이라고 주장했다. 이와 유사하게 풍부한(abundant) 목재가 스칸디나비아로부터 목재를 수입할 필요가 없게 해줄 것이었다. 요컨대, 아메리카는 빨리 이익을 내줄 풍요의 땅이 될 것으로 잘못 기대되었다.

▶ 문제 유형 및 해설

반의어

(A) false : valid = 그릇된 : 타당한
   버지니아의 기후에 대해서 잘못 추정하고 계획을 만들었기 때문에 false가 적절하다.
(B) dependence : restriction = 의존도 : 제한
   버지니아로부터 지중해산 물품을 공급받게 되면 유럽으로부터의 수입품에 대한 의존도가 낮아지므로 dependence가 적절하다.
(C) abundant : scarce = 풍부한 : 희박한
   스칸디나비아로부터 목재를 수입할 필요가 없으려면 그 지역의 목재가 풍부하게 있어야 하므로 abundant가 적절하다.

▶ **It** was generally assumed [**that** Virginia, the region of the North American continent to which England laid claim, would have the same climate as the Mediterranean region of Europe], since it lay at similar latitudes.

「It(가주어)–that(진주어)」 구문으로 [That ~] was generally assumed, since it lay as similar latitudes.로 바꾸어 볼 수 있다.

goods	n. 물품, 상품
continental	a. 대륙의
timber	n. 목재
do away with	~을 없애버리다

2 ———————————————————— 정답 ②

아이들을 겨냥한 광고

해석 ● 아이들이 다양한 시간에 텔레비전을 시청하지만, 그들만이 보는 프로그램은 특정적으로 아이들을 겨냥하는 경향이 있다. 특히 미국에서는, 이러한 편성 시간대에서 대부분의 광고가 식품, 특히 설탕이 첨가된 식품을 위한 광고로 구성되어 있다. 크리스마스 준비 기간에는, 점점 더 많은(increasing) 수의 광고가 장난감 및 게임용품과 관련된다. 그러한 관행이 매스컴이 칭해온 '부모를 졸라 구매하게 하는 힘'에 굴복하라고 부모들에게 압력을 가한다고 여겨진다. 이 때문에 유럽과 미국에서 광고를 규제하는(regulate) 법률 제정 요구가 이어졌다. 실제로, 스웨덴 정부는 12세 미만 아이들을 겨냥하는 제품의 텔레비전 광고를 금지했고, 최근 미국에서는 50명의 심리학자가 아동 상품의 광고에 대한 금지를 요구하는 청원서에 서명했다(signed).

문제 유형 및 해설

반의어

(A) increasing : decreasing = 늘어나는 : 줄어드는
크리스마스 준비 기간에는 어린이들이 좋아하는 장난감 및 게임용품과 관련된 광고의 수가 늘어난다고 해야 문맥이 자연스러우므로 increasing이 적절하다.

(B) promote : regulate = 촉진하다 : 규제하다
아이들을 겨냥한 광고의 문제점에 대해서 논하고 있으므로 문맥상 광고를 규제하는 법률이 제정되어야 한다는 내용이 자연스럽다. 그러므로 regulate가 적절하다.

(C) reject : sign = 거부하다 : 서명하다
앞의 문장과 같은 맥락에서 심리학자들이 아동 상품의 광고에 대한 금지를 요구하는 청원서에 서명했다고 해야 문맥이 자연스러우므로 signed가 적절하다.

구문 분석

▶ Such practices are believed to put pressure on parents to yield **to** [what the media have dubbed "pester power."]

to는 전치사이며 [ ]는 명사절로 「전치사 to+명사절」로 해석한다.

segment	n. 마디, 부분
run-up	n. (중요 행사의) 준비 기간
yield	v. 굴복하다
dub	v. ~을 (~라고) 칭하다[부르다]
legislation	n. 법률 제정
outlaw	v. 금지하다, 불법이라고 선언하다
ban	n. 금지

3 ———————————————————— 정답 ⑤

귀가 인식하는 정보의 정확성

해석 ● 눈은 표면에서 보지만, 귀는 표면 아래로 침투하는 경향이 있다. Joachim-Ernst Berendt는 자신의 책에서 귀는 측정 능력을 판단 능력과 결합하는(fuses) 유일한 감각 기관이라고 지적하고 있다. 서로 다른 색깔은 우리가 분간할 수 있지만, 여러 다른 소리에는 정확한 '숫자'를 부여할 수 있다. 우리 눈은 우리가 이런 종류의 정확성(precision)을 가지고 지각하도록 해 주지는 않는다. 음악에 소질이 없는 사람이라도 한 옥타브를 인지할 수 있고, 아마도 일단 배우게 되면 음정의 특성, 다시 말해서, 도 혹은 반음 높은 바를 인지할 수 있다. Berendt는 시각적 착각은 많지만 '청각적 착각', 즉 어떤 것이 사실은 그것이 아닌 어떤 것처럼 들리는 일은 거의 없다는 것을 지적한다. 귀는 거짓말을 하지 않는다. 청각은 보이지 않는 근원적인 사물의 질서와 우리를 놀라울 정도로 연결시켜 준다. 귀를 통해서 우리는 우리 주변에 있는 모든 것의 근저에 있는(underlies) 진동에 접근하게 된다. 상대방의 음성의 어조와 음악적 음향을 감지하는 것은 그 사람에 대해, 그 사람의 삶에 대한 태도에 대해, 그 사람의 의향에 대해 엄청난 양의 정보를 우리에게 준다.

문제 유형 및 해설

기출 혼동어, 철자 혼동어

(A) 「fuse ~ with …」는 '~을 …와 결합[융합]하다'라는 의미이고, 「replace A with B」는 'A를 B로 대체하다'라는 의미이다. 뒤에 이어지는 청각의 예가 측정 능력과 판단 능력을 결합하는 내용이므로 문맥에 맞는 낱말로 적절한 것은 fuses이다.

(B) diversity는 '다양성'을 의미하고, precision은 '정확성'을 의미한다. 이어지는 내용에서 '청각적 착각'은 거의 없다고 했으므로 문맥에 맞는 낱말로 적절한 것은 precision이다.

(C) underlie는 '~의 근저에 있다, ~의 기반이 되다'라는 의미이고, undermine은 '~을 훼손[손상]하다'라는 의미이다. 우리 주변에 있는 모든 것의 근저에 있는 진동이라고 해야 글의 흐름이 자연스러우므로 문맥에 맞는 낱말로 적절한 것은 underlies이다.

구문 분석

▶ **While the eye** sees at the surface, **the ear** tends to penetrate below the surface.

while은 대조(~하는 반면에)의 의미를 가지는 접속사로, 종속절과 주절의 주어가 다른 경우이다.

penetrate	v. 침투하다, 스며들다
point out	지적하다
measure	v. 측정하다
discern	v. 분간하다, 차이를 식별하다
unmusical	a. 음악에 소질이 없는, 음악성이 없는
tone	n. 음정, 음색
illusion	n. 착각, 환각
optical	a. 시각의
stance	n. 태도, 자세

4 ———————————————————— 정답 ②

사막 메뚜기의 살아가는 두 가지 방식

해석 ● 사막 메뚜기는 식량원의 입수 가능성과 지역 메뚜기 개체군의 밀도에 따라 현저히 다른 두 가지 방식으로 산다. 그들이 원래 사는 사막의 서식지에서 보통 그렇듯 식량이 부족할 때는 메뚜기들이 위장을 위해 고안된 색채를 갖고 태어나며 혼자(solitary) 살아간다. 그러나 드물긴 하지만 상당량의 비가 내리는 기간이 와서 초목이 크게 성장하게 되면, 모든 것이 변한다. 처음에는 그 메뚜기들이 그저 풍부한(abundant) 식량 공급량을 맘껏 먹어치우면서 계속 혼자 산다. 그러나 그 여분의 초목이 죽어 없어지기 시작하면, 메뚜기들은 자신들이 (수가 많아져서) 서로 혼잡하게 있다는 것을 알게 된다. 갑자기, 밝은 색을 띠고 함께 있기를 선호하는 새끼 메뚜기들이 태어난다. 서로를 피하고 위장과 무활

동을 통해 포식자들로부터 몸을 숨기는 대신 이 메뚜기들은 거대한 떼를 짓고, 함께 먹으며, 순전히 숫자를 통해 자기네 포식자들을 압도한다(overwhelm).

📌 문제 유형 및 해설

반의어, 의미 혼동어

(A) solitary : social = 혼자의 : 사회적인, 사교상의
이어지는 문장 다음에 the locusts continue to be loners라고 했으므로 solitary가 적절하다.

(B) insufficient : abundant = 불충분한 : 풍부한
앞에서 when rare periods of significant rain produce major vegetation growth라고 언급했으므로 abundant가 적절하다.

(C) overwhelm : overestimate = 압도하다 : 과대평가하다
메뚜기들이 거대한 떼를 지어 자기네 포식자들을 압도한다는 의미가 되어야 문맥상 자연스러우므로 overwhelm이 적절하다.

📌 구문 분석

▶ ~ two remarkably different styles **depending on** the availability of food sources ~.

depending on은 '~에 따라'라는 의미를 가지며 다음에 명사(구)가 오므로 일종의 전치사 역할을 하는 관용적 표현이다.

▶ ~ the locusts continue to be loners, [just **feasting** off the abundant food supply].

feasting 이하는 부대상황(동시동작)의 분사구문으로, as they feast로 고쳐 쓸 수 있다.

▶ ~ the locusts **find themselves crowded** together.

5형식 동사인 find는 목적어 뒤에 목적격보어로 명사, 형용사, 현재분사, 과거분사 등이 오는데, 이 문장에서는 형용사가 쓰여 '(목적어)가 ~하다는 것을 알게 되다'라는 의미를 나타낸다.

▶ [Instead of **avoiding** one another and **hiding** from predators through camouflage and inactivity], these locusts **gather** in vast groups, **feed** together, and **overwhelm** their predators simply through numbers.

전치사구 [ ] 안의 avoiding과 hiding은 전치사 Instead of의 목적어 역할을 하는 동명사로 and로 연결되어 있다. these locusts가 문장의 주어이고, 세 개의 동사(gather, feed, overwhelm)가 콤마(,)와 and로 연결되어 병렬 구조를 이루고 있다.

locust	n. 메뚜기
remarkably	ad. 현저히, 몹시, 매우
availability	n. 입수 가능성
density	n. 밀도
population	n. 인구, 개체군
scarce	a. 부족한
vegetation	n. 초목, 식물
loner	n. 혼자 있는 동물[사람]
feast off	맘껏 먹어치우다
predator	n. 포식자
inactivity	n. 무활동, 움직이지 않음
gather	v. 모으다, 모이다
vast	a. 거대한, 광대한

5 ······ 정답 ⑤

운동 속도를 선택하는 기준

해석 ● 2001년에 Wayne 주립대학의 연구자들은 한 무리의 대학생 지원자들에게 20분간 러닝머신, 고정 자전거, 스테퍼의 세 가지 운동 기구에서 각각 자신이 선택한(self-selected) 속도로 운동할 것을 요청했다. 심박 수, 산소 소모량, 그리고 인지된 운동 강도가 세 가지 운동이 이루어지는 내내 측정되었다. 연구자들은 실험 대상자들이 각각의 활동에서

무의식적으로 상대적으로 같은 생리학적 강도를 목표로 할 것을 발견하리라고 예상했다. 어쩌면 그들은 어떤 기계를 사용하고 있는지와 관계없이 무의식적으로(automatically) 최대 심박 수의 65퍼센트로 운동할 것이었다. 혹은 어쩌면 그들은 세 가지 운동 모두에서 최대 산소 소모 속도의 70퍼센트라는 리듬에 본능적으로 자리 잡을 것이었다. 그러나 일어난 일은 그렇지 않았다. 사실, 세 가지 종목에서 심박 수와 산소 소모량 측정에서 일관성(consistency)이 없었다. 대신, 실험 대상자들이 러닝머신, 자전거, 그리고 스테퍼에서 같은 수준의 인지된 운동 강도를 선택했다는 것이 밝혀졌다.

📌 문제 유형 및 해설

반의어

(A) preset : self-selected = 미리 정해진 : 자신이 선택한
실험 대상자들에게 각각의 운동에서 속도 선택권을 부여한 실험이므로, self-selected가 적절하다.

(B) automatically : intentionally = 무의식적으로 : 의도적으로
무의식적으로 동일한 생리학적 강도를 목표로 할 것이라는 내용의 구체적인 예시에 해당하므로 unconsciously와 의미가 통하는 automatically가 적절하다.

(C) consistency : variation = 일관성 : 차이
예상과 달리 실험 대상자들은 각각의 운동에서 동일한 생리학적 강도(심박 수, 산소 소모량)를 목표로 하지 않았으므로 일관성이 없었다고 할 수 있다. 따라서 consistency가 적절하다.

📌 구문 분석

▶ [**Measurements** {of heart rate, oxygen consumption, and perceived effort}] **were** taken throughout all three workouts.

[ ]는 문장의 주어이며 실제 주어는 Measurements이므로 복수동사 were가 오며, { }는 Measurements를 수식하는 전치사구 이다.

▶ Perhaps they would automatically exercise at 65 percent of their maximum heart rate **regardless of** [which machine they were using].

regardless of는 '~에 상관없이'의 의미이며 [ ]는 of의 목적어인 의문사절이다.

stationary bike	고정 자전거
stair climber	스테퍼(계단 오르기 운동 기구)
unconsciously	ad. 무의식적으로
relative	a. 상대적인
intensity	n. 강도
automatically	ad. 무의식적으로, 자동으로
regardless of	~에 관계없이
instinctively	ad. 본능적으로
settle into	~에 자리 잡다
consistency	n. 일관성
discipline	n. 종목, 분야

6 ······ 정답 ⑤

정신 능력 훈련의 중요성

해석 ● 일부 코치들은 정신 능력 훈련(MST)이 고도로 숙련된 선수들의 기량을 완벽하게 하는 데만 도움이 될 수 있다고 잘못 믿고 있다. 그 결과, 그들은 자신이 엘리트 선수를 지도하고 있지 않으므로 정신 능력 훈련이 덜 중요하다고 합리화하면서(rationalizing) 정신 능력 훈련을 피한다. 높은 경쟁 수준에서 정신 능력이 점점 더 중요해지고 있다는 것은 사실이다. 선수들이 경쟁의 사다리를 올라갈수록 신체 능력의 측면에서는 더 동질적이 된다. 사실상 높은 경쟁 수준에서는 모든 선수가 성공할 수 있는 신체 능력을 갖추고 있다. 결과적으로, 정신적(mental) 요인에서의 어떠한 작은 차이라 하더라도 경기력의 결과를 결정하는 데 지대한 역할을 할 수 있다. 그러나 우리는 개인의 성장과 경기력이 정신 능력 훈련을 받지 않는 선수에서보다는, 정신 능력 훈련을 받는 어리고 성장 중인 선수에게서 더 빠르게 진보할 것이라고 예상할 수 있다. 사실상 정신 능력 훈련을 도입하기 위한 최적의 시간은 선수들이 처음 운동을 시작할

때일지도 모른다. 선수 생활의 초기에(early) 정신 능력 훈련을 도입하는 것은 그들이 잠재 능력의 최고치까지 발달하도록 도울 기초를 놓을 수도 있다.

📌 문제 유형 및 해설

반의어

(A) deny : rationalize = 부정하다 : 합리화하다
일부 코치들은 정신 능력 훈련이 고도로 숙련된 선수들에게만 도움이 될 뿐이라고 합리화한다는 내용이므로, rationalizing이 적절하다.

(B) physical : mental = 신체적인 : 정신적인
모든 선수가 성공할 수 있는 신체 능력을 갖추고 있으므로 정신적인 차이가 경기력을 결정한다는 내용이 되어야 하므로, mental이 적절하다.

(C) early : later = 초기에 : 나중에
앞서, 어리고 성장 중인 선수가 정신 능력 훈련을 받을 경우 더 효과가 좋다고 했으므로 정신 능력 훈련은 초기에 도입해야 한다. 따라서 early가 적절하다.

📌 구문 분석

▶ As a result, they shy away from MST, [rationalizing {that because they are not coaching elite athletes, mental skills training is less important}].

[ ]는 부대상황을 나타내는 분사구문이며 { }는 rationalizing의 목적어인 명사절이다.

▶ However, we can anticipate [that personal growth and performance will progress faster in young, developing **athletes** {who are given mental skills training} than in athletes not exposed to MST].

[ ]는 anticipate의 목적어인 명사절이고, { }는 선행사(athletes)를 수식하는 주격 관계대명사절이다.

erroneously	ad. 잘못되게 틀리게
perfect	v. 완벽하게 하다, 완성하다
performance	n. 기량
shy away from	~을 피하다
ladder	n. 사다리
factor	n. 요인
determine	v. 결정하다
outcome	n. 결과
foundation	n. 기초
potential	n. 잠재능력

---

7   정답 ②

독자들을 설득시키는 방법

해석 ● 언론과는 전혀 다른 문학에서, 가장 유능한 작가들은 이야기의 기본 뼈대가 독자를 설득하기에 충분할(enough) 수 있다고 절대 생각하지 않을 것이다. 그들은 폭행이나 홍수나 절도가 독자를 적절히 감동시키거나 격분하게 할 어느 정도의 내재적 흥미를 그 자체에 틀림없이 지니고 있다고 생각하지 않을 것이다. 이런 작가들은 아무리 충격적이라 해도 어떤 사건도 참여(involvement)를 전혀 보장할 수 없다는 것을 알고 있다. 이 후자의 목적(독자의 참여)을 위해서 그들은 자기들의 독특한 기술을 숙련하면서 더 열심히 애써야 하는데, 그것은 언어에 주의를 기울이고 속도와 구성을 엄격하게 통제하는 것을 의미한다. 어떤 상황에서는 창의적인 작가들이 심지어 엄격한 정확성을 희생하는(sacrifice) 선택을 할 수도 있는데, 그렇게 함으로써 범죄 행위를 감행하고 있다고 느끼기보다는, 그 대신 정확성보다 훨씬 더 높은 목표를 위해서 가끔 변조할 필요가 있을지도 모른다고 이해할 것이다.

📌 문제 유형 및 해설

반의어

(A) enough : insufficient = 충분한 : 충분하지 않은
유능한 작가들은 기본 뼈대만으로 독자를 설득시킬 수 없다고 생각하므로 충분하지 않다는 내용이 되어야 한다. 문장에 부정어(never)가 이미 존재하므로 enough가 적절하다.

(B) detachment : involvement = 분리 : 참여
아무리 충격적인 사건이라도 독자를 참여시키기는 어렵다는 내용이므로, involvement가 적절하다.

(C) emphasize : sacrifice = 강조하다 : 희생하다
독자들을 끌어들이기 위해서는 사건의 정확성을 희생할 수도 있다는 내용이므로, sacrifice가 적절하다.

📌 구문 분석

▶ They will not suppose [that an attack or a flood or a theft must in and of itself carry **some intrinsic degree of interest** {which will **cause** the reader **to be** appropriately moved or outraged}].

[ ]는 suppose의 목적어인 명사절이고, { }는 선행사(some intrinsic degree of interest)를 수식하는 주격 관계대명사절이다. 「cause A to B」는 'A가 B하도록 야기하다'의 의미이다.

▶ These writers **know** [that no event, {however shocking}, can ever guarantee involvement] ~

[ ]는 know의 목적어인 명사절이고, { }는 삽입된 복합관계사구이다.

ablest	a. 재능 있는
assume	v. 추정하다
intrinsic	a. 고유한, 본질적인
outraged	a. 격노한, 분노한
distinctive	a. 독특한
accuracy	n. 정확성
falsification	n. 위조, 변조

---

8   정답 ②

문법 발달의 필요성

해석 ● Derek Bickerton에 따르면, 네안데르탈인과 같은 인간의 조상들과 친척들은 비교적 큰 어휘 목록을 가지고 있었을 것이고, 각 단어는 '고기', '불', '사냥' 등과 같은 정신적인 개념과 관련이 있었다. 그들은 그 단어들을 함께 연결할 수 있었지만 거의 임의적인(arbitrary) 방식으로만 그렇게 할 수 있었다. Bickerton은 이것이 약간의 모호함을 일으킬 수 있다고 인식한다. 예를 들어, 'man killed bear'는 사람이 곰을 죽였다는 것을 의미했을까, 아니면 곰이 사람을 죽였다는 것을 의미했을까? 인지과학자인 Ray Jackendoff는 '행위자 우선(즉, 사람이 곰을 죽였다)'과 같이 단순한 규칙이 잠재적인 모호함을 줄였을지도(reduced) 모른다고 제안한다. 그럼에도 불구하고, 가능한 발화의 수와 복잡성은 굉장히 제한적이었을 것이다. 그러한 원시 언어에서 언어로의 변화는 제한된 수의 단어들이 각각 특정한 의미를 지닌 무한한 수의 발화를 하기 위해 연결될 수 있는 순서를 규정하는 규칙인 문법의 발달(evolution)을 필요로 했다.

📌 문제 유형 및 해설

반의어

(A) arbitrary : consistent = 임의적인 : 일관된
뒤에서 단어의 연결이 모호함을 일으킬 수 있다고 하므로 '임의적인'이라는 뜻의 arbitrary가 적절하다. 즉 단어의 연결이 '임의적'이기에 의미가 모호해진다는 것이다.

(B) increase : reduce = 증가하다 : 줄이다
앞의 예를 통해 '행위자 우선'이라는 규칙으로 잠재적인 모호함을 줄였을 수도 있으므로 reduced가 적절하다.

(C) destruction : evolution = 파괴 : 발달

원시 언어에서 언어로의 변형은 문법의 발달을 필요로 한 것이므로 파괴가 아닌 발달의 evolution이 적절하다.

▶ 구문 분석

▶ Ray Jackendoff, [a cognitive scientist], suggests that simple rules such as 'agent-first' (that is, the man killed the bear) might have reduced the potential ambiguity.

[ ]는 동격구로 앞에 Ray Jackendoff라는 사람에 대한 부연 설명이다. ( )는 '행위자 우선' 규칙을 적용한 문장으로 의미를 보충하기 위해 사용된 삽입구이다.

▶ The transformation of such proto-language into language required the evolution of **grammar** [— rules that define the order in which a finite number of words can be strung together to create an infinite number of utterances, each with a specific meaning].

대시(—) 뒤는 삽입구로 앞에 grammar에 대한 정의이며, 생략해도 문장은 성립한다.

ancestor	n. 조상
relative	n. 친척
relate to	~와 관련되다
mental	a. 정신적인
concept	n. 개념
and so forth	…등등
string	v. 묶다
arbitrary	a. 자의적인
recognize	v. 인식하다
ambiguity	n. 모호함
cognitive scientist	인지 과학자
complexity	n. 복잡성
potential	a. 잠재적인
utterance	n. 발화
evolution	n. 진화
severely	ad. 굉장히
transformation	n. 변형
infinite	a. 무한한
specific	a. 특정한

STEP 2 기출문제로 유형 연습하기   p. 150

01 obtain	02 Lacking	03 contemplate
04 compatible	05 identify	06 appearance
07 contract	08 affluent	09 fight
10 fluctuate	11 utility	12 prevent

01 contain : obtain = 담다 : 얻다
02 lack : leak = 부족하다 : 새어나오다
03 construct : contemplate = 구성하다 : 응시하다
04 compatible : competitive = 양립하는 : 경쟁하는, 경쟁적인
05 justify : identify = 정당화시키다 : 식별하다, 알아차리다
06 appearance : disappearance = 출현 : 사라짐
07 contract : expand = 수축하다 : 팽창하다
08 impoverished : affluent = 빈곤한 : 부유한
09 cause : fight = 야기하다 : 싸우다
10 fluctuate : stabilize = 변동을 거듭하다 : 안정되다
11 originality : utility = 독창성 : 효용성
12 prevent : start = 막다, 방지하다 : 시작하다

STEP 3 수능기출 실전 문제 풀어보기   pp. 152~154

1 ⑤   2 ①   3 ②   4 ③   5 ③   6 ②   7 ②   8 ①   9 ③

1   정답 ⑤

영화 속 연기가 부자연스럽지 않은 이유

해석 ● 왜 영화의 순전한 '연기'는 관객들에게 부자연스러워 보이지 않는 걸까? 이들은 어쨌든 실제 현실에서 표현이 다소 불분명한 사람들에 익숙한데 말이다. 이 문제에 대한 사람들 대부분의 인식은 그다지 예리하지 않다. 그들은 실생활에서든 영화에서든 타인의 이목구비의 움직임을 자세히 관찰하는 습관을 지니고 있지 않다. 그들은 자기가 보는 것의 의미를 이해하는 것으로 만족한다(satisfied). 따라서 그들은 너무 자연스러운 그 어느 것보다도, 영화 배우들의 지나치게 강조된 표현을 흔히 더 쉽게 받아들인다. 그리고 예술 애호가들에 관한 한, 이들은 영화에서 자연의 모방을 찾는 것이 아니라 예술을 찾는다. 그들은 예술적(artistic) 표현이 묘사 대상을 늘 설명하고, 다듬고, 명확하게 만들고 있음을 안다. 현실에서는 불완전하게 인식되고 그저 암시되기만 하며 다른 것들과 뒤엉켜 있는 것들이 예술 작품 안에서는 완전하고, 온전하며, 무관한 문제들로부터 자유로운(free) 것처럼 보인다. 영화의 연기도 그러하다.

▶ 문제 유형 및 해설

반의어

(A) disappointed : satisfied = 실망한 : 만족한

사람들은 남의 얼굴이 미세하게 변하는 것을 자세히 인식하지 않고 그저 보이는 것을 이해만 해도 '만족한다'는 의미로 satisfied가 적절하다.

(B) artistic : real = 예술적인 : 실제적인

앞에서 예술 애호가들은 영화에서 '예술'을 찾는다고 언급하므로, '예술적' 표현에 관한 설명이 뒤따라야 적절하다. 따라서 artistic이 정답이다.

(C) free : inseparable = 자유로운 : 불가분한

현실에서의 표현은 불분명하거나 제대로 드러나지 않더라도 영화나 예술 작품에서는 명확하게 다듬어져 제시된다는 내용이다. 즉 무관한 문제로부터 '자유롭다'는 의미가 되도록 free를 써야 적절하다.

구문 분석

► Why does the "pure" acting of the movies not seem unnatural to the audience, [who, after all, are accustomed in real life to people whose expression is more or less indistinct]?

[ ]는 선행사 the audience를 콤마 뒤에서 보충 설명하는 계속적 용법의 관계대명사절이다.

► They know that artistic representation is always explaining, refining, and making clear **the object depicted**.

the object depicted는 'is ~ explaining, refining, and making clear'의 공통 목적어이다. 과거분사 depicted가 the object를 수식하는 구조이다.

pure	a. 순전한
be accustomed to	~에 익숙하다
perception	n. 인식
grasp	v. 이해하다, 붙잡다
imitation	n. 모방
representation	n. 표현
irrelevant	a. 무관한

2 ——————————— 정답 ①

추억을 불러일으키는 옷

해석 ● 우리 중에서 물질 중심적이지 않다고 주장하는 사람들조차도 특정한 옷에 대한 애착을 형성하지 않을 수 없게 된다. 옛날 노래에 나오는 구절처럼 옷은 소중한 추억과 가슴 아픈 기억을 모두 생각나게(evoke) 할 수 있다. 닳아서 얇아진 드레스는 여러 해 동안 입지 않았더라도 벽장 뒤편에 걸려 있을 수 있는데, 그 이유는 그 옷에 남아있는 옅은 소나무 향이 바로 어떤 사람의 열여섯 살 여름의 모든 잔존물이기 때문이다. 실용성이 떨어지는(impractical) 흰색 스카프는 그것의 소유자에게 한때 우아함에 대한 기대였기 때문에 기증품 자루에 들어가는 마지막 순간에 빼내어질 수 있다. 그리고 찢어진 티셔츠는 한때 그 위에 쓰인 록밴드 이름이 희미해진 지 오래된 후에도 걸레통에서 꺼내어질 수 있다(rescued). 화석이 고고학자들에게 시간을 나타내는 것과 같은 방식으로 옷은 우리에게 개인의 이력을 보여준다.

문제 유형 및 해설

반의어

(A) evoke : erase = (기억 · 감정을) 불러 일으키다 : (마음에서) 없애다
옷이 소중한 추억과 가슴 아픈 기억을 '생각나게 할 수 있다'라는 의미가 되어야 하므로, evoke가 적절하다.

(B) impractical : brand-new = 비실용적인, 비현실적인 : 최신의
'실용성이 떨어지는' 흰색 스카프가 그것을 소유한 사람에게 한때 우아함의 기대였다는 의미가 되어야 하므로, impractical이 적절하다.

(C) rescue : forget = 구조하다, 탈환하다 : 잊다
찢어진 티셔츠가 한때 그 위에 쓰인 록밴드 이름이 희미해진 후에도 걸레통에서 '꺼내어질 수' 있다는 의미가 되어야 하므로, rescued가 적절하다.

materialistic	a. 물질주의적인
attachment	n. 애착, 집착
promise	n. 기대, 약속
document	v. ~로 증명하다, (상세히) 보도하다
chart	v. (도표로) 나타내다

3 ——————————— 정답 ②

걱정의 해로운 영향

해석 ● 걱정은 모든 종류의 정신적인 활동에 해로운 영향을 준다. 그것은 어떤 면에서 실패로 돌아간 유용한 반응 — 예상된 위협에 대한 지나

치게 열성적인 정신적 준비이다. 그러나 그러한 정신적 예행연습이 주의력을 빼앗아 다른 곳에 집중하려는 온갖 시도를 방해하는 진부한 일상에 사로잡힐 때, 그것은 파멸적인(disastrous) 인지적 정지상태가 된다. 걱정은 지적능력을 약화시킨다. 예를 들어, 항공교통관제사와 같이 복잡하고 지적으로 힘들고 압박이 심한 업무에서는 만성적으로 많은 걱정을 하는 것은 그 사람이 결국 훈련이나 실전에서 실패할 것임을 거의 정확히 예언한다. 항공교통관제사 훈련을 받는 1,790명의 학생들에 대한 연구에서 밝혀진 바와 같이, 걱정이 많은 사람들은 지능검사에서 우수한(superior) 성적을 받았을 때조차도 통과하지 못할 가능성이 높다. 걱정은 또한 모든 종류의 학업을 방해한다. 36,000명 넘게 대상으로 한 126가지의 다른 연구는 걱정에 빠지기 쉬운(prone) 사람일수록 학업 성취도가 더 부진하다는 것을 발견했다.

문제 유형 및 해설

반의어

(A) disastrous : constructive = 파멸적인 : 건설적인
지적 능력을 약화시킨다고 했으므로, disastrous가 적절하다.

(B) inferior : superior = 열등한 : 우수한
걱정이 많은 사람들이 지능검사에서 우수한 성적을 받았을 때조차도 훈련을 통과하지 못할 가능성이 높다고 하는 것이 문맥상 적절하므로, superior가 적절하다.

(C) prone : resistant = 걸리기[빠지기] 쉬운 : 저항하는, 저항력이 있는
학업 성취도가 더 부진한 것은 쉽게 걱정을 하는 사람이므로, prone이 적절하다.

구문 분석

► ~ **the more** prone to anxieties a person is, **the poorer** his or her academic performance is.

「the 비교급 ~ , the 비교급 ~」은 '~하면 할수록 더욱 ~하다'의 의미를 가진다.

zealous	a. 열광적인
cognitive	a. 인식의
static	a. 공전상태의, 정지상태의
stale	a. 진부한, 상해가는
intrude on	~에 끼어들다, 방해하다
demanding	a. 지나친 요구를 하는
air traffic controller	항공교통관제사
chronically	ad. 만성적으로
sabotage	v. 고의로 방해하다

4 ——————————— 정답 ③

재택근무의 장점

해석 ● 모두 알다시피, 사무실에서 일을 마치기가 항상 쉽지만은 않다. 정규 근무 시간 중에는 앉아서 집중할 수 있는 조용한 시간이 거의 없다(rarely). 사무직원들은 전화벨 소리, 급작스런 회의, 그리고 떠들어대는 동료들 때문에 주기적으로 방해를 받는다. 이것은 이런 비생산적인 근무 시간에 대해 임금을 지급하는 고용주에게 만큼이나 직원들에게도 좌절감을 줄 수 있다. 재택근무는 이런 방해 요소들(distractions)을 없애주어, 일에 집중할 수 있는 긴 시간을 만들어준다. 집에서도 역시 나름대로 문제들이 있겠지만, 그것들을 처리할 방법은 있다. 생산성이 분명히 향상될(increase) 것이고, 생산물의 질도 높아질 것이다. 동시에, 집중하여 일을 완성하는 개인적인 만족감도 누릴 수 있게 될 것이다.

문제 유형 및 해설

반의어

(A) frequently : rarely = 자주 : 거의 ~않는
사무실에서는 여러 방해 요소로 인해 조용히 집중할 수 있는 시간이 거의 없다는 것이므로 rarely가 적절하다.

(B) attractions : distractions = 매력, 끌림 : 집중을 방해하는 것
재택근무는 앞에서 언급한 방해 요소들을 제거하여 일에 집중할 수

있는 시간을 만들어 준다는 의미이므로 distractions가 적절하다.
(C) decrease : increase = 감소하다 : 증가하다
　재택근무를 통해 생산성이 향상 되고 생산물의 질도 높아질 것이라고 하는 것이 문맥상 적절하므로 increase가 적절하다.

▶ 구문 분석

▶ Working at home can free you from these distractions, [giving you long blocks of time to focus on your work.]

분사구문으로 [ ]는 [as it(=working at home) gives you long blocks ~.]로 바꿀 수 있다.

rarely	ad. 드물게, 거의 ~하지 않는
regular	a. 정기적인, 보통의
interrupt	v. 방해하다
coworker	n. 직장 동료
nonproductive	a. 비생산적인, 효과 없는
free ~ from ...	~로부터 …를 제거하다
deal with	~을 다루다, 처리하다
productivity	n. 생산성

5 ──────────────── 정답 ③

일반종과 전문종 동물들의 차이

해석 ● 동물계에 대해 논의를 할 때, 각각의 동물은 일반종(generalist)에서 전문종(specialist)까지의 종의 한 범주에 속한다. 코알라와 같은 전문종의 동물들은 일련의 매우 제한된(limited) 조건에서만 살아남을 수 있는데, 즉 그 조건은 먹이(유칼립투스), 기후(따뜻한), 환경(나무)이다. 반면에 일반종(쥐를 생각해 보라)은 그저 어디에서나 생존할 수 있다. 그들은 더위와 추위를 견디고(withstand), 여러분의 아침 식사용 유기농 시리얼이나 야생의 씨앗과 산딸기류 열매를 먹을 수 있다. 그래서 전문종은 조건이 완벽할 때만 번성한다. 그들은 자신의 특정한 생태 환경에서만 매우 특정한 목적을 수행하고 그 안에서 능숙하게 돌아다닌다. 그러나 자연 혹은 더 흔하게는 외적인 힘의 결과로 그러한 조건들이 변하면 전문종은 흔히 멸종하게(extinct) 된다. 이와는 대조적으로, 쥐들은 지구상의 이곳저곳으로 이동하고, 각각 다른 문화, 먹이, 날씨 체계에 순응할 수 있다. 그리고 가장 중요한 것은 그들은 계속 살아 있다는 것이다.

▶ 문제 유형 및 해설

반의어

(A) limited : variable = 제한된, 한정된 : 다양한
　특정한 먹이, 기후, 환경 조건이 제시되었다는 것은 그 조건이 제한되었다는 것이므로 limited가 적절하다.
(B) dread : withstand = 두려워하다 : 견디다, 버티다
　어떻게 생존하는지를 보여주므로 더위와 추위를 견딘다는 withstand가 적절하다.
(C) extinct : widespread = 멸종된 : 널리 퍼진
　뒤에 대조적으로 계속 살아남고 있는 쥐들에 대한 예를 말하고 있으므로, 앞의 내용은 전문종이 멸종하게 된다는 설명이 있다고 볼 수 있으므로 extinct가 적절하다.

extremely	ad. 몹시, 극도로
dread	v. 두려워하다
withstand	v. 견디다, 버티다
thrive	v. 번성하다
ecosystem	n. 생태계
navigate	v. 돌아다니다
extinct	a. 멸종된

6 ──────────────── 정답 ②

be동사를 사용할 때 나타나는 의미의 부정확성

해석 ● E-prime 이론은 만일 여러분이 be동사 없이 영어를 쓰거나 말한다면, 사건을 더 정확하게 묘사할 수 있을 것이라고 주장한다. 예를 들어, "Johnny는 실패자이다."라고 말할 때, 동사 is는 "실패"가 Johnny에 대한 여러분의 관찰에 있다기보다는 Johnny 안에 있다는 것을 암시한다. ('is', 'are', 'am'과 같은 형태로) be동사는 또한 영속성(permanence)을 암시하는데, 그것은 실패가 Johnny 안에 있기 때문에 항상 거기에 있을 것이고, 따라서 Johnny가 항상 실패자일 것임을 암시한다. 더 정확한(precise) 진술은 아마도 "Johnny는 지난 두 번의 수학 시험에서 낙제했다."일 것이다. 이 이론이 여러분 자신에 관해 생각하는 것에 적용되는 것으로 생각해보라. 예를 들어, 여러분이 "나는 대중 앞에서 말을 잘못한다." 혹은 "나는 인기가 없다." 혹은 "나는 게으르다."라고 말한다면, 여러분은 이러한 특성들이 여러분 안에 있다는 것을 암시한다. 하지만 이것들은 단지 부정확할 수 있거나, 최소한 부분적으로 정확할지라도, 시간이 지나면서 변할 수 있는 평가(evaluations)이다.

▶ 문제 유형 및 해설

반의어, 기출 혼동어

(A) permanence : variation = 영속성 : 차이, 변이
　"Johnny is a failure"라는 문장에는 실패가 항상 거기에 있을 것이고 그가 항상 실패자일 것임을 암시한다고 했으므로, permanence가 적절하다.
(B) erroneous : precise = 잘못된 : 정확한
　be동사가 포함되지 않은 다음의 예시 문장에는 보다 정확한 사실이 나타나 있으므로 precise가 적절하다.
(C) evaluation : solution = 평가 : 해결책
　예시로 인용된 문장은 자기 자신에 대한 평가("I'm not good at ...")이므로 evaluations가 적절하다.

▶ 구문 분석

▶ The theory of E-prime argues [that {if you wrote and spoke English without the verb to be}, you'd describe events more accurately].

[ ]는 argues의 목적어인 명사절이며 { }는 가정법 과거(현재 사실의 반대)가 쓰인 if절이다.

▶ ~ the implication is [that {because failure is in Johnny}, it will always be there; Johnny will always be a failure].

[ ]는 is의 보어인 명사절이며 { }는 이유 부사절이다. 세미콜론은 부연 설명하는 문장(Johnny will ~)을 연결하고 있다.

argue	v. 주장하다
accurately	ad. 정확히, 정밀하게
observation	n. 관찰
imply	v. 암시하다
statement	n. 진술
quality	n. 특성, 품질
incorrect	a. 부정확한

7 ──────────────── 정답 ②

음악 구조의 규칙

해석 ● 작곡가들이 형식과 디자인을 자유롭게 실험하기 시작했던 20세기에 이를 때까지, 고전 음악은 화음은 말할 것도 없이, 구조와 관련 있는 기본적인 규칙들을 계속 따랐다. 여전히 개성(individuality)을 발휘할 여지는 있었지만(위대한 작곡가들은 규칙을 따르지 않고, 규칙이 그들을 따르도록 만들었다), 디자인 이면에는 항상 기본적인 비율과 논리가 있었다. 많은 규칙이 더 최근 들어 급진적인 개념에 의해 뒤집어진(overturned) 이후에도, 대개 작곡가들은 전체적이고 통일적인 구조를

생산해내는 방식으로 여전히 자신들의 생각을 구성했다. 그것이 20세기 모더니즘 작곡가 두 명을 예로 들면, Arnold Schönberg나 Karlheinz Stockhausen에 의해 작곡된 무조(無調)의 매우 복잡한 작품들이 그럼에도 불구하고 접근 가능한(approachable) 한 가지 이유이다. 그 소리는 매우 이상할지 모르지만, 그 결과는 여전히 구성의 측면에서 분명히 고전적이다.

▶ 문제 유형 및 해설

반의어

(A) conformity : individuality = 순응, 따름 : 개성
위대한 작곡가들은 규칙을 따르지 않았다는 말이 뒤에 이어지므로 개성을 발휘할 여지가 있었다고 해야 한다. 따라서 individuality가 적절하다.

(B) maintain : overturn = 유지하다 : 뒤집다
급진적인 개념에 의해 규칙이 뒤집어졌다고 해야 하므로, overturned가 적절하다.

(C) approachable : inaccessible = 접근 가능한 : 접근할 수 없는
복잡한 구조에도 불구하고 작품들이 여전히 이해 가능하다는 의미이므로, 접근할 수 있다는 의미의 approachable이 적절하다.

▶ 구문 분석

▶ Until the twentieth century, [when composers began experimenting freely with form and design], classical music **continued to follow** basic rules relating to structure, **not to mention** harmony.

[ ]는 선행사(the twentieth century)를 수식하는 관계부사절로 삽입된 구문이다. continue는 to부정사와 동명사를 모두 목적어로 취하며, 「not to mention」은 '~은 말할 것도 없이'의 의미이다.

▶ Even after many of the rules **were overturned** by radical concepts in more recent times, composers, more often than not, still organized their thoughts in **ways** [that produced an overall, unifying structure].

「be + p.p.」의 수동태가 첫 번째 절의 동사로 쓰였으며, [ ]는 선행사 (ways)를 수식하는 주격 관계대명사절이다.

composer	n. 작곡가
experiment with	v. ~을 실험하다
form	n. 형식
relating to	~와 관련 있는
structure	n. 구조
not to mention	~은 말할 것도 없이
harmony	n. 화음, 조화
fundamental	a. 기본적인
proportion	n. 비율, 비, 균형
logic	n. 논리
radical	a. 급진적인
more often than not	대개, 자주
overall	a. 전반적인
unifying	a. 통일적인
incredibly	ad. 매우, 엄청나게
decidedly	ad. 확실히
in terms of	~의 측면에서

신이 상할 것이라는 이유로 경제적인 재앙뿐 아니라 수많은 사망자를 예측하면서(predicting) 오존을 고갈시키는 화학 물질에 대한 실용적인 대안이 있다는 것을 부인했다. 그들은 틀렸다. 자동차 업계에서는 처음에 자동차가 대기 오염을 유발한다는 것을 부인하였고, 그 다음에는 자동차로부터의 오염을 줄이는 어떤 기술도 존재하지 않는다고 주장했으며, 나중에는 대기 오염을 줄이는 장치를 설치하면 자동차가 엄청나게 비싸질 것이라고 주장했다. 그들은 매번 틀렸다. 살충제 업계에서는 합성 살충제가 식량을 재배하기 위해 절대적으로 필요하다고(necessary) 주장한다. 수많은 유기농 농부들은 그들이 틀렸음을 입증하고 있다.

▶ 문제 유형 및 해설

반의어, 혼동어

(A) available : unavailable = 이용할 수 있는 : 손에 넣을 수 없는
안전한 대안이 이용 가능하다는 의미이므로 available이 적절하다.

(B) predicting : preventing = 예측하는 : 예방하는
화공업계가 경제적인 재앙뿐 아니라 수많은 사망자를 예측하면서 대안이 있다는 것을 부인한 것이기 때문에 predicting이 적절하다.

(C) necessary : unnecessary = 필요한 : 불필요한
살충제 업계에서 합성 살충제가 절대적으로 필요하다는 것을 주장하는 것이므로 necessary가 적절하다.

▶ 구문 분석

▶ The chemical industry **denied** [that there were practical alternatives to ozone-depleting chemicals], {predicting not only economic disaster but numerous deaths} because food and vaccines would spoil without refrigeration.

[ ]의 명사절 that절은 동사 deny의 목적어 역할을 한다. { }에서 predicting은 문장의 주어인 The chemical industry와 능동의 관계이므로 현재분사가 되었다.

▶ The motor vehicle industry [initially denied that cars caused air pollution], [then claimed that no technology existed to reduce pollution from vehicles], and [later argued that installing devices to reduce air pollution would make cars extremely expensive].

3개의 동사구 [ ]가 등위접속사(and)로 병렬 연결되었다. 각 절은 initially, then, later 등의 부사로 순차적으로 이루어진 일을 나타내고 있다.

toxic	a. 독성이 있는
alternative	n. 대안
existence	n. 존재
application	n. 적용
ingenuity	n. 창의력
comparable	a. 비슷한
set the record straight	(일반적으로 잘못 알려진) 내용을 바로잡다
ozone-depleting	오존을 고갈시키는
disaster	n. 재앙
spoil	v. 상하다
refrigeration	n. 냉장
extremely	ad. 극도로
pesticide	n. 살충제

8 ———————————————— 정답 ①

안전한 대안을 부인하는 업계들

해석 ● 오늘날 사용 중인 모든 독성 물질, 공정, 혹은 제품에는 — 이미 존재하거나 인간의 지력, 창의력, 그리고 노력의 적용을 통해 발견되기를 기다리고 있는 — 더 안전한 대안이 있다. 거의 모든 경우에, 더 안전한 대안이 비슷한 비용으로 이용될 수 있다(available). 업계는 이러한 사실을 거부하고 높은 실행 비용에 대해 불평할지도 모르지만, 역사가 그런 내용을 바로잡는다. 화공업계에서는 냉장하지 않으면 식품과 백

9 ———————————————— 정답 ③

사후 과잉 확신 편향

해석 ● 학생들이 자신의 지식에 대해 정확한 판단을 내리는 것을 어려워하는 것의 원인이 되는 하나의 요인은 사후 과잉 확신 편향, 즉 어떤 일이 일어났을 때 사람들이 그것이 일어날 것이라는 것을 처음부터 알고 있었다고 가정하는 경향이다. 학생들이 가령 시험 문항을 틀린(incorrect) 것과 같이 자신의 지식이 불완전함을 시사하는 피드백을 받을 때, 그들은 실제로는 그 정보를 정말 알고 있었다고 스스로에게 얘기함으로써 (피드백에) 반응할 수도 있다. 그들은 내용을 완전히 파악하

지 못하고 있음에도 불구하고 그 문항의 내용에 대해 무언가를 인식하고 있기 때문에 (그 내용을) 완전히 파악하고 있는 것처럼 느낀다. 되돌아보면 일단 그들이 정답을 알면 해답은 명확해 보인다. 이러한 친숙함(familiarity)의 느낌은 학생들이 자기가 알고 있는 것에 대하여 과장된 인식을 갖게 할 수 있다. 따라서 사후 과잉 확신 편향은 실패가 그들이 가진 지식의 속성 때문이라기보다 평가의 속성 때문이라는 느낌을 강화한다(reinforces). 그리고 이것은 그들이 피드백으로부터 배우는 것을 더 어렵게 만든다.

▶ 문제 유형 및 해설

반의어

(A) incorrect : right = 틀린 : 맞는
지식의 불완전함이라고 나와 있으므로 앞에는 이와 유사한 incorrect가 적절하다.

(B) familarity : novelty = 친숙함 : 새로움
학생들이 내용을 완전히 파악하지 못해도 문항의 내용에 대해 무언가를 인식하고 있어서 내용을 완전히 파악하고 있는 것처럼 느낀다고 하고 있으므로 familiarity가 적절하다.

(C) diminish : reinforce = 약화시키다 : 강화하다
실패가 그들이 가진 지식의 속성 때문이라기보다 평가의 속성 때문이라는 느낌을 강화하고 피드백으로부터 배우는 것을 더 어렵게 만든다는 것이므로 reinforces가 적절하다.

▶ 구문 분석

▶ One factor [contributing to students' difficulty in making accurate judgments of their own knowledge] is hindsight bias: the tendency [to assume (once something happens) {that one knew all along that it was going to happen}].

주어는 One factor, 동사는 is이며 [ ]는 앞에 있는 명사 One factor를 수식해 주는 현재분사로 형용사 역할을 한다. ( )는 once가 이끄는 삽입 부사절로 보고 { }는 동사 assume의 목적어가 된다.

▶ [{Looking back}, {once they know the answer}], the solution seems obvious].

두 개의 { }는 문장 전체를 수식하는 부사 역할을 하는 것으로, 첫 번째 { }는 분사 구문, 두 번째 { }는 접속사인 once(일단 ~하면)가 이끄는 부사절이다.

contribute to	~에 기여하다
hindsight bias	사후 과잉 확신 편향
grasp	n. 이해, 파악
content	n. 내용
exaggerate	v. 과장하다
nature	n. 속성
assessment	n. 평가

DAY 16 문맥에 맞는 낱말 고르기 (4)

STEP 2 기출문제로 유형 연습하기   p. 158

01 objective	02 sit	03 authorities
04 successful	05 commitment	06 discouraged
07 crucial	08 description	09 observe
10 identify	11 exceeded	12 indifference

01 objective : objection = 목표, 목적 : 반대
02 sit : seat = 앉다 : 앉히다
03 faculties : authorities = 교수단 : 당국
04 successive : successful = 연속되는, 계속되는 : 성공한
05 commitment : compliment = 약속 : 칭찬
06 encourage : discourage = 격려하다 : 단념시키다
07 cruel : crucial = 잔인한 : 결정적인
08 description : subscription = 묘사 : 구독
09 observe : preserve = 관찰하다 : 보존하다
10 identify : intensify = 알아차리다 : 강화하다
11 exceed : maximize = 초과하다, 넘다 : 극대화하다
12 authority : indifference = 권위 : 무관심

STEP 3 수능기출 실전 문제 풀어보기   pp. 160~162

1 ⑤   2 ③   3 ②   4 ⑤   5 ③   6 ②   7 ④   8 ③

1   정답 ⑤

건축에서 디자인적 요소의 중요성

해석 ● 건축 환경에서의 설계에 관해서, 사람들은 안전성과 기능성은 타협의 여지가 없(이 너무 중요하)다고 여긴다. 하지만 그것이 '디자인된' 방식 등 새로운 설계의 미학은 너무도 흔히 무관하다(irrelevant)고 여겨진다. 어떻게 그 디자인이 인간에게 '영향을 미치는지'에 대한 질문은 거의 하지 않는다. 사람들은 디자인이 (미학적) 건축물이라고 불리는 허세를 만들어낸다고 여기며, 워싱턴 국립 대성당이 지역 사회 교회와는 확실히 다른 것만큼이나 건축물과 (일반) 건물은 다르다고 생각한다. 건축물과 건물, 더 일반적으로는 디자인과 실용성 사이의 이러한 구분(distinction)은 더할 나위 없이 틀린 것이다. 우리의 모든 건축 환경의 디자인이 너무도 대단히 중요하기에 안전성과 기능성이 우리의 유일한 긴박한 우선순위여서는 안 된다는 것을 우리는 더욱더 알아가고 있다. 모든 종류의 디자인 요소들은 환경에 대한 사람들의 경험뿐 아니라, 자아에 대한 경험에도 영향을 미친다. 그것들은 우리의 인지, 감정, 행동, 심지어 행복까지 형성한다(shape). 그것들은 실제로 우리의 정체성까지 구성하도록 돕는다.

▶ 문제 유형 및 해설

반의어

(A) relevant : irrelevant = 적절한, 관련 있는 : 무관한
안전성과 기능성과는 달리 '설계, 디자인'에 관해서는 관련성이 높다거나 중요하게 여겨지지 않는다는 의미로 irrelevant가 적절하다.

(B) connection : distinction = 연결 : 구분, 구별
앞에서 건축물과 (일반) 건물에 '차이가 있다'고 보는 시각을 언급하므로 distinction이 적절하다.

(C) overlook : shape = 간과하다 : 형성하다
디자인 요소가 환경에 대한 경험뿐 아니라 자아에 대한 경험에도 영향을 미친다는 설명과 함께 어디까지 '영향을 주는지' 언급하는 문맥이므로 shape가 적절하다.

구문 분석

▶ More and more we are learning that the design of all our built environments matters **so** profoundly **that** safety and functionality must not be our only urgent priorities.

「so ~ that …(너무 ~해서 …하다)」 구문이다.

functionality	n. 기능성
nonnegotiable	a. 타협 불가한
architecture	n. 건축(물)
utility	n. 효용성, 실용성
profoundly	ad. 대단히, 심오하게
priority	n. 우선순위
constitute	v. 구성하다
sense of identity	정체성

2 ───────────── 정답 ③

북극지방 식물들의 생존법

해석 ● 북극 지방의 식물 성장 계절은 서늘할 뿐만 아니라 짧아서, 식물들은 존재하는 모든 온기를 최대한 이용해야 한다. 북극 지방의 많은 식물들이 짧은 성장 계절에 적응(adaptation)한 한 가지 방법은 녹색으로 겨울을 나는, 즉 반상록성의 잎들이다. 그것들은 늦은 여름에 성장하여 말라죽지 않고 겨울을 나는 잎들이다. 그것들은 푸른 상태로 남아 있다가, 새로운 계절의 잎들이 자라나와 기능을 시작할 시간이 주어지기 전인, 봄에 날씨가 충분히 따뜻해지자마자 광합성을 시작할 수 있다. 그것들은 새로운 잎들이 자라나와 자리를 잡은 후에는 마침내 시들게 (wither) 된다. 녹색으로 겨울을 나는 잎들을 가진 흔히 볼 수 있는 북극 지방 식물들이 많이 있다. 그것들 중에는 북극 양귀비, 아르메리아, 고산 범의귀, 그리고 몇 가지 종류의 별꽃과 개미취가 있다. 녹색으로 겨울을 나는 잎들은 북극 지방에만 국한되지(limited) 않는다. 많은 북쪽 지역 숲의 식물들도 그것들을 가지고 있다.

문제 유형 및 해설

철자 혼동어, 반의어

(A) addiction : adaptation = 중독 : 적응
　'북극 지방의 많은 식물들이 짧은 성장 계절에 적응한 한 가지 방법' 이라는 의미이므로 adaptation이 적절하다.
(B) wither : prosper = 시들다 : 번성하다
　'그것들은 새로운 잎들이 자라나와 자리를 잡은 후에는 마침내 시들 게 된다.'라는 의미이므로 wither가 적절하다.
(C) limit : accustom = 제한하다 : 익숙케 하다
　'녹색으로 겨울을 나는 잎들은 북극 지방에만 국한되지 않는다.'라는 의미이므로 limited가 적절하다.

구문 분석

▶ The growing season in the Arctic region is short **as well as** cool, and plants must **make the most of** what warmth there is.

「A as well as B」는 'B할 뿐만 아니라 A하다'의 구문이며 make the most of는 '~을 최대한 활용하다'로 해석된다.

wintergreen	a. 녹색으로 겨울을 나는　n. 상록식물
semi-evergreen	a. 반상록성의
photosynthesis	n. 광합성
function	v. 기능하다
take over	자리를 넘겨받다, 점거하다
poppy	n. (식물) 양귀비
thrift	n. (식물) 아르메리아
saxifrage	n. (식물) 범의귀
chickweed	n. (식물) 별꽃
starwort	n. (식물) 개미취, 별꽃

3 ───────────── 정답 ②

개구리 왕자 이야기

해석 ● "개구리 왕자" 이야기에서, 한 공주는 연못에서 그녀가 좋아하는 공을 잃어버렸다. 그러나 개구리 한 마리가 나타나서 그녀가 그를 탁자에서 먹고, 그녀의 컵으로 마시고 그녀의 침대에서 자도록 허락해 준다면 그녀의 공을 되찾아 주기로 약속했다. 공을 되찾는 것이 너무나 간절해서(Desperate) 그녀는 동의했지만, 그러나 다음 날 그녀의 문 앞에 개구리가 나타났을 때, 자신이 진실하여야 하고 약속을 이행해야 한다는 생각에 그녀는 혐오감을 느꼈다. 그러나 그녀의 아버지인 왕은 그녀에게 선택권을 주지 않았고 그녀는 약속을 지키도록 강요받았다(compelled). 약속이 지켜졌을 때, 개구리는 사라졌고 공주가 사랑에 빠진 잘생긴 왕자에 의해 그 장소는 차지되었다. 아버지의 주장(insistence) 때문이었긴 하지만 그녀가 진실하고 약속을 지켜준 것이 감사해서 왕자는 공주와 결혼했고 그들은 그 후에 행복하게 살았다.

문제 유형 및 해설

반의어, 기타 혼동어

(A) desperate : unwilling = 필사적인 : 꺼려하는
　공을 되찾는 것이 너무나 간절해서 그녀는 동의했다고 했으므로 Desperate가 적절하다.
(B) compel : forbid = 강요하다 : 금지하다
　왕은 그녀에게 선택권을 주지 않았으며, 그녀는 약속을 어쩔 수 없이 지켜야 했다라고 하고 있으므로 compelled가 적절하다.
(C) indifference : insistence = 무관심 : 주장
　아버지의 주장으로 왕자와의 약속을 지키게 되었으므로 insistence 가 적절하다.

구문 분석

▶ ~ she **lets** him **eat** at her table, **drink** from her cup, and **sleep** in her bed.

「let+A(목적격)+B(동사원형)」는 'A가 B하도록 하다'로 해석된다. B에서 3개의 동사원형이 and로 병렬 연결되었다.

▶ ~ she **is compelled to carry** out her promise.

「be compelled to+동사원형」는 '어쩔 수 없이 ~ 할 수 밖에 없다'의 의미이다.

▶ When the promise has been fulfilled the frog disappears, [its place being taken by a handsome prince with whom she falls in love.]

[ ]는 분사구문으로, 원래의 문장은 [as its place is taken by ~ .]이 된다.

desperate	a. 간절히 원하는, 자포자기한
disgust	v. 혐오감을 유발하다
truthful	a. 정직한
prospect	n. 기대, 예상
give ~ no choice	~에게 선택권을 주지 않다
cf. have no choice but to V	~할 수 밖에 없다
compel	v. 강요하다, ~하지 않을 수 없다
grateful	a. 감사하는
insistence	n. (강한) 주장
ever after	그 이후로, 내내

4 ───────────── 정답 ⑤

개인의 성격 차이를 압도할 가능성이 있는 사회적 영향

해석 ● 활동적인 사람은 부끄럼이 많은 사람보다 친구를 더 쉽게 사귈 수 있고 성실한 사람은 성실하지 않은 사람보다 마감 기한을 맞추는 경우가 더 많을 것이라고 흔히들 믿는다. 하지만 Walter Mischel은 성격 특성과 행동 사이의 전형적인 상관관계가 그리 크지 않다(modest)는 것을 발견했다. 이 소식은 정말 충격적이었는데, 성격 심리학자들이 측정하고 있던 특성이라는 것이 행동을 예측하는 데 있어서 점성술의 별자

리보다 단지 약간만 더 낮다고 그것이 본질적으로 말했기 때문이었다. Mischel은 그 문제점을 지적하기만 한 것이 아니라 그 이유를 진단했다. 그는 성격 심리학자들이 사람들의 성격과는 관계없이 사회적 상황이 사람들의 행동을 결정하는 정도를 과소평가했다(underestimated)고 주장했다. 예를 들어, 어떤 사람이 마감 기한을 맞출 것인지 예측하기 위해서는 성실성 측정에서 그 사람이 받은 점수보다 (그 사람이 처한) 상황에 대해 무언가를 아는 것이 더 유용할 수 있다. 상황적 영향이라는 것은 매우 강력해서 때로 개인의 성격 차이를 <u>압도할</u>(overwhelming) 수 있다.

➡ 문제 유형 및 해설

반의어, 의미 혼동어

(A) apparent : modest = 분명한 : 그다지 크지[많지] 않은, 적당한
성실한 사람은 성실하지 않은 사람보다 마감 기한을 맞추는 경우가 더 많을 것이라고 흔히들 믿는다고 하는 문장 다음, however(역접의 연결사)가 나왔으므로 앞의 내용(성격 특성과 행동 사이의 상관관계 밀접)을 반박하는 내용이 이어져야 하므로 modest가 적절하다.

(B) overestimate : underestimate = 과대평가하다 : 과소평가하다
'특성'이 '행동'을 예측하는 데 있어서 점성술의 별자리보다 단지 약간만 더 낫다고 하였으므로 성격 심리학자들이 사회적 상황이 행동에 미치는 영향을 과소평가했다는 underestimated가 적절하다.

(C) emphasize : overwhelm = 강조하다 : 압도하다
'사회적 상황의 영향력이 매우 강력해질 수도 있다'가 이 글의 요지이므로, Mischel의 주장에 따라 사회적 상황이 때로는 개인의 성격 차이를 압도할 수 있다고 볼 수 있으므로 overwhelming이 적절하다.

➡ 구문 분석

▶ **It** is often believed {[**that** an active person can make friends more easily than a shy person], and [**that** ~ conscientious]}.

It은 가주어이며, 두 개의 진주어 that절 [ ]이 and로 연결되어 병렬 구조를 이루며, '{ } is often believed.'의 구조와 동일하게 해석할 수 있다.

▶ ~ **the traits** [(which[that] 생략) personality psychologists **were** measuring] were just slightly better at predicting behavior than astrological signs.

the traits(복수)가 주어이므로 복수동사인 were가 왔다. [ ] 부분은 관계대명사절로 목적격 관계대명사 which[that]가 생략되어 있다.

▶ ~ personality psychologists had underestimated the extent **to which** the social situation shapes people's behavior, independently of their personality.

which의 선행사는 the extent로 to which는 to the extent의 의미이다.

▶ **To predict** whether a person will meet a deadline, for example, [**knowing** something about the situation] **may be** more useful than knowing the person's score on a measure of conscientiousness.

To predict는 부사적 용법(목적)으로 쓰인 to부정사이며, 동명사구 [ ]가 주어이고, may be가 동사가 된다.

typical	a. 전형적인
correlation	n. 상관관계
personality	n. 성격
trait	n. 특성
apparent	a. 분명한
modest	a. 그다지 크지[많지] 않은, 적당한
essentially	ad. 본질적으로
measure	n. 측정 v. 측정하다
slightly	ad. 약간
predict	v. 예측하다
astrological	a. 점성술의
point out	지적하다
diagnose	v. 진단하다
overestimate	v. 과대평가하다
underestimate	v. 과소평가하다
independently of	~와 관계없이
overwhelm	v. 압도하다

individual	a. 각각의, 개인의

5 .... 정답 ③

과거와 달라진 이민자들의 모습

해석 ● 20세기 중반까지는 단지 소수의 이민자만이 죽기 전에 한두 번 고국을 방문했을 뿐, 대부분은 자기가 태어난 땅으로 다시는 돌아가지 못했다. 이러한 경향은 의사소통을 향상시킨(enhanced) 디지털 혁명과 더불어 세계화의 도래로 완전히 바뀌었다. 결과적으로, 이민은 과거의 모습과는 매우 다른 경험이 되었다. 이민자 가족들이 전화와 텔레비전과 인터넷을 통하여 그들의 옛 문화에 다시 연결될 수 있다(reconnect)는 것은 주류 미국 사회 속으로의 통합에 대한 그들의 접근방식을 바꾸었다. 이것은 또한 어린이들에게 있어 사회화에 대한 이민자 관행에도 크게 영향을 미쳤다. 출신 국가와의 접촉은 이제 더 빈번해졌으며, 더 많은 이민자 가족들이 고국에서 가져온 문화 양식을 유지하고(maintain) 그들의 자녀들도 그것을 유지하도록 영향을 주려고 시도하게끔 영향 받게 되는 결과를 초래한다.

➡ 문제 유형 및 해설

반의어, 의미 혼동어

(A) enhance : hinder = 향상시키다 : 금지하다
'20세기 중반까지는 대부분의 이민자가 자기가 태어난 땅으로 돌아가지 못했지만 이러한 경향이 완전히 바뀐 이유가 의사소통을 향상시킨 디지털 혁명과 세계화로 인한 것'이라는 의미이므로 enhanced가 적절하다.

(B) object : reconnect = 반대하다 : 다시 연결하다
'이민자 가족들이 전화, 텔레비전, 인터넷 등의 매체를 통해 그들의 옛 문화에 다시 연결된다'는 의미이므로 reconnect가 적절하다.

(C) abandon : maintain = 버리다 : 유지하다
'더 많은 이민자 가족들이 고국에서 가져온 문화 양식을 유지하고 그들의 자녀들도 그것을 유지하도록 영향을 준다'라는 의미이므로 maintain이 적절하다.

➡ 구문 분석

▶ As a result, immigration is a very different experience **from** [**what it was** in the past].

명사절로 쓰이는 what절 [ ]는 전치사 from의 목적어 역할을 하며 특히 what it was는 what it used to be(과거의 그 상태; 과거에 ~하곤 했던)로 바꾸어 해석할 수 있다.

▶ **Contacts** with the country of origin **are** now more frequent, and **result in** more immigrant families {**being influenced** [to maintain cultural patterns from the homeland], and [to attempt to influence their children to keep them]}.

주어 Contacts 뒤로 동사 are와 result in이 병렬을 이룬다. result in의 목적어는 동명사구인 { }이며, more immigrant families는 { }의 의미상 주어이다. 또한 being influenced 뒤로 '영향받은' 내용을 설명하는 2개의 to부정사구 [ ]가 and에 의해 병렬을 이룬다.

immigrant	n. 이민자
homeland	n. 고국, 조국
pattern	n. 양식, 패턴
advent	n. 도래
revolution	n. 혁명
via	prep. ~을 통하여
mainstream	n. 주류[대세]
practice	n. 관행
socialization	n. 사회화
origin	n. 기원
frequent	a. 빈번한
attempt	n. 시도

6 ────────────── 정답 ②

민주주의를 위한 시민 참여의 중요성

해석 ● 서로의 흥미나 관심거리에 대해 이웃과 이야기할 수 없다면 민주주의 체제를 가질 수 없다. 민주주의에 대해 지속적인 관심이 있었던 Thomas Jefferson은 이와 유사한 결론에 이르렀다. 그는 기업에서든, 정치적 지도자들에게서든, 혹은 배타적인 정치 제도에서든 집중된(concentrated) 권력의 위험성을 이해하는 데 있어서 선견지명이 있었다. 시민의 직접적인 참여는 미국 혁명을 가능하게 하고 새로운 공화국에 활력과 미래에 대한 희망을 부여했던 존재였다. 그러한 참여가 없다면 그 공화국은 멸망할 것이다. 결국, 그는 국가가 '(지방 의회 구성단위가 되는) 구'로 세분되어야(subdivided) 할 필요성을 인식했는데, '구'는 그곳에 사는 모든 사람들이 정치적인 과정에 직접 참여할 수 있을 정도로 작은 정치 단위였다. 수도에 있는 각 구의 대표들은 이런 방식으로 조직된 시민들에게 반응해야(responsive) 할 것이다. 그런 다음 지역적으로 운영되는 활기찬 민주주의 체제는 공화국의 민주적인 삶을 위한 활발한 기본적 단위를 제공할 것이다. 그런 유형의 참여가 있으면, 공화국은 생존하고 번영할 것이다.

▶ 문제 유형 및 해설

의미 혼동어, 철자 혼동어

(A) concentrate : limit = 집중하다 : 제한하다
　　Thomas Jefferson은 시민들이 직접 참여하여 시민들의 뜻이 정치에 반영되어야 한다는 생각을 가졌고 권력이 집중되는 위험성을 이해하는 데 선견지명이 있었으므로 concentrated를 써야 한다.
(B) blend : subdivide = 섞다 : 세분하다
　　(지방 의회 구성단위가 되는) 구(ward)로 세분되는 것이므로 subdivided를 써야 한다.
(C) resistant : responsive = 저항하는 : 반응하는
　　수도에 있는 각 구의 대표들은 구의 시민들의 의견에 반응하여 그것이 반영될 수 있게 해야 한다는 글의 흐름이므로 responsive를 써야 한다.

democracy	n. 민주주의 체제, 민주주의
mutual	a. 서로의, 상호적인
enduring	a. 지속적인
concentrated	a. 집중된
exclusionary	a. 배타적인
involvement	n. 참여, 관여
republic	n. 공화국
vitality	n. 활력, 생기
subdivide	v. 세분하다
ward	n. (지방 의회 구성단위가 되는) 구(區)
representative	n. 대표
responsive	a. 반응하는
prosper	v. 번영하다

7 ────────────── 정답 ④

교사들의 고립된 사고

해석 ● 교사가 홀로 일을 할 때 그들은 오직 한 쌍의 눈, 즉 자기 자신의 눈으로 세상을 보는 경향이 있다. 이런저런 과목이나 혹은 수업을 가르치는 데 있어서 더 성공적일 수 있는 누군가가 '같은 건물 혹은 같은 지역' 어딘가에 있을 수 있다는 사실을, 문을 닫고 거의 혼자서 학교의 연간 행사 계획표를 실천해 나가는 교사는 이해하지 못한다(lost). 일을 더 잘하거나 최소한 다르게 하는 사람들을 벤치마킹할 수 있게 해주는(allows) 과정이 없는 상태에서, 교사들은 하나의 시각, 즉 자신의 시각만을 갖게 된다. 나는 사회 과학 분야에 속한 다양한 과목을 가르쳤는데 동일한 과목을 가르치는 나의 동료들이 어떻게 가르치는지에 대해 아는 것이 거의 없었다. 의견이나 정보를 교환하고, 공동 평가를 계획하고, 자신이 잘한 것을 공유하기 위해서 정기적으로 만난다는 생각을 우리는 전혀(never) 해보지 않았다. 오히려 우리는 사회 교과 교무실에서 시간

이 부족한 것에 대해 불평하면서 그리고 서로 비난하고 책임 전가를 하면서 많은 시간을 보냈다.

▶ 문제 유형 및 해설

기출 혼동어, 반의어

(A) based : lost = (~을) 기반으로 하는 : 이해할 수 없는
　　자기 혼자서만 고립되어 연구하고 작업하는 교사는 주변에 더 성공적일 수 있는 다른 교사가 있을 수 있다는 것을 알지 못하게 된다는 의미가 되어야 하므로 lost가 적절하다.
(B) allow : forbid = 허락하다 : 금지하다
　　혼자 고립된 교사는 다른 교사를 벤치마킹할 수 있게 해주는 과정이 없는 상태가 되게 되므로 allows가 적절하다.
(C) mostly : never = 주로, 대체로 : 결코 ~않다
　　필자가 앞 문장에서 사회 과학 분야에 속한 다양한 과목을 가르쳤음에도 동일한 과목을 가르치는 동료들이 어떻게 가르치는지에 대해 아는 것이 거의 없었다고 했으므로 never가 적절하다.

▶ 구문 분석

▶ **The fact** [that there might be someone somewhere *in the same building or district* who may be more successful at teaching this or that subject or lesson] **is** lost on teachers {who close the door and work ~ alone}.

The fact와 that절인 [ ]는 동격의 관계에 있으며 주어가 The fact가 되며 동사는 is가 된다. 그리고 { }는 관계대명사(주격)절로 선행사 teachers를 수식하는 형용사 역할을 한다.

▶ Rather, we **spent much time in** the social studies office **complaining** about a lack of time and playing the blame game.

문장에서 「spend + 시간 + in + 명사구 혹은 V-ing」은 '~하는 데 시간을 사용하다'라는 의미를 가진 동사구 표현이다. 참고로 「spend + 돈 + on + 명사구 혹은 V-ing」도 같이 기억해 둔다.

isolation	n. 고립, 격리
district	n. 지역, 구역
be lost on	~에게 이해되지 않다
school calendar	학교의 연간 행사 예정표
in the absence of	~이 없는 상태에서
benchmark	v. 벤치마킹하다
perspective	n. 시각, 관점
compare notes	의견이나 정보를 교환하다
assessment	n. 평가
blame game	비난 게임(어떤 실패 상황이나 부적절한 결과에 대해 단독 책임을 인정하지 않으려는 사람들이 서로 비난하고 책임을 전가하는 것)

8 ────────────── 정답 ③

제삼자를 이용한 칭찬의 효과

해석 ● 여러분은 친구가 되고 싶은 어떤 사람을 칭찬하기 위해 제삼자를 이용하면서도 여전히 여러분의 칭찬 대상이 자신에 대해 좋은 감정을 느끼고, 나아가 여러분에 대해서 좋은 감정을 느끼게 한 것으로 '공적'을 인정받을 수 있다. 여러분이 다른 사람들, 특히 여러분이 그들로부터 무언가를 원할지도 모른다고 의심하는 누군가를 직접(directly) 칭찬할 때, 그들은 여러분이 아첨을 통해 의도적으로 그들에게 영향을 미치려고 노력하고 있다고 의심하기 때문에 여러분의 노력을 깎아 내리는 경향이 있다. 제삼자의 칭찬은 이런 의심을 없앤다(eliminates). 제삼자의 칭찬을 만들어내기 위해서 여러분은 여러분과 여러분의 관심 대상인 사람을 모두 알고 있는 공통의 친구나 아는 사람을 찾을 필요가 있을 것이다. 더욱이 여러분은 자신이 선택한 제삼자가 여러분의 칭찬을 그것이 의도된 그 사람에게 전달해 줄 거라는 것을 어느 정도 확신해야 한다. 만약 이 정보의 전달(transmission)이 성공하면 여러분이 여러분의 관심 대상인 사람을 다음에 만났을 때 그 사람은 긍정적인 관점에서 여러분을 보게 될 것이다.

반의어, 기출 혼동어

(A) directly : indirectly = 직접적으로 : 간접적으로
타인을 직접 칭찬한다면 아첨하려는 의도가 있다는 의심을 살 수 있다는 내용이므로, directly가 적절하다.

(B) eliminate : encourage = 제거하다 : 격려하다
제삼자를 통한 칭찬이 이와 같은 의심을 없앨 수 있다는 내용이므로, eliminates가 적절하다.

(C) clarification : transmission = 설명, 해명 : 전달
제삼자를 통해 칭찬을 전달하는 것이므로 transmission이 적절하다.

▶ 구문 분석

▶ When you directly compliment [other people], [particularly **anybody** {who suspects you might want something from them}], ~

두 개의 명사구 [ ]는 서로 동격이며, { }는 선행사(anybody)를 수식하는 주격 관계대명사절이다.

▶ [To construct a third-party compliment] you will need to find **a mutual friend or acquaintance** {who knows both you and your person of interest}.

[ ]는 부사적 용법의 to부정사구이고, { }는 선행사(a mutual ~ acquaintance)를 수식하는 주격 관계대명사절이다.

compliment	n. 칭찬
befriend	v. 친구가 되다
flattery	n. 아첨
skepticism	n. 의심
acquaintance	n. 아는 사람
perspective	n. 관점, 시각

DAY 17 문맥상 낱말의 쓰임이 적절하지 않은 것 고르기 (1)

1 ④	2 ④	3 ⑤	4 ④	5 ⑤	6 ④	7 ③
8 ④	9 ④	10 ③	11 ②	12 ⑤		

1   정답 ④

물을 이용할 권리와 분배

해석 ● 많은 산악 지역에서, 물을 이용할 권리가 토지의 소유와 연관되어 있는데, 예를 들어, 최근까지 안데스 산맥에서는 토지와 물 권리가 결합되어(combined) 토지와 함께 물 권리가 이전되었다. 그러나 주(州) 토지 개혁과 추가 공급원의 개발을 통해 물 권리가 토지와 분리되어 경매에 부쳐질 수도 있다. 그러므로 이것은 지역 사회의 모든 사람에게 이용할 권리를 보장하기보다는, 비용을 지불할 수 있는 사람에게 유리하다(favours). 따라서 물이 없는 땅을 개인이 보유할 수도 있는 상황이 생긴다. 페루에서는, 정부가 토지와는 별도로 지역 사회에 물을 주고, 그것을 분배하는 것은 공동체의 몫이다. 예멘에서도 마찬가지로, 전통적인 분배는 100'립나'의 토지에 1척(타사)의 물이었다. 이것은 공급이 보장되는(guaranteed) 유수(流水), 우물 등의 전통적인 관개(灌漑) 공급에만 적용되었다. 갑작스럽게 불어난 물을 억류해서 얻어진 물은 불확실한 수원(水源)이 되는 것으로 여겨지기 때문에 이슬람 율법의 영향을 받지 않고, 따라서 그 물을 모아서 사용할 수 있는 사람들에게는 무료이다. 그러나 토지 단위에 따라 하는 이 전통적인 분배는 부분적으로는 새로운 공급의 개발에 의해서 뿐만 아니라, 경제적으로 상당히 중요한 작물의 재배 감소(→ 증가 increase)에 의해서도 회피되었다. 이 작물은 일 년 내내 수확되고, 따라서 적정한 몫의 물 그 이상을 필요로 한다. 그 작물의 경제적 지위는 생계형 작물로부터 물 권리를 사거나 매수할 수 있도록 보장한다(ensures).

▶ 문제 유형 및 해설

문맥상 낱말의 쓰임이 적절하지 않은 것 고르기

① 물을 이용할 권리는 토지 소유와 연관 있다고 했으므로 맥락상 combined는 적절하다.

② 물 권리가 경매에 부쳐지면 그 돈을 낼 수 있는 사람에게 유리할 것이므로 favours는 적절하다.

③ 유수나 우물은 물의 공급이 보장되므로 guaranteed는 맥락상 적절하다.

④ 경제적으로 중요한 작물이 일 년 내내 수확되기 때문에 적정한 몫의 물 그 이상을 필요로 한다는 내용이 이어지므로, 중요한 작물의 재배가 증가되는 것임을 알 수 있다. 따라서 decrease를 increase로 고쳐야 한다.

⑤ 일년 내내 재배되는 경제적으로 중요한 작물은 생계형 작물보다 물 사용이 우선시될 것이므로 권리의 매수를 보장할 것이다. 따라서 ensures는 적절하다.

possession	n. 소유
auction	n. 경매
grant	v. (인정하여 정식으로) 주다
allocate	v. 분배하다, 할당하다
runoff	n. 유수(流水)
guarantee	v. 보장하다
flash flood	갑작스럽게 불어난 물
be subject to	~의 영향을 받다
constitute	v. ~이 되는 것으로 여겨지다
bypass	v. 회피하다, 무시하다
cultivation	n. 재배
substantial	a. 상당한

2 ──────────────── 정답 ④

얇아진 씨앗 껍질

해석 ● 사람들이 저장된 씨앗 종자를 의도적으로 심기 시작했을 때 그들은 또한 자신들의 식물을 보호하기 시작했다. 이것은 이들 식용식물이 더 이상 자연환경 속에서 살아남아야 할 필요성이 없어지면서 그것들이 경험한 진화적 압박(pressure)을 변화시켰다. 대신에, 사람들은 그것들을 위한 새로운 환경을 창조했고, 자연이 이전에 선택한 것과는 다른 특징들을 선택했다. 고고학적 현장에서 발굴된 씨앗들은 농부들이 더 큰 씨앗과 더 얇은(thinner) 껍질을 선택했다는 것을 명백히 보여준다. 두꺼운 껍질은 흔히 씨앗이 자연환경에서 생존하는 데 필수적인데(essential) (그것은) 많은 야생 식물의 씨앗이 겨울이 끝나고 비가 오기 시작할 때까지 여러 달을 휴면 상태로 남아 있어야 하기 때문이다. 하지만 인간의 관리 하에서 두꺼운 씨앗 껍질은 불필요한데, (그것은) 농부들이 수분과 포식자로부터 씨앗을 보호하여 저장하는 책임을 피하기(→넘겨받기 take over) 때문이다. 사실, 더 얇은 껍질을 가진 씨앗은 그것이 먹거나 가루로 가공하기가 더 수월하고 파종되었을 때 묘목이 더 빠르게 발아하기 때문에 선호되었다(preferred).

▶ 문제 유형 및 해설

문맥상 낱말의 쓰임이 적절하지 않은 것 고르기

① 자연 환경에서 살아남아야 할 필요성이 사라진 것이므로 이러한 환경의 변화가 진화적 압박(pressure)을 변화시켰다고 하는 것은 문맥상 자연스럽다.
② 다음 문장에서 두꺼운 껍질이 필요하지 않게 되었다는 언급이 있으므로 더 얇은(thinner) 껍질을 선택했다는 것은 문맥상 자연스럽다.
③ 자연환경에서 생존하기 위해 껍질이 왜 두꺼워야 하는지를 설명하고 있으므로 essential은 적절하다.
④ 야생 상태와는 달리 인간의 관리 하에서 껍질은 두꺼울 필요가 없는데, 그것은 농부들이 수분과 포식자로부터 씨앗을 보호하고 저장하기 때문이다. 따라서 책임을 회피하는(evade) 것이 아니라 '넘겨받았다(take over)'는 표현으로 고쳐야 한다.
⑤ 씨앗의 껍질이 얇아진 것의 장점이 제시되었으므로 이 씨앗들이 선호되었다(preferred)고 하는 것이 적절하다.

▶ 구문 분석

▶ In fact, seeds with thinner coats were preferred as they are easier to eat or process into flour, and they **allow seedlings to sprout** more quickly [when (they are) sown].

5형식 문장 「allow+O+O·C(to부정사)」로 해석한다. 또한 [ ]는 부사절로 안에 「주어+동사(they are)」가 생략되어 when sown이 되었다.

seed stock	씨앗 종자
deliberately	*ad.* 의도적으로, 일부러
archaeological	*a.* 고고학의
dormant	*a.* 휴지기의
set in	시작되다
evade	*v.* 피하다
seedling	*n.* 묘목, 모종
sprout	*v.* 발아하다, 발육하다

3 ──────────────── 정답 ⑤

인간이 느끼는 외로움과 비슷한 것을 느끼는 동물들

해석 ● 인간이 느끼는 외로움과 유사한 어떤 것을 동물이 느낄 수 있는지 말하기는 어렵다. 그러나 어떤 종류의 앵무새처럼 매우 사회적인 동물들은 혼자 두었을 때 해로운 방향으로(adversely) 영향을 받는 것처럼 보인다. 일부 앵무새들은 이상한 행동을 할 것이고 심하게 자신에게 상처를 입힐 수 있다. 몇몇 큰 앵무새들은 오랫동안 고립(isolation)되면 심지어 미쳐가는 것처럼 보일 것이다. 반면에 천성적으로 무리지어 살지 않는(solitary) 어떤 동물들은 전혀 영향을 받지 않는 것처럼 보인다. 어떤 물고기들, 특히 어떤 종류의 cichlid는, 수족관에 한 마리 이상 두면

같은 종과 심하게 싸우기(fight)까지 할 것이다. 날지 못하는 새의 일종인 Guam rail은 그들과 같은 종을 잘 견뎌낸다(→못 참는다 intolerant). 그리고 그것은 명백하게 포획 상태에서 번식시키는 것을 매우 어렵게 만들었다.

▶ 문제 유형 및 해설

문맥상 낱말의 쓰임이 적절하지 않은 것 고르기

① 사회적인 동물들을 혼자 두었을 때 나타나는 반응이므로 해로운 방향으로(adversely) 영향을 받는다고 하는 것이 적절하다.
② 사회적인 동물인 앵무새들이 받을 수 있는 부정적인 반응의 예를 보여주고 있는 문장이므로 이런 반응이 나올 수 있는 것은 이들이 고립(isolation)되었을 때라고 보는 것이 적절하다.
③ 동일 상황에서 영향을 받지 않는 동물에 대한 문장이므로 무리지어 살지 않는(solitary) 동물이 나오는 것이 자연스럽다.
④ 자연 상태에서 혼자 사는 동물들의 경우, 같이 두면 싸울 수(fight) 있다는 문장은 적절하다.
⑤ 바로 앞 문장에서 같은 종과 심하게 싸운다는 물고기가 언급되고, 이어서 같은 맥락의 다른 예시로 Guam rail이 언급된다. which 뒤로 이들을 번식시키기가 매우 어렵다고 언급된 것을 보아, 이들이 서로를 '못 견딘다'는 의미가 되도록 tolerant를 intolerant로 고쳐야 한다.

▶ 구문 분석

▶ [Whether an animal can feel anything **resembling** the loneliness humans feel] **is** hard to say.

[ ]는 명사절로 주어 역할을 하며 동사는 is가 된다. 또한 resembling 이하는 앞에 있는 anything을 꾸며 주는 형용사 역할을 하는 분사구이다.

adversely	*ad.* 해롭게, 불리하게
bizarre	*a.* 이상한, 별난
captivity	*n.* 포획

4 ──────────────── 정답 ④

부동산 임대 시장의 특별한 특징

해석 ● 부동산 임대 시장의 특별한 특징은 그것이 심한 장기적 경기 수축기를 겪는 경향이 있다는 것인데, 공산품보다 그 경향이 더 강하다. 어떤 공산품의 공급이 수요를 초과하면(exceeds), 수요와 공급의 균형을 맞추기 위해 제조자는 생산량을 줄이고 상인은 재고를 줄인다. 하지만 부동산(property) 소유자는 자신들 건물의 임대 가능한 공간의 양을 줄일 수 없다. 주기의 절정기에 업체와 소비자 요구를 수용하기 위해 건설된 공간은 남아 있고(remains), 그래서 공실률은 오르고 하향 추세는 더욱 심해진다. 임대료는 일반적으로 어떤 지점, 즉 운영비를 충당하기 위해 청구되어야 할 최대한의 비용(→ 최소한의 비용 minimum) 밑으로는 떨어지지 않는다. 어떤 소유자들은 그것 때문에 돈을 잃으니 그 공간을 시장에서 빼버릴 것이다. 그 부동산의 비용 일부를 지급할 수 없는 소수는 투매 가격에 팔 것이고 대출기관은 (임대료를 치르지 않은) 다른 부동산들을 회수(압류)할 것이다. 그렇게 되면 이것들은 더 낮은 임대료로 시장에 나올 수도 있는데, 이는 시장을 더욱 침체시킨다(depressing).

▶ 문제 유형 및 해설

문맥상 낱말의 쓰임이 적절하지 않은 것 고르기

① 균형을 맞추기 위해 생산량을 줄이거나 재고를 줄인다고 했으므로 이는 공급이 수요를 초과한(exceeds) 것이라고 보는 것이 자연스럽다.
② 공산품과 부동산 임대 시장을 비교하는 글로 앞 문장에서 공산품의 예를 들었으므로 그 이후에는 부동산(property)의 예가 나오는 것이 적절하다.
③ 앞 문장에서 부동산 소유주는 공간의 양을 줄일 수 없다는 것을 언급했으므로 그 공간이 남아 있다(remains)는 것은 자연스럽다.
④ 임대료는 일반적으로 운영비를 충당하기 위해 청구되어야 할 최소한의 비용(minimum) 밑으로는 떨어지지 않는다고 해야 논리에 맞으므

로 maximum을 minimum으로 고쳐야 한다.
⑤ 부동산 임대 시장이 장기적 수축기를 겪게 되는 과정을 설명한 글로 마지막 문장은 시장이 더욱 침체되는(depressing) 결과를 설명하고 있다.

▶ 구문 분석
► **A few**, [unable to subsidize the property], **will** sell at distress prices, ~.

A few가 주어, [ ]는 삽입구이며, will sell이 동사가 된다.

real estate	부동산
tendency	n. 경향
undergo	v. 겪다
manufactured product	공산품(공장에서 제조된 상품)
exceed	v. 초과하다, 넘다
cut back on	~을 줄이다
output	n. 생산량
inventory	n. 재고
property	n. 부동산
accommodate	v. 수용하다
vacancy rate	공실률
subsidize	v. ~에 보조금을 지급하다
lender	n. 대출기관, 빌려주는 사람
repossess	v. 회수[압류]하다

5 .... 정답 ⑤

취학 전 시기에 형성되는 자기주도력의 중요성

해석 ● 취학 전 시기의 기본적인 과제는 능력과 (자기) 주도력의 감각을 확립하는 것이다. (자기) 주도력과 죄책감 사이에 핵심 난제가 있다. 취학 전 아동은 자기가 직접 선택한(choosing) 활동에 신체적으로 그리고 심리적으로 참여할 준비가 되면서 많은 자기 활동들을 주도하기 시작한다. 자기 결정을 얼마간 내릴 실제적인 자유가 허용된다면 그들은 자기가 주도하고 끝까지 완수해 낼 자신의 능력에 대한 자신감을 특징으로 하는 긍정적인(positive) 성향을 발달시키게 된다. 그러나 만약 자신들의 선택이 놀림을 받는다면 그들은 죄책감을 겪고 적극적인(active) 태도를 취하는 데서 궁극적으로 손을 떼는 경향을 띠게 된다. 우리와 이야기를 나눈 한 중년 여성은 여전히 자신이 멍청해(foolish) 보이는 것에 매우 취약하다는 것을 알고 있다. 그녀는 어린 시절 동안 가족 구성원들이 어떤 과제를 수행하는 그녀의 시도에 대해 놀렸다는 것을 상기한다. 그녀는 자기 가족에게서 받은 어떤 메시지를 받아들였고 이 메시지는 그녀의 태도와 행동에 크게 영향을 미쳤다. 지금까지도 그녀는 자기 머릿속에 이런 장면들을 생생하게 지니고 있고 이 메시지들이 그녀의 삶을 통제하기를 멈춘다(→ 계속한다 continue).

▶ 문제 유형 및 해설
문맥상 낱말의 쓰임이 적절하지 않은 것 고르기

① 자기 주도력에 관한 설명이므로 자기가 선택한(choosing) 활동에 참여한다고 하는 것은 적절하다.
② 자신의 능력에 대한 자신감을 특징으로 하는 긍정적인(positive) 성향을 발달시킨다는 문맥은 자연스럽다.
③ 죄책감을 겪게 되면 적극적인(active) 태도를 취하는 데서 손을 뗀다는 내용은 적절하다.
④ 다음 문장에 가족들이 그녀의 시도에 대해 놀렸다고 나와 있으므로, 그녀 자신이 멍청해(foolish) 보이는 것에 취약할 것이라는 내용은 적절하다.
⑤ 중년의 여성이 어린 시절의 영향을 계속해서 받고 있으므로, 메시지들이 그녀의 삶을 통제하기를 중단한다는 표현은 어색하다. 따라서 cease를 continue로 고쳐야 한다.

▶ 구문 분석
► Preschool children **begin** to initiate many of their own activities [as they **become** physically and psychologically **ready**

{**to** engage in pursuits of their own choosing}].

begin은 동명사와 to부정사를 모두 목적어로 취하는 동사이다. [ ]는 시간 부사절이며 { }는 「be[become] ready to(~할 준비가 되다)」 구문의 to부정사구이다.

► ~ they tend to develop **a positive orientation** [characterized by **confidence** {in their ability (to initiate and follow through)}].

[ ]는 a positive orientation을 수식하는 과거분사구이며, { }는 confidence를 수식하는 전치사구이다. ( )는 their ability를 수식하는 to부정사의 형용사적 용법이다.

preschool	a. 취학 전의
establish	v. 확립하다, 세우다
competence	n. 능력
initiative	n. (자기) 주도력 v. 주도하다
core	a. 핵심적인
struggle	n. 난제(難題), 어려운 일
guilt	n. 죄책감
initiate	v. 주도하다, 시작하다
engage in	~에 참여하다
pursuit	n. 추구
orientation	n. (사람의) 성향, 방향
characterize	v. (~의) 특징이 되다
confidence	n. 자신감
follow through	끝까지 완수하다
ridicule	v. 놀리다
ultimately	ad. 궁극적으로
withdraw from	~에서 손을 떼다, 물러나다
stance	n. 태도, 입장
extremely	ad. 매우, 극심하게
vulnerable	a. 취약한
recall	v. 상기하다, 생각해 내다
attempt	n. 시도, 노력
influence	v. 영향을 미치다
vividly	ad. 생생하게
cease	v. 멈추다, 그치다

6 .... 정답 ④

사람들의 세상의 대한 의존성

해석 ● 우리가 사는 세상이 원활하게(smooth) 돌아가지 않을 때 우리는 수리공을 부르게 되며, 그러한 순간에 우리가 보통 당연하게 여겼던 것들(예를 들어, 물이 내려가는 변기)에 대한 의존성을 분명히 인식하게 된다. 바로 이런 이유로 수리공이 있으면(presence) 자아도취자는 마음이 불편해질 수 있다. 그가 더럽다거나 작업이 지저분한 것은 그리 문제가 되지 않는다. 오히려, 그는 어쨌거나 뿌리 깊은 우리의 자기 인식에 도전하는(challenge) 듯하다. 우리는 생각했던 것만큼 자유롭고 독립적이지 않다. 사회 기반 시설(하부에 위치한 하수도 체계나 상부에 위치한 전력망)에 지장을 주는 거리(수준)의 작업은 우리가 '공유하는' 고립(→ 의존 dependence)을 눈에 띄게 한다. 사람들은 자신의 부나 가난에 따라 심지어 같은 도시에서도 매우 다른 세상에서 살 수 있다. 하지만 우리 모두는 궁극적으로 같은 물리적 현실 속에서 살고 있으며, 세상에 공통의(common) 빚을 지고 있다.

▶ 문제 유형 및 해설
문맥상 낱말의 쓰임이 적절하지 않은 것 고르기

① 세상이 원활하게 돌아가지 않을 때를 이야기하는 것이므로 순조롭게(smooth)가 적절하다.
② 수리공이 있으면 자아도취자가 불편해지는 것으로 있음(presence)이 적절하다.
③ pose a challenge는 도전하다의 의미로 challenge가 적절하다.
④ 우리가 세상에 의존하는 것이므로 isolation(고립)을 dependence(의존)로 바꿔야 한다.
⑤ 우리 모두 세상에 공통의(common) 빚을 지고 있다가 적절하다.

구문 분석

▶ [The repairman is called in when the smooth operation of our world has been disrupted], **and** [at such moments our dependence on things {normally taken for granted} (for example, a toilet that flushes) is brought to vivid awareness.]

2개의 큰 절 [ ]이 등위접속사(and)로 병렬 연결되었고 { }는 과거분사구로 앞에 things를 수식해 주는 형용사 역할을 한다.

▶ For this very reason, the repairman's presence may **make the narcissist uncomfortable**.

사역동사인 make는 목적어 다음에 목적격보어로 형용사(uncomfortable)가 왔다.

repairman	n. 수리공
disrupt	v. 방해하다, 지장을 주다
dependence	n. 의존성
normally	ad. 보통
take ~ for granted	~을 당연히 여기다
vivid	a. 분명한, 생생한
awareness	n. 인식
presence	n. 있음, 존재
messy	a. 지저분한
fundamental	a. 뿌리 깊은, 근본이 되는
infrastructure	n. 사회 기반 시설
sewer system	n. 하수도 체계
isolation	n. 고립
inhabit	v. (특정 지역에) 살다
physical	a. 물리적인
ultimately	ad. 궁극적으로
owe a debt	빚을 지다

7

정답 ③

학습에 대한 보조도구인 계산기

해석 ● 1970년대 학교가 휴대용 계산기를 사용하는 것을 허락하기 시작했을 때, 많은 학부모들이 반대했다(objected). 그들은 기계에 대한 의존성이 자녀들의 수학적 개념에 대한 이해력을 약화시킬 것이라고 걱정했다. 그런 우려가 대체로 불필요한(unneeded) 것이었음을 후속 연구가 보여주었다. 더 이상 일정하게 정해진 규칙의 계산에 많은 시간을 소모하지 않게 되어서, 많은 학생들은 그들의 연습 문제에 기초가 되는 원리에 대해 더 깊이 이해하게 되었다. 오늘날, 계산기에 관한 그 이야기는 온라인 데이터베이스에 대한 의존성 증가가 해가 되는(→ 도움이 되는 helpful) 것이라는 주장을 뒷받침하기 위해 종종 사용된다. 인터넷은 기억하는 일로부터 우리를 자유롭게 해서 우리가 창조적인 생각에 더 많은 시간을 바치도록 해준다고들 한다. 휴대용 계산기는 우리의 작동 기억에 대한 부담을 덜어주었고(relieved), 우리가 그 중요한 단기 저장소를 더 추상적인 추론을 위해 사용하도록 해주었다. 강력하지만 매우 전문화된 도구인 계산기는 우리의 작동 기억에 보조 도구(aid)라는 것이 판명되었다.

문제 유형 및 해설

문맥상 낱말의 쓰임이 적절하지 않은 것 고르기

① 바로 다음 문장에서 학부모들은 계산기가 자녀들의 이해력을 약화시킬 것이라고 우려하고 있다고 했으므로, 학부모들은 학교에서 계산기 사용에 대해 반대했다(objected)는 것을 알 수 있다.
② 뒤에 이어지는 내용에서, 계산기 사용의 이점에 대해 언급하고 있으므로 계산기 사용에 대한 우려가 불필요한(unneeded) 것임을 알 수 있다.
③ 계산기에 관한 이야기는 온라인 데이터베이스에 대한 의존성 증가가 도움이 된다는 주장을 뒷받침할 수 있다는 의미이므로 disadvantageous가 아니라 helpful을 써야 한다.
④ 계산기 사용으로, 기억에 대한 부담이 줄었다는 맥락이므로 relieved는 적절하다.

⑤ 계산기는 전문화된 보조 도구인 것으로 판명되었다는 내용이므로, aid는 적절하다.

구문 분석

▶ ~ when schools **began** [**allowing** students **to use** portable calculator], many parents objected.

begin은 to부정사와 동명사 둘 다 목적어로 취할 수 있으며 [ ]는 5형식 문장인 「allow+O+O·C(to부정사)」이다.

reliance	n. 의존성
subsequent	a. 후속의, 뒤이은
routine	a. 상례적인, 틀에 박힌
underlie	v. ~의 기초가 되다
pocket	a. 휴대용의, 소형의

8

정답 ④

사고의 억제로 인한 반동 효과

해석 ● 내가 여러분에게 '백곰을 생각하지 말라.'라고 말하면, 여러분은 백곰을 생각하지 않는 것이 어렵다는 것을 알게 될 것이다. 이런 식으로, '사고의 억제는 억누르고 싶은 생각을 가라앉히는 대신, 그것을 실제로 증가시킬 수 있다'. 이것의 한 가지 흔한 예는 다이어트를 하고 있어서 음식에 대해 생각하지 않으려고 노력하는 사람들이 흔히 음식에 대해 훨씬 더 많이(more) 생각하기 시작한다는 것이다. 따라서 이 과정은 '반동 효과'라고도 알려져 있다. 그 아이러니한(ironic) 결과는 관련된 두 가지 인지 과정의 상호작용에 의해 야기되는 것 같다. 우선, 이 이중 처리 체계는 의도적인 운영 과정을 포함하는데, 그것은 억제된 생각과 무관한(unrelated) 생각을 의식적으로 찾아내려고 한다. 다음으로, 그리고 동시에, 무의식적인 감시 과정은 운영 체계가 효과적으로 작동하고 있는지 검사한다. 감시 체계가 의도된 생각과 일치하지 않는 생각과 마주치는 경우, 그것은 의도적인 운영 과정을 자극하여 반드시 이러한 생각이 부적절한(→ 적절한 appropriate) 생각에 의해 대체되도록 한다. 그러나 주장되는 바로는, 의도적인 운영 체계는 피로, 스트레스, 정서적 요인에 의해 생긴 인지 부하의 증가로 인해 작동을 멈출 수 있고, 그래서 감시 과정이 부적절한 생각을 걸러서 의식으로 스며들게 해, 그것을 아주 접근하기 쉬워지게(accessible) 만든다는 것이다.

문제 유형 및 해설

문맥상 낱말의 쓰임이 적절하지 않은 것 고르기

① 사고의 억제는 오히려 생각을 증가시킨다고 했으므로 음식을 생각하지 않으려고 하면 더 많이 생각하게 될 것이다. 따라서 more는 적절하다.
② 사고의 억제가 생각을 증가시키는 것은 역설적인 결과이므로 ironic은 문맥상 적절하다.
③ 어떤 것에 대해 생각하지 않으려고 할 때 우선 그것과 무관한(unrelated) 생각을 찾아내려고 노력한다는 것은 문맥상 자연스럽다.
④ 의도적인 운영 체계는 억제된 생각과 무관한 생각을 찾아내려고 하고, 무의식적인 감시 과정은 운영 체계를 검사하다가 일치하지 않는 생각을 찾을 때 적절한 생각으로 그것을 대체해서 정상화하려고 할 것이다. 따라서 inappropriate를 appropriate로 고쳐야 한다.
⑤ 인지 부하로 운영체계가 작동을 멈추면 감시 과정은 그 부적절한 생각을 의식으로 스며들게 한다고 했으므로, accessible은 문맥상 자연스럽다.

구문 분석

▶ [One common example of this] is [**that** people on a diet {who try not to think about food} often begin to think much more about food].

첫 번째 [ ]는 문장의 주어, 두 번째 [ ]는 보어로 that이 이끄는 명사절이다. { }는 주격 관계대명사절로 선행사 people on a diet를 수식한다.

suppression	*n.* 억제, 억압
rebound effect	*n.* (심리학) 반동 효과
ironic	*a.* 아이러니한, 역설적인
interplay	*n.* 상호작용
cognitive	*a.* 인지의
dual	*a.* 이중의
intentional	*a.* 의도적인
consciously	*ad.* 의식적으로
locate	*v.* 찾아내다
simultaneously	*ad.* 동시에
monitor	*v.* 감시하다
encounter	*v.* 마주치다
inconsistent with	~과 일치하지 않는
prompt	*v.* 자극하다
ensure	*v.* 반드시 ~하게 하다
replace	*v.* 대체하다
load	*n.* 부하, 부담
fatigue	*n.* 피로
filter	*v.* 거르다, 스며들게 하다
inappropriate	*a.* 부적절한
accessible	*a.* 접근하기 쉬운

then persuaded that all but one of those explanations are unsatisfactory)}, [we should pause to reflect].

[ ]는 주절이고, { }는 시간 부사절로 { }에서 두 개의 ( )가 부사절의 동사구로 등위접속사(and)에 의해 병렬 연결되어 있다.

▶ {Before conceding that the remaining explanation is the correct **one**}, consider [**whether** other plausible options are being ignored or overlooked].

{ }는 부사절이 분사구문화 된 것이며, { }안의 one은 explanation을 대신하는 부정대명사이다. [ ]는 consider의 목적어 역할을 하는 접속사 whether가 이끄는 명사절로 '~인지'로 해석한다.

phobia	*n.* 공포증
establish	*v.* 결론짓다, 규명하다
reasonable	*a.* 타당한
concern	*v.* 관계있다
consistent	*a.* 양립하는
unsatisfactory	*a.* 적절하지 않은
overlook	*v.* 간과하다
mislead	*v.* 오도하다, 잘못된 길로 이끌다
assumption	*n.* 가정
explicit	*a.* 명백한
exhaust	*v.* 고갈시키다
sensible	*a.* 합리적인

9   정답 ④

잘못된 선택의 오류가 일으키는 문제

해석 ● Paula가 극심한 공포증을 겪는다는 것을 우리가 안다고 가정해 보자. Paula가 뱀이나 거미 둘 중 하나를 두려워한다고 추론한 다음, 그녀가 뱀을 두려워하지 않는다는 것을 규명한다면(establish), 우리는 Paula가 거미를 두려워한다고 결론지을 것이다. 그러나 우리의 결론은 실제로 Paula의 두려움이 뱀이나 거미 둘 중 하나와 관계가 있는 경우에만 타당하다. 만약 우리가 Paula가 공포증이 있다는 것만 알고 있다면, 그녀가 뱀을 두려워하지 않는다는 사실은 그녀가 높은 곳, 물, 개, 또는 숫자 13을 두려워한다는 것과 전적으로 양립한다(consistent). 더 일반적으로는 우리에게 어떤 현상에 대한 일련의 대안적 설명이 제공되고, 그런 다음 그 설명들 중 하나를 제외하고는 모든 것이 적절하지 않다는 (unsatisfactory) 것을 확신한다면, 우리는 멈춰서 심사숙고해야 한다. 남아 있는 그 설명이 옳은 것이라고 부정하기(→ 인정하기 conceding) 전에, 타당해 보이는 다른 선택 사항들이 무시되거나 간과되고 있는지를 고려해 보라. 잘못된 선택의 오류는, 우리가 숨어 있는 중요한 가정에 불충분하게 주의를 기울이면, 명백한 것으로 밝혀진 선택 사항들이 합리적인(sensible) 대안을 고갈시키도록 오도한다.

🔎 문제 유형 및 해설

문맥상 낱말의 쓰임이 적절하지 않은 것 고르기

① Paula가 뱀이나 거미 둘 중 하나를 두려워하는데 뱀은 두려워하지 않는다고 규명한다면(establish) Paula가 거미를 두려워한다고 결론내릴 수 있으므로 적절하다.
② Paula가 공포증이 있다는 것만 알고 그 대상의 범위를 모른다면, 뱀을 두려워하지 않는다는 사실이 다른 것들을 두려워한다는 사실과 양립(consistent) 가능하므로 적절하다.
③ 일련의 대안적 설명 중 하나를 제외하고는 모두 적절하지 않다(unsatisfactory)는 것을 확신하더라도 심사숙고해야 한다는 내용이므로 적절하다.
④ 맥락상 하나의 설명이 옳다고 '인정하기' 전에 다른 설명들이 무시되거나 간과되고 있지 않은지 고려해 보라는 의미이므로, denying을 conceding(인정하다)과 같은 낱말로 고쳐야 한다.
⑤ 우리가 숨어 있는 중요한 가정에 주의를 기울이지 못한다면 명백한 것으로 규정된 선택사항들이 합리적인(sensible) 대안을 고갈시키므로 적절하다.

🔎 구문 분석

▶ More generally, {when we (are presented with a list of alternative explanations for some phenomenon), **and** (are

10   정답 ③

음악을 덩어리로 기억하기

해석 ● 덩어리로 나누는 것은 음악의 인식에서 필수적인 것이다. 만일 우리가 그것을 한 음 한 음 우리의 뇌에서 부호화해야 한다면 우리는 가장 간단한 동요보다 더 복잡한 것은 어느 것이나 이해하기 위해 악전고투하게(struggle) 될 것이다. 물론, 대부분의 기량이 뛰어난 음악가들은 한 음도 틀리지 않고 수천 개의 음을 포함하는 작품을 완전히 기억(memory)으로 연주할 수 있다. 그렇지만 겉보기에는 굉장한 것 같은 이러한 기억의 성취는 보통 말하는 그런 개별적인 음을 기억하는 것이 아니라 음악적인 '과정'을 기억함으로써 일어날 것 같지 않게(→ 가능해지는 possible) 것이다. 만일 피아니스트에게 모차르트 소나타를 41번 마디로부터 시작해 달라고 요청하면, 그녀는 아마도 그 음악을 처음부터 머릿속으로(mentally) 재생해서 그 마디까지 와야 할 것이다. 그 악보는 그저 그녀의 머릿속에 펼쳐져 있어서 어떤 임의의 지점부터 읽힐 수 있는 것이 아니다. 그것은 흡사 여러분이 운전해서 직장에 가는 방법을 설명하는 것과 같다. 여러분은 추상적인 목록으로 길의 이름을 열거하는 것이 아니고 마음속에서 그것을 되짚어감으로써 여러분의 경로를 구성해야 한다. 음악가들이 리허설 중에 실수한다면, 그들은 다시 시작하기 전에 한 악구의 시작(start)으로 (되)돌아간다('2절부터 다시 합시다').

🔎 문제 유형 및 해설

문맥상 낱말의 쓰임이 적절하지 않은 것 고르기

① 한 음씩 외우려고 한다면 복잡한 음악을 이해하기 위해 고생하게 될 것이므로 struggle은 적절하다.
② 뛰어난 음악가들은 음악을 덩어리로 나눔으로써 복잡한 작품을 기억할 수 있으므로 memory는 적절하다.
③ 복잡한 작품을 완전히 기억으로 연주하려면 한 음씩이 아닌 음악적인 '과정'을 기억함으로써 가능해진다는 내용이 자연스럽다. 따라서 improbable은 possible과 같은 맥락의 단어로 바꿔야 한다.
④ 피아니스트는 자신이 기억하는 음악에서 요청하는 지점을 찾기 위해서 머릿속에서 재생을 할 것이므로 mentally는 적절하다.
⑤ 음악가들은 덩어리로 음악을 기억하기 때문에 어떤 부분이 틀리면 그 악구의 시작(start)으로 갈 것을 예상할 수 있다.

vital	*a.* 필수적인
encode	*v.* 부호화하다
composition	*n.* 작품

seemingly	*ad.* 겉보기에는
mentally	*ad.* 머릿속으로, 마음속으로
score	*n.* 악보, 작품
random	*a.* 임의의, 무작위의
recite	*v.* 열거하다
abstract	*a.* 추상적인
retrace	*v.* 되짚어가다
phrase	*n.* 악구
verse	*n.* (노래의) 절

self-reflection	*n.* 자기 성찰
identify	*v.* 찾다, 발견하다
consistently	*ad.* 지속적으로
let down	~을 실망하게 하다
follow through on	~을 이행하다
commitment	*n.* 약속, 전념
disorienting	*a.* 혼란스럽게 하는
perception	*n.* 인식
suspicious	*a.* 의심하는
agreed-upon	*a.* 합의된
undermine	*v.* 손상시키다
deceit	*n.* 속임수
betrayal	*n.* 배신

11 ———————————————— 정답 ②

불신의 부정적 측면

해석 ● 때로는 신임을 얻지 못한다는 인식이 자기 성찰에 필요한 동기를 제공할 수 있다. 직장에서 자신의 동료들이 공유된 책무를 자신에게 (믿고) 맡기지 않고 있다는 사실을 깨달은(realizes) 직원은 성찰을 통해 자신이 지속적으로 다른 사람들을 실망하게 했거나 이전의 약속들을 이행하지 못했던 분야를 찾아낼 수 있다. 그러면 그녀에 대한 다른 사람들의 불신은, 그녀가 그들의 신임을 받을 만한 자격이 더 생기게 해 주는 방식으로 그녀가 직무의 자기 몫을 수행하도록 억제할(→ 동기를 부여할 motivate) 수 있다. 하지만 신뢰할 만하고 믿을 만한 사람이 되려는 노력을 성실하게(sincere) 하는 사람에 대한 불신은 혼란스럽게 할 수 있고, 그녀로 하여금 자신의 인식을 의심하고(suspicious) 자신을 불신하게 할 수 있다. 예를 들어 밤에 외출할 때 의심하고 믿지 않는 부모를 가진 십 대 소녀를 생각해 보라. 비록 그녀가 자신의 계획에 대해 솔직해 왔고 합의된 규칙은 어떤 것도 어기고 있지(breaking) 않을지라도, 존경할 만한 도덕적 주체로서의 그녀의 정체성은 속임수와 배신을 예상하는 널리 스며있는 부모의 태도에 의해 손상된다.

▶ 문제 유형 및 해설

문맥상 낱말의 쓰임이 적절하지 않은 것 고르기

① 직장에서 자신에 대한 동료들의 행동에서 어떤 사실을 깨달아(realizes) 성찰을 통해 다른 행동을 취한다는 것이 문맥상 자연스럽다.

② 자신에 대한 타인의 불신은 자기 성찰로 이어져 타인의 신임을 받을 만한 자격이 더 생기도록 행동하게 한다고 했으므로 forbid를 motivate 정도의 단어로 고쳐야 한다.

③ 신뢰할 만하고 믿을 만한 사람이 되려는 노력을 성실하게(sincere) 한다는 것이 문맥상 적절하다.

④ 불신이 성실하게 노력하는 사람에게는 혼란을 주고 자신의 인식을 의심하게(suspicious) 한다는 것이 문맥상 적절하다.

⑤ 소녀가 자신의 계획에 대해 솔직하고 규칙도 잘 지키는데 부모의 불신이 이런 그녀의 정체성을 손상시킬 수도 있다는 것이므로 어기는 (breaking)은 문맥상 적절하다.

▶ 구문 분석

▶ [An employee {who realizes she isn't being trusted by her co-workers with shared responsibilities at work}] **might**, (upon reflection), **identify** areas {where she has consistently let others down or failed to follow through on previous commitments}.

[ ]가 주어에 해당되는 부분이고, 실제 주어는 An employee, 동사는 might identify이다. 두 개의 { }는 관계절로, 첫 번째 { }는 선행사 An employee를 수식해 주는 관계대명사절(주격)이고 두 번째 { }는 선행사 areas를 수식해 주는 관계부사절이다. ( )는 삽입구이다.

▶ [Others' distrust of her] might then **motivate her to perform** her share of the duties in **a way** {that makes her more worthy of their trust}.

[ ]가 주어이고 might ~ motivate가 동사이며 5형식의 문장 [motivate+목적어+목적격보어(to부정사)]이다. { }는 선행사 a way를 수식해 주는 관계대명사절(주격)이다.

12 ———————————————— 정답 ⑤

진화와 생물의 다양성의 이해

해석 ● 외부로부터 생물학을 보고 있는 물리 과학자들의 글에서 자주 나타나는 한 가지 오해는 환경이 진화가 진행됨에 따라 새로운 정보를 제공할 수 없는 정적인 독립체로 그들에게는 보인다는 것이다. 그러나 이것은 결코 사실이 아니다. 정적이기는커녕 오히려 환경은 끊임없이 변하고 있으며 진화하는 개체군에게 새로운 도전(challenges)을 제공하고 있다. 고등 생물의 경우, 환경의 가장 중요한 변화는 다른 생물의 동시대 진화에 의해 생성된 변화이다. 발가락이 다섯 개 달린 발로부터 말발굽으로 진화하면서 말은 탁 트인 평야를 빠르게 질주할 수 있었다(enabled). 그러나 그러한 질주는 포식자에 의해 쫓기지 않는 한 말에게 득(advantage)이 되지 않는다. 달리기를 위한 말의 효율적인 기제는 육식성 포식자가 동시에 더 효율적인 공격(attack) 방법을 발달시켰다는 사실이 없었다면 결코 진화하지 않았을 것이다. 결과적으로, 서로 다른 종류의 생물 간의 생태적 관계에 기초한 법칙은 진화와 그것이 발생시킨 생물의 다양성을 이해하는 데 선택적(→ 필수적 necessary)이다.

▶ 문제 유형 및 해설

문맥상 낱말의 쓰임이 적절하지 않은 것 고르기

① 물리 과학자들은 생물학을 정적인 독립체로 보고 있다고 하지만, 환경은 끊임없이 변하고 있으므로 진화하는 개체군에게는 도전 (challenge)을 제공하고 있다는 것은 적절하다.

② 진화로 인해 생성된 변화로 인해 발가락이 다섯 개 달린 발에서 말발굽으로 진화하여 말이 평야를 빠르게 질주할 수 있게 된(enabled) 것이므로 적절하다.

③ 질주가 포식자에게 쫓기지 않는 한 득이 되지 않는다고 설명되어 있으므로 득(advantage)은 적절하다.

④ 달리기를 위한 말의 효율적인 기제는 결국 포식자가 더 효율적인 공격 방법을 발달시켰다는 사실이 없었다면 진화하지 않았을 것이므로 공격(attack)이 적절하다.

⑤ 끊임없이 변화하는 환경 속에서 한 생물의 진화는 동시대의 다른 생물들의 진화와 긴밀하게 상호작용을 하면서 이루어지게 되며, 그러한 관계 속에서만 의미를 지닌다고 말하고 있다. 따라서 서로 다른 종류의 생물 간의 생태적 관계에 기초한 법칙은 진화와 그것이 발생시킨 생물의 다양성을 이해하는 데 반드시 필요하므로 optional(선택적인)을 essential(필수적인)로 바꿔야 적절하다.

▶ 구문 분석

▶ [One misconception {that often appears in the writings of physical scientists (who are looking at biology from the outside)}] is [that the environment appears to them to be a static entity, {which cannot contribute new bits of information as evolution progresses}].

첫 번째 [ ]는 주어, 두 번째 [ ]는 보어이다. 첫 번째 [ ]에서 { }는 선행사 misconception을 수식하는 주격 관계대명사절이며, ( )는 선행사 scientists를 수식하는 주격 관계대명사절이다. 두 번째 [ ]에서 { }는 앞의 a static entity를 부연 설명해 주는 관계대명사절(계속적 용법)이다.

▶ [The horse's efficient mechanism for running] would never have evolved [except for **the fact** {that meat-eating predators were at the same time evolving more efficient methods of attack}].

첫 번째 [ ]는 주어, 두 번째 [ ]는 전치사구로 부사 역할을 한다. 접속사 that절인 { }는 앞의 the fact와 동격 관계에 있다.

misconception	n. 오해
static	a. 정적인
entity	n. 독립체
by no means	결코 ~이 아닌
far from	~이기는커녕 오히려
evolving	a. 진화하는
contemporaneous	a. 동시대의
plain	n. 평원
mechanism	n. 기제
ecological	a. 생태적인, 생태학의

STEP 3 수능기출 실전 문제 풀어보기   pp. 172~175

1 ⑤	2 ⑤	3 ⑤	4 ①	5 ③	6 ④
7 ⑤	8 ⑤	9 ⑤	10 ④	11 ③	

1 ──────────────── 정답 ⑤

사이버 공간에 대한 과도한 기대

해석 ● 우리가 고개를 돌리는 어디서든 우리는 전능하신 '사이버 공간'에 대해 듣는다! 과대 광고에서는 우리가 지루한 삶을 떠나 고글과 바디수트를 입고서 멀티미디어로 구성된 어떤 금속성의 3차원 신세계로 들어갈 것이라고 약속한다. (하지만) 위대한 혁신인 모터와 함께 산업 혁명이 도래했을 때, 우리는 우리 세상을 떠나 어떤 외딴(remote) 모터 공간으로 가지 않았다! 반대로, 우리는 자동차, 냉장고, 드릴 프레스, 연필 깎이 등등으로 모터를 우리 삶에 가져왔다. 이 흡수(absorption)는 매우 완전해서, 우리는 이 모든 도구를 그 '모터성'이 아니라 그 사용을 분명하게 밝히는 이름으로 부른다. 이러한 혁신품들은 정확히 우리의 일상생활에 들어와 깊은 영향을 미쳤기(affected) 때문에 주요한 사회경제적 운동으로 이어졌다. 사람들은 수천 년 동안 근본적으로 변하지 않았다. 기술은 끊임없이 변화한다. 우리에게 적응해야(adapt) 하는 것은 바로 이것이다. 이것이야말로 인간 중심의 컴퓨터 사용 하에서 정보 기술과 그 장치들에 일어날 일이다. 컴퓨터가 우리를 마법 같은 신세계로 데려다줄 거라고 계속해서 더 오래 믿게 될수록, 컴퓨터와 우리 삶의 자연스러운 융합은 더 오래 유지될(→ 늦춰질 delay) 것인데, 이는 사회경제적 혁명이라고 불리기를 열망하는 모든 주요 운동의 특징이다.

▶ 문제 유형 및 해설

문맥상 낱말의 쓰임이 적절하지 않은 것 고르기

① 모터 발명 이후에 우리는 기존과 '동떨어진' 다른 세계로 간 것이 아니라는 의미로 remote를 썼다.
② 우리가 각종 제품의 형태로 모터를 삶에 끌어들였다는 앞 문장 내용을 absorption(흡수, 통합, 몰두)이라는 말로 요약했다.
③ 모터가 포함된 제품이 우리에게 '영향을 끼친' 나머지 사회경제적 운동까지 초래했다는 의미로 affected를 썼다.
④ 변하는 것은 기술이므로, 기술이 우리 삶에 들어와 '적응해야' 한다는 의미로 adapt를 썼다.
⑤ 모터의 사례를 사이버 기술에 적용해보면, 사이버 세계가 우리를 신세계로 데려다줄 수는 '없다'는 것이 글의 결론일 것이다. 따라서 사이버 공간을 통해 신세계로 갈 것이라는 믿음이 지속된다면 컴퓨터와 우리 삶의 융합이 오히려 방해받고 '늦춰질' 수 있다는 의미로 maintain 대신 delay를 써야 한다.

▶ 구문 분석

▶ **The longer** we continue to believe that computers will take us to a magical new world, **the longer** we will delay their natural fusion with our lives, ~

「the+비교급 ~, the+비교급 …(~할수록 더 …하다)」 구문이다.

almighty	a. 전능한
automobile	n. 자동차
absorption	n. 흡수, 통합, 몰두
socioeconomic	a. 사회경제적인
profoundly	ad. 깊이, 심오하게
fundamentally	ad. 근본적으로
constantly	ad. 끊임없이
fusion	n. 융합

2 ———————————— 정답 ⑤

인터넷의 중대한 단점

해석 ● 현대 기술의 경이로움은 우리 조상들이 꿈에도 생각 못했을 정도의 기회를 사람들에게 제공했지만, 늘 그렇듯이 좋은 점은 부정적인 면 때문에 약화된다. 그 부정적인 면 중 하나는, 그렇게(의견을 말하겠다고) 하기로 선택한 사람은 누구나 그 자격 사항(qualifications)에 상관없이 인터넷이라는 가상의 확성기를 집어 들고 무한히 많은 주제 중 어떤 것에 관해서든 자기 의견을 말할 수 있다는 것이다. 결국, 인터넷에는 유치원 교사가 의학 조언을 제공하거나, 의사가 여러분의 집에 안전하게 구조적 변화를 줄 방법을 제안하는 것을 막는(preventing) 규정이 없다. 결과적으로 잘못된 정보가 정보로 퍼지게 되고, 그 둘을 구별하기(differentiate)는 항상 쉽지만은 않다. 이것은 과학자에게 특히 좌절감을 줄 수 있는데, 이들은 자기 주변 세상의 복잡성을 이해하는 방법을 배우느라 일생을 보내지만 결국 이들의 연구는 그 주제에 대한 경험이 분 단위로 측정될 법한(그 경험이 아주 부족한) 사람들에게 즉석으로 반박당하게(challenged) 된다. 그러면 이 좌절감은 일반 대중들의 눈에는 과학자와 도전자 둘 다 같은 신뢰성을 부여받는다는 사실로 인해 줄어든다(→ 증폭된다 amplified).

▶ 문제 유형 및 해설

문맥상 낱말의 쓰임이 적절하지 않은 것 고르기

① 앞에서 아무나 말하기로 선택한 사람은 인터넷이라는 무대에서 말할 수 있다고 언급하고 있다. 즉 실제 어떤 주제나 정보에 관해 말할 '자격'이 있는지와 상관없이 누구나 자기가 고른 주제에 대해 말할 수 있다는 의미로 qualifications가 알맞게 쓰였다.

② 유치원 선생님이 의학 조언을 하거나 의사가 건축에 관한 조언을 하지 못하게, 즉 비전문가가 전문적 조언을 하지 못하게 '막는' 규정이 없다는 의미로 preventing을 썼다.

③ 콤마 앞에서 '잘못된 정보'가 '정보'로 탈바꿈한다고 언급하는데, 이 둘을 '구별하기도' 어렵다는 의미로 differentiate를 썼다.

④ 자기 분야에 평생을 바친 과학자가 오로지 몇 분만 그 분야를 경험한, 즉 거의 경험이 없다시피 한 사람들에게 '반박당하기' 쉽다는 의미로 challenged를 썼다.

⑤ 평생에 걸쳐 전문성을 쌓은 과학자가 인터넷상의 일반 대중에게는 비전문가와 '별 차이 없어' 보인다는 내용으로 보아, 과학자의 좌절감이 '더 커진다'는 결론이 알맞다. 따라서 diminished를 amplified로 고쳐야 한다.

▶ 구문 분석

▶ This frustration is then amplified by **the fact** [that, to the general public, both the scientist and the challenger are awarded equal credibility].

the fact와 [ ]은 동격 관계이다. that은 명사절 접속사이다.

downside	n. 불리한 점, 단점
infinite	a. 무한한
qualification	n. 자격 (사항)
regulation	n. 규제
differentiate	v. 구별하다
frustrating	a. 좌절스러운
summarily	ad. 즉석에서
credibility	n. 신뢰성

3 ———————————— 정답 ⑤

순록이 사냥감으로 이용된 이유

해석 ● 유럽 최초의 '호모 사피엔스'는 주로 큰 사냥감, 특히 순록을 먹고 살았다. 심지어 이상적인 상황에서도, 이런 빠른 동물을 창이나 활과 화살로 사냥하는 것은 불확실한(uncertain) 일이다. 그러나 순록에게는 인류가 인정사정없이 이용할 약점(weakness)이 있었는데, 그것은 순록이 수영을 잘 못한다는 것이었다. 순록은 물에 떠 있는 동안, 코를 물 위로 내놓으려고 애쓰면서 가지진 뿔을 높이 쳐들고 천천히 움직이기 때문에, 유례없이 공격받기 쉬운(vulnerable) 상태가 된다. 어느 시점에선가, 석기 시대의 한 천재가 수면 위를 미끄러지듯이 움직일 수 있음으로써 자신이 얻을 엄청난 사냥의 이점(advantage)을 깨닫고 최초의 배를 만들었다. 힘들게(→ 쉽게 easily) 따라잡아서 도살한 먹잇감을 일단 배 위로 끌어 올리면, 사체를 부족이 머무는 곳으로 가지고 가는 것은 육지에서보다는 배로 훨씬 더 쉬웠을 것이다. 인류가 이런 장점을 다른 물품에 적용하는 데는 긴 시간이 걸리지 않았을 것이다.

▶ 문제 유형 및 해설

문맥상 낱말의 쓰임이 적절하지 않은 것 고르기

① 이상적인 상황에서도 빠른 동물을 창이나 활과 화살로 사냥하는 것은 불확실한(uncertain) 일이므로 문맥상 적절하다.

② 순록이 수영을 잘 못한다는 것은 약점인 것이므로 weakness는 적절하다.

③ 순록이 물에 떠 있는 동안 뿔을 쳐들고 천천히 움직이는 것은 공격받기 쉬운(vulnerable) 상태라는 것은 문맥상 자연스럽다.

④ 한 천재가 수면 위를 움직일 수 있음으로 자신이 얻을 엄청난 사냥은 이점(advantage)인 것이므로 적절하다.

⑤ 순록이 물에 떠 있는 동안에는 천천히 움직이기 때문에 공격받기 쉬운 상태가 되고 쉽게 따라잡힌다는 맥락이므로, laboriously를 easily와 같은 낱말로 고쳐야 적절하다.

▶ 구문 분석

▶ {Even under ideal circumstances}, [hunting these fast animals with spear or bow and arrow] **is** an uncertain task.

{ }는 부사구이며, 동명사구인 [ ]가 문장에서 주어가 되므로 동사는 항상 단수(is)가 된다.

▶ {While (it is) afloat}, [it is uniquely vulnerable, {moving slowly with its antlers held high as it struggles to keep its nose above water}].

첫 번째 { }는 분사구문으로 동시동작을 나타내는 부사절에서 '주어 + be동사'가 생략되었다. 주절인 [ ]안에서 { }는 이유를 나타내는 분사구문이다.

▶ {Once the easily overtaken and killed prey had been hauled aboard}, [{getting its body back to the tribal camp} would have been **far** easier by boat than on land].

{ }는 부사절 접속사인 Once가 이끄는 종속절로 '일단 ~하면'의 의미를 갖는다. [ ]는 주절이며 주절 안의 { }는 동명사 구문으로 주어 역할을 한다. far는 비교급(easier)을 수식하는 강조 부사이다.

primarily	ad. 주로
game	n. 사냥감
reindeer	n. 순록
ideal	a. 이상적인
spear	n. 창
mercilessly	ad. 인정사정없이, 무자비하게
exploit	v. 이용하다
afloat	a. (물에) 뜬
uniquely	ad. 유례없이
vulnerable	a. 공격받기 쉬운, 취약한
antler	n. (사슴의) 가지진 뿔
gain	v. 얻다
glide	v. 미끄러지듯 가다
once	conj. 일단 ~하면
overtake	v. 따라잡다

4 ———————————— 정답 ①

경험이 가장 좋은 교사

해석 ● 이따금 자신들의 의복 선택이 적절하지 않거나 심지어 건강에 좋지 않다는 사실을 이해하는 데 어려움을 겪는 아이들이 있다. 어떤 아이들은 눈이 오는 날 샌들을 신는 것은 최선의 선택이 아닐 것이라는 제안을 따른다(→ 받아들이지 않는다 resist). 그러한 아이들에게는 경험(experience)이 가장 좋은 교사가 될 수 있다. 예를 들어, Lydia는 여덟 살 때, 인도가 눈과 진창으로 덮여 있다는 경고(warnings)에도 불구하고, 자기가 제일 좋아하는 샌들을 신고 학교에 가겠다고 고집을 부렸다. 그녀의 엄마는 그녀가 발이 차갑게 젖은 상태로 학교에 도착하게 될까 봐 걱정했으나(worried), Lydia는 자신의 마음을 바꾸려 하지 않았다. 물론, 어머니의 생각이 옳았다. Lydia는 등하굣길에 발가락들이 물에 젖고 얼어서 실제로 몇 개의 발가락이 정말 매우 불편했지만, 때때로 패션은 심한 불편함의 대가를 치를 만큼 가치가 있는(worth) 것이 아니라는 것을 배웠다.

▶ 문제 유형 및 해설

문맥상 낱말의 쓰임이 적절하지 않은 것 고르기

① 앞에서 언급한 적절한 의복 선택을 하지 못하는 아이들의 행동의 예시에 해당한다. 따라서 그 아이들은 눈이 오는 날 샌들을 신는 것이 적절치 못하다는 제안을 받아들이지 않는다고 기술해야 문맥이 자연스럽다. 따라서 follow를 resist와 같은 맥락의 단어로 바꾸어야 한다.
② Lydia의 일례를 통해, 아이들은 경험(experience)을 통해 배운다는 것을 알 수 있다.
③ 인도가 눈과 진창으로 덮여 있다는 경고를 무시하고 샌들을 신고 학교에 가겠다고 고집을 부린 상황이므로, warnings는 적절하다.
④ Lydia의 엄마는 눈으로 진창이 된 상황에서 샌들을 신고 학교에 가겠다고 고집을 부리는 Lydia를 걱정하는 상황이므로, worried는 적절하다.
⑤ Lydia는 경험을 통해 패션이 불편함을 감수할 정도로 가치가 있는 것이 아니라는 것을 배웠다는 의미이므로, worth는 적절하다.

▶ 구문 분석

▶ ~ she insisted on wearing her favorite sandals to school **despite** warnings that the sidewalks were covered in snow and slush.

밑줄 친 despite는 전치사로 '~임에도 불구하고'로 해석하고 뒤에 명사(구)나 동명사가 오며 이와 비슷한 의미로 in spite of도 있다.

snowy	a. 눈이 내리는
sidewalk	n. 보도
slush	n. 진창길
discomfort	n. 불편

5 ———————————————— 정답 ③

유기농법의 한계와 의의

해석 ● 천연 제품들만 투입물로 사용되는 방식이라 정의되는 '유기농' 방식은 생물권에 해를 덜 끼친다고 시사되었다. 그러나 '유기농' 경작 방식의 대규모 채택은 많은 주요 작물의 산출량을 감소시키고(reduce) 생산비를 증가시키게 된다. 무기질 질소 공급은 많은 비(非) 콩과 작물 종의 생산성을 중상 수준으로 유지하는 데 필수적(essential)인데, 왜냐하면 질소성 물질의 유기적 공급은 흔히 무기 질소 비료보다 제한적이거나 더 비싸기 때문이다. 게다가, '친환경적인 거름' 작물로 거름 아니면 콩과 식물을 광범위하게 사용하는 것에는 이점(→ 제약 constraints)이 있다. 많은 경우, 화학 물질이 사용될 수 없으면 잡초 방제가 매우 어렵거나 많은 손일이 필요할 수 있는데, 사회가 부유해짐에 따라 이 작업을 기꺼이 하려는 사람이 더 적다(fewer). 그러나 돌려짓기의 합리적인 이용과 경작과 가축 경영의 특정한 조합 등 '유기농' 경작에서 사용되는 몇몇 방식들은 농촌 생태계의 지속 가능성에 중요하게 기여(contributions)할 수 있다.

▶ 문제 유형 및 해설

문맥상 낱말의 쓰임이 적절하지 않은 것 고르기

① 앞에서 유기농이 생태계에 덜 해롭다는 장점을 언급하는데, ①이 포함된 문장에는 however가 있다. 따라서 그런 장점이 있더라도 효율

이나 비용 면에서는 '좋지 않다'는 의미로 산출량이 '떨어진다'는 뜻의 reduce를 썼다.
② 질소를 유기적으로 공급하는 방식은 무기 비료에 비해 제한적이거나 더 비싸서 무기물을 쓰는 것이 '필수적'이라는 의미로 essential을 썼다.
③ In addition 앞에서 유기농법의 한계를 언급한 후 '추가로' 다른 '제약 사항'이 있음을 언급하는 문맥이므로 benefits 대신 constraints를 써야 한다.
④ 유기농법을 쓰면 잡초 관리가 어려워지고 손일은 더 많이 필요한데 하려는 사람은 '더 적다'는 의미로 fewer를 썼다.
⑤ 위에서 언급한 갖가지 한계에도 불구하고 유기농법에 나름의 의의가 있음을 설명하는 문장이다. 따라서 '기여, 이바지'라는 긍정적 의미를 갖는 contributions를 썼다.

▶ 구문 분석

▶ It has been suggested that "**organic**" methods, [**defined** as those in which only natural products can be used as inputs], **would be** less damaging to the biosphere.

that절의 주어인 "organic" methods를 삽입구인 [ ]가 설명하고 있다. that절의 동사는 would be이다.

biosphere	n. 생물권(생물이 살 수 있는 지구 표면과 대기권)
essential	a. 필수적인
moderate	a. 온건한, 중간의
productivity	n. 생산성
extensive	a. 광범위한
wealthy	a. 부유한
sensible	a. 현명한, 합리적인
sustainability	n. 지속 가능성

6 ———————————————— 정답 ④

논거에 대한 우위를 결정짓는 감정

해석 ● 논거에 대한 결론의 우위는 감정이 결부되는 곳에서 가장 두드러진다. 심리학자 Paul Slovic은 사람들이 좋아하는 것과 싫어하는 것이 세상에 대한 그들의 믿음을 결정한다는 이론을 제시했다. 여러분의 정치적 선호(preference)는 여러분이 설득력이 있다고 생각하는 논거를 결정한다. 만일 여러분이 현재의 보건 정책을 좋아한다면 여러분은 그것의 이점이 상당히 많고 그것의 비용이 대안들의 비용보다 더(more) 관리할 만하다고 믿는다. 만약 여러분이 다른 나라에 대하여 강경론자의 태도를 취한다면, 여러분은 아마 그들이 비교적 약하고 여러분 나라의 뜻에 굴복하기(submit) 쉬울 거라고 생각할 것이다. 만일 여러분이 온건론자라면 여러분은 아마 그들이 강하고 쉽게 설득되지 않을 거라고 생각할 것이다. 육류, 원자력, 문신 또는 오토바이와 같은 것들에 대한 여러분의 감정적인 태도는 그것들의 이점과 위험에 대한 여러분의 믿음을 따른다(→ 이끈다 drives). 만약 여러분이 이것들 중 어떤 것이라도 싫어한다(dislike)면 여러분은 아마 그것들의 위험은 높고 이점은 사소하다고 믿을 것이다.

▶ 문제 유형 및 해설

문맥상 낱말의 쓰임이 적절하지 않은 것 고르기

① 논거에 대한 결론의 우위는 감정이 큰 영향을 끼치므로 이에 대한 예로써, 정치적 선호(preference)가 논거를 결정짓는다고 볼 수 있다.
② 현재의 보건 정책을 선호하면 그것의 비용이 대안들의 비용보다 더(more) 관리할 만하다고 믿는 것은 문맥상 적절하다.
③ 다른 나라에 대하여 강경론자의 태도를 취한다면, 여러분은 아마 그들이 비교적 약하고 여러분 나라의 뜻에 굴복하기(submit) 쉬울 거라고 생각한다는 것은 적절하다.
④ 감정적인 태도는 육류, 원자력, 문신 또는 오토바이 등의 이점과 위험에 대한 믿음을 따르는(follows) 것이 아니라 이끄는(drives) 주체이다.
⑤ 육류, 원자력, 문신 또는 오토바이 등에 대해 어떤 것이라도 싫어한다면(dislike) 그것에 대해 위험은 높고 이점은 사소하다고 믿는다는 논리가 적절하다.

▶ 구문 분석

▶ **The dominance** [of conclusions over arguments] **is** most pronounced where emotions are involved.

[ ]는 앞의 명사(The dominance)를 수식해주는 형용사 역할을 하며 주어가 단수이므로 동사는 is가 된다.

▶ ~ people **let their likes and dislikes determine** their beliefs about the world.

likes와 dislikes는 동사가 아닌 명사로 and로 연결된 하나의 명사구로 목적어 역할을 한다. let이 사역동사이므로 목적격보어로 동사원형 (determine)이 쓰였음에 유의한다.

▶ **Your emotional attitude** [to such things as red meat, nuclear power, tattoos, or motorcycles] **drives** your beliefs about their benefits and their risks.

Your emotional attitude(단수)가 문장의 주어이므로 단수 동사인 drives가 왔다. [ ]는 수식어구로 수식어구는 동사의 수에 전혀 영향을 미치지 못한다.

▶ ~ you probably **believe** [that its risks **are** high and its benefits **(are)** negligible].

[ ]는 타동사 believe의 목적어 역할을 하는 명사절이다. that절은 다시 두 개의 절 its risks are high와 its benefits (are) negligible이 and로 연결되어 있으며, its benefits와 negligible 사이에는 are가 생략되어 있다.

dominance	n. 우위
conclusion	n. 결론, 판단
argument	n. 논쟁, 논거
pronounce	v. 표명하다, 발음하다
determine	v. 결정하다
preference	n. 선호, 애호
compelling	a. 설득력 있는, 강렬한
substantial	a. 상당한, 단단한
submit	v. 굴복하다, 제출하다
persuade	v. 설득하다
tattoo	n. 문신
negligible	a. 사소한, 보잘 것 없는

7 ──────────── 정답 ⑤

대담한 첫마디로 대화를 시작하는 방법

해석 ● 대화를 하며 사는 삶에 깊이와 흥이 부족할 수 있는 한 가지 이유는 '잘 지내죠', '날씨가 어땠나요', '무슨 일을 해요', '주말은 어땠어요'와 같은 상투적인(formulaic) 질문을 사용하여 대화를 쉽게 시작해 버린다는 것이다. 그런 질문들이 사회생활에 중요한 윤활유가 될 수 있지만, 그것들은 자체로는 매력적이고 풍요로운 감정 이입의 대화를 대체로 촉발하지(spark) 못한다. 우리는 "좋아요."라거나 "알았어요"라고 대답하고는 복도를 걸어간다. 대화가 시작되는(begins) 방식은 대화가 어디로 흘러갈지에 대한 주요 결정 요인일 수 있다. 그러므로 대담한 첫마디로 대화를 시도해볼 가치가 있다. "어떻게 지내요"라는 말로 동료에게 인사를 하는 대신, "오늘 아침에 무슨 생각을 하고 있었나요" 또는 "주말에 당신에게 일어난 가장 놀라운 일은 무엇인가요"와 같은 약간 색다른(unusual) 질문을 하면서 다른 방향으로 대화를 시도해보라. 여러분은 여러분 자신의 개성에 맞는 그런 질문을 생각해 낼 필요가 있다. 요점은 여러분의 대화가 활기를 띠고, 기억할 만하고, (서로가) 공감하는 발견의 수단이 되게 하도록 관행을 따르는(→ 깨는 break) 것이다.

▶ 문제 유형 및 해설

문맥상 낱말의 쓰임이 적절하지 않은 것 고르기

① 예시로 드는 '잘 지내죠', '날씨가 어땠나요' 등의 질문은 대화를 여는 상투적인(formulaic) 질문이라고 하는 것이 적절하다.
② 상투적인 표현들이 풍요로운 감정 이입의 대화를 촉발하는(spark) 데 실패한다는 표현은 적절하다.

③ 대화를 여는(to open a dialogue) 질문에 대한 이야기를 하고 있으므로 대화가 어떻게 시작하는지(begins)가 중요하다는 말은 문맥상 자연스럽다.
④ 상투적인 표현 대신에 색다른(unusual) 질문을 시도해 보라는 표현은 문맥상 자연스럽다.
⑤ 평범하고 상투적인 대화에서 벗어나려면 관습을 깨뜨려야 하므로 follow를 break로 고쳐야 한다.

formulaic	a. 상투적인, 정형화된
spark	v. 촉발하다
engage	v. 참여하다
enrich	v. 풍요롭게 하다
empathic	a. 감정 이입의, 공감하는
corridor	n. 복도
determinant	n. 결정 요인
adventurous	a. 모험적인, 대담한
mildly	ad. 약간
suit	v. 들어맞다
energizing	a. 활기를 띠는
memorable	a. 기억할 만한

8 ──────────── 정답 ⑤

창의력에 대한 오해

해석 ● 대부분의 사람들은 창의성은 개인이 소유하는 것이지, 집단 현상이 아니라고 확신한다. 몇몇 주목할 만한 합작품들(collaborations)이 예술과 과학에 있지만, Archimedes부터 Jane Austen까지 창의적 사고의 가장 인상적인 활동들은 개인들(그리고 보통 일반적으로 받아들여지는 생각을 거부하는, 고립되고 기이한 개인들)의 산물이었던 것으로 보인다. 그러나 나는 이러한 인식이 상당한 착각(illusion)이라고 생각한다. 참신함(novelty)의 주요한 원천이 개인의 뇌 속에 있는 정보를 재조합하는 데 있다는 것을 부정할 수는 없다. 그러나 나는 개인으로서 우리는 개인 지능의 집대성인 슈퍼 브레인의 맥락을 벗어나서(outside) 창의적으로 사고하는 방식으로는 거의 성취하지도 성취할 수도 없을 것이라고 생각한다. Archimedes, Jane Austen, 그리고 중기 석기 시대 아프리카로 거슬러 올라가는 모든 다른 독창적인 사상가들의 머리는 아주 어린 시절부터 계속해서, 오래전에 죽었거나 알려지지 않은 사람들의 생각을 포함한 다른 이들의 생각과 (생각으로) 단절되어(→ 꽉 차 filled) 있었다. 수학, 언어, 예술의 집단적 구성체가 없었다면 그들이 어떻게 창조할 수 있었겠는가?

▶ 문제 유형 및 해설

문맥상 낱말의 쓰임이 적절하지 않은 것 고르기

① 첫 문장에서 대립하는 두 개의 단어(individual, collective)를 확인하고 두 번째 문장에 나오는 Despite와 관련시킨다면 합작품(collaborations)은 적절하다.
② 문장 마지막에 있는 however로 앞의 내용에 대해 긍정적으로 바라보는 것이 아니므로 착각(illusions)은 적절하다.
③ 창의성은 집합적 현상이 아니라 개인적 소유에 의해 나온다고 하고 있으므로 창의성(creativity)과 유사한 novelty(참신함)는 적절하다.
④ 개인 지능의 집대성인 슈퍼 브레인의 맥락 외의 방식으로는 개인이 성취하기는 어려울 것이라고 하고 있으므로 벗어나서(outside)가 적절하다.
⑤ 빈칸 뒤에서 수학, 언어, 예술의 집단적 구성체를 강조하고 있으므로 앞의 모든 독창적인 사상가들의 머리는 어린 시절부터 오래전에 죽었거나 알려지지 않은 사람들의 생각을 포함한 다른 이들의 생각과 단절되었다(disconnected)가 아닌 꽉 차 있었다(filled)로 바꾸는 것이 적절하다.

▶ 구문 분석

▶ **It** cannot be denied [**that** the primary source of novelty lies in the recombination of information within the individual brain].

「가주어(It)−진주어(that)」 구문으로 진주어인 명사절 that절을 주어로 해석한다.

▶ But I suspect that as individuals, we would and could accomplish little in the way of creative thinking outside the context of **the super-brain**, [the integration of individual brains].

the super-brain과 [ ]는 동격 관계에 있다.

▶ How **could** they **have created** [**without** the collective constructions of mathematics, language, and art]?

주절의 could have created와 without 구문인 [ ]으로 미루어보아 가정법 과거완료 문장으로 볼 수 있다.

▶ [The heads of Archimedes, Jane Austen, and all the other original thinkers {who stretch back into the Middle Stone Age in Africa}] **were filled** with the thoughts of others from early childhood onward, {including the ideas of those long dead or unknown}.

[ ]가 주어, 동사는 were filled가 되며, 첫 번째 { }는 앞의 all ~ thinkers를 수식하는 주격 관계대명사절이 된다. 두 번째 { }는 전치사 구문으로 '~를 포함하여'로 해석한다.

possession	n. 소유물, 소유
collective	a. 집단의, 집합적인
phenomenon	n. 현상
notable	a. 주목할 만한, 눈에 띄는
collaboration	n. 합작품, 협력
impressive	a. 인상적인, 인상 깊은
isolated	a. 고립된, 외딴
perception	n. 인식
illusion	n. 착각
novelty	n. 참신함
recombination	n. 재조합
suspect	v. 생각하다, (~일 것이라고) 의심하다
accomplish	v. 성취하다
context	n. 맥락
integration	n. 통합, 합병
original	a. 독창적인
onward	ad. 계속해서, 쭉
construction	n. 구성체

9 ———————————— 정답 ⑤

빛의 속력 측정의 역사로 입증된 편승 효과

해석 ● 편승 효과가 어떻게 발생하는지는 빛의 속력 측정의 역사로 입증된다. 이 (빛의) 속력은 상대성 이론의 기초이기 때문이기 때문에, 이는 과학에서 가장 빈번하고 면밀하게 측정된 (물리)량(quantities) 중 하나이다. 우리가 아는 한, 그 속력은 시간이 지나도 이제껏 변함이 없었다. 그러나 1870년부터 1900년까지 모든 실험에서 너무 높은 속력이 발견되었다. 그리고 나서 1900년부터 1950년까지 그 반대(opposite)의 현상이 일어나, 모든 실험에서 너무 낮은 속력이 발견되었다! 결과치가 항상 실제 값의 어느 한쪽에 있는 이런 종류의 오류를 '편향'이라고 한다. 그것은 아마 시간이 지나면서 실험자들이 자신들이 발견할 것이라고 예상한 것과 일치하도록(match) 잠재의식적으로 결과를 조정했기 때문에 생겨났을 것이다. 결과가 그들이 예상한 것과 부합하면, 그들은 그것을 유지했다. 결과가 부합하지 않으면, 그들은 그것을 버렸다. 그들은 의도적으로 부정직한 것은 아니었고, 단지 일반 통념에 의해 영향을 받았을(influenced) 뿐이었다. 그 패턴은 오직 누군가가 예상된 것 대신에 실제로 측정된 것을 보고할 용기가 부족했을(→ 있었을 had) 때가 되어서야 바뀌었다.

▶ 문제 유형 및 해설

문맥상 낱말의 쓰임이 적절하지 않은 것 고르기

① 빛의 속도는 측정되어야 하는 수치이므로 (물리)량(quantities)은 적절하다.

② 앞선 기간에서 빠른 속도를 발견했고, 이어지는 내용에서 이후 느린 속도를 발견했다고 했으므로 이전과 반대(opposite)되는 일이 일어났다는 것은 적절하다.

③ 실험자들이 결과를 조정한 것은 예상했던 기존 결과와 일치하게 하기 위한 것이므로 match는 맥락상 적절하다.

④ 예상된 결과를 위해 결과를 조정한 것은 기존의 일반적인 통념 때문이므로 영향을 받았다(influenced)는 것은 적절하다.

⑤ 편승 효과의 패턴을 바꾸기 위해서는 실제로 다르게 측정된 결과를 알릴 용기가 있어야 할 것이므로 lacked는 had 정도로 고쳐야 한다.

▶ 구문 분석

▶ [How the bandwagon effect occurs] **is** demonstrated by the history of measurements of the speed of light.

[ ]는 의문사절로 문장에서 주어 역할을 하고, 동사로 단수동사 is가 왔다.

▶ This kind of error, [where results are always on one side of the real value], is called "bias."

[ ]는 선행사(this kind of error)를 수식하는 계속적 용법의 관계부사절로 삽입된 구문이다.

occur	v. 발생하다, 일어나다
demonstrate	v. 입증하다, 보여주다
measurement	n. 측정, 측량
basis	n. 기초, 기반
theory of relativity	상대성 이론
quantity	n. 양, 수량
opposite	a. 반대의
error	n. 오류, 오차
bias	n. 편향, 편견
subconsciously	ad. 잠재의식적으로
adjust	v. 조정하다, 맞추다
match	v. 일치하다, 맞추다
expect	v. 예상하다, 기대하다
fit	v. 맞다, 적합하다
throw out	버리다, 기각하다
intentionally	ad. 의도적으로
dishonest	a. 부정직한
influence	v. 영향을 주다
conventional wisdom	일반 통념
pattern	n. 패턴, 양식
courage	n. 용기
report	v. 보고하다, 말하다

10 ———————————— 정답 ④

바닷속 산소의 분포

해석 ● 지구의 바다 생물은 용해되어 있는 산소의 존재 없이는 전혀 존재할 수 없을 것이다. 하지만 이 생명을 부여하는 물질은 바닷속 깊이(depth)에 따라 균등하게 분포되어 있지 않다. 10−20미터 깊이의 얕은 표층에서 산소 수치는 일반적으로 높다. 여기에서는 대기로부터의 산소가 자유롭게 해수 속으로 퍼지며, 게다가 광합성을 통해 산소를 생산하는 많은 부유 식물들이 존재한다. 산소 농도는 이후 깊어질수록 급격히 줄어들고 대략 200−1000미터의 깊이에서 때로는 0에 가까운 매우 낮은 수치에 도달한다. 이 구간은 산소 극소(minimum) 대역이라고 일컬어진다. 이 대역은 바다의 표층에서 아래로 퍼져 가는 산소의 낮은 비율에 의해 형성되고, 표면에서 가라앉아 이 깊이에 축적된 부패하고 있는 유기물에 의한 높은 산소 소비율과 결합된다. 이 대역 아래에서는 산소의 함량이 깊이에 따라 다시 증가한다(increases). 이 깊은 바다는 비록 일반적으로 표층에서만큼 높지는 않지만 그래도 꽤 높은 산소 수치를 포함한다. 깊은 바다에서의 높아진 산소 수치는 다량의 심해수의 출처를 일부 반영하는데, 그것은 극지방 바다 표면의 차갑고 산소가 풍부한 해수로부터 나온 것이다. 그 해수는 아래로 빠르게 가라앉고, 따라서 그 산소 함량을 소진한다(→ 보존한다 preserving). 또한 표면에 가까운 해수에서의 생물과 비교했을 때 깊은 바다에는 생명체가 비교적 드물며 낮은 대사율을 갖고 있다. 따라서 이러한 생명체는 이용 가능한 산소 중 소량(little)을 소비한다.

문제 유형 및 해설

문맥상 낱말의 쓰임이 적절하지 않은 것 고르기

① 바로 뒤에 이어지는 내용에서 깊이에 따른 산소 수치를 이야기하고 있으므로 문맥상 depth는 적절하다.
② 200~1000미터의 깊이에서는 산소 수치가 매우 낮다고 했으므로 minimum은 적절하다.
③ 산소가 낮은 대역 아래의 깊은 바다는 꽤 높은 산소 수치를 가졌다고 했으므로 문맥상 increase는 적절하다.
④ 차갑고 산소가 풍부한 극지방의 해수가 아래로 빨리 가라앉으면 깊은 바다의 산소 함량을 유지해줄 것이다. 따라서 exhausting은 preserving 정도로 바꾸어야 한다.
⑤ 깊은 바다에서는 생명체도 드물고 있는 생명체도 대사율이 낮다고 했으므로 적은 산소를 소비할 것이다. 따라서 little은 문맥상 적절하다.

substance	n. 물질
distribute	v. 분포되다
evenly	ad. 균등하게, 고르게
photosynthesis	n. 광합성
refer to ~ as	~를 …라고 부르다
combine	v. 결합시키다
consumption	n. 소비
decay	v. 부패하다, 썩어가다
organic matter	유기물
sink	v. 가라앉다
accumulate	v. 축적하다
derive	v. 나오다, 유래하다
comparatively	ad. 비교적으로
scarce	a. 드문
metabolic rate	대사율

11 .... 정답 ③

글의 문맥을 제공하는 작가의 역할

해석 ● 충분한 문맥이 제공된 경우, 독자는 전문적 지식 없이도 잘 만들어진 텍스트에 다가가 작가가 의도한 바와 아주 근접한 것을 가지고 떠날 수 있다. 텍스트는 공문서와 같은 것이 되어서 독자는 최소한(minimum)으로 노력하고 분투하며 그것을 읽을 수 있는데, 그의 경험이 프로이트가 '고르게 주의를 기울이는 것'의 (전략적인) 배치로 설명한 것과 가까워지기 때문이다. 그는 작가의 손에 자신을 맡기고(어떤 사람들이 디킨스나 톨스토이와 같은 위대한 소설가와 이런 경험을 가졌던 것처럼) 작가가 이끄는 곳으로 따라간다(follows). 현실 세계는 사라지고 허구의 세계가 그것을 대신했다. 이제 그 극단의[정반대] 경우를 생각해 보자. 문맥과 내용이 적절하게 결합하지 않은, 제대로 만들어지지 않은 텍스트의 경우, 우리는 이해하려고 애써야 하고, 작가가 의도한 바에 대한 우리의 이해는 아마도 그의 본래 의도와 밀접한(→ 거의 없는 little) 관련성을 지닐 것이다. 시대에 뒤떨어진 번역은 우리에게 이런 경험을 줄 것인데, 우리가 읽을 때, 우리는 언어를 최신의 것으로 해야 하고 이해는 텍스트와의 꽤 격렬한 분투의 대가로만 오기 때문이다. 참조의 틀이 없는 잘못 제시된 내용도 같은(the same) 경험을 제공할 수 있는데, 우리는 단어를 보지만 그것들이 어떻게 받아들여져야 하는지를 이해하지 못하기 때문이다. 문맥을 제공하지 못한 작가는 세상에 대한 자신의 그림을 모든 독자가 공유한다고 잘못(mistakenly) 가정하고, 적절한 참조의 틀을 제공하는 것이 글을 쓰는 일의 중대한 부분임을 깨닫지 못한다.

➡ 문제 유형 및 해설

문맥상 낱말의 쓰임이 적절하지 않은 것 고르기

① 충분한 문맥이 주어지면 큰 노력 없이 작가의 의도대로 텍스트를 읽을 수 있으므로 minimum은 맥락상 자연스럽다.
② 충분한 문맥이 제공된 위대한 소설가들의 작품을 읽으면 작가가 이

끄는 대로 따라갈(follows) 수 있다.
③ 문맥이 충분히 제공되지 않은 텍스트의 경우 작가의 의도를 제대로 이해하는 것이 어려워질 것이므로, close는 little 정도로 바꾸어야 한다.
④ 참조의 틀이 없는 내용도 문맥 없는 글을 읽는 것과 마찬가지로 어려운 독서 경험을 제공할 것이므로, the same은 문맥상 적절하다.
⑤ 문맥을 충분히 제공하지 못하는 작가는 독자가 맥락 없이도 자신의 생각을 공유한다고 잘못 생각할 것이므로 mistakenly는 적절하다.

to the extent that	~할 경우에, ~하는 한
come away with	~을 가지고 떠나다
approximation	n. 근접한 것, 비슷한 것
vanish	v. 사라지다
fictive	a. 허구의
extreme	n. 극단
happily	ad. 적절하게
correspondence	n. 관련성
original	a. 원래의
out-of-date	a. 시대에 뒤떨어진, 구식의
translation	n. 번역
up to date	최신의
at the price of	~을 대가로, ~을 희생하여
intense	a. 격렬한, 강렬한
reference	n. 참조
mistakenly	ad. 잘못(하여)
critical	a. 중대한